HARLAN COBEN

Der Junge aus dem Wald

GOLDMANN
Lesen erleben

HARLAN COBEN

Der Junge aus dem Wald

Thriller

Aus dem Amerikanischen
von Gunnar Kwisinski

GOLDMANN

Die Originalausgabe erschien 2020
unter dem Titel »Der Junge aus dem Wald« bei Grand Central
Publishing, New York/Boston.

Dieses Buch ist auch als E-Book erhältlich.

MIX
Papier aus verantwortungsvollen Quellen
FSC® C014496

Verlagsgruppe Random House FSC® N001967

1. Auflage
Deutsche Erstveröffentlichung August 2020

Neumarkter Straße 28, 81673 München
Redaktion: Anja Lademacher
Umschlaggestaltung: UNO Werbeagentur, München
Umschlagmotiv: © Arcangel / Aaro Keipi
TH · Herstellung: ik
Satz: Uhl + Massopust, Aalen
Druck und Bindung: GGP Media GmbH, Pößneck
Printed in Germany
ISBN: 978-3-442-20615-5
www.goldmann-verlag.de

Besuchen Sie den Goldmann Verlag im Netz

Für Ben Sevier
Lektor und Freund
Zwölf Bücher, Tendenz steigend

North Jersey Gazette
18. April 1986

»WILDER« JUNGE VERLASSEN IM WALD AUFGEFUNDEN

Entdeckung des geheimnisvollen Mogli-Jungen wirft viele Fragen auf

Westville, New Jersey – Es ist eines der bizarrsten Ereignisse der jüngeren Vergangenheit. Im Ramapo Mountain State Forest in der Nähe von Westville wurde ein schätzungsweise sechs- bis achtjähriger verwahrloster Junge aufgegriffen, der offenbar alleine im Wald gelebt hat. Die Behörden haben keinerlei Informationen über die Identität des Jungen oder die Dauer seines Aufenthalts dort. Der Fall bleibt mysteriös.

»Fast wie Mogli aus dem *Dschungelbuch*«, erklärte Oren Carmichael, der stellvertretende Polizeichef von Westville.

Der Junge – der zwar Englisch versteht und spricht, seinen Namen aber nicht kennt – wurde zuerst von Don und Leslie Katz, zwei Wanderern aus Clifton, New Jersey, entdeckt. »Wir wollten gerade unsere Picknicksachen zusammenpacken, als wir im Wald ein Rascheln hörten«, sagte Mr Katz. »Zuerst dachte ich, es könnte ein Bär sein, aber als er wegrannte, haben wir den Jungen deutlich gesehen.«

Drei Stunden später fanden Park Ranger mit Hilfe der örtlichen Polizei den abgemagerten und in zerfetzte Kleidung gehüllten Jungen in seinem behelfsmäßigen Lager.

»Wir wissen derzeit nicht, seit wann der Junge sich im State Forest aufhält oder wie er hierhergekommen ist«, sagte Tony Aurigemma, der Leiter der New Jersey State Park Ranger. »Er erinnert sich nicht an seine Eltern oder andere Erwachsene. Wir haben bei anderen Strafverfolgungsbehörden nachgefragt, sind bisher jedoch noch nicht auf vermisste Kinder in seinem Alter gestoßen, auf die seine Beschreibung passt.«

Im Laufe des letzten Jahres hatten bereits mehrere Wanderer erzählt, dass sie in den Ramapo Mountains einen »wilden« Jungen oder einen »kleinen Tarzan« gesehen hätten, und eine Personenbeschreibung abgegeben, die auf den Jungen passte. Diese Sichtungen wurden aber meist als reine Legende abgetan.

James Mignone, ein Wanderer aus Morristown, New Jersey, sagte: »Man könnte glauben, jemand hätte ihn dort zur Welt gebracht und einfach in der Wildnis ausgesetzt.«

»Es ist der erstaunlichste Fall eines Überlebens in der Wildnis, mit dem wir je zu tun hatten«, sagte Park Ranger Aurigemma. »Wir wissen nicht, ob der Junge Tage, Wochen, Monate oder gar Jahre hier draußen verbracht hat.«

Personen, die über Informationen zu dem Jungen verfügen, werden gebeten, sich beim Westville Police Department zu melden.

»Irgendjemand da draußen muss doch etwas wissen«, sagte Deputy Chief Carmichael. »Der Junge ist ja nicht einfach vom Himmel in den Wald gefallen.«

ERSTER TEIL

EINS

23. April 2020

Wie hält sie das aus?

Wie schafft sie es, diese Tortur immer wieder über sich ergehen zu lassen?

Tag für Tag. Woche für Woche. Jahr für Jahr.

Sie sitzt mit starrem Blick in der Schulaula. Sie blinzelt nicht. Ihre Miene ist versteinert. Sie blickt weder nach rechts noch nach links. Sie bewegt sich überhaupt nicht.

Sie starrt stur geradeaus.

Sie ist umgeben von Klassenkameraden, zu denen auch Matthew gehört, sieht aber keinen von ihnen an. Sie redet auch mit keinem, was die anderen jedoch nicht daran hindert, auf sie einzureden. Die Jungs – Ryan, Crash – ja, er heißt wirklich so –, Trevor, Carter – beleidigen sie ununterbrochen, werfen ihr hämisch flüsternd schreckliche Dinge an den Kopf, verspotten sie, lachen höhnisch. Sie bewerfen sie mit Büroklammern, beschießen sie mit Gummibändern, schnippen Popel auf sie. Sie stecken sich kleine Papierstücke in den Mund, formen nasse Kugeln daraus und beschießen sie auf verschiedenste Arten damit.

Als eine solche Papierkugel in ihren Haaren hängen bleibt, lachen sie laut.

Das Mädchen – sie heißt Naomi – rührt sich nicht. Sie versucht nicht, die Papierfetzen aus ihren Haaren zu entfernen. Sie starrt einfach geradeaus. Ihre Augen sind trocken. Matthew erinnert sich an eine Zeit – vor zwei oder drei Jahren –, als sie bei diesen ständigen, unerbittlichen, tagtäglichen Schmähungen noch feuchte Augen bekam.

Jetzt nicht mehr.

Matthew sieht zu. Er unternimmt nichts.

Die Lehrer sind inzwischen taub dafür und bemerken es kaum. Einer ruft erschöpft: »Okay, Crash, das reicht jetzt«, aber weder Crash noch einer der anderen schenken der Ermahnung auch nur die geringste Aufmerksamkeit.

Naomi nimmt es derweil einfach ungerührt hin.

Matthew müsste etwas unternehmen, um das Mobbing zu stoppen. Doch das tut er nicht. Nicht mehr. Er hat es einmal versucht.

Es ist nicht gut ausgegangen.

Matthew versucht sich zu erinnern, wann das alles angefangen hat. In der Grundschule war sie ein fröhliches Kind gewesen. Er erinnerte sich daran, dass sie immer gelächelt hatte. Auch wenn sie ältere Kleidung aufgetragen und sich nicht oft genug die Haare gewaschen hatte, was dazu führte, dass ein paar Mädchen sich gelegentlich über sie lustig machten. Aber das blieb alles im Rahmen, bis zu dem Tag, als ihr so schrecklich übel wurde, und sie sich in der vierten Klasse bei Mrs Walsh übergab. Feste Stücke des Erbrochenen prallten wie Projektile vom Linoleum-Fußboden des Klassenzimmers ab, und die nassen braunen Teile klatschten auf Hosen und Schuhe von Kim Rogers und Taylor Russell, und alles stank so heftig, dass Mrs Walsh das Klassenzimmer räumen ließ, und alle Kinder, darunter auch Matthew, gingen mit zugehaltenen Nasen aufs Kickballfeld und murmelten unterwegs »bäh« und »igitt«.

Danach war für Naomi nichts mehr wie vorher.

Matthew hatte oft überlegt, wie es dazu kommen konnte. Hatte sie sich morgens schon unwohl gefühlt? Hatte ihr Vater – ihre Mutter war damals schon weg vom Fenster – sie gezwungen, zur Schule zu gehen? Wäre für Naomi alles anders gelaufen, wenn sie an diesem Tag zu Hause geblieben wäre? War eine Tür für sie zugefallen, weil sie sich so schrecklich erbrochen hatte? Oder war es von Anfang an vorgezeichnet gewesen, dass sie diesen harten, düsteren und steinigen Weg gehen musste?

Eine weitere zerkaute Papierkugel bleibt in ihren Haaren hängen. Wieder wird sie beschimpft und mit üblen Beleidigungen überhäuft.

Naomi sitzt nur stumm und reglos da und wartet, dass es aufhört.

Dass es zumindest für einen Moment aufhört. Vielleicht für heute. Ihr muss klar sein, dass es nicht für immer aufhört. Heute nicht. Morgen auch nicht. Das Leiden lässt nie lange auf sich warten. Es ist ihr ständiger Begleiter.

Wie hält sie das aus?

An manchen Tagen, so wie heute, achtet Matthew ganz genau darauf und möchte etwas unternehmen.

Meistens aber nicht. Natürlich wird sie auch an diesen Tagen schikaniert, aber es geschieht so häufig, ist so normal, dass es in den Hintergrund tritt. Matthew war etwas Schreckliches bewusst geworden: Man wird immun gegen Grausamkeiten. Sie werden zur Norm. Man akzeptiert sie. Man sieht darüber hinweg.

Hat Naomi sie auch einfach akzeptiert? Ist sie immun dagegen geworden?

Matthew weiß es nicht. Aber sie ist jeden Tag da, sitzt im Unterricht in der letzten Reihe, bei den morgendlichen Schul-

Appellen in der ersten, in der Cafeteria ganz allein an einem Ecktisch.

Bis sie eines Tages – eine Woche nach diesem Appell – nicht da ist.

Eines Tages ist Naomi verschwunden.

Und Matthew muss unbedingt wissen, warum.

ZWEI

Der Experte im Hipster-Outfit sagte: »Den Typen sollte man einfach in den Knast stecken.«

Hester Crimstein war live auf Sendung und wollte gerade zum verbalen Gegenschlag ansetzen, als ihr am Rand ihres Blickfelds jemand ins Auge fiel, der wie ihr Enkel aussah. Gegen das Studio-Scheinwerferlicht war die Person nur schwer auszumachen, aber sie sah aus wie Matthew.

»Das sind aber starke Worte«, sagte der Moderator, ein ehemals charmanter Schönling, dessen Diskussionstechnik in erster Linie darin bestand, einen verblüfften Gesichtsausdruck aufzusetzen und beizubehalten, als wären seine Gäste Idioten, ganz egal, ob ihre Argumente Sinn ergaben oder nicht. »Was sagen Sie dazu, Hester?«

Matthews Erscheinen – er musste es sein – hatte sie aus dem Konzept gebracht.

»Hester?«

Kein guter Zeitpunkt, die Gedanken schweifen zu lassen, ermahnte sie sich. Konzentrier dich.

»Sie sind abscheulich«, sagte Hester.

»Wie bitte?«

»Sie haben mich schon verstanden.« Sie richtete ihren berüchtigten, vernichtenden Blick auf den Hipster-Experten. »Abscheulich.«

Was will Matthew hier?

Ihr Enkel hatte sie noch nie ohne Vorankündigung während

der Arbeit besucht – weder im Büro noch in einem Gerichtssaal oder im Studio.

»Würden Sie das bitte erklären?«, fragte der Moderatoren-Schönling.

»Aber klar doch«, sagte Hester und sah den Hipster-Experten weiter mit einem feurigen Blick an. »Sie hassen Amerika.«

»Wie bitte?«

»Mal ehrlich«, fuhr Hester fort und warf ihre Hände in die Luft, »wozu haben wir überhaupt ein Gerichtswesen? Wer braucht denn so etwas? Schließlich haben wir doch die öffentliche Meinung, oder? Kein Prozess, keine Jury, kein Richter – lassen wir doch einfach die Twitter-Meute entscheiden.«

Der Hipster-Experte setzte sich etwas aufrechter hin. »Das habe ich nicht gesagt.«

»Doch, genau das haben Sie gesagt.«

»Es gibt Beweise, Hester. Ein sehr eindeutiges Video.«

»Oho, ein Video.« Sie wackelte mit den Fingern, als sprächen sie über einen Geist. »Also noch einmal: Da braucht es keinen Richter und keine Jury. Das erledigen Sie schon, als gütiger Anführer der Twitter-Meute …«

»Ich bin nicht …«

»Pst! Jetzt rede ich. Oh, Entschuldigung, ich glaube, ich habe Ihren Namen vergessen. Insgeheim nenne ich Sie den Hipster-Experten, aber ich kann Sie ja auch einfach Chad nennen?« Er öffnete den Mund, aber Hester ließ sich nicht bremsen. »Wunderbar. Sagen Sie, Chad, welche Strafe würden Sie als angemessen für meinen Mandanten erachten? Wo Sie doch schon darüber entschieden haben, ob er schuldig oder unschuldig ist, warum sprechen Sie dann nicht auch gleich das Urteil?«

»Ich heiße Rick.« Er schob seine Hipster-Brille hoch.

»Und wir alle hier haben das Video gesehen. Ihr Mandant hat einem Mann ins Gesicht geschlagen.«

»Herzlichen Dank für die Analyse. Wissen Sie, was wirklich hilfreich wäre, Chad?«

»Mein Name ist Rick.«

»Rick, Chad, wo ist da der Unterschied? Es wäre wirklich hilfreich, ja geradezu wahnsinnig hilfreich, wenn Sie und Ihre Meute einfach *alle* Entscheidungen für uns treffen. Überlegen Sie nur, wie viel Zeit wir so sparen könnten. Wir posten einfach ein Video in den sozialen Medien und entscheiden anhand der Reaktionen über Schuld oder Unschuld. Daumen hoch oder Daumen runter. Wir bräuchten weder Zeugen noch Aussagen oder Beweise. Nur unseren Richter Rick Chad hier.«

Das Gesicht des Hipster-Experten lief rot an. »Wir haben alle gesehen, was Ihr reicher Mandant dem armen Mann angetan hat.«

Der Moderatoren-Schönling ging dazwischen: »Bevor wir fortfahren, zeigen wir das Video noch einmal, damit alle, die gerade erst zugeschaltet haben, wissen, worüber wir sprechen.«

Hester hätte am liebsten widersprochen, aber sie hatten das Video schon unzählige Male gezeigt und würden es noch unzählige Male zeigen. Ihr Einspruch wäre nicht nur vergebens, ihr Mandant, um den es in dem Video ging, ein wohlhabender Finanzberater namens Simon Greene, würde dadurch nur noch schuldiger wirken.

Viel wichtiger war jetzt, dass Hester die paar Sekunden, in denen die Kameras ausgeschaltet waren, dafür nutzen konnte, nach Matthew zu sehen.

Das virale Video – es hatte bereits vier Millionen Klicks, und täglich wurden es mehr – hatte ein Tourist im Central

Park mit seinem iPhone aufgenommen. Auf dem Bildschirm holte Hesters Mandant Simon Greene im maßgeschneiderten Anzug mit perfekt gebundener Hermes-Krawatte aus und rammte einem ungekämmten jungen Mann in abgerissener Kleidung – bei dem es sich, wie Hester wusste, um einen Drogensüchtigen namens Aaron Corval handelte – die Faust ins Gesicht.

Aus Corvals Nase schoss Blut.

Ein Bild wie aus einem Roman von Charles Dickens – der reiche, privilegierte Gentleman verpasst dem armen Burschen aus der Gosse ohne jeden Grund einen Kinnhaken.

Hester reckte den Kopf zur Seite und versuchte durch den Dunstschleier der Studioscheinwerfer Augenkontakt zu Matthew aufzunehmen. Sie trat oft als Rechtsexpertin in den Nachrichten von Cable News auf, und an zwei Abenden in der Woche hatte die »berühmte Strafverteidigerin« Hester Crimstein ihre eigene Sendung auf diesem Kanal, *Crimstein on Crime*. Obwohl man ihren Namen nicht Crime-Stein aussprach, sondern Krimm-Stihn, war der Stabreim offenbar für ausreichend fernsehtauglich befunden worden, außerdem sah er im Laufband unten am Bildschirmrand gut aus, also hatte der Sender es dabei belassen.

Ihr Enkel stand im Schatten. Hester sah, dass Matthew die Hände rang, genau wie sein Vater es getan hatte, und plötzlich verspürte sie einen Stich tief in der Brust, sodass sie einen Moment lang keine Luft bekam. Sie überlegte ob sie zu Matthew gehen und ihn fragen sollte, aber das Prügel-Video war schon zu Ende, und Hipster Rick Chad hatte Schaum vor dem Mund.

»Haben Sie gesehen?« Speicheltropfen flogen aus seinem Mund und verfingen sich in seinem Bart. »Das ist doch sonnenklar. Ihr reicher Mandant hat grundlos einen Obdachlosen angegriffen.«

»Sie wissen nicht, was passiert ist, bevor die Kamera eingeschaltet wurde.«

»Das macht keinen Unterschied.«

»Natürlich tut es das. Genau deshalb haben wir ein Rechtssystem, damit Bürgerwehrler wie Sie nicht einfach nach dem Mob rufen, der dann gewaltsam gegen einen unschuldigen Menschen vorgeht.«

»Moment. Niemand hat hier von Lynchjustiz gesprochen.«

»Natürlich haben Sie das. Sie haben fast das Patent darauf. Sie wollen meinen Mandanten, einen Mann ohne Vorstrafen und Vater von drei Kindern, sofort in den Knast stecken. Ohne Prozess, weitere Fragen oder sonst irgendetwas. Kommen Sie, Rick Chad, lassen Sie Ihren inneren Faschisten raus.« Hester schlug auf den Tisch, erschreckte den Moderatoren-Schönling damit und skandierte: »Sperrt ihn ein. Sperrt ihn ein.«

»Hören Sie auf damit!«

»Sperrt ihn ein!«

Ihr Sprechgesang machte ihn offensichtlich ganz fertig. Er wurde rot. »Das habe ich doch überhaupt nicht gemeint. Sie übertreiben absichtlich maßlos.«

»Sperrt ihn ein!«

»Hören Sie auf damit. Das hat keiner gesagt.«

Hester konnte gut Menschen imitieren. Sie nutzte das auch gern im Gerichtssaal, um Staatsanwälte subtil vorzuführen, auch wenn das vielleicht ein wenig infantil war. Sie lehnte sich zurück und wiederholte Rick Chads Aussage Wort für Wort im gleichen Tonfall wie er: »Den Typen sollte man einfach in den Knast stecken.«

»Die Entscheidung liegt beim Gericht«, sagte Hipster Rick Chad, »aber wenn jemand sich so benimmt, wenn er einem anderen am helllichten Tag ins Gesicht schlägt, hat er es vielleicht verdient, gekündigt zu werden und seinen Job zu verlieren.«

»Wieso? Weil Sie selbst und Deprimierte-Dental-Hygienikerin sowie Nagel-Die-Ladys69 auf Twitter das sagen? Sie kennen die Zusammenhänge doch gar nicht. Sie wissen nicht einmal, ob das Video echt ist.«

Moderatoren-Schönling kommentierte die Äußerung durch das Hochziehen einer Augenbraue. »Wollen Sie sagen, dass das Video gefälscht ist?«

»Gut möglich, ja. Wissen Sie, ich hatte da eine Mandantin, jemand hatte ihr lächelndes Gesicht neben eine tote Giraffe gephotoshopt und behauptet, sie sei Jägerin und habe das Tier geschossen. Es war die Racheaktion eines Exmanns. Können Sie sich vorstellen, was für einen Shitstorm sie über sich ergehen lassen musste, mit wie viel Hass sie überhäuft wurde?«

Die Geschichte stimmte nicht – Hester hatte sie sich ausgedacht –, aber sie hätte ohne Weiteres stimmen können, und manchmal reichte das.

»Und wo ist Ihr Mandant Simon Greene derzeit?«, fragte Hipster Rick Chad.

»Welche Rolle spielt das denn?«

»Er ist zu Hause, stimmt's? Auf Kaution entlassen?«

»Er ist ein unschuldiger Mensch, ein guter, fürsorglicher Mann …«

»Und reich.«

»Jetzt wollen Sie auch noch das Kautionssystem abschaffen?«

»Ein reicher *weißer* Mann.«

»Hören Sie, Rick Chad, ich weiß, dass Sie ein toleranter Typ sind, mit politischem Bewusstsein und all dem Zeug, man sieht das ja schon an Ihrem coolen Bart und der Hipster-Mütze – ist die von Kangol? –, aber Ihre schlichten Antworten und Ihre Vorurteile gegenüber bestimmten Bevölkerungsgruppen sind ebenso schlimm wie die schlichten Antworten und die Vorurteile der anderen Seite.«

»Wow, das ist fast schon klassischer Whataboutism – Sie lenken ab, indem Sie auf die anderen zeigen.«

»Nein, mein Junge, ich lenke nicht ab. Hören Sie gut zu, Sie verkennen leider, dass Sie und diejenigen, die Sie hassen, drauf und dran sind, ein und dasselbe zu werden.«

»Umgekehrt wird ein Schuh draus«, sagte Rick Chad. »Wäre Simon Greene arm und schwarz und Aaron Corval reich und weiß ...«

»Sie sind beide weiß. Es ist keine Frage von Rassismus.«

»Alles ist eine Frage von Rassismus, aber von mir aus. Wenn der Typ in Lumpen den reichen weißen Mann im Anzug geschlagen hätte, würde er nicht von Hester Crimstein verteidigt werden. Also säße er jetzt im Gefängnis.«

Hmh, dachte Hester. Sie musste zugeben, dass Rick Chad da vollkommen richtiglag.

Der Moderatoren-Schönling sagte: »Hester?«

Die Zeit für diesen Programmteil ging sowieso gerade zu Ende, also warf Hester die Hände in die Luft und sagte: »Wenn Rick Chad behauptet, dass ich eine großartige Anwältin bin, werde ich ihm doch nicht widersprechen.«

Das Publikum lachte.

»Und damit müssen wir dieses Thema für heute beenden. Anschließend sprechen wir über die neu aufflammende Kontroverse um den aufstrebenden Präsidentschaftskandidaten Rusty Eggers. Ist Rusty pragmatisch oder barbarisch? Ist er wirklich die gefährlichste Person in Amerika? Bleiben Sie dran, wir sind gleich zurück.«

Hester zog den Ohrhörer-Stöpsel heraus und nahm das Mikrofon ab. Die Werbepause hatte schon angefangen, als sie aufstand, um zu Matthew zu gehen. Er war ziemlich groß geworden, genauso groß wie sein Vater – was ihr erneut einen Stich in der Brust versetzte.

Hester sagte: »Deine Mutter …?«

»Der geht's gut«, sagte Matthew. »Allen geht's gut.«

Hester konnte es sich nicht verkneifen. Sie schlang die Arme um den höchstwahrscheinlich peinlich berührten Teenager und drückte ihn ungestüm, obwohl sie keine eins sechzig maß und er fast dreißig Zentimeter größer war. Matthew erinnerte sie immer mehr an seinen Vater. Als er klein war und sein Vater noch lebte, war er David nicht sehr ähnlich gewesen, inzwischen war die Verwandtschaft unverkennbar – die Haltung, der Gang, das Händeringen, das Kräuseln der Stirn –, und es brach ihr erneut das Herz. So sollte es natürlich eigentlich nicht sein. Eigentlich sollte Hester einen gewissen Trost daraus ziehen, dass sie Züge ihres verstorbenen Sohns in seinem Jungen wiederfand, als ob ein kleiner Teil von David den Unfall überlebt hätte und in ihm fortbestehen würde. Stattdessen machten ihr die Geister der Vergangenheit schrecklich zu schaffen, rissen selbst nach all den Jahren noch alte Wunden auf, und Hester fragte sich oft, ob es besser war, diesen Schmerz zu empfinden als gar nichts zu fühlen. Auch wenn das natürlich eine rhetorische Frage war. Sie hatte sowieso keine Wahl, und sie würde auch nichts anderes wollen. Nichts zu empfinden, *darüber hinweg* zu sein wäre der schlimmste Verrat.

Also drückte sie ihren Enkel und kniff die Augen zusammen. Der Teenager klopfte ihr sanft auf den Rücken, beinah so, als ließe er das Ganze nur ihr zuliebe über sich ergehen.

»Nana?«

So nannte er sie. Nana. »Ist wirklich alles in Ordnung mit dir?«

»Mir geht's gut.«

Matthews Haut war dunkler als die seines Vaters. Laila, seine Mutter, war schwarz, womit Matthew auch als schwarz galt oder als dunkelhäutig oder Mischling oder was auch immer. Eigentlich war das Alter ja keine Ausrede, aber Hester, die über siebzig war, auch wenn sie allen sagte, sie hätte bei neunundsechzig aufgehört zu zählen – nur zu, raus mit dem dummen Spruch, sie hatte sie alle schon gehört –, hatte Probleme, bei den jeweils korrekten Begriffen für die ethnische Zugehörigkeit auf dem Laufenden zu bleiben.

»Wo ist deine Mutter?«, fragte Hester.

»Bei der Arbeit, nehme ich an.«

»Was ist los?«, fragte Hester.

»Es geht um dieses Mädchen in der Schule«, sagte Matthew.

»Was ist mit ihr?«

»Sie ist verschwunden, Nana. Ich möchte, dass du mir hilfst.«

DREI

Sie heißt Naomi Pine«, sagte Matthew.

Sie saßen auf dem Rücksitz von Hesters Cadillac Escalade. Matthew war mit dem Zug aus Westville gekommen. Auf der einstündigen Zugfahrt war er am Frank-Lautenberg-Bahnhof in Secaucus umgestiegen, um nach Manhattan zu kommen. Aber Hester hielt es für einfacher und besser, ihn mit dem Wagen nach Westville zurückzubringen. Sie war dort schon viel zu lange nicht mehr zu Besuch gewesen, über einen Monat war es her, und auf diese Weise konnte sie die sprichwörtlichen zwei Fliegen mit einer Klappe schlagen, ihrem verstörten Enkel helfen und gleichzeitig etwas Zeit mit ihm und seiner Mutter verbringen.

»Nana?«

»Diese Naomi«, sagte Hester, »ist das deine Freundin?«

Matthew zuckte die Achseln, wie es nur ein Teenager kann. »Ich kenn sie schon, seit wir beide so sechs waren.«

Das war keine echte Antwort auf ihre Frage, aber sie würde es durchgehen lassen.

»Seit wann wird sie vermisst?«

»So seit einer Woche.«

So sechs waren. So seit einer Woche. Hester machte das verrückt – dieses ewige »So« und »Du-weißt-schon« –, aber dafür war jetzt keine Zeit.

»Hast du versucht, sie anzurufen?«

»Ich hab ihre Telefonnummer nicht.«

»Wird sie von der Polizei gesucht?«

Teenager-Achselzucken.

»Hast du mit ihren Eltern gesprochen?«

»Sie wohnt bei ihrem Vater.«

»Hast du mit ihrem Vater gesprochen?«

Er verzog das Gesicht, als wäre das das Dümmste, was er je gehört hatte.

»Na ja, woher weißt du dann, dass sie nicht einfach krank ist? Oder im Urlaub oder so etwas?«

Keine Antwort.

»Wie kommst du darauf, dass sie verschwunden ist?«

Matthew starrte nur aus dem Fenster. Tim, Hesters langjähriger Fahrer, bog von der Route 17 ab und lenkte den Cadillac ins Zentrum von Westville, New Jersey, keine 50 Kilometer von Manhattan entfernt. Die Ramapo Mountains, die zu den Appalachen gehörten, erhoben sich hinter dem Ort. Wie üblich stürzten hier diverse Erinnerungen auf sie ein und versetzten ihr schmerzhafte Stiche.

Jemand hatte einmal zu Hester gesagt, dass Erinnerungen schmerzten. Besonders die guten. Mit zunehmendem Alter erkannte Hester, wie viel Wahrheit darin lag.

Hester und Ira – ihr vor sieben Jahren verstorbener Mann – hatten in Westville, New Jersey, diesem selbst ernannten Gebirgsvorort drei Jungs großgezogen. Ihr ältester Sohn Jeffrey war inzwischen Zahnarzt in Los Angeles und in der vierten Ehe mit einer Immobilienmaklerin namens Sandy verheiratet. Sandy war die erste von Jeffreys Frauen, die nicht sehr viel jünger war und die er nicht als Dentalhygienikerin in seiner Praxis kennengelernt hatte. Ein Fortschritt, wie Hester hoffte. Ihr zweiter und mittlerer Sohn Eric arbeitete, wie schon sein Vater, im für sie undurchschaubaren Finanzwesen. Hester hatte nie ganz verstanden, was die beiden Männer, ihr

Mann und ihr Sohn, wirklich machten, aber irgendwie schoben sie große Geldmengen von A nach B, damit C Geld verdiente. Eric und seine Frau Stacey hatten drei Jungs, die, genau wie bei Hester und Ira, in Abständen von jeweils zwei Jahren auf die Welt gekommen waren. Die Familie war kürzlich nach Raleigh, North Carolina, gezogen, was im Moment offenbar der letzte Schrei war.

Ihr jüngster Sohn – und, wenn sie ehrlich war, Hesters Liebling – war Matthews Vater, David, gewesen.

Hester fragte Matthew: »Wann kommt deine Mom nach Hause?«

Seine Mutter Laila arbeitete wie Oma Hester in einer großen Anwaltskanzlei, ihr Spezialgebiet war jedoch Familienrecht. Ihre ersten Berufserfahrungen hatte sie in den Semesterferien als Hesters Praktikantin gemacht, als sie noch an der Columbia Law School studierte. Dabei hatte sie auch Hesters Sohn kennengelernt.

Laila und David hatten sich quasi auf den ersten Blick ineinander verliebt. Sie hatten geheiratet. Und sie hatten einen Sohn bekommen – Matthew.

»Keine Ahnung«, sagte Matthew. »Soll ich ihr eine SMS schicken?«

»Klar.«

»Nana?«

»Was ist, mein Schatz?«

»Sag Mom nichts davon.«

»Wovon?«

»Von Naomi.«

»Wieso nicht?«

»Sag's ihr einfach nicht, okay?«

»Okay.«

»Versprochen?«

»Schluss jetzt«, sagte Hester leicht verärgert, als er eine Bestätigung einforderte. Aber dann fügte sie sanfter hinzu: »Ja, ich verspreche es. Natürlich verspreche ich es.«

Matthew blickte wieder auf sein Handy, während Tim in die bekannte Straße nach rechts einbog, die nächste links und noch zweimal rechts abfuhr. Dann waren sie in der Downing Lane, dieser wunderschönen Sackgasse. Vor ihnen lag das große Haus im Blockhaus-Stil, das Hester und Ira vor zweiundvierzig Jahren gebaut hatten. In diesem Haus hatten sie Jeffrey, Eric und David aufgezogen, bis sie vor fünfzehn Jahren, als ihre Söhne erwachsen waren, beschlossen hatten, dass es an der Zeit wäre, Westville den Rücken zu kehren. Sie hatten ihr Zuhause am Fuße der Ramapo-Mountains geliebt, Ira noch mehr als Hester, denn, Gott sei ihr Zeuge, Ira war ein Outdoor-Fan, der gerne wanderte und angelte und all die Dinge liebte, die ein Mann, der den Namen Ira Crimstein trug, eigentlich nicht mögen dürfte. Vor fünfzehn Jahren also, als ihre Söhne erwachsen geworden waren, wurde es für sie Zeit, den nächsten Schritt zu machen. Orte wie Westville sind perfekt, um Kinder großzuziehen. Man heiratet, zieht aus der Stadt in einen Vorort, bekommt ein paar Babys, besucht ihre Fußballspiele und Tanzvorführungen, reagiert bei den Abschlussfeiern übermäßig emotional, die Kinder gehen aufs College, kommen gelegentlich zu Besuch und müssen dann dringend einmal ausschlafen. Das passiert schließlich immer seltener, bis sie gar nicht mehr kommen und man allein ist, und dann ist wie bei jedem Lebenszyklus der Zeitpunkt gekommen, ihn hinter sich zu lassen und das Haus an ein anderes junges Paar zu verkaufen, das aus der Stadt auszieht, um ein paar Babys zu bekommen und einen Neuanfang zu machen.

Mit zunehmendem Alter konnten Orte wie Westville einem

dann nichts mehr bieten – was überhaupt nicht schlimm war.

Und so hatten Hester und Ira also tatsächlich den nächsten Schritt gemacht. Sie hatten sich eine Wohnung am Riverside Drive in der Upper West Side von Manhattan mit Blick auf den Hudson River gesucht. Sie liebten das Leben dort. Fast dreißig Jahre lang waren sie mit demselben Zug in die Stadt gependelt, den Matthew heute genommen hatte, umgestiegen – damals allerdings noch in Hoboken –, doch dann, im höheren Alter, war es einfach himmlisch gewesen, nach dem Aufstehen kurz zu Fuß zur Arbeit zu gehen oder mal eben die U-Bahn zu nehmen.

Hester und Ira genossen ihr Leben in New York City.

Und das alte »Blockhaus« in der Downing Lane hatten sie schließlich ihrem Sohn David und seiner wunderbaren Frau Laila verkauft, die gerade ihr erstes Kind bekommen hatten – Matthew. Hester hatte gedacht, dass es für David seltsam sein könnte, in dem Haus zu leben, in dem er aufgewachsen war. Aber er hatte ihr gesagt, dass es der perfekte Ort sei, um eine eigene Familie zu gründen. Laila und er renovierten das ganze Haus, drückten ihm ihren eigenen Stempel auf, sodass Hester und Ira es bei ihren Besuchen kaum wiedererkannten.

Matthew starrte noch immer auf sein Handy. Sie legte ihm die Hand aufs Knie. Er sah sie an.

»Hast du etwas gemacht?«, fragte sie.

»Wie *gemacht*?«

»Mit Naomi.«

Er schüttelte den Kopf. »Ich hab nichts gemacht. Das ist ja das Problem.«

Tim hielt in der Einfahrt ihres früheren Zuhauses. Die Erinnerungen schwirrten nicht mehr ziellos umher – sie organisierten sich, gingen in den Angriffsmodus über und stürzten sich gemeinsam auf sie. Tim machte den Motor aus, drehte sich um und sah Hester an. Er war inzwischen fast zwanzig Jahre bei ihr, seit seiner Flucht aus dem Balkan. Also wusste er, was los war. Er sah ihr in die Augen. Sie nickte fast unmerklich, um ihm mitzuteilen, dass sie es hinkriegen würde.

Matthew hatte sich bereits bei Tim bedankt und war ausgestiegen. Jetzt streckte auch Hester die Hand zum Türgriff aus, aber Tim stoppte sie mit einem Räuspern. Hester verdrehte die Augen und wartete, während Tim, ein Kerl von einem Mann, sich aus seinem Sitz rollte, aufrichtete, ausstieg und ihr die Tür aufhielt. Eine vollkommen sinnlose Geste, aber Tim war beleidigt, wenn Hester die Tür alleine öffnete, dabei hatte sie auch so Tag für Tag genug Kämpfe auszutragen, besten Dank auch.

»Ich weiß nicht, wie lange wir bleiben«, sagte sie zu Tim.

Er sprach immer noch mit einem deutlichen Akzent: »Ich warte hier.«

Matthew hatte die Haustür aufgeschlossen, und Hester sah, dass er sie einen Spalt weit offen gelassen hatte. Hester wechselte noch einen kurzen Blick mit Tim, dann ging sie den Kopfsteinpflasterweg hinauf – den Ira und sie an einem Wochenende vor dreiunddreißig Jahren gemeinsam verlegt hatten. Als sie im Haus war, schloss sie die Tür hinter sich.

»Matthew?«

»Ich bin in der Küche.«

Sie ging weiter nach hinten. Die Tür des riesigen Sub-Zero-Kühlschranks stand offen – der war zu ihrer Zeit noch nicht dort gewesen. Erneut hatte sie einen Flashback, sie sah David vor sich, als er so alt war wie Matthew jetzt, oder vielmehr sah sie all ihre Jungs während ihrer Highschool-Zeit vor sich. Jeffrey, Eric und David hatten immer mit den Köpfen im Kühlschrank gesteckt. Es war nie genug zu essen im Haus gewesen. Sie hatten gefressen wie Müllschlucker auf zwei Beinen. Wenn sie irgendwelche Lebensmittel gekauft hatte, waren sie am nächsten Tag verschwunden.

»Willst du was essen, Nana?«

»Nein, danke.«

»Sicher?«

»Ganz sicher. Erzähl mir, was los ist, Matthew.«

Sein Kopf kam hinter der Tür hervor. »Hast du was dagegen, wenn ich mir vorher einen kleinen Snack mache?«

»Wenn du Lust hast, lade ich dich zum Essen ein.«

»Ich muss noch richtig viel Hausaufgaben machen.«

»Wie du willst.«

Hester ging ins Wohnzimmer mit der Fernsehecke. Es roch nach verbranntem Holz. Jemand hatte vor Kurzem den Kamin benutzt. Das war eigenartig. Aber vielleicht auch nicht. Sie sah den Couchtisch an.

Es war ordentlich aufgeräumt. *Zu* ordentlich, dachte sie.

Die Zeitschriften waren aufeinandergestapelt. Genau wie die Untersetzer. Alles lag an seinem Platz.

Hester runzelte die Stirn.

Während Matthew noch sein Sandwich aß, schlich sie auf Zehenspitzen in den ersten Stock hinauf. Natürlich ging sie das nichts an. David war seit zehn Jahren tot. Laila hatte es verdient, glücklich zu sein. Hester meinte es nicht böse, aber sie konnte einfach nicht anders.

Sie ging ins Schlafzimmer.

Sie wusste, dass David auf der Fensterseite des Betts geschlafen hatte, Laila an der Tür. Das große Bett war gemacht. Makellos.

Zu ordentlich, dachte sie wieder.

Plötzlich hatte sie einen Kloß im Hals. Sie durchquerte das Zimmer und sah ins Bad. Auch das war makellos sauber und ordentlich. Sie konnte sich einfach nicht bremsen, ging zum Bett und sah sich das Kissen auf Davids Seite an.

Davids Seite? Dein Sohn ist seit zehn Jahren tot, Hester. Lass es gut sein.

Es dauerte ein paar Sekunden, aber schließlich entdeckte sie ein hellbraunes Haar auf dem Kissen.

Ein langes hellbraunes Haar.

Lass gut sein, Hester.

Vom Schlafzimmerfenster aus hatte man einen Blick auf den Garten und die dahinterliegenden Berge. Der Rasen ging in einen Hang über, an dem nur ein paar einzelne Bäume standen, dann wurden es mehr, bis es schließlich ein dichter Wald war. Natürlich hatten ihre Jungs da gespielt. Ira hatte ihnen geholfen, ein Baumhaus, kleine Festungen und Gott weiß was zu bauen. Stöcke waren in Messer und Gewehre verwandelt worden. Sie hatten Verstecken gespielt.

Eines Tages, als David sechs Jahre alt war und sie geglaubt hatte, er hätte alleine dort gespielt, hatte Hester gehört, wie er im Wald mit jemandem sprach. Als sie sich hinterher erkundigte, wer das gewesen war, hatte sich der Körper des kleinen David angespannt, und er hatte gesagt: »Ich hab bloß mit mir ganz allein gespielt.«

»Aber ich hab dich doch mit jemandem sprechen hören.«

»Oh«, hatte ihr kleiner Sohn gesagt, »das war mein unsichtbarer Freund.«

Soweit Hester das beurteilen konnte, war es das einzige Mal, dass David sie belogen hatte.

Hester hörte, wie unten die Haustür geöffnet wurde.

Matthews Stimme: »Hey, Mom.«

»Wo ist deine Großmutter?«

»Hier, bei mir«, sagte er. »Äh, Nana?«

»Ich komme!«

Hester, die panisch wurde und sich wie eine Idiotin vorkam, huschte schnell aus dem Schlafzimmer durch den Flur ins Bad. Sie schloss die Tür leise, betätigte die Toilettenspülung und ließ sogar Wasser laufen, damit es echt klang. Dann ging sie die Treppe hinunter. Laila stand unten am Absatz und blickte zu ihr hinauf.

»Hey«, sagte Hester.

»Hey.«

Laila sah umwerfend aus. Es ließ sich nicht anders beschreiben. Ihr maßgeschneidertes graues Business-Kostüm betonte die wichtigsten Körperpartien – bei ihr eigentlich alle. Die Bluse leuchtete strahlend weiß und bildete einen reizvollen Kontrast zu ihrer dunklen Haut.

»Alles in Ordnung bei dir?«, fragte Laila.

»Ja, natürlich.«

Hester ging die letzten Treppenstufen hinunter, und die beiden Frauen umarmten sich kurz.

»Also, was führt dich hier raus, Hester?«

Matthew trat dazu. »Nana hat mir bei einem Schulaufsatz geholfen.«

»Wirklich? Über welches Thema?«

»Recht und Gesetz«, sagte er.

Laila verzog das Gesicht. »Und warum hast du mich nicht gefragt?«

»Und, äh, es ging auch darum, wie es ist, wenn man im Fernsehen ist«, ergänzte Matthew unbeholfen. Er war kein guter Lügner, dachte Hester. Auch da ähnelte er seinem Vater. »Äh, ist nicht böse gemeint, Mom, du weißt schon, weil sie eine berühmte Anwältin ist und so.«

»So ist das also?«

Laila sah Hester an. Hester zuckte die Achseln.

»Also gut«, sagte Laila.

Hester musste an Davids Beerdigung denken. Laila stand mit dem kleinen Matthew an der Hand am Grab. Ihre Augen waren trocken. Sie weinte nicht. Nicht ein einziges Mal an jenem Tag. Nicht vor Hester oder sonst irgendjemandem. Am Abend waren Hester und Ira mit Matthew auf einen Hamburger zum Allendale Bar & Grill im Nachbarort gefahren. Hester war früher gegangen und zum Haus zurückgefahren. Sie war in den Garten gegangen, zu der Waldlichtung, wohin David unzählige Male verschwunden war, um mit dem Jungen zu spielen, den sie inzwischen alle Wilde nannten. Und selbst aus dieser großen Entfernung und über das Heulen des Nachtwinds hinweg hatte sie Lailas kehlige Schluchzer aus ihrem Schlafzimmer gehört. Es klang so roh, so herzzerreißend und so voller Pein, dass Hester fürchtete, in Laila könne etwas zerbrechen, das sich nie wieder reparieren ließe.

Laila hatte nicht wieder geheiratet. Wenn es in den letzten zehn Jahren andere Männer in ihrem Leben gegeben hatte – und sie musste Angebote gehabt haben, viele Angebote –, hatte sie Hester nichts davon erzählt.

Aber heute war es zu ordentlich im Haus und dazu das lange braune Haar …

Lass gut sein, Hester.

Ohne jede Vorwarnung streckte Hester die Arme aus und zog Laila fest an sich.

»Hester?«, sagte Laila überrascht.

Lass gut sein.

»Ich liebe dich«, flüsterte Hester.

»Ich liebe dich auch.«

Hester kniff die Augen zusammen. Sie konnte die Tränen nicht zurückhalten.

»Geht's dir gut?«, fragte Laila.

Hester sammelte sich, trat einen Schritt zurück, strich ihre Kleidung glatt. »Ja, mir geht's gut.« Sie zog ein Taschentuch aus der Handtasche. »Manchmal werde ich einfach …«

Laila nickte. »Ich kenn das …«, sagte sie.

Matthew stand hinter seiner Mutter. Über ihre Schulter sah Hester, wie er den Kopf schüttelte, um sie an ihr Versprechen zu erinnern.

Hester sagte: »Ich geh dann mal lieber.«

Sie gab beiden einen Kuss und verschwand eilig durch die Tür.

Tim erwartete sie an der geöffneten Autotür. Er trug immer einen schwarzen Anzug und eine Chauffeurmütze, bei jedem Wetter und zu jeder Jahreszeit, obwohl Hester ihm gesagt hatte, dass das nicht nötig wäre. Und weder Anzug noch Mütze schienen jemals richtig zu sitzen, was vielleicht an Tims massigem Körper lag, vielleicht aber auch daran, dass er eine Waffe trug.

Als Hester auf dem Rücksitz saß, drehte sie sich noch einmal um und warf einen letzten Blick auf das Haus. Matthew stand in der Tür. Er sah sie an. Wieder traf es sie wie ein Schlag:

Ihr Enkel bat sie um Hilfe.

Das hatte er noch nie getan. Und er hatte ihr nicht die ganze Geschichte erzählt. Bisher jedenfalls nicht. Doch während sie noch vor Selbstmitleid zerfloss, sich in ihrem Schmerz suhlte und an den Tiefpunkt ihres Lebens dachte, ermahnte sie sich, nicht zu vergessen, dass es für Matthew ein viel brutalerer und tieferer Einschnitt gewesen war. Er musste seitdem ohne Vater auskommen, ohne *diesen* Vater, ohne diesen guten und freundlichen Mann, der das Beste war, was Hester und vor allem Ira hervorgebracht hatten – Ira, der, da war sie sich sicher, an einem Herzinfarkt gestorben war, weil ihm der Verlust seines Sohnes bei diesem Unfall das Herz gebrochen hatte und er nicht darüber hinweggekommen war.

Tim rutschte wieder auf den Fahrersitz.

»Hast du gehört, was Matthew gesagt hat?«, fragte sie.

»Ja.«

»Was hältst du davon?«

Tim zuckte die Achseln. »Er verschweigt etwas.«

Hester antwortete nicht.

»Fahren wir zurück nach Manhattan?«, fragte Tim.

»Noch nicht«, sagte Hester. »Wir machen noch einen Zwischenstopp auf dem Polizeirevier.«

VIER

»Na sieh mal einer an. Hester Crimstein, wie sie leibt und lebt, in meinem bescheidenen Revier.«

Sie saß im Büro des Polizeichefs von Westville, Oren Carmichael, der mit seinen siebzig Jahren kurz vor der Pensionierung stand, aber immer noch das war, was er schon immer gewesen war – ein höchst ansehnliches Bild von einem Mann.

»Ich freue mich auch, dich zu sehen, Oren.«

»Du siehst gut aus.«

»Du auch.« Graue Haare standen Männern so unglaublich gut, dachte Hester. Das war verdammt ungerecht. »Wie geht's Cheryl?«

»Hat mich verlassen«, sagte er.

»Wirklich?«

»Ja.«

»Sie kam mir immer schon etwas dusslig vor.«

»Okay?«

»Nichts für ungut.«

»Schon in Ordnung.«

»Eine wunderschöne Frau«, fuhr Hester fort.

»Das ist wahr.«

»Aber dusslig. Ist das taktlos von mir?«

»Cheryl würde es wohl so sehen.«

»Wie sie das sieht, ist mir egal.«

»Mir auch.« Oren Carmichaels Lächeln verschlug ihr fast den Atem. »Macht Spaß, so ein kleines Wortgefecht.«

»Auf jeden Fall.«

»Aber du bist bestimmt nicht wegen meiner mittelmäßigen Schlagfertigkeit hier.«

»Gut möglich.« Hester lehnte sich zurück. »Wie nennen es die Jugendlichen, wenn man mehrere Dinge auf einmal macht?«

»Multitasking.«

»Genau.« Sie schlug die Beine übereinander. »Na ja, womöglich mach ich das gerade.«

Hester hätte sofort zugegeben, dass sie eine Schwäche für Männer in Uniform hatte, aber das war so ein unsägliches Klischee. Was nichts daran änderte, dass Oren Carmichael in seiner Uniform einfach schrecklich attraktiv war.

»Erinnerst du dich noch daran, wann du das letzte Mal hier warst?«, fragte Oren.

Hester lächelte. »Wegen Jeffrey.«

»Er hatte von der Überführung Eier auf Autos geworfen.«

»Das war eine schöne Zeit«, sagte Hester. »Warum hast du damals Ira angerufen, damit er Jeffrey abholen kommen soll, und nicht mich?«

»Vor Ira hatte ich keine Angst.«

»Und vor mir hattest du Angst?«

»Wenn du die Vergangenheitsform verwenden willst …« Oren Carmichael kippelte mit dem Stuhl nach hinten. »Erzählst du mir jetzt, warum du hier bist, oder frotzeln wir einfach weiter?«

»Glaubst du, dass wir dann besser werden?«

»Im Frotzeln? Na ja, schlechter kann es kaum werden.«

Oren hatte vor vierunddreißig Jahren dem Suchtrupp angehört, der den kleinen Jungen im Wald gefunden hatte. Alle, auch Hester, hatten damals gedacht, dass dieses Rätsel schnell gelöst werden würde, aber es hatte sich niemand gemeldet, der Wilde, den Jungen aus dem Wald, vermisste. Es wurde nie geklärt, wer ihn da zurückgelassen hatte oder wie er dorthin gekommen war. Und es ließ sich nicht mehr feststellen, wie lange der kleine Junge auf sich allein gestellt war und wie er überlebt hatte.

Auch jetzt – nach all den Jahren – wusste niemand, wer zum Teufel Wilde wirklich war.

Sie überlegte, ob sie Oren nach Wilde fragen sollte, einerseits um sich auf dem Laufenden zu halten, andererseits um über diesen Umweg die anderen Themen diskreter zur Sprache bringen zu können.

Aber Wilde ging sie nichts mehr an.

Von der Sache musste sie die Finger lassen, also kam sie direkt auf das Thema zu sprechen, das sie hergeführt hatte.

»Naomi Pine. Kennst du sie?«

Oren Carmichael faltete die Hände und legte sie auf den flachen Bauch. »Glaubst du etwa, ich würde jedes Mädchen von der Highschool im Ort kennen?«

»Woher weißt du, dass sie auf der Highschool ist?«, fragte Hester.

»Dir entgeht aber auch gar nichts. Nehmen wir mal an, ich würde sie kennen.«

Hester wusste nicht recht, wie sie vorgehen sollte, aber auch hier schien der direkte Weg der beste zu sein. »Eine Quelle hat mir erzählt, dass sie vermisst wird.«

»Eine Quelle?«

Na ja, also der ganz direkte Weg war es dann doch nicht. Aber, herrje, Oren war wirklich attraktiv. »Ja.«

»Hmm, ist dein Enkel nicht in Naomis Alter?«

»Tun wir einfach so, als wäre das reiner Zufall.«

»Er ist übrigens ein guter Junge. Matthew, meine ich.«

Sie sagte nichts.

»Ich trainiere immer noch die Basketball-Mannschaft der achten Klassen«, fuhr er fort. »Matthew ist immer mit vollem Einsatz dabei und genauso giftig wie …«

Er brach ab, bevor er Davids Namen aussprach. Beide rührten sich nicht, so als fehlte ihnen für einen Moment die Luft zum Atmen.

»Tut mir leid«, sagte Oren.

»Das muss es nicht.«

»Soll ich wieder so tun, als gäbe es keine Vergangenheit?«, fragte er.

»Nein«, sagte Hester leise. »Auf keinen Fall. Nicht, wenn es um David geht.«

Oren war damals Polizeichef und daher natürlich am Unfallort gewesen.

»Aber, um deine Frage zu beantworten«, fuhr Oren fort, »nein, ich habe nicht gehört, dass Naomi vermisst wird.«

»Also hat niemand eine Vermisstenmeldung aufgegeben oder so etwas?«

»Nein, wieso?«

»Sie war seit einer Woche nicht mehr in der Schule.«

»Und?«

»Und darum könntest du vielleicht einfach zum Telefon greifen und dort anrufen?«

»Machst du dir Sorgen?«

»Das wäre vielleicht zu viel gesagt. Sagen wir einfach, ein Anruf würde mich beruhigen.«

Oren kratzte sich das Kinn. »Muss ich sonst noch etwas wissen?«

»Außer meiner Telefonnummer?«

»Hester.«

»Nein, nichts. Ich möchte nur jemandem einen Gefallen tun.«

Oren runzelte die Stirn. Dann: »Ich werde ein paar Telefonate führen.«

»Wunderbar.«

Er sah sie an. Sie sah ihn an.

Oren sagte: »Wenn ich das richtig sehe, willst du nicht, dass ich das später mache, dich dann anrufe und dir sage, was ich herausgefunden habe?«

»Warum, bist du gerade beschäftigt?«

Er seufzte und rief bei Naomi zu Hause an. Dort ging niemand ans Telefon. Dann rief er die für Schulschwänzer zuständige Stelle der Highschool an. Nachdem er die Situation geschildert hatte und kurz in die Warteschleife geschaltet worden war, meldete sich die Schule wieder: »Ja, wir können bestätigen, dass die Schülerin fehlt.«

»Haben Sie mit den Eltern gesprochen?«

»Ich persönlich nicht, aber ein Kollege hat mit dem Vater telefoniert.«

»Und was hat er gesagt?«

»Sie wurde danach als entschuldigt vermerkt.«

»Mehr nicht?«

»Warum? Möchten Sie, dass ich zu ihr rausfahre?«

Oren sah Hester an. Die schüttelte den Kopf.

»Nein, nicht nötig. Ich wollte das nur abchecken. Können Sie mir sonst noch irgendetwas dazu sagen?«

»Eigentlich nur, dass das Mädchen wohl entweder die Klasse wiederholen oder ein ausgiebiges Nachhilfeprogramm in der Sommerschule absolvieren muss. Sie hat im letzten Halbjahr sehr häufig gefehlt.«

»Vielen Dank.«

Oren legte auf.

»Danke«, sagte Hester.

»Keine Ursache.«

Sie überlegte kurz. »Woher du Matthew kennst, weiß ich«, sagte sie dann bedächtig. »Über mich, über David und über das Basketballteam.«

Er schwieg.

»Ich weiß auch, dass du sehr aktiv in der Community mitarbeitest, was ich sehr löblich finde.«

»Aber du fragst dich, woher ich Naomi kenne.«

»So ist es.«

»Das hätte ich dir wohl gleich sagen sollen.«

»Ich höre.«

»Erinnerst du dich an den Film *The Breakfastclub*?«, fragte er.

»Nein.«

Oren sah sie überrascht an. »Du hast ihn nie gesehen?«

»Nein.«

»Wirklich nicht? Meine Kinder haben ihn dauernd geguckt, obwohl der Film schon älter ist.«

»Worauf willst du hinaus?«

»Erinnerst du dich an die Schauspielerin Ally Sheedy?«

Sie verkniff sich einen Seufzer. »Nein.«

»Ist auch nicht wichtig. In dem Film spielt Ally Sheedy eine Außenseiterin auf der Highschool, die mich an Naomi erinnert. In einer Szene kommt diese Außenseiterin etwas aus sich heraus und sagt: ›Meine ganze Familie ist völlig unbefriedigend.‹«

»Und das hätte Naomi auch sagen können?«

Oren nickte. »Vielleicht ist sie ausgerissen, es wäre nicht das erste Mal. Ihr Vater – und diese Information ist vertraulich – wurde schon dreimal mit Alkohol am Steuer erwischt.«

»Gibt es Anzeichen von Missbrauch oder Misshandlungen?«

»Nein, ich glaube nicht, dass so etwas dahintersteckt. Es

geht eher in Richtung Vernachlässigung. Naomis Mutter hat die Familie verlassen. Das ist so zwischen fünf bis zehn Jahre her. Ihr Vater arbeitet abends oft lange in der Stadt. Ich glaube, die Rolle als alleinerziehender Vater überfordert ihn einfach.«

»Okay«, sagte Hester. »Danke, dass du mir das erzählt hast.«

»Ich begleite dich raus.«

An der Tür drehten sich beide um und standen sich direkt gegenüber. Hester spürte, dass ihre Wangen warm wurden. Sie errötete doch tatsächlich. War man denn nie zu alt dafür?

»Wolltest du mir nicht auch erzählen, was Matthew über Naomi gesagt hat?«, fragte Oren.

»Nichts.«

»Bitte, Hester, tun wir doch einfach so, als sei ich ein ausgebildeter Ermittler mit vierzig Jahren Berufserfahrung. Da schneist du also einfach bei mir ins Büro rein und fragst ganz beiläufig nach einem Mädchen, das in Schwierigkeiten steckt und rein zufällig eine Klassenkameradin deines Enkels ist. Der Ermittler in mir fragt sich, warum du das machst, und schlussfolgert, dass Matthew dir etwas erzählt haben muss.«

Hester wollte widersprechen, wusste aber, dass das nichts genützt hätte. »Okay, aber das ist inoffiziell. Matthew hat mich darum gebeten, dass ich mir die Sache mal angucke.«

»Warum?«

»Das weiß ich nicht.«

Er wartete.

»Ich weiß es wirklich nicht.«

»Schon gut.«

»Er macht sich offenbar Sorgen um sie.«

»Was für Sorgen?«

»Auch das weiß ich nicht. Aber wenn du nichts dagegen hast, werde ich die Angelegenheit weiter im Auge behalten.«

Oren runzelte die Stirn. »Im Auge behalten?«

»Ich denke, ich fahr mal zu ihr und rede mit dem Vater. Ist das okay?«

»Würde es etwas ändern, wenn ich dir antworte, dass es das nicht ist?«

»Nein. Aber ich glaube auch nicht, dass wirklich etwas an der Sache dran ist.«

»Aber?«

»Aber Matthew hat mich noch nie um Hilfe gebeten. Verstehst du?«

»Ja, ich glaub schon«, erwiderte er. »Und falls du doch etwas erfahren solltest, während du die Sache im Auge behältst …«

»Dann rufe ich dich sofort an. Versprochen.« Hester zog eine Visitenkarte aus der Handtasche und reichte sie ihm. »Meine Handynummer.«

»Soll ich dir meine auch geben?«

»Das wird nicht nötig sein.«

Er sah ihre Karte an. »Aber hast du nicht gerade gesagt, dass du mich anrufen willst?«

Sie spürte, wie ihr Herzschlag sich beschleunigte. Das mit dem Alter war schon komisch. Wenn das Herz raste, kam man sich wieder vor wie auf der Highschool.

»Oren?«

»Ja?«

»Ich weiß, dass wir alle ganz modern und aufgeschlossen sein sollen und so weiter …«

»Klar.«

»Trotzdem finde ich, dass der Junge das Mädchen anrufen sollte.«

Er hielt ihre Visitenkarte hoch. »Und wie durch einen Zufall habe ich jetzt deine Telefonnummer.«

»Die Welt ist klein.«
»Pass auf dich auf, Hester.«

* * *

»Das sind die ersten Informationen«, sagte Tim und reichte Hester ein paar Zettel. »Es kommt bald mehr.«

Sie hatten einen Drucker im Kofferraum, der mit dem Laptop im Handschuhfach verbunden war. Hesters Mitarbeiter schickten ihr auch gelegentlich Informationen aufs Handy, sie zog es jedoch immer noch vor, etwas Greifbares in der Hand zu halten und auf Papier zu lesen. So konnte sie sich Notizen dazuschreiben oder wichtige Sätze unterstreichen.

Alte Schule. Oder halt einfach alt.

»Hast du Naomi Pines Adresse?«, fragte sie ihn.

»Ja.«

»Wie weit ist es von hier?«

Tim blickte aufs Navi. »Vier Komma drei Kilometer, acht Minuten.«

»Fahren wir.«

Auf der Fahrt überflog sie die Notizen. Naomi Pine, sechzehn Jahre alt. Eltern geschieden. Vater, Bernard. Mutter, Pia. Der Vater hatte das alleinige Sorgerecht, was für sich schon interessant war. Offenbar hatte die Mutter all ihre elterlichen Rechte abgetreten. Das war ungewöhnlich, um es vorsichtig auszudrücken.

Das Haus war alt und etwas heruntergekommen. Die ehemals weiße Farbe hatte inzwischen eher einen Ton, der in der Farbskala zwischen cremefarben und hellbraun angesiedelt war. Sämtliche Fenster waren verschlossen, manche mit stabilen Jalousien, andere mit oft defekten Fensterläden.

»Was hältst du davon?«, fragte Hester Tim.

Tim verzog das Gesicht. »Sieht aus wie ein Safe House in der alten Heimat. Oder ein Gebäude, in dem Dissidenten gefoltert wurden.«

»Warte hier.«

In der Einfahrt stand ein neuwertiger roter Audi A6. Er war vermutlich mehr wert als das Haus. Auf dem Weg zur Tür sah Hester, dass es ein großes viktorianisches Gebäude war. Es hatte eine umlaufende Veranda und geschnitzte, wenn auch ziemlich verwitterte Deckenleisten. Obwohl es jetzt trist wirkte und kaum noch Charme hatte, ging Hester davon aus, dass es früher einmal eine sogenannte »Painted Lady« gewesen war, ein farbenfrohes, gepflegtes Schmuckstück.

Hester klopfte an die Tür. Nichts. Sie klopfte noch einmal lauter.

Eine Männerstimme sagte: »Stellen Sie es einfach vor die Tür.«

»Mr Pine?«

»Ich bin gerade beschäftigt. Wenn ich etwas unterschreiben muss…«

»Mr Pine, ich bin nicht wegen einer Lieferung hier.«

»Wer sind Sie?«

Er sprach etwas undeutlich. Die Tür hatte er noch immer nicht geöffnet.

»Ich heiße Hester Crimstein.«

»Wie?«

»Hester…«

Er öffnete die Tür.

»Mr Pine?«

»Woher kenne ich Sie?«, fragte er.

»Sie kennen mich nicht.«

»Doch, das tue ich. Aus dem Fernsehen, oder?«

»Das ist möglich. Mein Name ist Hester Crimstein.«

»Holla.« Bernard Pine schnippte mit den Fingern und zeigte auf sie. »Sie sind diese Strafverteidigerin, die dauernd in den Nachrichten ist, stimmt's?«

»Ja, das stimmt.«

»Wusst ich's doch.« Dann erschrak er und wich argwöhnisch ein Stück zurück. »Moment mal, was wollen Sie von mir?«

»Ich bin wegen Ihrer Tochter hier.«

Seine Augen weiteten sich leicht.

»Wegen Naomi«, ergänzte Hester.

»Ich weiß, wie meine Tochter heißt«, sagte er schnippisch. »Was wollen Sie?«

»Sie war nicht in der Schule.«

»Na und? Hat die Schule Sie geschickt?«

»Nein.«

»Was haben Sie dann mit meiner Tochter zu tun? Was wollen Sie von mir?«

Er sah aus wie jemand, der gerade von einem harten Arbeitstag nach Hause gekommen war. Er hatte das Jackett ausgezogen, die Ärmel hochgekrempelt und die Krawatte gelockert. In seiner Brusttasche klemmten zwei identische Kugelschreiber. Der Bartschatten sah eher nach sieben Uhr abends als nach fünf Uhr nachmittags aus, die Augen waren leicht gerötet, und auch ansonsten wirkte er erschöpft. Hester hätte gewettet, dass er schon mindestens ein Glas Hochprozentiges getrunken hatte.

»Kann ich Naomi sprechen?«

»Wieso?«

»Ich bin …«, Hester probierte es mit ihrem legendären, entwaffnenden Lächeln. »Hören Sie, ich will Ihnen nichts Böses. Ich bin nicht in irgendeiner rechtlichen Funktion hier.«

»Was wollen Sie dann?«

»Mir ist klar, dass das etwas ungewöhnlich ist, aber geht es Naomi gut?«

»Das versteh ich nicht. Was geht Sie meine Tochter an?«

»Nichts. Ich will ihr auch nicht nachspionieren.« Hester versuchte, die Angelegenheit aus sämtlichen Blickwinkeln zu betrachten, und entschied sich für die persönlichste und wahrhaftigste Antwort. »Naomi ist eine Schulkameradin meines Enkels Matthew. Vielleicht hat sie ihn mal erwähnt?«

Pines Lippen wurden schmaler. »Was wollen Sie hier?«

»Ich … Matthew und ich wollten nur sichergehen, dass mit Naomi alles okay ist.«

»Es geht ihr gut.«

Er wollte die Tür schließen.

»Kann ich sie sehen?«

»Ist das Ihr Ernst?«

»Ich weiß, dass sie nicht in der Schule war.«

»Na und?«

Schluss mit dem charmanten, entwaffnenden Vorgehen. Mit härterer Stimme fragte sie: »Und daher will ich wissen, wo Naomi ist, Mr Pine?«

»Mit welchem Recht …?«

»Ohne«, sagte Hester. »Ohne jedes Recht. Absolut ohne jede Rechtsgrundlage. Aber ein Freund von Naomi macht sich Sorgen um sie.«

»Ein Freund?« Er schnalzte spöttisch. »Dann ist Ihr Enkel also ihr Freund, was?«

Hester wusste nicht recht, was sie von seinem Tonfall halten sollte. »Ich würde sie nur gern sehen.«

»Sie ist nicht da.«

»Wo ist sie denn?«

»Das geht Sie wirklich nichts an.«

Ihre Stimme wurde noch härter: »Sie haben gesagt, Sie hätten mich im Fernsehen gesehen.«

»Und?«

»Dann wissen Sie wahrscheinlich auch, dass es nicht klug ist, sich mit mir anzulegen.«

Sie starrte ihn an. Er trat einen Schritt zurück.

»Naomi besucht ihre Mutter.« Der Griff am Türknauf wurde fester. »Und noch etwas, Miss Crimstein. Meine Tochter geht weder Sie noch Ihren Enkel etwas an. Und jetzt verlassen Sie mein Grundstück.«

Er machte die Tür zu. Und dann, als wollte er dem noch einmal Nachdruck verleihen, schloss er sie mit einem hörbaren Klicken ab.

Tim wartete vor dem Auto. Als sie näher kam, öffnete er ihr die Tür.

»Blödmann«, murmelte Hester.

Es war spät geworden. Dunkelheit hatte sich über den Ort gelegt. Hier draußen, besonders in der Nähe der Berge, gab es so gut wie keine Straßenbeleuchtung. Heute Abend konnte sie nichts mehr für Naomi Pine tun.

Tim setzte sich auf den Fahrersitz und ließ den Motor an. »Wir sollten uns langsam auf den Rückweg machen«, sagte er. »In zwei Stunden hast du deinen Auftritt.«

Tim sah ihr über den Rückspiegel in die Augen und wartete.

»Wie lange ist es her, seit wir das letzte Mal bei Wilde waren?«, fragte Hester.

»Im September werden es sechs Jahre.«

Sie hätte überrascht sein können, wie viel Zeit vergangen war. Sie hätte auch überrascht sein können, dass Tim sich sofort an das Jahr und den Monat erinnerte.

Das war sie aber nicht.

»Meinst du, du würdest den Weg zu ihm noch finden?«

»Jetzt im Dunkeln?« Tim überlegte kurz. »Ich denke schon.«

»Dann lass es uns versuchen.«

»Kannst du ihn nicht anrufen?«

»Ich glaube nicht, dass er ein Telefon hat.«

»Vielleicht ist er auch umgezogen.«

»Nein«, sagte Hester.

»Oder er ist nicht zu Hause.«

»Tim.«

Er legte den Gang ein. »Schon unterwegs.«

FÜNF

Als sie die Halifax Road zum dritten Mal entlangfuhren, entdeckte Tim die Abzweigung. Die schmale Fahrspur war fast vollständig zugewuchert. Es war, als führen sie durch ein riesiges Gebüsch. Die Zweige schabten über das Autodach wie die Bürsten in einer Waschstraße. Ein paar hundert Meter südlich befand sich das Split Rock Sweetwater Gebetscamp der … wie nannten sie sich jetzt? … Ramapough Lenape Nation oder Ramapough Mountain People oder Ramapough Mountain Indians oder einfach Ramapoughs. Ihre Herkunft war ein wenig undurchschaubar. Manche behaupteten, dass sie direkt von den in diesem Gebiet heimischen amerikanischen Ureinwohnern abstammten, eventuell hatten sich diese Eingeborenen aber auch mit den Hessen vermischt, die im Unabhängigkeitskrieg gekämpft hatten, oder mit entlaufenen Sklaven, die vor dem Bürgerkrieg bei den alten Lenape-Stämmen Zuflucht gesucht hatten. Wie auch immer, jetzt waren die Ramapoughs – zumindest im Kopf würde sie es einfach halten – ein zurückgezogen lebender und dahinschwindender Stamm.

Vor vierunddreißig Jahren, als der kleine Junge, den man jetzt Wilde nannte, nicht einmal einen Kilometer von hier entfernt gefunden wurde, waren viele davon ausgegangen – und nicht wenige glaubten das immer noch –, dass er in irgendeiner Beziehung zu den Ramapoughs stehen musste. Natürlich wusste niemand etwas Konkretes, aber wenn man anders, arm und zurückgezogen lebte, befeuerte das die Legendenbildung. Vielleicht hatte also eine Stammesangehörige ein außereheliches Kind ausgesetzt, oder das Kind war im Zuge einer irren Stammeszeremonie in den Wald geschickt worden, vielleicht hatte es sich aber auch einfach verirrt, und der Stamm hatte Angst, das zuzugeben und es zurückzuholen. Aber natürlich war das alles Unsinn.

Die Sonne war untergegangen. Die dunklen Bäume schienen die Straße nicht zu säumen, sondern zu bedrängen. Die Äste überragten sie wie Gliedmaßen und schienen sich zu berühren wie Kinderhände bei dem Singspiel *Dornröschen war ein schönes Kind*. Hester nahm an, dass irgendein Sensor ausgelöst wurde, als sie in diese Straße eingebogen waren, und wahrscheinlich noch zwei, drei weitere, als sie die Straße weiter entlanggefahren waren. Am Ende der Sackgasse wendete Tim den Wagen, sodass sie später direkt wieder zurückfahren konnten.

Im Wald blieb alles ruhig und still. Die Autoscheinwerfer waren die einzige Lichtquelle.

»Und jetzt?«, fragte Tim.

»Bleib im Auto.«

»Du kannst da nicht allein rausgehen.«

»Kann ich nicht?« Beide streckten die Hände aus, um ihre Tür zu öffnen, doch Hester stoppte ihn mit einem bestimmten: »Sitzen bleiben.«

Sie trat in die stille Nacht und schloss die Tür hinter sich.

Die Kinderärzte, von denen Wilde damals untersucht worden war, hatten sein Alter auf sechs bis acht Jahre geschätzt. Er konnte sprechen. Er behauptete, es durch seine »geheime« Freundschaft mit Hesters Sohn David und auch durchs Fernsehen gelernt zu haben, das er viele Stunden lang in den Häusern geguckt hatte, in die er eingebrochen war. Auf die Art hatte Wilde sich auch ernährt. In der wärmeren Jahreshälfte hatte er zwar auch von dem gelebt, was das Land hergab, oder er hatte in der kälteren Jahreszeit in den Mülltonnen der Häuser und den Papierkörben in der Nähe von Parks nach Essbarem gesucht, aber meistens hatte er sich in die Sommerhäuser geschlichen – was man auch als Einbruch bezeichnete – und die Vorrats- und Kühlschränke geplündert.

An ein anderes Leben konnte der Junge sich nicht erinnern.

Keine Eltern. Keine Familie. Kein Kontakt zu anderen Menschen außer zu David.

Eine Erinnerung jedoch suchte Wilde immer wieder heim, eine Erinnerung, die den Jungen verfolgt hatte und ihn jetzt als Mann noch immer verfolgte, sodass er immer mal wieder nachts wach lag oder mitten in der Nacht schweißgebadet aufschreckte. Diese Erinnerung bestand jedoch aus einzelnen Schnappschüssen, die keinem erkennbaren Erzählstrang folgten: ein dunkles Haus, Mahagoni-Bodenbretter, ein rotes Geländer, das Porträt eines Mannes mit Schnurrbart und Schreie.

»Was für Schreie?«, hatte Hester den kleinen Jungen gefragt.

»Schreckliche Schreie.«

»Ja, natürlich. Ich meine, welche Art von Schreien? Männerschreie? Frauenschreie? Wer schreit in deiner Erinnerung?«

Wilde hatte darüber nachgedacht. »Ich«, sagte er dann. »Ich schreie.«

Hester lehnte sich ans Auto, verschränkte die Arme und wartete. Es dauerte nicht lange.

»Hester.«

Als Wilde in ihr Blickfeld trat, füllte sich Hesters Herz und drohte zu platzen. Sie wusste selbst nicht, warum. Vielleicht war es einfach einer dieser Tage gewesen, und als sie jetzt dem besten Freund ihres Sohnes gegenüberstand – der letzten Person, die David lebend gesehen hatte –, überwältigten die Gefühle sie einfach.

»Hi, Wilde.«

Wilde war ein Genie. Das wusste sie. Warum wusste das sonst niemand? Ein Kind kam mit bestimmten Veranlagungen auf die Welt. Das lernte man als Elternteil – dein Kind ist wer und was es ist, und wir Eltern überschätzen unsere Bedeutung für seine Entwicklung völlig. Ein guter Freund hatte ihr einmal gesagt, Eltern hätten eher die Funktion eines Automechanikers – man konnte das Auto reparieren, sich darum kümmern, es pflegen und fahrbereit halten, man konnte es aber nicht grundlegend verändern. Wenn man einen Sportwagen zur Reparatur in eine Werkstatt brachte, kam er nicht als SUV wieder heraus.

Das galt auch für Kinder.

Tja, und es war eben ein Teil von Wildes Veranlagung, dass er ein Genie war.

Experten betonen jedoch auch, wie entscheidend die frühkindliche Entwicklung ist, dass etwa neunzig Prozent des kindlichen Gehirns bis zum Alter von fünf Jahren entwickelt sind. Aber wie war das bei Wilde in diesem frühen Alter gewesen? Man stelle sich vor, welche Erfahrungen er gemacht, was er erlebt hatte, welche Stimulation er dadurch bekam, dass er schon als Kleinkind alles selbst machen musste, sich um alles kümmern, sich ernähren, eine Unterkunft suchen oder errichten, sich verteidigen und sich Trost zusprechen.

Wie würde das die Entwicklung eines solchen Kinderhirns intensivieren?

Wilde trat ins Scheinwerferlicht, damit sie ihn richtig sehen konnte. Er lächelte ihr zu. Er war ein attraktiver Mann mit einem dunklen, sonnengebräunten Teint und einem Körper, der nur aus Muskeln zu bestehen schien, mit Unterarmen, die wie gespannte Stahldrähte aus den aufgekrempelten Ärmeln seines Flanellhemds ragten, in einer ausgebleichten Jeans, abgewetzten Wanderschuhen und mit langen Haaren.

Mit sehr langen hellbraunen Haaren.

Genau wie das Haar, das sie auf dem Kissen gefunden hatte.

Hester kam direkt zur Sache: »Was läuft zwischen dir und Laila?«

Er sagte nichts.

»Streite es nicht ab.«

»Das tue ich nicht.«

»Und?«

»Sie hat Bedürfnisse«, sagte Wilde.

»Ist das dein Ernst?«, fragte Hester. »Sie hat Bedürfnisse? Dann bist du also – was genau, Wilde? – ein guter Samariter?«

Er trat einen Schritt auf sie zu. »Hester?«

»Was ist?«

»Sie kann nicht mehr lieben.«

Gerade als sie geglaubt hatte, sie sei immun gegen weitere Schmerzen, zündeten seine Worte einen weiteren Sprengsatz in ihrem Herzen.

»Vielleicht gibt sich das irgendwann wieder«, sagte Wilde. »Aber noch vermisst sie David zu sehr.«

Hester sah ihn an und spürte, wie alles, was sich in ihr aufgestaut hatte – Wut, Schmerz, Unvernunft, Sehnsucht – in sich zusammenfiel.

»Bei mir fühlt sie sich sicher«, sagte Wilde.

»Bei dir hat sich nichts geändert?«

»Nein, nichts«, sagte er.

Sie wusste nicht recht, ob ihr das gefiel oder nicht. Anfangs hatten alle gedacht, dass sie die wahre Identität des Jungen schnell in Erfahrung bringen würden. Daher war Wilde – offensichtlich ein Spitzname, der dann zur Dauerlösung geworden war – erst einmal bei den Crimsteins geblieben. Schließlich hatte ihn das Jugendamt an die Brewers vermittelt, eine geschätzte Pflegefamilie, die auch in Westville wohnte.

Er ging zur Schule. Er tat sich in praktisch allem hervor, was er machte. Wilde blieb aber auch immer ein Außenseiter. Er liebte seine Pflegefamilie, soweit ihm das möglich war – die Brewers hatten ihn schließlich sogar adoptiert –, aber im Endeffekt konnte er nur alleine leben. Mit Ausnahme seiner Freundschaft zu David gelang es Wilde nicht, eine echte Verbindung zu anderen Menschen aufzubauen, besonders nicht zu Erwachsenen. Wenn man alle Verlustängste zusammennahm, die ein normaler Mensch haben konnte, und sie mit dem Faktor zehn potenzierte, hatte man vielleicht eine vage Vorstellung von dem, was in Wilde vorging.

Es hatte Frauen in seinem Leben gegeben, viele Frauen, aber nichts von Dauer.

»Bist du deshalb hier?«, fragte Wilde. »Um dich nach Laila zu erkundigen?«

»Zum Teil.«

»Und ansonsten?«

»Dein Patensohn.«

Das weckte seine Aufmerksamkeit. »Was ist mit ihm?«

»Matthew hat mich gebeten, ihm zu helfen, eine Freundin zu finden.«

»Wen?«

»Sie heißt Naomi Pine.«

»Warum hat er sich an dich gewandt?«

»Das weiß ich nicht. Ich glaube aber, dass Matthew womöglich in Schwierigkeiten steckt.«

Wilde ging zum Wagen. »Ist Tim noch dein Fahrer?«

»Ja.«

»Ich wollte sowieso gerade zu Laila und Matthew. Bringt mich hin und erzähl mir auf der Fahrt, was los ist.«

* * *

Als sie nebeneinander auf der Rückbank saßen, fragte Hester: »Dann ist es also eine Affäre?«

»Laila könnte niemals eine Affäre sein. Das weißt du ganz genau.«

Hester wusste es. »Dann bleibst du also die ganze Nacht?«

»Nein. Nie.«

Dann war er wirklich noch der Alte, dachte sie. »Und Laila kommt damit klar?«

Wilde antwortete mit einer Gegenfrage: »Wie bist du darauf gekommen?«

»Auf das mit Laila und dir?«

»Ja.«

»Das Haus war zu ordentlich.«

Wilde schwieg.

»Du bist ein Ordnungsfreak«, sagte sie. Und das war noch eine freundliche Untertreibung. Hester kannte die genauen Diagnosen nicht, aber ein Laie würde es wohl als Zwangsstörung bezeichnen. »Und Laila ist eher das Gegenteil.«

»Ach so.«

»Außerdem habe ich auf Davids Kissen ein langes braunes Haar gefunden.«

»Es ist nicht Davids Kissen.«

»Ich weiß.«

»Du hast in ihrem Schlafzimmer herumgeschnüffelt?«

»Das hätte ich nicht tun sollen.«

»So ist es.«

»Tut mir leid. Ich finde es nur seltsam. Das verstehst du doch, oder?«

Wilde nickte. »Ja, das versteh ich.«

»Ich will Laila glücklich sehen. Und ich will dich glücklich sehen.«

Sie hätte gerne hinzugefügt, dass das auch Davids Wunsch

gewesen wäre, aber das konnte sie nicht. Wahrscheinlich spürte Wilde ihr Unbehagen, auf jeden Fall wechselte er das Thema.

»Dann verrat mir doch mal, was mit Matthew ist«, sagte er.

Sie erzählte, was sie über Naomi Pine wusste. Er sah sie mit seinen durchdringenden blauen Augen mit dem goldenen Schimmer an. Als sie sprach, bewegte er sich kaum. Ein paar Leute hatten ihn damals Tarzan genannt – einige nannten ihn immer noch so –, und dieser Spitzname passte inzwischen fast zu gut, ganz so, als hätte Wilde mit seinem Körperbau, dem dunklen Teint und den langen Haaren sich diese Rolle zu eigen gemacht.

Als sie fertig war, fragte Wilde: »Hast du mit Laila darüber gesprochen?«

Sie schüttelte den Kopf. »Matthew hat mich gebeten, das nicht zu tun.«

»Aber mir hast du es trotzdem erzählt.«

»Von dir hat er nichts gesagt.«

Wilde verkniff sich ein Lächeln. »Ein hübsches Hintertürchen.«

»Berufskrankheit. Meine Fehler machen mich liebenswert.«

Wilde wandte den Blick ab.

»Was ist?«

»Die beiden haben ein ziemlich gutes Verhältnis«, sagte Wilde. »Laila und Matthew, meine ich. Warum will er nicht, dass sie es erfährt?«

»Das frage ich mich auch.«

Beide lehnten sich schweigend zurück.

Mit achtzehn war Wilde nach West Point gegangen, wo er seinen Abschluss mit jeder Menge Auszeichnungen bestanden hatte. Der gesamte Crimstein-Clan – Hester, Ira und die drei Jungs – war die Dreiviertelstunde zu seiner Abschlussfeier in der United States Military Academy gefahren. Seine Dienstzeit hatte er im Ausland absolviert, vorwiegend in einer Spezialeinheit, deren genauen Namen Hester immer vergaß. Die Einzelheiten wurden unter Verschluss gehalten, und selbst jetzt, Jahre später, konnte und wollte Wilde nicht darüber reden. Geheimhaltung. Aber letztlich war es das altbekannte Lied: Was auch immer Wilde dort gesehen hatte, was auch immer er getan, erlebt oder verloren hatte, der Krieg hatte ihm den Rest gegeben oder, in seinem Fall, vielleicht die Geister der Vergangenheit geweckt. Wer konnte das schon so genau sagen?

Als seine Dienstzeit beendet war und er nach Westville zurückkehrte, gab Wilde nicht mehr vor, sich in die »normale« Gesellschaft eingliedern zu wollen. Er fing als eine Art Privatdetektiv bei CRAW an, einer Agentur, die seine Pflegeschwester Rola gegründet hatte. Aber das funktionierte von Anfang an nicht richtig. Er kaufte sich eine kleine wohnwagenartige Unterkunft, die man als den Inbegriff von Minimalismus betrachten konnte, und verschwand fast gänzlich von der Bildfläche, als er ins Vorgebirge der Ramapo Mountains zog. Er stellte seine Behausung gelegentlich um, blieb aber immer in Rufweite dieser Straße. Hester wusste nicht genau, welche technischen Mittel Wilde signalisierten, dass er Besuch bekam, vermutete aber, dass es etwas mit Bewegungsmeldern, Sensoren und Infrarotkameras zu tun hatte.

»Und warum erzählst du mir das dann?«, fragte Wilde.

»Ich kann nicht die ganze Zeit hier draußen bleiben«, sagte sie. »Ich habe Gerichtstermine, Fernsehauftritte und diverse andere Verpflichtungen in der Stadt.«

»Und?«

»Und wer wäre besser dazu in der Lage, eine vermisste Person aufzuspüren, als du?«

»Okay.«

»Und dann war da noch das Haar auf dem Kissen.«

»Verstehe.«

»Ich habe mich nicht genug um Matthew gekümmert«, sagte Hester.

»Es geht ihm gut.«

»Abgesehen davon, dass er glaubt, eine vermisste Mitschülerin wäre in ernster Gefahr.«

»Abgesehen davon«, bestätigte Wilde.

Als Tim in die Sackgasse einbog, sahen sie, wie Matthew das Haus verließ. Er bewegte sich in typischer Teenager-Manier – den Kopf gesenkt, die Schultern schützend hochgezogen, schlurfender Gang, die Hände trotzig und tief in den Jeanstaschen. Er hatte weiße AirPods in den Ohren und bemerkte sie erst, als Tim ihm mit dem Auto den Weg abschnitt. Matthew zog einen Stöpsel aus dem Ohr.

Hester stieg zuerst aus.

Matthew fragte: »Hast du Naomi gefunden?«

Als er Wilde aussteigen sah, runzelte er die Stirn. »Was zum …?«

»Ich hab's ihm erzählt«, sagte Hester. »Er wird nichts verraten.«

Matthew wandte sich wieder an seine Großmutter. »Hast du Naomi gefunden?«

»Ich habe mit ihrem Vater gesprochen. Er sagt, es ginge ihr gut, und sie sei ihre Mutter besuchen.«

»Und hast du auch mit ihr gesprochen?«

»Mit ihrer Mutter?«

»Mit Naomi.«

»Bisher nicht, nein.«

»Dann lügt er vielleicht«, sagte Matthew.

Hester sah Wilde an.

Wilde ging auf Matthew zu. »Wie kommst du darauf, Matthew?«

Matthews Blick sauste wild hin und her, traf ihre Augen aber nicht. »Könnt ihr nicht einfach, äh, prüfen, ob's ihr gut geht?«

Wilde, nicht Hester, trat noch näher an den Jungen heran. »Matthew, sieh mich an.«

»Mach ich doch.«

Tat er nicht.

»Steckst du in Schwierigkeiten?«, fragte Wilde.

»Wieso? Nein.«

»Dann erzähl mir, was los ist.«

Hester blieb auf Distanz. Dies war der Hauptgrund für ihre Besorgnis wegen dieser neuen Beziehung zwischen Laila und Wilde. Es ging ihr nicht um die Erinnerung an David und den Schmerz, den sie empfand, weil sie ihn nie wiedersehen würde – oder zumindest nicht nur darum. Wilde war Matthews Patenonkel. Als David starb, war Wilde bei ihm gewesen. Er hatte sich der Verantwortung gestellt und eine wichtigere Rolle in Matthews Leben eingenommen. Nicht die des Vaters oder Stiefvaters, aber Wilde war so etwas wie ein nahestehender Onkel und immer für Matthew da. Hester und Laila waren ihm dafür dankbar, weil sie glaubten – auch wenn das etwas sexistisch klingen mochte –, dass Matthew einen Mann in seinem Leben brauchte.

Welche Auswirkungen würde die Beziehung von Laila und Wilde auf Matthew haben?

Der Junge war nicht dumm. Wenn Hester die Zeichen innerhalb weniger Minuten erkannt hatte, musste auch Matthew Bescheid wissen. Wie also würde der Junge mit einem Patenonkel umgehen, der gelegentlich mit seiner Mutter schlief? Was würde mit Matthew geschehen, wenn die Beziehung den

Bach runterging? Waren Laila und Wilde reif genug, um darauf zu achten, dass Matthew in dem zu erwartenden Durcheinander nicht zu Schaden kam – oder gingen sie die Sache ganz naiv an?

Matthew war inzwischen größer als Wilde. Wann um alles in der Welt war das passiert? Wilde legte dem Jungen eine Hand auf die Schulter und sagte: »Sprich mit mir, Matthew.«

»Ich bin auf dem Weg zu einer Party.«

»Okay.«

»Bei Crash im Haus. Ryan, Trevor, Darla und Trish kommen auch.«

Wilde wartete.

»Sie haben in letzter Zeit noch mehr auf ihr herumgehackt. Auf Naomi.« Matthew schloss die Augen. »Krass brutale Sachen.«

Hester trat näher an sie heran. »Wer hat auf ihr herumgehackt?«

»Die beliebten Schüler.«

»Du auch?«, fragte Hester.

Er hielt den Blick noch immer gesenkt.

Wilde sagte: »Matthew?«

Als Matthew schließlich antwortete, sprach er sehr leise. »Nein …« Er zögerte. Sie warteten ab. »Aber ich hab sie einfach machen lassen. Ich hab nichts dagegen unternommen. Und das hätte ich tun müssen. Crash, Trevor und Darla haben sie reingelegt. Das war echt so krass. Und jetzt … jetzt ist sie verschwunden. Deshalb geh ich zu Crashs Party. Vielleicht hör ich da ja was.«

»Was haben sie gemacht?«, fragte Hester.

»Mehr weiß ich nicht.«

Vor ihnen hielt ein Auto. Fahrer und Beifahrer waren Teenager. Der Fahrer hupte.

»Ich muss los«, sagte Matthew. »Bitte … sucht einfach weiter nach ihr, okay?«

»Ich setze jemanden im Büro darauf an, Naomis Mutter ausfindig zu machen«, sagte Hester. »Dann rede ich mit ihr.«

Matthew nickte. »Danke.«

»Weißt du noch jemanden, mit dem wir reden sollten, Matthew? Vielleicht eine Freundin von Naomi?«

»Sie hat weder Freundinnen noch Freunde.«

»Vielleicht ein Lehrer oder irgendwelche Verwandten?«

Matthew schnippte mit den Fingern, und seine Augen leuchteten auf. »Miss O'Brien.«

Wilde fragte: »Ava O'Brien?«

Matthew nickte. »Sie ist so eine Aushilfs-Kunstlehrerin oder so was.«

»Und du glaubst, dass …«

Der Fahrer hupte noch einmal. Mit einem finsteren Blick brachte Hester ihn dazu aufzuhören.

»Ich muss los. Ich hoffe, dass ich auf der Party was erfahre.«

»Dass du was erfährst?«, fragte Hester.

Matthew antwortete nicht. Er öffnete die hintere Tür und sprang in den Wagen. Wilde und Hester sahen dem Auto hinterher.

»Kennst du diese Miss O'Brien?«, fragte Hester Wilde.

»Ja.«

»Darf ich fragen, woher?«

Wilde schwieg.

»Dachte ich mir. Wird sie mit dir sprechen?«

»Ja.«

»Gut«, sagte Hester. Als das Auto hinter der Kurve verschwand, fügte sie hinzu: »Was hältst du davon?«

»Ich glaube, Matthew erzählt uns nicht alles.«

»Vielleicht ruft mich Naomis Mutter ja zurück. Vielleicht lässt sie mich mit Naomi reden.«

»Vielleicht«, sagte Wilde.

»Du gehst aber nicht davon aus.«

»Nein, tu ich nicht.«

Beide drehten sich um und blickten die Sackgasse hinunter zum Haus der Crimsteins.

»Ich muss zurück in die Stadt. Meine Sendung fängt gleich an.«

»Mhm.«

»Ich hab jetzt keine Zeit, mit Laila darüber zu sprechen.«

»Ist wahrscheinlich auch besser so«, sagte Wilde. »Kümmre dich um deine Sendung. Ich rede erst mit Laila und dann mit Ava O'Brien.«

Hester gab ihm eine Visitenkarte mit ihrer Handynummer.

»Meld dich, Wilde.«

»Du auch, Hester.«

SECHS

Als Laila die Haustür öffnete, fragte sie: »Was ist los?«

»Nichts.«

»Wieso kommst du dann durch die Vordertür?«

Wilde kam immer durch die Hintertür. Immer. Er ging durch den Wald, der bis hinter das Crimstein-Haus reichte. Das hatte er damals schon gemacht, als er und David noch kleine Jungs waren und David ihn heimlich ins Haus geschmuggelt hatte.

»Also?«

Leidenschaft und Energie verwandelten Lailas Schönheit in ein lebendiges, atmendes, pulsierendes Ganzes. Man konnte nicht anders, als sich zu ihr hingezogen zu fühlen, weil man daran teilhaben wollte.

»Ich kann nicht zum Abendessen bleiben«, sagte er.

»Oh.«

»Tut mir leid. Aber mir ist gerade etwas dazwischengekommen.«

»Du bist mir keine Erklärung schuldig.«

»Wenn du willst, kann ich hinterher nochmal wiederkommen.«

Laila betrachtete sein Gesicht. Er hatte ihr von Matthew und der Sache mit Naomi erzählen wollen, dann aber das Für und Wider abgewogen und beschlossen, dass es wichtiger war, das Vertrauen seines Patensohns nicht zu verlieren, als seine Mutter zu informieren. Zumindest fürs Erste. Für heute. Es war eine knappe Entscheidung gewesen, aber Laila würde es verstehen.

Vielleicht.

»Ich muss morgen sowieso früh raus«, sagte Laila.

»Alles klar.«

»Und Matthew ist bei Freunden. Ich weiß nicht, wann er zurückkommt.«

Wilde imitierte freundschaftlich ihren Tonfall: »Du bist mir keine Erklärung schuldig.«

Laila lächelte. »Ach, verdammt. Komm wieder her, wenn es noch passt.«

»Könnte spät werden.«

»Ist egal«, sagte sie. Dann: »Du hast mir nicht erzählt, warum du durch die Haustür gekommen bist.«

»Ich hab Matthew auf der Straße gesehen.«

Das war keine Lüge.

»Was hat er gesagt?«

»Dass er zu jemandem namens Crash auf eine Party gehen würde.«

»Crash Maynard«, sagte sie.

»Die Maynards?«

»Ja, wie in Maynard Manor. Der Sohn von Dash.«

»Dashs Sohn heißt Crash?«

»Sein Vater war ganz verrückt nach dem Film *Annies Männer* oder so etwas. Unglaublich, was?«

Wilde zuckte die Achseln. »Wenn man Wilde heißt …«

»Auch wieder wahr.«

Es war dunkel geworden. Im Hintergrund lief das Gute-Nacht-Lied der Grillen, eine ständige, tröstliche Begleitung. »Ich mach mich mal auf den Weg.«

»Warte.« Laila wühlte in der Hosentasche ihrer Jeans herum. »Du musst ja nicht den Waldmenschen spielen.«

Sie fand ihren Autoschlüssel und warf ihn hinüber. »Nimm mein Auto.«

Er fing ihn. »Danke.«

»Keine Ursache.«

»Vielleicht bin ich auch gar nicht lange weg.«

»Ich bin hier, Wilde.«

Laila schloss die Tür.

* * *

Vor acht Monaten, als Wilde Ava O'Brien kennengelernt hatte, wohnte sie in einer weitläufigen, in Grau- und Beigetönen gehaltenen Siedlung am Rand der Route 17. Als sie in jener Nacht im grellen, fluoreszierenden Licht der Straßenlaternen zu ihrer Wohnung torkelten, hatte Ava im Scherz gesagt, die Wohnungen sähen sich so ähnlich, dass sie oft vor der falschen Tür stehe und versuche, sie aufzuschließen.

Wilde hatte dieses Problem nicht. Er erinnerte sich genau an den Ort und die Adresse.

Als er das erste Mal klopfte, reagierte niemand. Wilde kannte den Grundriss der Wohnung. Er sah hinauf zum Fenster rechts über ihm. Dort brannte Licht. Das hatte allerdings nicht viel zu sagen. Er wartete, ob er einen Schatten vorbeihuschen sah. Nichts.

Er klopfte noch einmal.

Schlurfende Schritte. Dann Stille. Es war fast neun Uhr abends. Wahrscheinlich blickte Ava O'Brien durch den Spion. Er blieb stehen. Dann wurde die Sicherheitskette zurückgeschoben. Der Türknauf drehte sich.

»Wilde?«

Ava trug einen großen Frottee-Bademantel. Er kannte ihn. Er hatte ihn sogar schon getragen.

»Kann ich kurz reinkommen?«, fragte er.

Er musterte ihr Gesicht, versuchte zu erkennen, ob sie sich freute, ihn zu sehen, oder ob es sie traurig machte – auch wenn das natürlich nichts geändert hätte. Aber es schien eher eine Mischung aus beidem zu sein. Vielleicht lag Überraschung darin. Vielleicht auch ein wenig Freude. Und er sah noch etwas – etwas, das er nicht sofort identifizieren konnte.

»Jetzt?«

Er sparte sich die Antwort.

Ava beugte sich vor, sah ihm in die Augen und flüsterte: »Ich bin nicht allein, Wilde.«

Ah, so war das also.

Ihr Gesichtsausdruck wurde sanfter. »Ach, Wilde«, sagte sie mit ein wenig zu zärtlicher Stimme. »Warum ausgerechnet heute?«

Vielleicht hätte er nicht kommen sollen. Vielleicht hätte er das Hester überlassen sollen.

»Es geht um Naomi Pine«, sagte er.

Das weckte ihre Neugier. Sie sah sich kurz um, trat vor die Tür und zog sie zu.

»Was ist mit Naomi?«, fragte sie. »Ist alles okay mit ihr?«

»Sie wird vermisst.«

»Was meinst du mit ›vermisst‹?«

»Sie ist eine Schülerin von dir, oder?«

»Gewissermaßen.«

»Was meinst du mit ›gewissermaßen‹?«

»Was heißt, ›sie wird vermisst‹?«

»Ist dir aufgefallen, dass sie gefehlt hat?«

»Ich habe angenommen, dass sie krank ist.« Ava zog den Bademantel fester zu. »Ich versteh das nicht. Was hast du damit zu tun?«

»Ich such sie.«

»Wieso?« Als er nicht sofort antwortete, hakte Ava nach: »Hast du mit ihrem Vater gesprochen?«

»Meine Kollegin …«, das war einfacher, als ihr von Hester zu erzählen, »… war bei ihm.«

»Und?«

»Er behauptet, Naomi sei bei ihrer Mutter.«

»Das hat er gesagt?«

»Ja.«

Jetzt wirkte Ava ernsthaft besorgt. »Ihre Mutter nimmt schon lange keinen Anteil mehr an Naomis Leben.«

»Das haben wir auch gehört.«

»Wie bist du auf mich gekommen?«

»Eine Quelle …« – wieder der einfachere Weg – »… hat behauptet, dass du eine gute Beziehung zu ihr hast.«

»Ich versteh das immer noch nicht. Warum suchst du Naomi? Hat dich jemand beauftragt?«

»Nein. Ich tu nur jemandem einen Gefallen.«

»Wem?«

»Das kann ich dir nicht sagen. Hast du eine Idee, wo sie sein könnte?«

Die Tür hinter ihr wurde geöffnet. Ein stattlicher Mann mit einem von diesen superlangen Bärten füllte die Tür aus. Er sah erst Ava, dann Wilde an. »Hi«, sagte er.

»Hi«, sagte Wilde.

Er richtete den Blick wieder auf Ava. »Ich gehe mal lieber.«

»Das ist nicht nötig«, sagte Wilde. »Es dauert nicht lange.«

Der bärtige Mann sah Ava weiter an. Dann nickte er kurz, als hätte er in ihrem Gesicht eine Antwort gesehen. »Ein andermal?«, fragte er.

»Klar.«

Er gab ihr einen Wangenkuss, klopfte Wilde auf den Rücken und joggte die Stufen hinunter. Er stieg in seinen

GMC-Terrain, legte den Rückwärtsgang ein und winkte einmal kurz zum Abschied. Wilde wandte sich wieder an Ava und wollte sich gerade entschuldigen, als sie abwinkte.

»Komm rein.«

* * *

Wilde setzte sich auf die rote Couch, auf der Ava und er sich zum ersten Mal geküsst hatten. Er ließ den Blick kurz durch den Raum schweifen. Es hatte sich nicht viel verändert, seit er diese drei Tage hier mit ihr verbracht hatte. An der Wand hingen zwei neue Gemälde – beide ein klein wenig schief –, ein Aquarell, das anscheinend ein gequältes Gesicht zeigte, und ein Ölbild vom Houvenkopf, einem nicht weit entfernten Berg.

»Die Bilder«, fragte er. »Hast du die gemalt?«

Sie schüttelte den Kopf. »Schüler.«

Das hatte er sich schon gedacht. Ihre eigenen Arbeiten präsentierte sie nicht gerne. *Sie sind zu persönlich*, hatte sie ihm gesagt, als er sie gefragt hatte. *Zu selbstbezogen. All meine Fehler sind darin zu sehen.*

»Ist eins von Naomi dabei?«

»Nein«, sagte Ava. »Aber mach schon, wenn du willst.«

»Was soll ich machen?«

Sie deutete auf die Wand. »Rück sie gerade. Ich weiß doch, dass es dich kribblig macht.«

Am Abend, als Ava schlief, war Wilde durch die Wohnung gestreift und hatte alle Bilder absolut waagerecht gehängt, manchmal sogar mit Hilfe einer Wasserwaage. Auch deshalb war er froh darüber, dass er in seiner Behausung keine Bilder hatte.

Als Wilde anfing, die Bilder auszurichten, setzte Ava sich

auf den Stuhl, der am weitesten von ihm entfernt war. »Du musst mir verraten, warum du sie suchst.«

»Nein, muss ich nicht.«

»Wie bitte?«

Als Letztes richtete er das Berg-Aquarell. »Ich habe keine Zeit für Erklärungen. Vertraust du mir, Ava?«

Sie strich sich die Haare aus dem Gesicht. »Kann ich das?«

In ihrem Ton mochte eine gewisse Schärfe gelegen haben, sicher war er sich aber nicht.

Dann: »Ja, Wilde, ich vertrau dir.«

»Erzähl mir von Naomi.«

»Ich habe keine Ahnung, wo sie ist, falls du das wissen willst.«

»Aber sie ist eine deiner Schülerinnen?«

»Sie wird es.«

»Was willst du damit sagen?«

»Ich habe ihr vorgeschlagen, sich im nächsten Halbjahr für den Kurs ›Einführung in die Aquarellmalerei‹ anzumelden. Dann wird sie meine Schülerin.«

»Du kennst sie aber doch schon?«

»Ja.«

»Woher?«

»Ich helfe an drei Tagen in der Woche in der Cafeteria aus. Durch die Mittelkürzungen ist sie mitleiderregend unterbesetzt.« Sie beugte sich vor. »Du bist doch auch auf diese Highschool gegangen, oder?«

»Ja.«

»Du wirst es nicht glauben, aber als wir beide, äh...«, sie blickte zur Decke, als suchte sie nach dem richtigen Ausdruck, zuckte dann die Achseln und fuhr fort, »... zusammen waren, hatte ich keine Ahnung, wer du bist. Ich meine, ich wusste nichts über deine Vergangenheit.«

»Ich weiß.«

»Woher?«

»Ich merke das.«

»Die Menschen behandeln dich anders, oder? Vergiss es. Ist auch egal. Ich nehme an, dass du damals auch ein Außenseiter warst, stimmt's?«

»Zu einem gewissen Grad.«

»Zu einem gewissen Grad«, wiederholte sie, »weil du gut aussiehst, stark und vermutlich sportlich bist. Für Naomi gilt das alles nicht. Sie ist *dieses* Mädchen, Wilde. Die perfekte, lupenreine Ausgestoßene, die von allen bis aufs Blut gemobbt wird. Irgendwie – und das klingt jetzt wirklich schrecklich – hat sie etwas an sich, das es den Menschen leichter macht, sie so zu behandeln. Das ist offenbar eine menschliche Eigenschaft, über die niemand gerne spricht. Irgendetwas in uns genießt dieses Spektakel. Als hätte sie es verdient. Und damit meine ich nicht nur die Schüler. Die anderen Lehrer grinsen im Stillen auch darüber. Ich will nicht sagen, dass es ihnen gefällt, aber sie versuchen auch nicht, ihr zu helfen.«

»Du aber schon.«

»Ich versuche es. Oft macht es das schlimmer. Ich weiß, dass das eine faule Ausrede ist, aber als ich mich für sie eingesetzt habe … tja, sagen wir einfach, dass es nichts geholfen hat. Stattdessen tue ich so, als ob sie etwas angestellt hat – auch weil ich hoffe, dass sie dadurch vielleicht etwas Anerkennung bekommt –, und ein Teil ihrer ›Strafe‹ besteht darin, dass sie zum Mittagessen nicht in die Cafeteria darf, sondern in den Kunstraum muss. Und manchmal setze ich mich nach meinem Cafeteria-Dienst zu ihr. Ich habe nicht den Eindruck, dass es die anderen Schüler irgendwie beeindruckt, aber zumindest …«

»Zumindest was?«

»Zumindest hat Naomi so mal eine Pause. Zumindest hat

sie ein paar Minuten Ruhe während der Schulzeit.« Ava blinzelte eine Träne weg. »Wenn Naomi vermisst wird, ist sie wahrscheinlich von zu Hause weggelaufen.«

»Wie kommst du darauf?«

»Weil ihr Leben die reinste Hölle ist.«

»Selbst zu Hause?«

»Da ist ›Hölle‹ vielleicht nicht das richtige Wort, aber besonders toll ist es da für sie auch nicht. Weißt du, dass Naomi adoptiert wurde?«

Wilde schüttelte den Kopf.

»Sie spricht häufiger darüber, als ein Adoptivkind das eigentlich tun sollte.«

»Inwiefern?«

»Sie fantasiert zum Beispiel darüber, von ihren echten Eltern gerettet zu werden. Ihre Adoptiveltern mussten alle möglichen Gespräche absolvieren und Nachforschungen über sich ergehen lassen, und erst als sie alles bestanden hatten, bekamen sie ein Kind – das war Naomi. Aber praktisch direkt danach ist die Mutter mit der Situation nicht mehr klargekommen. Sie haben sogar versucht, Naomi ins Waisenhaus zurückzubringen. Stell dir das mal vor. Wie eine Postsendung. Jedenfalls hatte die Mutter einen Nervenzusammenbruch. Das hat sie zumindest behauptet. Und dann hat sie Naomi und ihren Vater verlassen.«

»Weißt du, wo die Mutter jetzt ist?«

»Oh, sie hat sich …«, Ava runzelte die Stirn und malte mit den Fingern Anführungszeichen in die Luft, »… ›erholt‹. Und wieder einen reichen Knacker geheiratet. Naomi hat erzählt, dass sie in einem schicken Stadthaus in der Park Avenue wohnt.«

»Hat Naomi dir in letzter Zeit noch irgendetwas erzählt? Etwas, das uns weiterhelfen könnte?«

»Nein.« Dann: »Moment, jetzt, wo du es erwähnst.«

»Was?«

»Es schien ihr ein bisschen … besser zu gehen. Sie wirkte ruhiger. Entspannter.«

Wilde sagte nichts, es gefiel ihm aber nicht.

»Jetzt bist du an der Reihe, Wilde. Warum fragst du?«

»Jemand macht sich Sorgen um sie.«

»Wer?«

»Darf ich nicht sagen.«

»Matthew Crimstein.«

Er schwieg.

»Wie ich schon sagte, Wilde, habe ich nicht gewusst, wer du bist, als wir uns kennengelernt haben.«

»Aber jetzt weißt du es.«

»Ja.« Ihre Augen glänzten plötzlich tränennass. Er streckte die Hände aus und ergriff ihre. Sie zog sie zurück. Er ließ sie gewähren. »Wilde?«

»Ja.«

»Du musst sie finden.«

* * *

Wilde ging zurück zu Lailas BMW. Er fuhr nur etwa zwanzig Meter bis zu einem Müllcontainer. Hester hatte recht gehabt. Laila war ein Ferkel. Ein wunderschönes Ferkel. Sich selbst pflegte sie akribisch, war immer sauber und frisch geduscht. Für ihre direkte Umgebung galt das nicht. Auf dem Rücksitz ihres BMWs lagen Kaffeebecher und Verpackungen von Proteinriegeln.

Wilde hielt und räumte den Wagen aus. Er hatte keine übergroße Angst vor Keimen, war aber froh, dass sie eine Desinfektionslotion im Handschuhfach hatte. Er blickte zurück zu

Avas Haus. Würde sie den stattlichen Mann mit dem starken Bartwuchs wieder anrufen? Er bezweifelte es.

Er bedauerte seine Zeit mit Ava nicht. Nicht im Geringsten. Ja, er hatte sogar einen seltsamen Stich verspürt, als er sie eben wiedergesehen hatte, so etwas wie... Sehnsucht? Vielleicht war es eine Rechtfertigung, aber auch wenn er keine langfristigen Bindungen eingehen konnte, bedeutete das nicht, dass er nicht gerne neue Erfahrungen mit anderen Menschen machte. Er wollte ihnen nicht wehtun, aber vielleicht war es noch schlimmer, sie zu bevormunden oder sie mit irgendeinem blöden Spruch abzuspeisen. Er hatte sich entschlossen, vollkommen ehrlich zu sein, nichts zu beschönigen, aber auch keine Pseudo-Fürsorglichkeit an den Tag zu legen.

Wilde schlief draußen. Selbst in solchen Nächten.

Der Grund dafür war schwer zu erklären, also hinterließ er gelegentlich eine Nachricht, schlich sich raus, kehrte für ein paar Stunden in den Wald zurück, um sich morgens wieder in die Wohnung zu schleichen. Wilde konnte nicht einschlafen, wenn jemand in seiner Nähe war.

So einfach war das.

Draußen träumte er oft von seiner Mutter.

Vielleicht war es aber auch gar nicht seine Mutter. Vielleicht war die Frau im Haus mit dem roten Geländer jemand anders. Er wusste es nicht. Aber in den Träumen war seine Mutter – bis auf Weiteres würde er sie so nennen – eine schöne Frau, hatte lange rotbraune Haare, smaragdgrüne Augen und eine engelsgleiche Stimme. Sah seine Mutter wirklich so aus? Das Bild war ein bisschen zu perfekt und vielleicht eher Illusion als Realität. Vielleicht hatte seine Fantasie es heraufbeschworen, oder er hatte es einfach im Fernsehen gesehen.

Die Erinnerungen erheben oft Forderungen, denen man

nicht nachkommen kann. Sie werden oft verfälscht, weil sie dem Gehirn abverlangen, die Lücken irgendwie zu füllen.

Sein Handy klingelte. Hester.

»Hast du mit Ava O'Brien gesprochen?«, fragte sie.

»Ja.«

»Bist du stolz auf mich, weil ich nicht nachgefragt habe, woher du sie kennst?«

»Du bist der Inbegriff von Diskretion.«

»Also, was hat sie gesagt?«

Wilde erzählte ihr, was er erfahren hatte. Schließlich sagte sie: »Dass Naomi so ruhig gewirkt hat, gefällt mir nicht.«

»Mir auch nicht«, sagte Wilde.

»Wenn Menschen beschließen, ihrem Leben ein Ende zu setzen, strahlen sie oft eine gewisse Ruhe aus. Sie haben ihre Entscheidung getroffen. Und seltsamerweise wird ihnen dadurch eine Last vom Herzen genommen.«

»Na ja, ich habe auch Neuigkeiten«, sagte Hester. »Keine guten.«

Wilde wartete.

»Die Mutter hat mich zurückgerufen. Sie weiß nicht, wo Naomi ist.«

»Also hat der Vater gelogen«, sagte Wilde.

»Wahrscheinlich.«

So oder so würde es nicht schaden, wenn Wilde dem Vater einen Besuch abstattete.

Jemand rief Hesters Namen. Im Hintergrund wurde es unruhig.

»Alles in Ordnung?«, fragte er.

»Ich bin gleich live«, sagte Hester. »Wilde?«

»Ja.«

»Wir müssen schnell etwas unternehmen, einverstanden?«

»Es kann trotzdem sein, dass da nichts dran ist.«

»Sagt dir dein Bauchgefühl das?«

»Ich höre nicht auf meinen Bauch«, sagte Wilde. »Ich konzentriere mich auf die Fakten.«

»Blödsinn.« Dann: »Machen die Fakten sich Sorgen um das Mädchen?«

»Um das Mädchen«, erwiderte er, »und um Matthew.«

Die Unruhe im Hintergrund nahm zu.

»Ich muss vor die Kamera, Wilde. Wir hören voneinander.«

Sie legte auf.

* * *

Im Nachrichtenstudio setzte Hester sich auf einen lederbezogenen Hocker, der etwas zu hoch für sie eingestellt war. Ihre Zehen berührten kaum den Boden. Der Teleprompter war eingeschaltet. Lori, die Haarstylistin, die sie an diesem Tag betreute, war damit beschäftigt, ihr den letzten Schliff zu geben, und zupfte dafür unter anderem mit zwei Fingern in ihrer Frisur herum, während Bryan, der Visagist, noch in letzter Sekunde Abdeckcreme auftrug. Die rote Countdown-Uhr, die fast genauso aussah wie der Timer einer Zeitbombe aus einer bekannten Fernsehserie, zeigte ihr, dass sie in weniger als zwei Minuten auf Sendung gehen würden.

Ihr heutiger Co-Moderator spielte mit seinem Handy herum. Hester schloss für eine Sekunde die Augen, spürte den Schminkpinsel über ihre Wange streichen und die Finger, die ihre Haare sanft nach oben zogen. Sie empfand das auf eine seltsame Art als beruhigend.

Als ihr Handy vibrierte, öffnete sie seufzend die Augen und scheuchte Lori und Bryan weg. Normalerweise ging sie so kurz vor einer Sendung nicht ans Handy, aber auf dem Display stand, dass es ihr Enkel war.

»Matthew?«

»Hast du sie gefunden?«

Obwohl er mit gedämpfter Stimme sprach, klang er verzweifelt.

»Warum flüsterst du? Wo bist du?«

»Bei Crash. Hast du mit Naomis Mutter gesprochen?«

»Ja.«

»Was hat sie gesagt?«

»Sie weiß nicht, wo Naomi ist.«

Ihr Enkel stieß ein Geräusch aus, das sie als Stöhnen interpretierte.

»Matthew, was verschweigst du uns?«

»Das spielt keine Rolle.«

»Doch, das tut es.«

Sein Ton wurde abweisend. »Vergiss, dass ich gefragt habe, okay?«

»Nein, das ist nicht okay.«

Einer der Produzenten rief: »Zehn Sekunden.«

Ihr Co-Moderator steckte sein Handy ein und setzte sich aufrecht hin. Er wandte sich an Hester, sah, dass sie ihr Handy am Ohr hatte, und sagte: »Äh, Hester? Du machst das Intro.«

Der Produzent hielt die Hand hoch, um fünf Sekunden anzuzeigen. Er klappte den Daumen ein, um zu zeigen, dass es nur noch vier waren.

»Ich ruf dich zurück«, sagte Hester.

Als der Produzent den Zeigefinger herunterklappte, legte sie das Handy vor sich auf den Tisch.

Drei Sekunden scheinen eine sehr kurze Zeitspanne zu sein. In der Fernsehzeitrechnung sind sie das nicht. Hester hatte gerade genug Zeit, Allison Grant, die Produzentin ihres Programmteils, anzusehen und zu nicken. Allison hatte Zeit, das Gesicht zu verziehen, das Nicken zu erwidern und Hester so zu verstehen zu geben, dass sie ihrer Bitte zwar nachkommen würde, dies allerdings nur widerwillig tat.

Aber Hester war darauf vorbereitet. Es gab Zeiten, in denen man Nachforschungen anstellte, und Zeiten, in denen man forsch zur Tat schritt.

Sie würde Letzteres tun.

Der Produzent beendete seinen Countdown und zeigte auf Hester.

»Guten Abend«, sagte Hester, »und willkommen zur heutigen Ausgabe von *Crimstein on Crime*. Unser Hauptthema heute Abend ist – wie sollte es anders sein – die Kontroverse um die Kampagne des emporstrebenden Präsidentschaftskandidaten Rusty Eggers.«

Diese Sätze konnte sie vom Teleprompter ablesen. Für die folgenden galt das nicht.

Hester atmete tief durch. Wer A sagt, muss auch …

»Aber zuerst die neueste Meldung, die gerade hereingekommen ist«, fuhr Hester fort.

Ihr Co-Moderator runzelte die Stirn und drehte sich zu ihr um.

Ihr Problem war, dass Matthew Angst hatte. Und diese Tatsache konnte Hester nicht einfach abschütteln. Matthew hatte Angst, und er hatte sie um Hilfe gebeten. Natürlich würde sie alles in ihrer Macht Stehende tun.

Ein Foto von Naomi Pine erschien auf den Fernsehern im ganzen Land. Es war das einzige Foto, das ihre Produzentin Allison Grant so schnell gefunden hatte, und das war gar nicht einfach gewesen. In den sozialen Medien hatten sie nichts gefunden, was heutzutage sehr seltsam war, aber Allison, die in solchen Dingen wirklich verdammt gut war, hatte die Website des Fotografen ausfindig gemacht, der die offiziellen Porträts für die Westville High School machte. Nachdem Allison ihm versprochen hatte, das Wasserzeichen mit seinem Logo nicht zu entfernen, hatte der Fotograf der Nutzung zugestimmt.

Hester fuhr fort: »Ein Mädchen aus Westville, New Jersey, wird vermisst und braucht Ihre Hilfe.«

* * *

Nachdem Wilde die Abfälle aus Avas Wagen im Müllcontainer der Wohnanlage entsorgt hatte, ging er seine Optionen durch. Eigentlich blieben ihm nicht mehr viele Möglichkeiten. Es wurde spät. Die erste Möglichkeit bestand also darin, einfach zu Laila zurückzufahren, leise ins Schlafzimmer hinaufzuschleichen, wo sie auf ihn wartete und …

Tja, musste er wirklich noch weitere Optionen in Erwägung ziehen?

Um alle Eventualitäten abzudecken, schrieb er Matthew eine SMS: Wo bist du?

Matthew: Bei Crash Maynard.

Das hatte Laila ihm schon gesagt, er war sich aber nicht sicher, ob er das wissen durfte.

Wilde: Ist Naomi da?
Matthew: Nein.

Wilde überlegte noch, was er antworten sollte, sah dann aber die Punkte auf seinem Display tanzen. Matthew schrieb.

Matthew: Mist.
Wilde: Was ist?
Matthew: Hier stimmt was nicht.

Wildes Daumen bewegten sich nicht so schnell, wie er wollte, aber endlich war er fertig: Was denn?

Keine Antwort.

Wilde: Hallo?

Er hatte das trügerische Bild seiner ersten Möglichkeit – Laila unter der warmen Decke oben im Schlafzimmer, die noch ein paar Aktennotizen las – so deutlich vor Augen, dass er ihre Haut zu riechen glaubte.

Wilde: Matthew?

Keine Antwort. Das Bild von Laila löste sich in Rauch auf.

Mist.

Wilde machte sich auf den Weg in Richtung Maynard Manor.

SIEBEN

Matthew war in Crash Maynards riesiger Villa oben auf dem Hügel.

Von außen sah die Villa mit ihren Marmorsäulen alt und etwas unheimlich aus. Sie erinnerte Matthew an den protzigen Golfclub, in den seine Großmutter ihn einmal mitgenommen hatte, weil einem ihrer Mandanten irgendeine Auszeichnung verliehen wurde. Er erinnerte sich noch, dass Hester sich dort nicht richtig wohlgefühlt hatte. Ihre Augen hatten sich verengt, als sie den Wein in sich hineinkippte – zu viel Wein, wie sich kurz darauf herausstellte. Sie hatte sich im Raum umgesehen, die Stirn gerunzelt und leise etwas wie »mit dem silbernen Löffel im Mund geboren«, »Privilegien und Inzucht« gemurmelt. Als er sie gefragt hatte, was los sei, hatte Hester ihren Enkel von oben bis unten angesehen und so laut, dass es alle in ihrer Umgebung hören konnten, gesagt: »Du bist zur Hälfte Jude und zur Hälfte schwarz – du dürftest diesen Club eigentlich gleich doppelt nicht betreten.« Dann hielt sie kurz inne, hob den Zeigefinger und korrigierte sich: »Oder du könntest gleich zwei Alibi-Minderheiten auf einen Schlag abdecken.« Als eine ältere Dame mit vor Haarspray starren schneeweißen Locken sie mit einem missbilligenden Schnalzen und einem »Pst« zum Schweigen bringen wollte, hatte Hester sie aufgefordert, den Stock aus dem Arsch zu nehmen.

Das war Matthews Großmutter. Nana war nie einem Streit

aus dem Weg gegangen, wenn sie ihn vom Zaun brechen konnte.

Es war gleichermaßen demütigend wie auch beruhigend. Die Demütigung war wohl ziemlich augenfällig. Beruhigend war es, weil er wusste, dass seine Großmutter immer hinter ihm stand. Da hatte er nie auch nur den geringsten Zweifel gehegt. Daran änderten auch ihre geringe Körpergröße und ihr Alter von irgendetwas über siebzig Jahren nichts. Für ihn hatte seine Großmutter etwas Übermenschliches.

In der Villa hatten sich rund ein Dutzend Kinder zu dem versammelt, was Crashs Eltern unbedingt eine »Party« nennen wollten, obwohl es eigentlich nur ein Treffen im Souterrain war – Crashs Eltern mochten es nicht, wenn man Keller sagte –, dem vielleicht coolsten Ort, an dem Matthew je gewesen war. Auch wenn das Haus von außen altmodisch wirkte, die Einrichtung konnte kaum moderner sein. Der »Kinosaal« war im Prinzip ein vollwertiges Kino mit modernem Digitalsound und über 40 Sitzen. Hinter dem Kirschholztresen vor dem Eingang stand eine professionelle Kino-Popcorn-Maschine. In den Gängen hingen abwechselnd alte Filmposter und Werbeplakate für die Fernsehshows von Crashs Vater. Außerdem gab es eine kleine Spielhalle, die eine Mini-Nachbildung des Silverball war, dem berühmten Flipper-Palast an der Promenade in Asbury Park. Es gab noch zwei weitere Korridore, von denen einer zu einem Weinkeller mit Eichenfässern führte, der andere mündete als Tunnel an einem Basketballplatz in Originalgröße, einer Nachbildung – es gab hier viele Nachbildungen – des Felds im Madison Square Garden, auf dem die New York Knicks spielten.

In der Sporthalle trainierte nie jemand, in der Spielhalle flipperte niemand, und es war auch nie jemand in der Stimmung, sich etwas im Kino anzusehen. Nicht, dass Matthew häufig hier gewesen wäre. Den Großteil seines Lebens war er auf die beliebten Schüler nicht gut zu sprechen gewesen, aber in letzter Zeit hatte er sich ihnen wieder angenähert. Und, ehrlich gesagt, fand er es toll hier. Die beliebten Kids machten die coolsten Sachen. Für Crashs Geburtstagsfeier in Manhattan hatte sein Vater zum Beispiel schwarze Limousinen gemietet, in denen sie zu einem riesigen Gebäude gefahren waren, das früher eine Bank war. Alle Jungs wurden von ehemaligen Teilnehmerinnen von Dash Maynards Reality-Show *Heiße Models in Dessous* hinein»eskortiert«. Der DJ war ein berühmter Fernsehstar, und als er »meinen besten Freund und unser Geburtstagskind« ankündigte, kam Crash auf einem Schimmel – einem echten Pferd – hereingeritten, und sein Vater folgte ihm in einem roten Tesla, den er seinem Sohn geschenkt hatte.

Heute Abend hatten sich die meisten Kids im »normalen« Fernsehraum eingefunden, in dem ein 98-Zoll Samsung 4K Ultra-HD hing. Crash und Kyle spielten darauf *Madden-NFL-Football*, der Rest der »Gang« – Luke, Mason, Kaitlin, Darla, Ryan und natürlich Sutton, immer wieder Sutton – fläzten sich auf Designer-Sitzsäcken herum, als hätte eine riesige Hand sie vom Himmel fallen lassen und sie wären in dieser Haltung liegen geblieben. Die meisten seiner Freunde waren high. Caleb und Brianna hatten sich in einen Raum am Ende des Flurs verzogen, um ihre Beziehung auf die nächste Ebene zu heben.

Im Raum war es dunkel, nur das blaue Licht vom Fernseher und ein paar Smartphones beleuchteten die Gesichter seiner Klassenkameraden und verliehen ihnen eine gespenstische Blässe. Sutton war rechts von ihm und allein, was ungewöhnlich war. Matthew wollte diese Chance ergreifen und suchte nach einer Möglichkeit, näher an sie heranzukommen. Er war schon seit der siebten Klasse in sie verknallt, ein Gefühl, das offenbar nicht auf Gegenseitigkeit beruhte – Sutton mit ihrer fast übernatürlichen Gelassenheit, den blonden Haaren, der perfekten Haut und einem Lächeln, bei dem man weiche Knie bekam –, außerdem war sie immer nett und freundlich und so etwas wie ein schwarzer Gürtel des sechsten Dan, wenn es darum ging, Typen wie Matthew im Freundeskreis zu halten.

Auf dem großen Bildschirm warf Crashs Computer-Quarterback einen langen Pass, der zu einem Touchdown führte. Crash sprang auf, führte einen kurzen Freudentanz auf und schrie Kyle an: »In your face!«, worauf die Zuschauer, die mit ihren Handys beschäftigt waren, halbherzig lachten. Crash sah sich um, als hätte er eine euphorische Reaktion erwartet. Mehr kam aber nicht.

Heute Abend nicht.

Eine seltsame Stimmung lag über dem Raum, ein leichter Hauch von Angst oder Verzweiflung.

»Brauchen wir noch was zu knabbern?«, fragte Crash.

Niemand antwortete.

»Kommt schon, wer ist dabei?«

Das halbherzige Gemurmel reichte ihm. Crash drückte eine Taste an der Gegensprechanlage. Eine Frauenstimme mit mexikanischem Akzent sagte: »Ja, Mr Crash?«

»Können wir ein paar Nachos und Quesadillas bekommen, Rosa?«

»Selbstverständlich, Mr Crash.«

»Und kannst du noch etwas von deiner selbst gemachten Guac anrühren?«

»Natürlich, Mr Crash.«

Auf dem Bildschirm führte Kyle den Kickoff aus. Luke und Mason tranken Bier. Kaitlin und Ryan teilten sich einen Joint, und Brooke probierte die neuesten Geschmacksrichtungen von Juul in ihrer E-Zigarette. Der Raum war früher der

Rauchsalon von Crashs Vater gewesen, und die hatten irgendetwas gemacht, sodass man den neuen Geruch gar nicht richtig wahrnahm. Kaitlin reichte Sutton eine E-Zigarette. Sutton nahm sie, steckte sie aber nicht in den Mund.

Kyle sagte: »Ey, ich liebe Rosas Guac.«

»Voll.«

Crash und Kyle klatschten sich ab, und jemand, wahrscheinlich Mason, stieß ein gezwungenes Lachen aus. Luke stimmte zuerst ein, dann Kaitlin, dann alle anderen außer Matthew und Sutton. Matthew wusste nicht, worüber sie lachten – Rosas Guacamole? Jedenfalls klang es aufgesetzt, so als versuchten alle, ganz normal zu sein.

Mason fragte: »Hat sie sich in der App angemeldet?«

Stille.

»Ich wollte nur wissen …«

»Es gibt nichts Neues«, unterbrach Crash ihn. »Meine App empfängt automatische Updates.«

Intensivere Stille.

Matthew verließ den Raum und zog sich in den Weinkeller zurück, der etwas Privatsphäre bot. Er schloss die Tür hinter sich, setzte sich auf ein Fass mit der Aufschrift »Maynard Vineyards« – ja, sie hatten auch ein Weingut – und rief seine Großmutter an.

»Matthew?«

»Hast du sie gefunden?«

»Warum flüsterst du? Wo bist du?«

»Bei Crash. Hast du mit Naomis Mutter gesprochen?«

»Ja.«

Matthew spürte, wie sein Herz in seiner Brust schlug. »Was hat sie gesagt?«

»Sie weiß nicht, wo Naomi ist.«

Er schloss die Augen und stöhnte.

»Matthew, was verschweigst du uns?«

»Das spielt keine Rolle.«

»Doch, das tut es.«

Aber er konnte nichts sagen. Noch nicht. »Vergiss, dass ich gefragt habe, okay?«

»Nein, das ist nicht okay.«

Im Hintergrund hörte er eine männliche Stimme sagen: »Zehn Sekunden.« Dann murmelte jemand anderes etwas, das er nicht verstand.

»Ich ruf dich zurück«, sagte Hester und beendete das Telefonat.

Als er das Telefon von seinem Ohr nahm, sagte eine vertraute Stimme: »Hey.«

Er drehte sich zum Eingang des Weinkellers um. Sutton. Sie blinzelte immer noch, weil sie gerade aus dem dunklen Fernsehraum gekommen war.

»Hey«, sagte er.

Sutton hatte eine Flasche Bier in der Hand. »Willst du einen Schluck?«

Er schüttelte den Kopf, weil er Angst hatte, dass Sutton denken könnte, es sei ekelhaft, wenn sie seine Keime abbekommen würde oder so. Andererseits – sie hatte doch selber gefragt …

Sutton blickte sich im Weinkeller um, als hätte sie den Raum noch nie gesehen, obwohl sie schon immer zu den beliebten Schülern gehört hatte. Immer.

»Was machst du hier?«, fragte sie.

Matthew zuckte die Achseln. »Weiß auch nicht.«

»Irgendwie bist du heut Abend nicht so ganz bei dir.«

Es überraschte ihn, dass Sutton so etwas auffiel.

Wieder zuckte er die Achseln. Mann, er wusste wirklich, wie man mit Frauen umging.

Dann sagte Sutton: »Ihr geht's gut, okay?«

Einfach so.

»Matthew?«

»Weißt du, wo sie ist?«

»Nein, aber …« Jetzt zuckte sie die Achseln.

Sein Handy vibrierte. Er warf einen kurzen Blick aufs Display.

Wo bist du?

Sie war von Wilde. Er antwortete knapp: Bei Crash Maynard

Ist Naomi da?

Nein.

Sutton kam auf ihn zu. »Sie machen sich ein bisschen Sorgen um dich.«

»Wer?«

»Crash, Kyle und die anderen.« Sie sah ihn mit ihren blauen Augen an. »Ich auch.«

»Mir geht's gut.«

Jetzt vibrierte ihr Handy. Als sie die Nachricht las, weiteten sich ihre Augen. »Oh mein Gott.«

»Was ist?«

Sie sah ihn mit ihren wunderschönen Augen an. »Hast du …?«

Er hörte einen Tumult aus dem Flur.

Matthew tippte: Mist.

Wilde: Was ist?

Crash stürmte im selben Moment in den Weinkeller, als Matthew seine letzte Nachricht abschickte: Hier stimmt was nicht.

Kyle folgte Crash auf den Fuß. Beide hielten ihre Handys fest umklammert. Crash schoss in einem solchen Tempo auf Matthew zu, dass der unwillkürlich seine Arme vors Gesicht hielt, als wollte er einen Schlag abwehren. Crash stoppte, hob die Hände, als ergebe er sich, und lächelte.

Es war ein schmieriges Lächeln. Matthew wurde flau im Magen.

»Hey, hey«, sagte Crash in einem Tonfall, der beruhigend klingen sollte, bei dem Matthew aber ein kalter Schauer erfasste, der wie eine Schlange seinen Rücken hinunterglitt. »Ganz ruhig.«

Crash Maynard war äußerlich attraktiv – dunkle, gewellte Haare, grüblerische Boy-Group-Miene, schmaler, in die neueste Mode gehüllter Körper. Wenn man näher hinsah, erkannte man jedoch, dass Crash nichts Besonderes zu bieten hatte, in keiner Hinsicht. Es war eher so, wie Hester es im Scherz einmal über ein reiches Mädchen gesagt hatte, das Matthew ihrer Ansicht nach zu einem Date einladen sollte: »Sie ist schön, weil das Geld ihr gut steht.«

Crash trug immer einen großen Silberring mit einem grinsenden Totenkopf. An seinen dünnen, glatten Fingern wirkte er ziemlich albern.

Er hatte noch immer das schmierige Lächeln im Gesicht, als er sein Handy hochhielt und das Display zu Matthew umdrehte. »Wenn du uns das bitte erklären würdest?«

Er drückte den Finger mit dem grinsenden Totenkopfring auf den Bildschirm. Der Totenkopf schien Matthew zuzuzwinkern. Ein Video mit dem ihm bekannten Logo der Network News wurde gestartet. Dann erschien seine Großmutter auf dem Display.

»Aber zuerst die neueste Meldung, die gerade hereingekommen ist.«

Auf dem Display erschien ein Foto von Naomi.

»Ein Mädchen aus Westville, New Jersey, wird vermisst und braucht Ihre Hilfe. Naomi Pine wird seit mindestens einer Woche vermisst. Sie wurde seitdem nicht gesehen, es wurden bisher keine Lösegeldforderungen gestellt, ihre Freunde machen sich aber Sorgen, dass die Schülerin in Gefahr sein könnte …«

Oh nein …

Matthew rutschte das Herz in die Hose. Er hatte nicht daran gedacht, dass Nana mit der Geschichte live auf Sendung gehen könnte. Oder hatte er sogar insgeheim darauf gehofft? Dass sich die Meldung unter seinen Mitschülern so schnell verbreitete – der Timer in der App zeigte, dass sie vor nicht einmal zwei Minuten gesendet worden war –, überraschte ihn nicht. Das war inzwischen normal. Vielleicht hatte jemand einen Nachrichtenalarm auf Naomi Pine gesetzt, oder irgendwelche Eltern hatten es im Fernsehen gesehen und ihrem Kind sofort eine Nachricht geschrieben und gefragt: *Ist dieses Mädchen nicht bei dir auf der Schule?!?!*, oder jemand folgte CNN auf Twitter, ganz egal wie, jedenfalls verbreiteten sich solche Nachrichten extrem schnell.

Crash lächelte ungerührt weiter. »Das ist doch deine Großmutter, richtig?«

»Ja, aber …«

Crash forderte ihn mit der totenkopfberingten Hand zum Weitersprechen auf. »Aber …?«

Matthew sagte nichts.

Crash fragte spöttisch: »Hast du deine Omi zu Hilfe gerufen?«

»Was?« Matthew bemühte sich, wegen der Unterstellung beleidigt auszusehen. »Nein, natürlich nicht.«

Immer noch lächelnd – das Lächeln erinnerte jetzt auf eine unheimliche Art an das Grinsen seines Ringes – trat Crash vor und legte Matthew die Hände auf die Schultern. Dann stieß er ohne jede Vorwarnung das Knie in Matthews Schritt. Um die Wirkung des Aufpralls zu verstärken, zog Crash Matthews Schultern dabei nach unten.

Der Schlag war so heftig, dass Matthew nur noch auf den Zehenspitzen stand.

Sofort war alles von einem glühenden, alles erfassenden Schmerz erfüllt. Tränen schossen ihm in die Augen. Sein gesamter Körper schaltete ab. Seine Knie gaben nach, und er sackte zusammen. Der Schmerz stieg aus seinem Unterleib nach oben und lähmte seinen Atem. Er zog die Knie an die Brust und rollte sich auf dem Boden zusammen.

Crash beugte sich so weit zu ihm herunter, dass sein Mund sich direkt an Matthews Ohr befand. »Hältst du mich für blöd?«

Matthews Wange lag auf dem Holzboden. Er bekam immer noch keine Luft. Er hatte das Gefühl, dass etwas in ihm unwiederbringlich gebrochen war und nie wieder in Ordnung gebracht werden könnte.

»Du bist mit Luke und Mason hergekommen. Sie haben mir gesagt, dass du mit deiner Großmutter vor dem Haus gestanden hast, als sie dich abgeholt haben.«

Atme, forderte Matthew sich auf. *Versuch zu atmen.*

»Was hast du ihr erzählt, Matthew?«

Er biss die Zähne zusammen und schaffte es, die Augen zu öffnen. Kyle stand an der Tür Wache. Sutton war nicht zu sehen. Hatte sie ihm eine Falle gestellt? Würde sie so etwas tun, um … nein. Sutton konnte ja nicht wissen, dass die Geschichte an die Öffentlichkeit kommen würde oder so etwas. Und sie würde nicht …

»Matthew?«

Er sah nach oben, sein ganzer Körper bebte immer noch vor Schmerz.

»Wir könnten dich umbringen und damit davonkommen. Das ist dir schon klar, oder?«

Matthew blieb starr liegen. Crash ballte eine Faust und hielt ihm den silbernen Totenkopf vors Gesicht.

»Was hast du deiner Großmutter erzählt?«

ACHT

Zwei Stockwerke über dem Weinkeller, im Rundturm des Westflügels des riesigen Gebäudes, saßen Dash Maynard und seine Frau Delia in burgunderroten Ledersesseln vor einem überdimensionalen Kamin mit »weißen Birkenstämmen« aus Keramik und einem gasgespeisten Feuer. Dieser Raum, ein Anbau, den sie sich vor drei Jahren geleistet hatten, beherbergte eine Bibliothek, für die offensichtlich *Die Schöne und das Biest* Pate gestanden hatte. Die Eichenholzregale reichten bis unter die Decke und waren mit einer Rollleiter auf Messingschienen versehen.

Dash Maynard las eine Teddy-Roosevelt-Biographie. Er liebte Geschichte, hatte sie schon immer geliebt, wollte aber, vielen Dank auch, nicht persönlich hineingezogen werden. Bevor er zunächst mit seiner berühmt-berüchtigten Selbsthilfe-Talkshow *Die Rusty Show* einen Volltreffer gelandet hatte und dann in einem neuen Genre große Erfolge feierte, das die Sender »gehobene Game-ality« getauft hatten – eine schreckliche Mischung aus »Game Show« und »Reality-Show« –, war Dash Maynard ein preisgekrönter Dokumentarfilmer gewesen. Für seinen emphatischen Kurzfilm über das Massaker, das 1937 in Nanking stattgefunden hatte, war er mit einem Emmy ausgezeichnet worden. Dash recherchierte gern, führte gern Interviews und filmte auch gern vor Ort, besonders tat er sich aber beim Schnitt hervor und stellte so aus den unzähligen Stunden Videomaterial eine überzeugende Geschichte zusammen.

Delia Reese Maynard, die Vorsitzende der Abteilung für Politikwissenschaft am nahe gelegenen Reston College, las Essays von ihren Studenten. Dash sah seiner Frau gerne beim Korrigieren der Arbeiten zu – die Stirnfurche, das Lippenspiel, das bedächtige Nicken, wenn sie ein Abschnitt begeisterte. Im Sommer hatten Dash und Delia – die Doppel-D, wie manche Leute sie scherzhaft nannten – ihren fünfundzwanzigsten Hochzeitstag gefeiert und waren aus diesem Anlass mit ihrem sechzehnjährigen Sohn Crash und ihren vierzehnjährigen Zwillingstöchtern Kiera und Kara auf ihrer Yacht über die Ostsee gesegelt. Tagsüber hatten sie in abgelegenen Buchten zum Schwimmen, Jetski fahren oder Wakeboarden geankert. Nachmittags und abends waren sie die Häfen von Städten wie St. Petersburg, Stockholm und Riga angelaufen. Es war eine wunderbare Reise gewesen.

Inzwischen betrachtete Dash diese Zeit, den Familienurlaub weit weg von diesem verdammten Land, als die Ruhe vor dem Sturm.

Sie hatten Glück gehabt im Leben. Das wusste er. Die Leute hielten sie oft für einen Teil der »Hollywood-Elite«, aber Dash war in einem bescheidenen Mietshaus im Stadtteil Bedford-Stuyvesant in Brooklyn geboren und aufgewachsen. Seine Eltern hatten beide auf dem Hauptcampus des Hunter Colleges in Manhattan unterrichtet. Dash verdankte seinen Namen Dashiell Hammett, dem Lieblingsautor seines Vaters. Die erste Verbindung zu Delia – die erste echte Verbindung – war durch Gespräche über alte Krimis entstanden, als sie in einem Antiquariat in Washington, D.C., nach Erstausgaben von Raymond Chandler, Agatha Christie, Ngaio Marsh und natürlich Dashiell Hammett suchten. Damals konnten sich die beiden extrem schlecht bezahlten Polit-Praktikanten in Capitol Hill keine Erstausgaben leisten. Jetzt beherbergte dieser Raum eine der größten Sammlungen der Welt.

Wie hieß es so schön: Unverhofft kommt oft.

Die letzten zehn Jahre – seit Dashs Produktionsfirma einen Riesenerfolg mit einer Primetime-Show gelandet hatte, in der sich berühmte Prominente als »ganz normale« Amerikaner verkleideten und ein halbes Jahr unter ihnen lebten – hatten Dash und Delia mit dem Versuch verbracht, die Sache mit dem Ruhm und dem Geld mit den Grundwerten von Familie und Erziehung in Einklang zu bringen, denen sie sich beide verpflichtet fühlten. Es war ein ständiger Prozess, in dem sie immer wieder nachjustieren mussten.

Im Großen und Ganzen hatten sie eine recht ordentliche Balance gefunden. Natürlich war Crash etwas verwöhnt und aufgedreht und Kiera hatte ein paar kleinere Probleme mit Depressionen, aber das schien heutzutage normal zu sein. Als Paar hätten Dash und Delia sich nicht näher sein können. Deshalb bedeuteten ihnen solche Abende so viel – ihr Sohn schmiss unten eine kleine Party, während seine Eltern gemeinsam die Ruhe genossen.

Dash liebte das. Er schwelgte förmlich darin. Er wollte den Rest seines Lebens so verbringen.

Aber es sollte nicht sein.

Es klopfte an der Bibliothekstür. Gavin Chambers, ein ehemaliger Colonel der Marines, der inzwischen in der stark wachsenden privaten Sicherheitsbranche tätig war, trat ein, noch bevor Dash die Möglichkeit hatte, »Herein« zu sagen. Chambers sah immer noch aus, als wäre er bei den Marines – die kurz geschorenen Haare, die stramme Haltung, der feste Blick.

»Was gibt's?«, fragte Dash.

Chambers sah kurz zu Delia hinüber, als hielte er es für

besser, wenn die Dame des Hauses den Raum verlassen würde. Dash runzelte die Stirn. Delia rührte sich nicht.

»Erzählen Sie«, sagte Dash.

»Es kam gerade im Fernsehen«, sagte Chambers. »Ein junges Mädchen wird vermisst. Ihr Name ist Naomi Pine.«

Dash sah Delia an. Die zuckte die Achseln.

»Und?«

»Naomi ist eine Schulkameradin von Crash.«

»Ich weiß immer noch nicht recht, worauf …«

»Sie stand in Kontakt zu Ihrem Sohn. Meistens per SMS. Und dann ist da diese Moderatorin, die die Vermisstenmeldung gerade gesendet hat. Sie heißt Hester Crimstein. Ihr Enkel Matthew ist unten bei Crash.«

Delia legte die Aufsätze auf den Beistelltisch. »Ich verstehe immer noch nicht, was wir damit zu tun haben, Colonel.«

Chambers sagte: »Ich auch nicht …«

»Aber?«

»… *bisher.*« Dann wiederholte er den Satz noch einmal: »Ich *bisher* auch nicht.« Er ging in Habachtstellung und sah geradeaus. »Aber, bei allem Respekt, ich glaube nicht an Zufälle, besonders jetzt nicht mehr.«

»Und was sollen wir Ihrer Ansicht nach tun?«

»Ich denke, wir müssen mit Ihrem Sohn reden und in Erfahrung bringen, in welcher Beziehung er zu Naomi …« Sein Handy surrte. Er führte es mit einer energischen Bewegung zum Ohr, fast so, als wollte er einem Vorgesetzten salutieren.

»Ja?«

Nach drei Sekunden steckte Gavin Chambers das Handy wieder ein.

»Verlassen Sie den Raum nicht«, sagte er. »Es gab einen Zwischenfall.«

Während er den Skyline Drive in Richtung Maynard Manor – Mann, was für ein hochtrabender Name – entlang raste, hoffte Wilde, dass sein Handy vibrieren und eine weitere Nachricht von Matthew eintreffen würde.

Aber das tat es nicht.

Wilde musste immer wieder an die letzte Nachricht denken: Hier stimmt was nicht.

Vielleicht hörte Wilde nicht auf seinen Bauch – wie er es Hester gegenüber behauptet hatte –, aber als er in die Einfahrt des Herrenhauses einbog, sagten ihm all seine Instinkte, dass er diese Nachricht ernst nehmen musste.

Hier stimmt was nicht.

Maynard Manor stand auf einem Hügel auf einem zwölf Hektar großen Grundstück, dessen Eigentumsverhältnisse umstritten waren, da es die Ramapough für sich beanspruchten. Es gab Stallungen für ein Dutzend Pferde, eine Rennbahn mit Hindernissen und Wassergraben, einen Pool, einen Tennisplatz und alles Mögliche andere. Das Herzstück war ein riesiges klassisch georgianisches Wohnhaus, das in den Goldenen Zwanzigern von einem Öl-Magnaten erbaut worden war. Der Unterhalt des Fünfunddreißig-Zimmer-Anwesens war so sündhaft teuer, dass es fast ein Vierteljahrhundert lang verfallen war, bis Dash Maynard, Mega-Fernsehproduzent und Besitzer eines Kabelsenders, und seine Frau Delia herbeigeeilt waren und dem Landsitz wieder zu seinem alten Glanz verholfen hatten – wenn nicht mehr.

Vom schmiedeeisernen Tor, vor dem Wilde anhalten musste, war es noch fast ein halber Kilometer bis zum Herrenhaus. Wilde sah nicht mehr als ein fernes Licht. Er drückte die Taste der Gegensprechanlage und checkte dabei sein Handy, in der Hoffnung, dass er das Vibrieren einfach nicht gespürt hatte.

Keine Nachricht von Matthew.

Er schickte ihm eine weitere SMS: Bin am Eingangstor.

»Was kann ich für Sie tun?«, sagte die Gegensprechanlage.

Wilde hatte seinen Führerschein in der Hand. Er hielt ihn in die Kamera.

»Ich bin wegen Matthew Crimstein hier.«

Stille.

»Matthew ist ein Freund von Crash.«

»In welcher Beziehung stehen Sie zu ihm?«

»Zu Matthew?«

»Ja.«

Komische Frage. »Ich bin sein Patenonkel.«

»Und was ist der Zweck Ihres Besuchs?«

»Ich will ihn abholen.«

»Er ist mit Mason Perdue gekommen. Uns wurde mitgeteilt, dass er mit ihm auch wieder fährt.«

»Na ja, der Plan hat sich geändert.«

Stille.

Wilde sagte: »Hallo?«

»Einen Moment bitte.«

Zeit verging.

Wilde drückte noch einmal auf die Sprechtaste.

Keine Antwort.

Er drückte auf die Taste und hielt sie gedrückt.

Nichts.

Er suchte nach Kabeln am Tor. Nichts. Der Zaun ließ sich nicht unter Strom setzen. Das war gut. Er war hoch und mit Spitzen versehen, aber das war beides kein Problem. Natürlich gab es Überwachungskameras, jede Menge. Aber das störte ihn nicht. *Er* wollte ja gesehen werden.

Wilde stellte den Schalthebel auf die Park-Position und stieg aus. Er betrachtete das Tor. Drei fünfzig bis vier Meter.

Der Zwischenraum der Stäbe betrug fünfzehn Zentimeter. Dort, wo sich die beiden Hälften des Metalltors berührten. Wo die Stangen dicker waren. Mit Anlauf. Einfach rauf und rüber. Wilde war sein Leben lang geklettert – Berge, Bäume, Felsen, Mauern. Als Kind, als Zivilist und als Soldat. Dieses Tor, selbst mit den Spitzen, würde ihm keine Probleme bereiten.

Als er zwei schnelle, große Schritte machte, sagte die Stimme aus dem Lautsprecher: »Halt. Versuchen Sie nicht …«

Mehr hörte er nicht.

Wilde sprang, im Sprung setzte er den Fuß auf die mittleren Streben. Er drückte sich weiter hoch, als würde er senkrecht laufen, ergriff mit beiden Händen die Stäbe und zog die Beine an. Er fuhr herum, ließ die linke Hand los und streckte die Beine aus. Seine Schuhsohlen trafen auf die Stäbe auf der anderen Seite und bremsten den Fall. Er ließ los und landete auf der anderen Seite, als zwei Autos auf ihn zurasten.

Nicht ein Auto. Zwei.

War das nicht etwas übertrieben?

Aber vielleicht auch nicht. Dash Maynard war in letzter Zeit häufiger in den Nachrichten gewesen. Einem Gerücht zufolge – einem Gerücht, das Dash Maynard hartnäckig bestritt – nahm er alles auf, wenn Leute in seinen Sendungen auftraten, darunter auch die Gespräche in den Garderoben. Weitergehenden Gerüchten zufolge konnten diese Aufnahmen vielen Top-Prominenten und Politikern schaden, allen voran dem ehemaligen Selbsthilfe-Guru und aktuellen US-Senator Rusty Eggers, dem angehenden Tyrannen, der für das Präsidentenamt kandidierte und an Boden gewann.

Beide Autos richteten ihre Scheinwerfer auf ihn und hielten mit quietschenden Reifen. Vier Männer stiegen aus, zwei aus jedem Auto. Wilde achtete darauf, dass seine Hände jederzeit in ihrem Blickfeld waren. Hier sollte auf keinen Fall jemand etwas Dummes tun.

Die beiden links von ihm kamen auf ihn zu. Sie waren groß und kräftig und stolzierten mit herausgestreckter Brust und etwas zu stark schwingenden Armen. Einer trug einen Kapuzenpulli. Der andere hatte blond gefärbte Thor-Locken und trug ein nicht sehr gut sitzendes Jackett.

Nicht sehr gut sitzend, dachte Wilde, *weil unter dem linken Arm ein Waffenholster hing.*

Wilde war zu vielen Typen wie diesen beiden begegnet. Abgesehen von der Waffe würden sie kein Problem darstellen. Er sammelte sich kurz und ging seine Möglichkeiten durch, als einer der Männer, die aus dem rechten Wagen gestiegen waren, eine Hand hob. Er hatte kurz geschorene graue Haare, stand in militärischer Haltung und war ganz eindeutig der Anführer.

»Hey«, rief der Grauhaarige Wilde zu. »Netter Hürdensprung.«

»Danke.«

»Bitte halten Sie Ihre Hände so, dass wir sie sehen können.«

»Ich bin unbewaffnet.«

»Wir dürfen Sie nicht weitergehen lassen.«

»Ich will überhaupt nicht weiter«, sagte Wilde. »Ich will nur meinen Patensohn Matthew Crimstein abholen.«

»Verstehe. Aber wir haben eine Richtlinie.«

»Eine Richtlinie?«

»Alle Minderjährigen, die heute hergekommen sind, mussten uns mitteilen, wie sie uns wieder verlassen«, erläuterte er ruhig, ganz die Stimme der Vernunft. »Wir haben ihnen ganz deutlich gesagt, dass niemand aufs Grundstück darf, wenn er nicht ausdrücklich eingeladen oder einer eingehenden Überprüfung unterzogen wurde. Matthew Crimstein ist mit Mason Perdue gekommen. Und er hat erklärt, dass er mit ihm auch wieder fahren würde. Jetzt tauchen Sie hier unangekündigt auf…«

Er breitete die Hände aus und war nicht mehr nur die Stimme der Vernunft, sondern die Vernunft in Person. »Sie werden verstehen, dass wir hier vor einem Dilemma stehen?«

»Dann fragen Sie Matthew.«

»Wir folgen hier der Richtlinie, die sozialen Zusammenkünfte nicht zu stören.«

»Eine Menge Richtlinien«, sagte Wilde.

»Das hilft uns, die Ordnung aufrechtzuerhalten.«

»Ich will mein Patenkind sehen.«

»Ich fürchte, das ist im Moment leider nicht möglich.« Hinter Wilde öffnete sich das Tor. »Ich muss Sie bitten, jetzt zu gehen.«

»Okay, das können Sie vergessen.«

Der Grauhaarige hatte möglicherweise gelächelt.

»Ich werde Sie nicht ein zweites Mal bitten.«

»Matthew hat mir eine Nachricht geschrieben, dass ich ihn sofort abholen soll. Und genau das werde ich tun.«

»Wenn Sie sich einfach wieder auf die andere Seite des Tores begeben würden?«

»Ich sag es gerne noch einmal, das können Sie vergessen.«

Den großen Jungs gefiel Wildes Einstellung nicht. Sie zogen ihre sehr buschigen Augenbrauen hoch. Der blondierte Thor sah den Grauhaarigen an und hoffte auf die Erlaubnis, einen Schritt weiterzugehen.

»Sie sind kein gesetzlicher Vertreter, Mr Wilde.« Wilde war kurz verwirrt, als der Grauhaarige ihn mit seinem Namen ansprach, das dauerte aber nur den Bruchteil einer Sekunde. Er hatte am Tor seinen Führerschein in die Kamera gehalten. »Schließlich sind Sie nicht der Vater des Jungen, richtig?«

Der Grauhaarige lächelte. Er kannte die Antwort, wusste nicht nur, dass Wilde Matthews Patenonkel war – und das bedeutete, dass er zumindest Teile der Vergangenheit kannte.

»Bedeutsamer ist allerdings, dass Sie ein Eindringling sind, der unerlaubterweise über unseren Sicherheitszaun geklettert ist.«

Alle traten einen Schritt näher. Wilde sah weiterhin den Anführer an, nahm aber am Rand seines Blickfelds wahr, dass Thor sich weiter anschlich und sich dabei leicht bückte, als sei er eine Art unsichtbarer Ninja. Wilde veränderte die Blickrichtung nicht.

Der Grauhaarige sagte: »Wir hätten das Recht, der Bedrohung, die Sie für uns darstellen, mit körperlicher Gewalt zu begegnen.«

Jetzt standen sie also alle vor diesem steilen Abgrund, an dem im Laufe der Menschheitsgeschichte so viele den Halt verloren hatten, was schon so oft in blutiger Gewalt geendet hatte. Wilde ging noch immer nicht davon aus, dass sie es darauf ankommen ließen, einen größeren Skandal auszulösen, der womöglich in den Nachrichten erscheinen oder in den sozialen Medien breitgetreten werden würde, wodurch irgendetwas Unangenehmes wieder auflodern konnte, das sich gerade erst ein wenig beruhigt hatte. Aber man konnte nie wissen. So war das mit den steilen Abgründen. Der Rand war glitschig. Und selbst die besten Pläne konnten misslingen.

Dabei spielte es keine Rolle, ob die Menschen gut oder böse waren. Das Problem war, dass die Menschen nur selten die Folgen ihres Handelns in ihre Erwägungen miteinbezogen.

Kurz gesagt, die Menschen waren oft einfach dumm.

Und so veränderte sich plötzlich alles.

Zuerst bemerkte nur Wilde diese Veränderung. Einen kurzen Augenblick lang wusste nur er Bescheid. Dabei ging es um höchstens ein, zwei Sekunden. Danach wäre dieser Vorteil – und er hoffte sehr, dass diese Veränderung für ihn von Vorteil war – verschwunden.

Wilde spürte etwas, das er als »Die Unruhe« bezeichnete.

Manche nannten es ein Omen, eine Vorahnung oder eine Vision, was seinen ungewöhnlichen Wahrnehmungsfähigkeiten etwas Übernatürliches verlieh. Was nicht notwendig war. Absolut nicht. Im Laufe der Jahrtausende hatte der Mensch sich im Guten wie im Schlechten seiner Umgebung angepasst. Ein aktuelles Beispiel: Navigationssysteme. Studien zeigten, dass sich Teile unseres Gehirns – der Hippocampus (der Bereich, der für die Orientierung verantwortlich ist) und der präfrontale Kortex (in dem unter anderem Pläne gemacht werden) – bereits verändert haben, vielleicht sogar schon verkümmert sind, weil wir uns auf die Technik verlassen. Diese Entwicklung erfolgte im Laufe weniger Jahre. Aber auch im Verlauf der gesamten Menschheitsgeschichte hatte es Veränderungen gegeben. Am Anfang stand eine Zeit, da hockten wir noch in Höhlen und Wäldern und hielten, bildlich gesprochen, beim Schlafen immer ein Auge offen, hatten keinen Schutz, und unser Überlebensinstinkt war ständig in Alarmbereitschaft. Aber dieser Instinkt verlor im Laufe der Zeit und mit dem Aufkommen fester Häuser, abschließbarer Türen und weiterer zivilisatorischer Errungenschaften immer mehr an Bedeutung und spielte schließlich nur noch eine untergeordnete Rolle. Bei Wilde war das allerdings anders. Seit er sich erinnern konnte, waren diese primitiven Impulse bei ihm besonders aktiv gewesen. Schon bevor er es artikulieren konnte, hatte er begriffen, dass ihn jederzeit ein Raubtier angreifen konnte. Er hatte gelernt, solche Dinge zu erspüren, auf jede Art von Störung vorbereitet zu sein.

In der Natur kannte man so etwas von Tieren mit einem hochsensiblen Hör-, Geruchs- oder Sehvermögen. Sie flohen, bevor ihnen die Gefahr zu nahe kam. Diese Fähigkeit besaß auch Wilde.

Er hatte das Geräusch also gehört. Sonst niemand. Noch nicht.

Es war nur ein Rascheln gewesen. Das war alles. Aber es rannte jemand auf sie zu. Wahrscheinlich mehr als eine Person. Jemand war in Gefahr und floh, so schnell er laufen konnte. Und jemand verfolgte ihn.

Ohne den Grauhaarigen aus den Augen zu lassen, schob Wilde sich etwas näher an Thor heran. Er wollte dem bewaffneten Mann so nah wie möglich sein.

Eine Sekunde später – mehr war es nicht – hörte Wilde den Schrei: »Hilfe!«

Matthew.

Jetzt musste Wilde gegen seine Instinkte ankämpfen und den Fähigkeiten die Führung überlassen, die er in der Ausbildung erworben hatte. Der Instinkt wollte, dass er sofort zu seinem Patensohn lief. Das war die natürliche Reaktion. Aber Wilde hatte sich für diesen Moment gewappnet. Als der Schrei hinter dem Grauhaarigen erklang, ein Stück den Hügel hinauf Richtung Haus, drehten sich sämtliche Köpfe. Auch das war ganz natürlich und kam nicht unerwartet. Wenn man nicht auf einen Schrei vorbereitet war, konnte man nicht anders reagieren.

Auch Thor sah in die Richtung, aus der Matthews Schrei kam.

Und ließ Wilde aus den Augen.

Mehr war nicht nötig. Alles Weitere dauerte höchstens eine Sekunde. Wilde hob den linken Ellbogen, fuhr herum und traf Thor seitlich am Kopf. Im gleichen Moment, noch bevor Thor zurückweichen konnte, tauchte Wildes rechte Hand zwischen die Schichten von Thors Jackett, und seine Finger umklammerten den Pistolengriff im Holster unter seinem Arm.

Als Matthew zum zweiten Mal »Hilfe!« schrie, lag Thor auf dem Boden, Wilde hatte die Waffe gehoben und bewegte den Lauf zwischen dem Grauhaarigen und den anderen beiden Männern hin und her.

Wilde sagte: »Wenn Sie einmal falsch atmen, erschieße ich Sie.«

Thor stöhnte auf dem Boden und griff nach ihm. Wilde trat ihm gegen den Kopf. Das Geräusch rennender Schritte auf der Zufahrt wurde lauter. Alle warteten noch eine Sekunde, dann erschien Matthew in der Kurve. Er sah aus, als liefe er um sein Leben, zwei andere Jungs befanden sich direkt hinter ihm.

Matthew blieb stehen und sah sie verwirrt an. Die anderen Jungs taten dasselbe.

»Geh durchs Tor und steig in den Wagen«, sagte Wilde zu Matthew.

»Aber …«

»Mach schon.«

Einer der Jungs sagte: »Es war ein Spiel, weiter nichts. Erzähl's ihm, Matthew. Sag ihm, dass es nur ein Spiel war.«

Der Grauhaarige stand weiter mit erhobenen Händen da, schob sich aber vor den Jungen und sagte: »Bleib hinter mir, Crash.«

»Es ist nur ein Spiel«, sagte Crash.

»Ein Spiel«, wiederholte Wilde.

»Ja, es heißt Mitternachts-Totenschädel.« Er zeigte auf den Ring mit dem grinsenden Totenkopf an seinem Finger. »Es ist wie nächtliches Fangen spielen. Sag es ihm, Matthew.«

Matthew rührte sich nicht. Er hatte glasige Augen und war den Tränen nahe. Wilde hörte, wie in der Ferne ein Auto angelassen wurde. Verstärkung.

»Matthew, ins Auto, sofort!«

Matthew riss sich zusammen und rannte zum Tor. Wilde folgte ihm, ging rückwärts und richtete dabei die Waffe weiter auf sie, wobei er den Grauhaarigen ununterbrochen im Auge behielt. Er war der Anführer. Ohne seine Aufforderung würden die anderen nichts unternehmen. Der Grauhaarige nickte, als wollte er sagen, schon okay, verschwinden Sie, wir werden Sie nicht aufhalten.

Zehn Sekunden später raste Wilde mit Matthew auf dem Beifahrersitz davon.

NEUN

Als die Anrufe hereinkamen, saß Hester wieder in ihrer Limousine.

Das hatte sie erwartet. Man konnte nicht einfach so eine Bombe abwerfen und dann davon ausgehen, dass nichts explodierte. Und schließlich hatte sie ja gerade gehofft, dass sich jemand meldete, in Aktion trat, in Panik geriet oder sonst irgendetwas machte, das ihnen verriet, was eigentlich passiert war. Im Moment, nachdem sie die verschiedenen Möglichkeiten durchgespielt hatte, ging Hester davon aus, dass das Mädchen ausgerissen war und womöglich mit dem Gedanken an einen Selbstmord spielte. Und auch wenn sie diesen Gedanken nicht angenehm fand, konnte man – ganz analytisch und nüchtern betrachtet – nichts mehr tun, wenn die schreckliche Tat bereits begangen war. Aber wenn Naomi zum Beispiel Tabletten genommen, sich die Handgelenke aufgeschlitzt oder vielleicht irgendwo draußen auf einem Hochhaus oder einer Brücke stand, dann bot dieses Vorgehen die größte Chance, sie noch zu retten.

Aber der Druck, den Hester dadurch erzeugte, konnte natürlich auch das Gegenteil bewirken. Vielleicht würde das Mädchen in Panik geraten und sich zum Handeln gedrängt fühlen, oder ihr könnte Gewalt angetan werden, wenn sie doch entführt worden war. Hester wusste um die Risiken ihres Vorgehens. Aber sie war nicht die Frau, die untätig zusah.

Beim ersten Anruf, den sie entgegennahm, erschien der

Schriftzug POLIZEICHEF WESTVILLE auf dem Display. Das muss dann ja wohl Oren sein, dachte sie.

»Das ging aber schnell«, sagte Hester.

»Was?«

»Ich meine, ich fühle mich geschmeichelt, Oren, aber das nächste Mal warte doch lieber ein paar Tage. So wirkt das etwas verzweifelt.«

»Äh, ich bin etwas verzweifelt. Was zum Henker war das für eine Meldung, Hester?«

»Du bist ein Fan der Sendung? Das freut mich!«

»Mache ich den Eindruck, als wäre ich in der Stimmung für so etwas?«

»Irgendetwas an Naomis Verschwinden ist sonderbar«, sagte Hester.

»Dann kannst du hier rauskommen und mit mir reden.«

»Das habe ich getan. Erinnerst du dich?«

»Natürlich. Also, was ist seitdem Neues geschehen?«

»Ihr Vater hat behauptet, Naomi wäre bei ihrer Mutter. Die Mutter sagte, sie ist nicht bei ihr. Ihre Lehrerin …«

»Stopp. Du hast mit ihrer Lehrerin gesprochen.«

»Die Kunstlehrerin, Vertrauenslehrerin oder so etwas, ich weiß es nicht mehr genau. Ava irgendwas.«

»Wann hattest du Zeit, mit ihr zu reden?«

Dieser Teil würde nicht ganz reibungslos ablaufen. »Ich hatte keine Zeit. Wilde schon.«

Schweigen.

»Oren?«

»Wilde? Du hast Wilde da mit hineingezogen?«

»Hör zu, Oren, wahrscheinlich hätte ich dich vorwarnen sollen, bevor ich damit auf Sendung gegangen bin …«

»Wahrscheinlich?«

»… aber ich habe bei der Sache wirklich ein schlechtes

Gefühl. Du musst ein paar von deinen Leuten darauf ansetzen.«

Schweigen.

»Oren?«

»Matthew hat dich auf die Sache aufmerksam gemacht«, sagte Oren. »Warum?«

Jetzt schwieg sie.

»Was auch immer dein Enkel zu verbergen hat, er muss jetzt reinen Tisch machen. Das ist dir doch wohl klar.«

* * *

Während sie sich mit hoher Geschwindigkeit von Maynard Manor entfernten, fragte Wilde: »Was ist passiert?«

»Es ist, wie Crash gesagt hat«, keuchte Matthew. Er war immer noch außer Atem. »Es war nur ein Spiel.«

»Du willst mich ausgerechnet jetzt belügen?«

Matthew versuchte mit einem Blinzeln die Tränen zurückzuhalten. »Du darfst es nicht Mom sagen.«

»Das tu ich nicht.«

»Gut.«

»Weil du es tun wirst.«

»Niemals. Ich erzähle es dir, aber sie darf es nicht erfahren.«

»Tut mir leid, aber so läuft das nicht.«

»Dann erzähl ich dir gar nichts.«

»Doch, Matthew, das wirst du. Du wirst mir erzählen, was passiert ist. Und dann erzählst du es deiner Mutter.«

Er ließ den Kopf hängen.

»Matthew?«

»Okay.«

»Also, was ist passiert?«

»Wusstest du, was Nana vorhatte?«

»Vorhatte?«

»Sie hat die Meldung über Naomi gesendet. Jetzt wissen alle, dass sie vermisst wird.«

Wilde hatte schon überlegt, ob sie das machen würde. Hester hatte befürchtet, dass die Spuren verwischt werden könnten. Was gab es da Besseres, als mal richtig auf den Busch zu klopfen?

»Was hat sie gesagt?«

»Ich hab es gar nicht live gehört«, sagte Matthew. »Crash, Kyle und die anderen aber schon.«

»Und die sind dann wütend geworden?«

Matthew fing an zu blinzeln.

»Matthew?«

»Crash hat mir in die Eier getreten.« Wieder schossen ihm Tränen in die Augen, und ein paar liefen ihm übers Gesicht.

Wilde spürte, wie sich seine Hände am Lenkrad verkrampften.

»Sie wollten wissen, was ich ihr erzählt habe. Ich habe mich weggerollt, bin abgehauen, sobald ich eine Gelegenheit hatte.«

»Ist jetzt alles wieder in Ordnung?«

»Ja.«

»Soll ich dich zu einem Arzt bringen?«

»Nein, auch wenn es ein paar Tage wehtun wird.«

»Anzunehmen. Hat Crash etwas mit Naomi zu tun?«

»Ich weiß es nicht. Das ist …«

»Das ist was?«

»Du darfst niemandem davon erzählen, okay? Von Naomi. Und von heute Abend.«

»Das hatten wir schon geklärt, Matthew.«

»Ich überleg mir, wie ich es Mom sagen kann. Aber morgen, okay? Nicht heute Abend.«

Als er in die Straße zu Matthews Haus einbog, hörte er eine Sirene aufheulen und sah das Blaulicht eines Streifenwagens. Eine Stimme sagte über Lautsprecher: »Halten Sie sofort an.« Sie waren keine zweihundert Meter mehr vom Haus entfernt, daher streckte Wilde eine Hand aus dem Fenster und zeigte an, dass er noch bis dorthin fahren würde. Wieder heulte die Sirene auf, und der Streifenwagen setzte sich direkt neben sie.

Über den Lautsprecher sagte die ihnen wohlbekannte Stimme – beide kannten Oren Carmichael gut – in einem Tonfall, der keinen Widerspruch duldete: »Sofort!«

Zu Wildes Überraschung schnitt Oren ihnen mit dem Streifenwagen außerdem den Weg ab und drängte sie an den Straßenrand. Oren öffnete seine Wagentür und kam auf sie zu. Als er bei ihnen war, fragte Wilde durchs offene Fenster:

»Was soll das, Oren? Du weißt doch, dass wir gleich dahinten wohnen.«

Oren zog eine Augenbraue hoch. »Wir?«

Fehler, dachte Wilde. »Ich meinte Matthew und dieses Auto. Ach, du weißt schon.«

Oren sah ins Auto. Er nickte Matthew zu. Matthew sagte: »Hey, Chief.«

»Woher kommst du, Junge?«

Wilde sagte: »Maynard Manor.«

»Was hast du da gemacht?«

»Was geht dich das an?«, erwiderte Wilde.

Oren beachtete ihn nicht. »Matthew?«

»Ich war auf einer Party.«

Oren sah sich Matthew genauer an. »Du siehst nicht gut aus, Matthew.«

»Mir geht's gut.«

»Bist du sicher?«

Wilde wusste nicht recht, ob sie Oren von dem Vorfall im

Haus erzählen sollten. Bevor er die Gelegenheit hatte, etwas zu sagen, warf Matthew ein: »Mir geht's gut, Coach. Wir haben Mitternachts-Totenschädel gespielt.«

»Was?«

»Es ist so eine Art Fangen. Draußen rumlaufen und so. Deshalb seh ich so aus.«

Oren Carmichael runzelte die Stirn. Er sah Wilde an. Wilde reagierte nicht. Dann fragte Oren: »Warum hast du deine Großmutter gebeten, Naomi Pine zu suchen?«

Ah, dachte Wilde, deshalb hatte er sie sofort gestoppt. Oren wollte Matthew allein erwischen – ohne Mutter und Großmutter, die beide renommierte Anwältinnen waren –, damit er nicht nur ausweichende Antworten erhielt.

Wilde sagte: »Antworte nicht.«

Das gefiel Oren nicht. »Was?«

»Ich habe ihn aufgefordert, die Frage nicht zu beantworten.«

»Du bist kein gesetzlicher Vertreter, Wilde.«

»Ja, das höre ich heute Abend nicht zum ersten Mal. Aber ich lasse nicht zu, dass du ihn ohne seine Mutter vernimmst.«

»Ich weiß nicht, wo Naomi ist«, platzte Matthew heraus. »Und das ist die Wahrheit.«

»Und wie kommt es dann, dass du deine Großmutter gebeten hast, sie zu suchen?«

»Ich mache mir nur Sorgen um sie, okay? Sie war nicht in der Schule und …«

»Und?«

Wilde sagte: »Matthew, kein weiteres Wort.«

»… und da tyrannisieren sie alle.«

»Du auch, Matthew?«

Wilde hob die Hand. »Okay, das reicht. Dieses Gespräch ist beendet.«

»Verdammt und …«

Wilde ließ den Wagen wieder an.

»Mach sofort den Motor aus«, fauchte Oren.

»Erhebst du irgendwelche Anschuldigungen?«

»Nein.«

»Dann fahren wir jetzt. Wenn du willst, können wir bei Matthew zu Hause weiterreden.«

* * *

Aber Oren folgte ihnen nicht zum Haus.

Als sie in die Einfahrt einbogen, wurde die Haustür geöffnet. Obwohl es dunkel war, erkannte Wilde Lailas Silhouette in der Tür. Sie hob die Hand und winkte eigenartig. Als Wilde auf sie zuging, sah er, dass sie ihr Handy in der Hand hielt.

»Ein Anruf für dich«, sagte sie zu Wilde. Dann fügte sie hinzu: »Auf meinem Handy.«

Er nickte, und sie reichte es ihm. Er nahm das Handy ans Ohr.

»Alles klar zwischen uns?«

Der Grauhaarige von vorhin. Wilde war nicht überrascht. Natürlich hatten sie das Nummernschild gesehen. Leute mit solchen Verbindungen kamen problemlos an Informationen über Fahrzeughalter samt Adresse, Festnetz- und Handynummer. Es war Lailas Auto. Daher hatten sie ihre Nummer zuerst probiert.

»Denke schon«, sagte Wilde.

»Crash hat sich womöglich unangemessen verhalten.«

»Mhm.«

»Der Junge steht allerdings unter großem Druck. Wir hoffen auf Ihr Verständnis.«

»Ein Mädchen wird vermisst«, sagte Wilde.

»Er weiß nichts über sie.«

»Warum steht er dann unter großem Druck?«

»Wegen anderer Dinge.«

»Verraten Sie mir Ihren Namen?«, fragte Wilde.

»Warum?«

»Weil Sie meinen kennen.«

Es entstand eine kurze Pause. »Gavin Chambers.«

»Wie in Chambers Security? Oder Colonel Chambers?«

»Colonel im Ruhestand, ja.«

Holla, dachte Wilde. In Bezug auf ihre Sicherheit ließen die Maynards nichts anbrennen. Er überlegte, ob er ein paar Schritte zur Seite gehen sollte, damit Laila nichts mitbekam, ihr Gesichtsausdruck verriet ihm aber, dass ihn das in Teufels Küche bringen würde.

»Wissen Sie, was Crash mit Matthew gemacht hat, Colonel?«

Lailas Augen weiteten sich, als sie das hörte.

»Der Kellerbereich ist mit Überwachungskameras ausgestattet«, antwortete Gavin.

»Also haben Sie es gesehen?«

»Das habe ich. Leider gibt es ausgerechnet diese Bilder nicht mehr. Wurden versehentlich gelöscht. Sie wissen ja, wie das ist.«

»Ja, ich weiß.«

»Nehmen Sie unsere Entschuldigung an?«

»Ich bin nicht derjenige, der angegriffen wurde.«

»Würden Sie die Entschuldigung dann bitte dem jungen Matthew übermitteln?«

Wilde antwortete nicht.

»Mein Job besteht darin, die Maynards zu schützen, Mr Wilde. Es steht viel mehr auf dem Spiel als eine Rauferei unter Teenagern.«

»Als da wäre?«

Doch Chambers antwortete nicht. »Ich weiß, dass Sie Ihr Metier ausgezeichnet beherrschen. Das gilt allerdings auch für mich. Und mir stehen ungeheure Möglichkeiten zur Verfügung. Sollte es zwischen uns zu einem Konflikt kommen, wird das wahrscheinlich kein gutes Ende nehmen. Es würde Kollateralschäden geben. Habe ich mich klar ausgedrückt?«

Wilde sah Laila und Matthew an. Die »Kollateralschäden«.

»Ich bin kein Freund von Drohungen, Colonel.«

»Keiner von uns beiden will sein Leben damit verbringen, ständig über die Schulter zu schauen, richtig?«

»Richtig.«

»Deshalb strecke ich die Hand aus und biete Ihnen meine Freundschaft an.«

»Freundschaft wäre dann vielleicht doch etwas hoch gegriffen.«

»Sie haben recht. Vielleicht könnte man eher aufs Französische zurückgreifen und von Détente sprechen. Die Waffe können Sie übrigens behalten. Wir haben noch jede Menge andere. Gute Nacht, Mr Wilde.«

Er legte auf. Laila sagte: »Was um alles in der Welt war das denn?«

Wilde gab ihr das Handy zurück. Sein Gehirn lief auf Hochtouren. Die unmittelbare Bedrohung, dass Maynards Leute sie hierher verfolgen würden, schien vorerst gebannt. Matthew war zu Hause. Er war in Sicherheit. Also richtete Wilde seine Aufmerksamkeit wieder auf Naomi Pine.

Der Vater hatte Hester erzählt, Naomi wäre bei ihrer Mutter. Er hatte gelogen. Im Rückschluss war das Haus des Vaters also der richtige Ort, um die Suche nach ihr zu beginnen.

Laila fragte: »Hatte dieses Telefonat etwas mit Naomi Pine zu tun?«

Matthew stöhnte kurz. »Du weißt davon?«

»Alle wissen davon. Nach der Sendung deiner Großmutter hat die Schule eine Eilmeldung an alle verschickt. Die Elternseiten in den Social Media explodieren. Wenn ihr mir jetzt bitte erzählen könntet, was los ist?«

»Matthew übernimmt das«, sagte Wilde und warf ihr die Autoschlüssel zu. »Ich muss los.«

»Moment, wo willst du hin?«

Eine Erklärung würde zu lange dauern. »Ich werde versuchen zurückzukommen, wenn du nichts dagegen hast.«

»Wilde?«

»Matthew erklärt dir alles.«

Er drehte sich um und rannte Richtung Wald.

ZEHN

Eine vom Psychologen Anders Ericsson aufgestellte und von Malcolm Gladwell populär gemachte Theorie besagt, dass jemand nach zehntausend Übungsstunden in einem bestimmten Gebiet ein Experte ist. Wilde glaubte das nicht, verstand aber den Reiz, der in der Einfachheit dieser ermutigenden, populären Aussage lag.

Er rannte durch den Wald, seine Augen hatten sich bereits an die Dunkelheit gewöhnt. Theorien wie die von Ericsson ließen die Intensität und den Grad der Vertiefung außer Acht. Wilde lief schon so lange er sich erinnern konnte durch Wälder wie diesen. Allein. Er hatte sich anpassen, überleben müssen. Für ihn war das keine Übung, sondern sein Dasein. Es war ihm in Fleisch und Blut übergegangen. Nur so konnte er überleben. Natürlich war es auch wichtig, wie lange man etwas machte. Doch die Intensität war wichtiger. Man stelle sich vor, man hätte keine Wahl. Wenn man aus reiner Freude durch den Wald wanderte – oder weil der Vater Spaß daran hatte –, war das etwas anderes, als ständig darauf angewiesen zu sein, weil man starb, wenn man dort nicht zurechtkam. Das ließ sich nicht simulieren. Wenn man ein Experiment machte, um auszuprobieren, wie es war, blind zu sein, und sich dafür die Augen verband – nein, Entschuldigung, das war nicht dasselbe wie blind zu sein. Die Augenbinde konnte man jederzeit abnehmen. Es war ein freiwilliger und sicherer Test unter kontrollierten Bedingungen. Manche Trainer sagten ihren

Sportlern, sie sollten so spielen, als hinge ihr Leben davon ab. Vermutlich lieferte das eine gute Motivation, aber wenn dein Leben nicht davon abhing – und das tat es nicht –, verminderte das die Intensität wesentlich.

Echte Spitzensportler glaubten, im Wettkampf ginge es um Leben und Tod. Man stelle sich vor, wie viel besser sie sein könnten, wenn es wirklich so wäre.

Und bei Wilde im Wald war es das.

Als er sich dem Haus der Pines näherte, entdeckte er einen Streifenwagen und drei Übertragungswagen von Lokalsendern. Aber es herrschte kein allzu hektisches Treiben – schließlich ging es nicht um die Story des Jahres oder so etwas –, aber offensichtlich war Hesters Meldung in die Nachrichtenredaktionen vorgedrungen. Die Polizei hatte sich dann wohl der Sache angenommen und die Reporter aufgefordert, etwas Abstand zum Haus zu halten. Wilde entdeckte Oren Carmichael, der sich vor der Haustür mit einem Mann unterhielt, bei dem es sich um Bernard Pine, Naomis Vater, handeln musste. Der Mann wirkte aufgebracht, nicht weil seine Tochter vermisst wurde, sondern weil die Polizei und die Medien aufgetaucht waren. Er gestikulierte hektisch, während Carmichael immer wieder beschwichtigend die Hände hob.

Wildes Handy vibrierte zweimal, eine Nachricht war eingetroffen. Ein Blick aufs Display verriet ihm, dass sie von Ava O'Brien war:

Hast du Naomi gefunden?

Erst wollte er nicht antworten, das kam ihm dann aber doch nicht richtig vor. Noch nicht.

Es folgte eine Pause, tanzende Punkte. Dann: Komm heute Abend vorbei. Ich lasse die Tür offen.

Weitere tanzende Punkte: Du fehlst mir, Wilde.

Er steckte das Handy ein, ohne zu antworten. Ava würde die Nachricht verstehen, auch wenn er sie nur ungern auf diese Weise übermittelte.

Wilde schlich aus dem Wald. In geduckter Haltung lief er zum Nachbargarten. Niemand sah ihn. Er blieb in gebückter Haltung. Naomis Vater beendete die Standpauke, die er Oren gehalten hatte, und knallte ihm die Tür vor der Nase zu. Oren Carmichael blieb noch ein paar Sekunden stehen, fast so, als erwartete er, dass die Tür wieder geöffnet werden würde. Als das nicht geschah, drehte er sich um und ging zu seinem Wagen. Ein anderer Polizist – viel jünger als Oren – erwartete ihn dort.

»Halten Sie die Presse auf Abstand«, sagte Carmichael.

»Ja, Chief. Gehen wir rein?«

Oren runzelte die Stirn. »Reingehen?«

»Sie wissen schon, so eine Art Hausdurchsuchung.«

»Der Vater sagt, sie ist in Sicherheit.«

»Aber diese Fernseh-Expertin …«

»Eine Fernsehmeldung ist kein Beweis«, fauchte Oren. »Schick die Medien hier weg.«

»Okay, Chief.«

Als der Jungspund gegangen war, sah Wilde keinen Grund mehr, sich noch länger zu verstecken. Er richtete sich auf und ging zum Wagen. Weil er keine Lust darauf hatte, dass noch einem Bewaffneten womöglich die Finger juckten, rief er sofort, als man ihn sehen konnte: »Oren?«

Carmichael drehte sich um. Als er Wilde sah, runzelte er die Stirn. »Was machst du hier?«

»Was hat der Vater über Naomi gesagt?«

»Geht dich nichts an, oder?«

»Du weißt, dass er Hester belogen hat, oder?«

Oren Carmichael seufzte. »Warum um alles in der Welt hat Hester dich da mit hineingezogen?«

»Der Vater hat Hester erzählt, Naomi wäre bei ihrer Mutter.«

»Was ja durchaus möglich ist.«

»Hat er dir das auch gesagt?«

»Er hat gesagt, dass sie in Sicherheit ist, und mich gebeten, ihre Privatsphäre zu respektieren.«

»Und das machst du?«

»Weder der Vater noch die Mutter hat eine Vermisstenanzeige aufgegeben.«

»Und?«

»Und es ist fast Mitternacht. Soll ich die Tür eintreten?«

»Naomi könnte in Gefahr sein.«

»Dann glaubst du also, dass ihr Vater sie umgebracht hat oder so?«

Wilde antwortete nicht.

»Genau«, sagte Oren, der von der ganzen Sache offensichtlich ziemlich erschöpft war. »Das Mädchen ist schon einmal weggelaufen. Und ich nehme an, dass sie das wieder getan hat.«

»Aber vielleicht steckt auch etwas Schlimmeres dahinter.«

Oren setzte sich auf den Fahrersitz. »In dem Fall werden wir das auch irgendwann erfahren.« Er blickte aus dem Streifenwagen zu Wilde hinauf. »Geh nach Hause, Wilde.«

Als Wilde zurück in den Wald ging, fuhr er los. Wilde blieb jedoch hinter dem ersten Baum stehen und zog sich eine dünne schwarze Maske über den Kopf, die alles mit Ausnahme seiner Augen bedeckte. Die hatte er immer dabei. Es gab auf der Welt inzwischen mehr Überwachungskameras als Menschen. Zumindest kam es ihm so vor. Man konnte also nie wissen. Und daher war Wilde, der ein Faible für Privatsphäre hatte, in diesen daran so armen Zeiten immer vorbereitet.

Als Orens Streifenwagen nicht mehr zu sehen war, ging er in einem großen Bogen zurück, sodass er von hinten ans Haus der Pines kam. In der Küche, einem Schlafzimmer im Obergeschoss und im Keller brannte Licht. Als Kind war er in unzählige Sommerhäuser und Angelhütten eingebrochen. Er hatte gelernt, sie still und leise zu inspizieren, heimlich um sie herumzuschleichen, sich Zufahrten und Lampen anzusehen und auf diese Weise festzustellen, ob jemand im Haus war. Für den Einbruch suchte er erst einmal nach unverschlossenen Türen oder Fenstern (Sie wären überrascht, wie oft es so einfach war), bevor er zu anderen Mitteln griff. Wenn er auf zu stabile Schlösser oder ein zu ausgefeiltes Alarmsystem traf, suchte er sich ein anderes Haus. Außerdem hatte er schon als Kind gewusst, dass er keine Spuren hinterlassen durfte. Wenn er zum Beispiel in einem Bett schlief, machte er es am nächsten Morgen wieder. Wenn er etwas aß oder Speisen mitnahm, achtete er darauf, dass nicht zu viel fehlte, damit die Besitzer es nicht bemerkten.

Hatte ihm das jemand beigebracht, als er noch jung war, ohne dass er sich daran erinnerte? Oder war er instinktiv so vorgegangen? Er wusste es nicht mehr. Im Endeffekt war der Mensch ein Tier. Ein Tier tat, was für sein Überleben wichtig war.

Wahrscheinlich war es wirklich so banal.

Das Handy vibrierte in seiner Tasche.

Es war Hester: »Bist du bei Laila?«

»Nein.«

»Wo dann?«

»Ich inspiziere Naomis Haus.«

»Hast du einen Plan?«

»Ja.«

»Erzähl.«

»Das willst du nicht wissen«, erwiderte er.

Wilde legte auf und ging weiter durch den Garten. Heutzutage waren viele Häuser mit Bewegungsmeldern ausgerüstet, die Lampen anschalteten, sobald sich jemand näherte. Falls das geschah, würde Wilde sich einfach umdrehen und in den Wald zurückrennen. Als wäre nichts passiert. Aber es ging kein Licht an. Gut. Er blieb ganz nah am Haus. Direkt an der Wand war er am schwierigsten zu entdecken.

Er sah durchs Fenster in die Küche. Bernard Pine, Naomis Vater, saß am Tisch und spielte mit seinem Handy. Er wirkte nervös. Wilde ging weiter und blickte durch die anderen Erdgeschossfenster. Sonst war niemand da, es rührte sich nichts.

Wilde ging in die Knie und sah in die Kellerfenster. Die Rollos waren heruntergezogen – Verdunkelungsrollos –, trotzdem entdeckte Wilde einen schmalen Lichtstreifen.

War da jemand?

Er hatte wenig Mühe, auf das Verandadach zu klettern. Kurz überlegte er, ob die Konstruktion sein Gewicht halten würde, riskierte es dann aber. Das Licht der Flurlampe fiel durch die offene Tür in einen Raum, vermutlich das Schlafzimmer des Vaters. Er kletterte zum hinteren Eckfenster, legte die Hände ans Glas und betrachtete das dahinterliegende Zimmer.

Die einzige Lichtquelle waren die tanzenden Linien des Bildschirmschoners auf dem Computermonitor. Die Wände waren kahl. Keine Poster von Teenie-Schwärmen, Lieblings-Rockgruppen oder ähnlichen Dingen, die sich Mädchen in Naomis Alter normalerweise an die Wand hängten. Das niedrige Bett war mit Plüschtieren bedeckt, es waren etliche, wenn nicht Hunderte in allen Größen und Farben, vor allem Bären, aber auch Giraffen, Pinguine, Elefanten und Affen. Wilde konnte sich kaum vorstellen, wie Naomi noch in ihr Bett passte. Vielleicht sprang sie einfach mitten hinein, als würde sie in so einem Greifautomaten leben, wie sie auf dem Jahrmarkt standen.

Da Naomi ein Einzelkind war, musste dies hier ihr Zimmer sein.

Das Fenster war mit einem arretierbaren Kunststoffhebel versperrt. Die normale Sicherung für ein Fenster im ersten Stock. Die meisten Einbrecher kletterten keine Wände hinauf. Für Wilde galt das natürlich nicht. Er zog eine Zelluloidkarte aus seinem Portemonnaie. Sie war besser als eine Kreditkarte. Flexibler. Er schob sie zwischen die beiden Schiebe-Elemente und drückte den Hebel zur Seite. So einfach war das. Fünf Sekunden später war er im Zimmer.

Und jetzt?

Ein kurzer Blick in den Schrank ergab Folgendes: Im oberen Regal lag ein rosa Fjällräven Kanken Rucksack, die Kleidung war ordentlich aufgehängt, und er sah keine unbenutzten Kleiderbügel. Was bedeutete das? Er war sich nicht sicher. Der Rucksack war leer. Wenn sie ausgerissen wäre, hätte sie ihn dann nicht gepackt und mitgenommen? Und wären nicht zumindest ein paar Lücken zu sehen, weil Kleidung fehlte?

Der Anblick ließ zwar keine eindeutigen Schlüsse zu, war aber interessant.

Früher hätte es sich wohl gelohnt, in den Schreibtischschubladen, unter den Kissen oder der Matratze nach einem Tagebuch zu suchen, aber heutzutage vertrauten die meisten Jugendlichen ihre Geheimnisse technischen Geräten an. Am besten wäre es also, auf ihrem Handy nachzusehen, weil wir alle dort unser Leben speicherten – und nein, das war kein Kommentar über die Jugend von heute. Das galt auch für Erwachsene. Die Menschheit hatte auch den letzten Anschein von so etwas wie Privatsphäre mit diesen Geräten über Bord geworfen, zugunsten von … tja, was eigentlich. Vermutlich Bequemlichkeit. Oder »virtuelle« Freundschaften, was vielleicht immer noch besser sein mochte, als gar keine Freundschaften zu haben.

Für ihn war das alles nichts. Andererseits schienen echte Freundschaften oder andere Beziehungen auch nicht sein Ding zu sein.

Hatte die Polizei versucht, Naomis Handy zu orten, um ihren Aufenthaltsort in Erfahrung zu bringen?

Vielleicht. Wahrscheinlich sogar. Trotzdem schrieb er Hester eine Nachricht, dass ihre Leute es auch versuchen sollten.

Naomis Computer war noch eingeschaltet. Er bewegte die Maus, befürchtete, ein Passwort eingeben zu müssen, um fortfahren zu können. Es wurde jedoch keins verlangt. Er rief ihren Webbrowser auf. Naomis E-Mail-Zugangsdaten – Name und Passwort – waren gespeichert, damit sie schneller darauf zugreifen konnte. Ihr Benutzername lautete NaomiFlavuh, was gleichermaßen süß wie auch etwas traurig wirkte. Mit einem Klick war er in ihrem Posteingang. Fast hätte er sich die Hände gerieben, in der Aussicht darauf, den Jackpot gewonnen zu haben. Hatte er aber nicht. Die E-Mails hätten nicht harmloser sein können – Hausaufgaben, Spam-Mails mit vermeintlichen College-Angeboten, Coupons und Sonderangebote von The Gap, Target und anderen Online-Händlern mit Namen wie Forever21 und PacSun, die Wilde nichts sagten. Durch seinen Kontakt zu Matthew wusste Wilde, dass die Jugendlichen sich untereinander keine E-Mails schickten, sondern über eine oder mehrere »elternsichere« Apps kommunizierten.

Er hielt für einen Moment inne und horchte. Nichts. Es kam niemand die Treppe hoch. Er schob den Mauszeiger nach oben und sah sich den Browserverlauf an. Er hoffte, dass Naomi den Cache in letzter Zeit nicht geleert hatte.

Und genau so war es.

Sie hatte auf Ebay nach Plüschtieren gesucht. Da waren Links zu Foren von Plüschtiersammlern. Wilde sah hinter sich auf das Bett. Die Tiere waren sorgfältig angeordnet. Viele starrten ihn an. Er dachte kurz über dieses Mädchen nach, das ihr Leben lang gemobbt worden war, stellte sich vor, wie sie nach der Schule nach Hause eilte, um dem Spott und den Misshandlungen zu entkommen, um dann vielleicht mit einem Satz in ihr Bett und in diesen von ihr selbst erschaffenen Zoo zu springen.

Der Gedanke erfüllte ihn mit überraschend großem Zorn.

Die Menschen hatten dieses Mädchen ihr Leben lang schikaniert. Wenn jemand nachgelegt hatte, wenn jemand noch einen draufgesetzt und sie zu einer Verzweiflungstat genötigt hatte …

Er schluckte die Wut hinunter und konzentrierte sich wieder auf die bevorstehende Aufgabe. Er hatte die Maske noch auf. Falls Bernard Pine zufällig hochkam und ihn sah – was sehr unwahrscheinlich war –, würde Wilde einfach an ihm vorbeistürmen und wegrennen. Er würde ihn nicht identifizieren können. Wildes Größe und Körperbau zu kennen – eins dreiundachtzig, dreiundachtzig Kilo – würde ihm nicht viel helfen.

Holla. Volltreffer.

Naomi hatte Nachforschungen über ein paar Klassenkameraden angestellt. Insgesamt über sechs oder sieben, aber zwei Namen stachen Wilde sofort ins Auge. Der eine war Matthew. Der andere Crash Maynard. Die Suchen zu Matthew – wie auch die zu ihren anderen Klassenkameraden – waren eher oberflächlich. Hatte das etwas zu bedeuten? Oder googelten

Teenager sich regelmäßig gegenseitig? Startete man eine Online-Suche, sobald man jemanden kennenlernte? Andererseits kannte Naomi diese Jugendlichen schon seit Ewigkeiten. Sie war mit ihnen aufgewachsen, ging mit ihnen zur Schule und war das Opfer ihres Spotts.

Warum also jetzt?

Er überflog die weiteren Google-Suchen. Ihm fiel nichts weiter auf, außer einem – oder genauer gesagt zwei – seltsamen Suchbegriffen:

Challenge-Game
Challenge-Game vermisst.

Er konzentrierte sich auf das Wort, das sie in der zweiten Suche ergänzt hatte: Vermisst.

Er klickte sich durch die Links. Als er zu lesen begann, wurde ihm flau im Magen. Er hatte etwa die Hälfte der Seiten gelesen, als ihn ein Geräusch aufschreckte.

Schritte.

Nicht in der Nähe. Sie kamen auch nicht auf ihn zu. Und genau das war eigenartig. Außer ihm war nur eine Person im Haus. Naomis Vater. Bernard Pine. Er war in der Küche. Aber die Schritte kamen nicht aus der Küche. Jetzt, wo er darüber nachdachte, fiel ihm auf, dass er seit er hier oben war, noch nichts von unten gehört hatte.

Die Schritte waren leise. Sie kamen aus dem Haus, aber …

Wilde schloss den Browser und schlich aus dem Zimmer in den Flur. Er blickte die Treppe hinab. Die Schritte waren jetzt lauter. Und Wilde hörte auch eine Stimme. Sie klang wie Bernard Pines. Mit wem sprach er? Die Worte waren nicht zu verstehen. Wilde schlich zum oberen Treppenabsatz, um zu horchen.

Dann flog die Tür unten an der Treppe auf.

Die Kellertür.

Wilde sprang zurück. Die Stimme war jetzt laut und deutlich zu hören.

»Du warst in den verdammten Nachrichten! Und diese Frau war auch hier. Was meinst du mit wer? Diese Rechtsanwältin aus dem Fernsehen, die die Vermisstenmeldung gesendet hat.«

Bernard Pine schloss die Kellertür hinter sich.

»Und die Polizei ist auch gerade hier gewesen. Polizeichef Carmichael höchstpersönlich stand vor der Tür. Wahrscheinlich sind sie immer noch …« Wilde blieb mit dem Rücken zur Wand stehen, riskierte aber einen Blick nach unten. Bernard Pine hielt sein Handy in einer Hand, mit der anderen schob er einen Vorhang zur Seite, um in den Vorgarten und auf die Straße hinauszublicken.

»Nein, im Moment seh ich sie nicht. Aber ich weiß ja nicht … also, Carmichael kann an der nächsten Straßenecke stehen. Die Medienleute waren auch da, mehrere Übertragungswagen … Das heißt dann wohl, dass wir beobachtet werden.«

Wir?, dachte Wilde.

Wenn es sich nicht um den Pluralis Majestatis handelte, besagte das »wir«, dass mehr als eine Person anwesend war. Aber Wilde hatte das Haus inspiziert. Und er hatte nur eine Person entdeckt. Bernard Pine. Wenn noch jemand hier war, konnte diese Person nur an einem Ort sein.

Im Keller.

»Ja, Larry, natürlich hast du mir davon abgeraten, aber ich hatte keine Wahl. Ich will nicht erwischt werden. Das ist jetzt das Wichtigste.«

Pine eilte zur Treppe, an deren oberem Ende Wilde stand. Er bewegte sich ziemlich schnell und sprang jeweils zwei

Stufen auf einmal hinauf. Instinktiv verschwand Wilde wieder in Naomis Zimmer und rollte sich in eine Ecke. Pine rauschte an der Tür vorbei, ohne einen Blick ins Zimmer seiner Tochter zu werfen.

Der Keller, dachte Wilde.

Er wartete nicht lange. Kaum war Pine an der Tür vorbei und in seinem eigenen Schlafzimmer verschwunden, war Wilde schon wieder auf dem Treppenabsatz. Auf den Fußballen – nicht auf den Zehen, die Zehen machten Geräusche – schlich er die Treppe hinunter. Er wandte sich nach rechts und ging zur Kellertür, griff nach dem Knauf und drehte ihn vorsichtig.

Leise öffnete er die Tür, trat hindurch und schloss sie hinter sich.

Unten brannte schwaches Licht. Wilde hatte zwei Möglichkeiten: Er konnte die Treppe hinunterschleichen und sich langsam zu der gesuchten Person vorarbeiten oder einfach direkt hingehen und nachsehen.

Wilde entschied sich für die zweite.

Er nahm die Maske ab und ging die Kellertreppe einfach hinunter. Er versteckte sich nicht. Er beeilte sich nicht und zögerte nicht. Als Wilde unten ankam, ging er auf das Licht zu.

Naomi öffnete den Mund.

»Nicht schreien«, sagte Wilde zu ihr. »Ich will dir helfen.«

ELF

Der Keller war billig ausgebaut worden. Die Betonwände waren mit aufgeklebten Plastikpaneelen in Holzoptik verkleidet. Das alte Schlafsofa war zu einem Doppelbett ausgeklappt.

Es war randvoll mit Plüschtieren.

Naomi Pine saß auf der Armlehne. Ihre Schultern sanken herab, und sie senkte den Blick, sodass ihr die Haare wie ein Perlenvorhang vors Gesicht fielen. Sie war nicht dünn, was heutzutage wahrscheinlich bedeutete, dass sie übergewichtig war, aber so genau kannte Wilde sich da nicht aus. Sie war weder hübsch noch hässlich, und auch wenn das Aussehen eigentlich keine Rolle spielen sollte, war die Realität eine andere, und die von Teenagern sowieso. Also sah er sie an, versuchte das Gesamtbild aufzunehmen, und es rührte sein Herz. Genau genommen sah Naomi Pine – und ihre aktuelle Situation mochte diesen Eindruck noch verstärken – in erster Linie wie ein leichtes Opfer aus. Das strahlte sie zumindest aus. Manche Leute sehen klug aus, manche dumm, stark, grausam, schwach, mutig oder was auch immer. Naomi sah aus, als wollte sie andauernd vor Scham im Boden versinken, als würde sie die ganze Welt um Gnade anflehen und sie bitten, sie nicht zu schlagen, was der Welt jedoch nur ein höhnisches Grinsen entlockte.

»Ich kenne Sie«, sagte Naomi. »Sie sind der Junge aus dem Wald.«

Das stimmte nicht ganz. Oder vielleicht doch.

»Sie heißen Wilde, stimmt's?«

»Ja.«

»Sie sind unser Schreckgespenst, wissen Sie das?«

Wilde antwortete nicht.

»Eltern sagen kleinen Kindern, dass sie nicht in den Wald gehen dürfen, weil sie da sonst der Wilde-Mann holt und auffrisst oder so. Und wenn Kinder sich Gespenstergeschichten erzählen oder versuchen, sich gegenseitig Angst zu machen, sind Sie meistens der Star der Show.«

»Wunderbar«, sagte Wilde. »Hast du Angst vor mir?«

»Nein.«

»Warum nicht?«

»Ich fühle mich von Außenseitern angezogen«, sagte sie.

Er versuchte zu lächeln. »Ich auch.«

»Haben Sie mal *Wer die Nachtigall stört* gelesen?«, fragte sie.

»Ja.«

»Sie sind so etwas wie unser Boo Radley.«

»Dann wärst du wohl Scout.«

»Klar doch«, sagte Naomi und verdrehte die Augen, worauf ihm wieder schwer ums Herz wurde.

»Wer ist Larry? Ich habe deinen Vater eben am Telefon gehört.«

»Mein Onkel. Er wohnt in Chicago.« Naomi senkte den Kopf. »Verraten Sie mich?«

»Nein.«

»Dann gehen Sie einfach wieder?«

»Wenn du willst.« Wilde trat einen Schritt näher zu ihr und sagte in möglichst sanftem Tonfall: »Die Challenge.«

Naomi sah zu ihm auf. »Woher wissen Sie davon?«

Als er es auf ihrem Computer gesehen hatte, war ihm eingefallen, dass er vor ein paar Jahren schon einmal etwas darüber gelesen hatte. In einem Artikel wurde es die 48-Stunden-Challenge genannt, kurz darauf hatte es dann allerdings geheißen, dass es nur eine »urban legend« wäre und es ein solches Spiel nie gegeben hätte. Es war eine Art Online-Spiel, allerdings ein ziemlich schreckliches. Teenager waren angeblich untergetaucht, sodass ihre Eltern in Panik gerieten und dachten, ihr Kind wäre entführt worden oder Schlimmeres. Je länger man »vermisst« wurde, desto mehr Punkte bekam man.

»Ist doch egal«, sagte Wilde. »Aber du hast es gespielt, stimmt's?«

»Ich versteh immer noch nicht, warum Sie hier sind?«

»Ich habe dich gesucht.«

»Warum?«

»Jemand hat sich Sorgen gemacht.«

»Wer?«

Er zögerte kurz, dachte dann aber: Wieso nicht? »Matthew Crimstein.«

Ein kurzes Lächeln mochte über ihr Gesicht gehuscht sein. »Typisch.«

»Wieso typisch?«

»Wahrscheinlich gibt er sich die Schuld. Sagen Sie ihm, dass er das nicht darf.«

»Okay.«

»Er will auch nur dazugehören.«

Wilde hörte, dass sich oben etwas bewegte. Zweifelsohne ihr Vater. »Was ist passiert, Naomi?«

»Haben Sie schon mal Selbsthilfe-Bücher gelesen?«

»Nein.«

»Ich mach das. Andauernd. Mein Leben …« Sie brach ab, blinzelte ein paar Tränen weg, schüttelte den Kopf. »Ist auch egal. Jedenfalls wird einem da immer geraten, kleine Änderungen vorzunehmen. In den Selbsthilfe-Büchern, meine ich.

Das hab ich versucht. Es klappt nicht. Die hassen mich immer noch alle. Wissen Sie, wie das ist? Wenn man Tag für Tag spürt, wie sich alles in einem zusammenzieht, weil man Angst hat, zur Schule zu gehen?«

»Nein«, sagte Wilde. »Muss aber scheiße sein.«

Die Antwort gefiel ihr. »Das ist es. Eine Riesenscheiße. Aber Sie dürfen kein Mitleid mit mir haben, okay?«

»Okay.«

»Versprochen?«

Er legte die rechte Hand auf sein Herz.

»Na ja«, sagte Naomi, »ich hab dann jedenfalls beschlossen, es zu probieren.«

»Was zu probieren?«

»Veränderung.« Ihre Miene leuchtete auf. »Ich wollte alles verändern. Vollkommen. Mit einem Schlag, einer Aktion, wollte ich meine Vergangenheit als Verliererin löschen und ganz von vorn anfangen. Verstehen Sie?«

Er schwieg.

»Also hab ich mich der Challenge gestellt. Ich bin verschwunden. Zuerst hab ich mich im Wald versteckt.« Sie lächelte kurz. »Ich hab kein bisschen Angst vor Ihnen gehabt.«

Er erwiderte das Lächeln.

»Zwei Tage habe ich durchgehalten.«

»War es schwer?«

»Nein, eigentlich hat's mir gefallen. Da draußen. Ganz allein. Das verstehen Sie doch, oder?«

»Ja, das versteh ich.«

»Ach verdammt, Sie verstehen das wahrscheinlich besser als jeder andere«, sagte sie. »Es war wie eine Flucht, eine Atempause. Aber mein Vater, na ja, er rafft das nicht so ganz. Ich, also okay, ich meine, ich bin eine Loserin.«

»Du bist keine Loserin.«

Naomi musterte ihn mit einem Blick, der besagte, dass er sie von oben herab behandelte und dass sie davon enttäuscht war. Er hob entschuldigend die Hände, als wollte er sagen: mein Fehler.

»Na, jedenfalls ist es nicht seine Schuld. Das Ganze. Aber mit seiner Art macht er es auch nicht besser, verstehen Sie?«

»Ich denke schon.«

»Ich war also zwei Tage weg, als er anfing, mir SMS zu schicken. Er wollte zur Polizei gehen, was ja auch zum Spiel gehört, stimmt's? Außerdem … ich hab Angst gehabt, dass er zu viel trinkt. Tja, und das wollte ich nicht. Also bin ich wieder nach Hause gekommen, obwohl ich wusste, dass achtundvierzig Stunden absolut nicht reichen. Dann hab ich meinem Vater erzählt, was das Ganze soll.«

Wilde hörte Schritte. Er drehte sich nicht um, machte sich keine Sorgen. »Und dein Vater hat beschlossen, dir zu helfen?«

»Er hat es sofort gerafft. Er hält mich auch für eine Loserin.« Naomi hob eine Hand. »Sagen Sie es nicht.«

»Okay.«

»Ich wollte eben nur dazugehören. Die anderen beeindrucken.«

»Und mit ›die anderen‹ meinst du Crash Maynard?«

»Crash, Kyle, Sutton. Alle.«

Wilde wollte ihr einen kleinen Vortrag darüber halten, dass man nicht anfangen durfte, Mobber beeindrucken zu wollen, und dass der Versuch, sich anzupassen, immer zum Scheitern verurteilt war, dass man sich selbst treu bleiben und sich gegen die Misshandlungen wehren musste – er war sich aber sicher, dass Naomi all das schon mehr als einmal gehört hatte, außerdem wäre das wieder herablassend gewesen. In diesem Bereich kannte Naomi sich viel besser aus als er. Sie hatte das Tag für Tag durchlebt. Er nicht. Sie hoffte, dass dieser Schachzug – die Challenge – sie »cooler« machen würde, und vielleicht hatte sie ja auch recht. Vielleicht waren Crash und seine Kohorten beeindruckt, wenn sie zurückkam. Vielleicht veränderte sich dadurch ihr ganzes Leben.

Für wen hielt er sich, ihr zu erzählen, dass es nicht funktionieren würde?

»Mein Vater hatte die Idee. Er meinte, ich könnte mich doch einfach hier unten verstecken. Er hat nur so getan, als ob er besorgt wäre.«

»Aber dann ist die Polizei wirklich aufgetaucht.«

»Genau. Damit hatten wir nicht gerechnet. Und er konnte ja nicht die Wahrheit sagen. Stellen Sie sich vor, was passiert, wenn das rauskommt – was er getan hat und was ich getan habe. Die würden mich in der Schule total fertigmachen. Deshalb flippt er gerade ein bisschen aus.«

Die Kellertür wurde geöffnet. Bernard Pine rief von oben: »Naomi?«

»Es ist alles in Ordnung, Dad.«

»Mit wem sprichst du, Schatz?«

Auf Naomis Gesicht hatte sich ein strahlendes Lächeln ausgebreitet. »Mit einem Freund.«

Wilde nickte. Er wollte sie fragen, ob er noch etwas für sie tun konnte, aber er kannte die Antwort schon. Er ging zur Kellertreppe. Bernard Pines Augen weiteten sich, als er ihn sah.

»Wer zum …«

»Ich wollte gerade gehen«, sagte Wilde.

»Wie sind Sie hier …?«

Naomi sagte: »Es ist in Ordnung, Dad.«

Wilde ging die Treppe hinauf. Als er an Bernard Pine vorbeikam, streckte er ihm die Hand entgegen. Pine schüttelte sie. Wilde reichte ihm eine Visitenkarte. Sie enthielt keinen Namen, sondern nur eine Telefonnummer.

»Falls Sie meine Hilfe brauchen«, sagte Wilde.

Pine sah zu den Fenstern neben der Tür. »Die Polizei könnte Sie sehen …«

Doch Wilde schüttelte den Kopf und ging zur Hintertür. Seine Maske trug er inzwischen in der Hand. »Wird sie nicht.«

Gut eine Minute später war Wilde wieder im Wald.

* * *

Auf dem Rückweg zu Laila rief Wilde Hester an.

»Naomi geht es gut.«

Er erklärte ihr die Situation.

Als er fertig war, schrie Hester: »Willst du mich verarschen?«

»Das ist eine gute Nachricht«, entgegnete er. »Sie ist in Sicherheit.«

»Oh, wunderbar. Sie ist also in Sicherheit, ganz toll. Aber falls du es nicht mitgekriegt haben solltest, ich habe gerade live in meiner Sendung verkündet, dass ein Mädchen im Teenageralter vermisst wird. Jetzt erzählst du mir, dass sie sich in ihrem eigenen Keller versteckt hat. Ich steh ja wie eine Idiotin da.«

»Ach«, sagte Wilde.

»Ach?«

»Mehr gibt's dazu nicht zu sagen. Ach.«

»Ich bin auf meinen guten Ruf angewiesen. Sonst habe ich nichts. Na ja, außer mein Aussehen.«

»Alles wird gut, Hester.«

Sie seufzte. »Ja, schon klar. Gehst du wieder zurück zum Haus?«

»Ja.«

»Dann wirst du es Matthew sagen?«

»Ich werde ihm nur so viel sagen, wie nötig ist.«

»Und dann gehst du mit Laila ins Bett?«

Er antwortete nicht.

»Entschuldige«, sagte sie.

»Schlaf dich aus, Hester.«

»Du auch, Wilde.«

* * *

Am nächsten Tag war Naomi wieder in der Schule. Sie hoffte, dass nicht zu viele Fragen gestellt werden würden. Aber es wurden Fragen gestellt. Ihre Story fiel ziemlich schnell in sich zusammen, und die Wahrheit – dass sie bei dem Challenge-Game »geschummelt« hatte – kam ans Licht.

Wenn das Leben in der Schule für Naomi vorher die Hölle war, wurde es durch diese Offenbarung zur Hölle hoch zehn.

Eine Woche später wurde Naomi Pine wieder vermisst.

Alle gingen davon aus, dass sie ausgerissen war.

Vier Tage später wurde ein abgetrennter Finger gefunden.

ZWEITER TEIL

ZWÖLF

Eine Woche später

Ein Auto war in seine verborgene Straße eingebogen. Wilde wusste das, weil er einen Kontaktschlauch ausgelegt hatte, wie man ihn im ganzen Land an den Einfahrten von Tankstellen verwendete. Das war zwar altmodisch, in dieser Umgebung aber effektiver als alles andere – Bewegungsmelder lösten auch bei Tieren aus. Das hätte jede Stunde mindestens einen Fehlalarm erzeugt. Kontaktschläuche lösten nur aus, wenn etwas Schweres wie ein Auto darauf drückte.

Er hatte auf den kleinen Bildschirm gestarrt, um eine E-Mail zu lesen, die er von einer dieser Ahnen-Webseiten erhalten hatte und deren Betreff ihm entgegenschrie: »DIE ERGEBNISSE IHRES DNA-TESTS SIND DA«, als er die Meldung bekam, dass jemand auf dem Weg zu ihm war. Wilde hatte überlegt, ob er auf den Link klicken sollte oder ob er lieber keine schlafenden Hunde wecken wollte – so wie er vorher schon überlegt hatte, ob er den Test machen und damit einen vermutlich düsteren Weg einschlagen sollte. Dann hatte er sich entschieden, seine DNA unter einem Pseudonym einzuschicken, was ihm sicher genug erschien. Er bräuchte sich die Ergebnisse ja nicht anzusehen. Er könnte den Link einfach ignorieren.

Manche Leute mochten sich fragen, warum Wilde damit so lange gewartet hatte, warum er diesen an sich logischen Schritt nicht längst gemacht hatte. Unternehmen wie 23andMe und Ancestry.com warben ununterbrochen damit, dass sie geholfen hatten, Hunderte, wenn nicht sogar Tausende in alle Himmelsrichtungen versprengte Familien wieder zusammenzuführen. Hätte Wilde da nicht auch ganz einfach eine Speichelprobe einschicken und so womöglich etwas über seine Herkunft erfahren können? Die spontane Antwort lautete natürlich Ja. Als er sich dann aber etwas Zeit nahm und darüber nachdachte, welche Auswirkungen das nach sich ziehen konnte, war Wilde nicht mehr ganz überzeugt.

Sollte Wilde, ein Mann, der gerne Abstand zu anderen Menschen hielt und zu den meisten beim besten Willen keine Beziehung aufbauen konnte, Fremden die Tür öffnen, die zu Recht behaupten konnten, seine Blutsverwandten zu sein, und sich in sein Leben einmischten?

Wollte er das?

Welche positiven Folgen konnte es haben, etwas über seine Vergangenheit zu erfahren?

Der Kontaktschlauch aktivierte Wildes gesamte und ansonsten deutlich modernere Alarmanlage. In den meisten Fällen bogen die Fahrzeuge nur versehentlich in seine Straße ein. Bis vor ein paar Jahren war das häufiger vorgekommen. Dann hatte Wilde direkt hinter der Abzweigung eine kleine Lichtung gerodet, damit die Fahrer gleich wieder wenden und herausfahren konnten, wenn sie erkannten, dass sie sich vertan hatten. Inzwischen kam das aber kaum noch vor, da die Straße stark zugewuchert und von der Hauptstraße aus kaum noch zu erkennen war.

Aber vereinzelt kam es noch vor. Und vielleicht war das auch in diesem Fall so.

Als der zweite und dritte Bewegungsmelder anschlugen,

war klar, dass der Wagen nicht umdrehen würde. Also wollte jemand zu ihm.

Wilde wohnte in einer nach seinen Wünschen angepassten ellipsoiden Kapsel, einer sogenannten Ecocapsule. Die Ecocapsule war ein Mikro-Smart-Haus, eine autarke Öko-Behausung oder ein kompaktes Mobile Home, wie auch immer man es nennen mochte, die ein slowakischer Freund entwickelt hatte, den er während seines Einsatzes am Golf kennengelernt hatte. Sie erinnerte an ein riesiges Dinosaurier-Ei. Wilde hatte sie jedoch von Hand mit einem Tarnanstrich in fünf matten Farbtönen versehen, damit sie nicht so leicht zu entdecken war. Die Wohnfläche war klein, gerade mal acht Quadratmeter, sie hatte nur ein Zimmer, das aber alles enthielt, was er brauchte – eine Kochnische mit Kochplatte und Minikühlschrank, ein komplettes Badezimmer mit wassersparender Armatur und Duschkopf und eine Verbrennungstoilette, die alles in Asche verwandelte. Die Möbel waren fest eingebaut – Tisch, Schränke, ein Klappbett, das man als Doppelbett oder als zwei Einzelbetten verwenden konnte – alles aus leichten Wabenplatten mit Eschenholzfurnier. Die eiförmige Außenhülle bestand aus isolierenden Glasfaserschalen, die auf einen Stahlrahmen montiert waren.

Die Ecocapsule war – da brauchte man sich nichts vorzumachen – wahnsinnig cool.

Weil er so wohnte, nahmen viele Leute an, dass Wilde ein »Öko-Spinner« oder sonst irgendein Radikaler sein musste. Das war er nicht. Die Kapsel bot ihm Privatsphäre und Schutz. Sie war völlig autark nutzbar, unabhängig von sämtlichen Versorgungsleitungen. Auf dem Dach befanden sich Solarzellen und eine Halterung für eine kleine Windturbine, die man anbringen konnte, wenn der Solarstrom nicht ausreichte, um die Akkus zu laden. Dank der Eiform lief Regenwasser so ab, dass man es leicht sammeln konnte, und in Trockenperioden konnte Wilde aus anderen Vorkommen zusätzliches Wasser beziehen, zum Beispiel aus Seen oder Bächen. Das Wasser wurde mit Hilfe einer Osmose-Filteranlage und einer LED-UV-Lampe gereinigt, sodass es sofort trinkbar war. Wassertank und die Warmwasserbereiter reichten für eine Person, trotzdem musste sich Wilde eingestehen, dass er es genoss, sich unter Lailas Massage-Duschkopf von einem scheinbar unbegrenzten Warmwasservorrat verwöhnen zu lassen.

Es gab keine Waschmaschine, keinen Trockner, keine Mikrowelle und auch keinen Fernseher. Das störte ihn eigentlich nicht. Seinen Bedarf an elektronischen Geräten deckte er mit einem Laptop und einem Handy, für die die Kapsel ausreichend Strom erzeugte. Es gab auch keine Thermostate oder Lichtschalter – diese Funktionen wurden über eine Smart-Home-App gesteuert.

Man konnte die Kapsel problemlos auf einen Anhänger setzen und damit umziehen, was Wilde alle paar Wochen oder Monate tat, selbst wenn er häufig nur fünfzig oder hundert Meter weiterzog. In seiner aktuellen Situation war es wahrscheinlich übertrieben, so oft den Standort zu wechseln, aber wenn sein »Haus« zu lange an einem Ort stand, kam es ihm vor, als würde die Kapsel Wurzeln schlagen (und damit auch er?).

Und das mochte er nicht.

Im Moment stand Wilde vor der hochgeklappten Tür der Kapsel und musste immer noch an den Link auf der DNA-Webseite denken. Die Sensoren und Kameras, die alle über Solarzellen versorgt wurden, streamten Videos auf sein Smartphone. Der Wagen auf dem Display hielt – ein roter Audi A6. Die Fahrertür wurde geöffnet. Der Fahrer schien fast herauszufallen und brauchte einen Moment, um sich ganz aufzurichten. Wilde erkannte ihn. Sie waren sich nur einmal begegnet.

Bernard Pine, Naomis Vater.

»Wilde?«

Wilde hörte die Stimme über die dort angebrachten Mikrofone. Direkt konnte er ihn nicht hören, dafür war er zu weit weg. Wilde eilte den vertrauten Weg entlang zum Straßenende. Die Strecke war knapp einen halben Kilometer lang. Er hatte eine Pistole in seiner Kapsel – die übliche Militär-Version der Beretta M9 –, hatte aber keinen Grund gesehen, sie mitzunehmen. Er mochte keine Schusswaffen und war kein guter Schütze. Als er Thor an dem Abend auf Maynard Manor die Waffe abgenommen hatte, war er froh gewesen, nicht abdrücken zu müssen, weniger, weil er niemanden verletzen wollte, sondern vor allem, weil man seine Treffsicherheit mit einer Pistole auf eine solche Entfernung als bestenfalls fragwürdig bezeichnen konnte.

Wilde näherte sich Bernard Pine leise von hinten.

»Was gibt's?«

Pine erschrak und fuhr herum. Wilde fragte sich, woher er von diesem Ort wusste, selbst wenn er nicht wirklich geheim war. Wenn man Wilde sprechen wollte, kam man hierher. Das wussten die Leute.

»Ich brauche Ihre Hilfe«, sagte Pine.

Wilde wartete.

»Sie wird wieder vermisst«, sagte Pine. »Naomi, meine ich. Und diesmal ist sie nicht ausgerissen.«

»Haben Sie die Polizei informiert?«

»Ja.«

»Und?«

Er verdrehte die Augen. »Was glauben Sie?«

Die Polizei ging natürlich davon aus, dass sie wieder ausgerissen war. Pine erklärte, dass das Challenge-Game als Schwindel entlarvt worden war, was die Mobber in der Schule noch weiter angespornt hatte. Die Schikanen hatten noch zugenommen, Naomi war noch verzweifelter gewesen. Die Polizei hatte den falschen Alarm noch nicht vergessen, und wer einmal log …

»Ich bezahle Sie«, sagte Pine. »Ich habe gehört …«, er brach ab.

»Was haben Sie gehört?«

»Dass Sie solche Sachen machen. Dass Sie ein hochkarätiger Ermittler sind oder so.«

Auch das war eine Übertreibung. Er war das W in einer Sicherheitsfirma mit Namen CRAW gewesen, deren Spezialgebiet der Personen- und Objektschutz im Ausland war. Wegen seines ungewöhnlichen Status – und weil er noch nicht einmal eine Geburtsurkunde besaß – hatte er immer die sensibelsten Fälle bearbeitet, die die größte Geheimhaltung erforderten. Als er genug Geld verdient hatte, war er aus dem Tagesgeschäft ausgestiegen, aber als stiller Teilhaber bei CRAW geblieben und hatte sich in jenen undurchsichtigen Bereich eines jeden Unternehmens zurückgezogen, den man mit dem Begriff Consulting überschrieb.

»Sie ist nicht ausgerissen«, wiederholte Pine.

Er lallte leicht. Offensichtlich hatte er sich zum Feierabend ein paar Drinks gegönnt – die geröteten Augen, das zerknitterte Hemd, die gelockerte Krawatte.

»Woher wissen Sie das?«

Pine überlegte. Dann antwortete er: »Würde es für Sie etwas an der Situation ändern, wenn ich sage, dass ein Vater so etwas einfach weiß?«

»Nicht das Geringste.«

»Sie wurde entführt.«

»Von wem?«

»Keine Ahnung.«

»Gibt es Anzeichen für ein Fake?«

»Ein Fake?« Er runzelte die Stirn. »Ist das Ihr Ernst?«

»Gibt es Hinweise darauf, dass sie entführt wurde?«

»Da könnte ich allenfalls die Abwesenheit von Hinweisen anführen.«

»Soll heißen?«

Bernard Pine hob die gespreizte Hand und lächelte finster. »Na ja, sie ist nicht da, oder?«

»Ich glaube nicht, dass ich Ihnen helfen kann.«

»Weil ich nicht beweisen kann, dass sie entführt wurde?«

Pine stolperte etwas zu schnell auf Wilde zu, fast als wollte er ihn angreifen. Wilde trat einen Schritt zurück. Pine stoppte und hob beschwichtigend die Hand.

»Hören Sie, Wilde oder wie auch immer Sie heißen mögen, betrachten Sie es auf Ihre Art. Sagen wir, Naomi ist ausgerissen. In dem Fall ist sie ganz allein da draußen.« Er hob beide Arme an und drehte sich einmal um seine Achse, als wollte er andeuten, dass seine Tochter sich genau hier, in diesem Wald aufhalten könnte. »Sie wurde von diesen Neandertalern in ihrer Schule traumatisiert und irrt jetzt verängstigt und verzweifelt in der Wildnis herum, und … sie muss endlich gefunden werden.«

Wilde gab es nur ungern zu, aber er hatte recht.

»Werden Sie mir helfen? Nein, nicht mir. Vergessen Sie mich. Sie haben Naomi kennengelernt. Ich habe gemerkt, dass da eine Verbindung zwischen Ihnen bestand. Werden Sie Naomi helfen?«

Wilde streckte die Hand aus. »Geben Sie mir Ihre Autoschlüssel.«

»Was?«

»Ich fahr Sie nach Hause. Unterwegs können Sie mir erzählen, was Sie wissen.«

DREIZEHN

Hester versuchte sich zu konzentrieren, aber sie war auch aufgeregt wie ein Schulmädchen.

Ihr aktueller Gast bei *Crimstein on Crime* war der berühmte Aktivist und Anwalt Saul Strauss. Das Thema war – wie im Moment in fast jeder Sendung auf fast jedem Sender – die destruktive Präsidentschaftskampagne von Rusty Eggers, dem Talkshow-Guru mit dem ziemlich zweifelhaften Background.

Doch im Moment – kurz vor der Werbepause – war sie in Gedanken bei der SMS, die sie gerade von Oren Carmichael erhalten hatte:

> Ich weiß, dass du auf Sendung bist. Kann ich raufkommen und mit dir reden, wenn du fertig bist?

Aufgeregt hatte sie ihm geantwortet – Mann, sie war zu alt für diese Schmetterlinge im Bauch –, dass das okay sei und dass sie an der Rezeption Bescheid geben würde, damit er hereinkam. Fast hätte sie noch so ein Emoji-Herz oder einen Smiley hinzugefügt, aber ein Anflug von gesundem Menschenverstand hatte sie davon abgehalten.

Trotzdem.

Nach der Werbepause las Hester eine Kurzbiographie von Saul Strauss vom Teleprompter ab: Sohn eines republikanischen Gouverneurs der alten Schule aus Vermont, Dienstzeit beim Militär, Absolvent der Brown University, Dozent an der Columbia Law School und jetzt unermüdlicher und eiserner Verteidiger der Unterprivilegierten und Unterdrückten, sowie Aktivist für Umweltschutz und Tierrechte – man konnte auch sagen, dass er an keinem klassisch linksliberalen Thema vorbeigehen konnte, ohne mit seinem ganzen Herzblut dafür einzutreten.

»Nur um das klarzustellen«, kam Hester direkt auf den Punkt, »Sie verklagen die Produzenten der *Rusty Show*, nicht aber Rusty Eggers selbst, ist das richtig?«

Hester schätzte Saul Strauss auf Anfang sechzig. Er präsentierte sich mit sämtlichen Stereotypen eines Professors der Geisteswissenschaften – lange graue, zu einem Pferdeschwanz gebundene Haare, Flanellhemd unter einem orangebraunen Cord-Sportsakko mit den unvermeidlichen Lederflicken an den Ärmeln, einer Gesichtsbehaarung, die irgendwo zwischen modisch und Amish lag, und einer Lesebrille, die an einer Kette um den Hals baumelte. Doch trotz dieses Outfits spürte Hester auch die Härte des früheren Marine.

»So ist es. Ich vertrete einen Werbekunden der *Rusty Show*, der zu Recht besorgt ist, dass ihm ein faules Produkt angedreht wurde.«

»Welchen Werbekunden?«

Strauss' Hände, die er vor sich auf dem Schreibtisch zusammengelegt hatte, waren riesig, seine Finger sahen aus wie Würste. Als er das letzte Mal bei ihr in der Sendung war, hatte Hester während des Gesprächs nur für eine Sekunde die Hand auf seinen Unterarm gelegt. Er hatte sich angefühlt wie ein Marmorblock.

»Wir haben den Richter gebeten, den Namen meines Mandanten fürs Erste vertraulich zu behandeln.«

»Aber Sie klagen wegen Betrugs?«

»Ja.«

»Erklären Sie uns das.«

»Kurz zusammengefasst: Wir sind der Ansicht, dass die *Rusty Show* meinen Mandanten und andere Werbekunden betrogen hat, indem sie bewusst Informationen zurückhielt, die ihre Marken schädigen könnten.«

»Welche Informationen?«

»Da sind wir uns noch nicht sicher.«

»Wie können Sie dann klagen?«

»Mein Mandant hat in gutem Glauben eine Beziehung zwischen seiner Firma und Rusty Eggers, respektive seiner Sendung, etabliert. Wir sind der Ansicht, dass sowohl der Sender als auch Dash Maynard schon damals ...«

»Dash Maynard ist der Produzent der *Rusty Show*?«

Saul Strauss grinste. »Oh, Dash Maynard war sehr viel mehr als das. Die beiden Männer sind seit vielen Jahren eng befreundet. Maynard hat die Show entwickelt – und im Grunde hat er auch die Fake-Identität erschaffen, die wir heute als Rusty Eggers kennen.«

Sie überlegte kurz, ob sie bezüglich der Fake-Identität nachhaken sollte, kam aber zu dem Schluss, dass das nicht viel bringen würde. »In Ordnung, aber ich verstehe Ihre Forderung immer noch nicht.«

»Dash Maynard hält Informationen zurück, die für Rusty Eggers verheerend ...«

»... und das wissen Sie woher genau?«

»... und weil er diese verheerenden Informationen nicht öffentlich gemacht hat, war uns klar, dass Dash Maynard bewusst Werbung für eine Show verkauft hat, die jeden Moment implodieren konnte, wodurch auch die Marke meines Mandanten in Mitleidenschaft gezogen worden wäre.«

»Aber das Ganze ist nicht implodiert.«

»Nein, bisher nicht.«

»Und inzwischen wird die *Rusty Show* gar nicht mehr ausgestrahlt. Rusty Eggers ist inzwischen ein vielversprechender Kandidat für das Amt des nächsten Präsidenten der Vereinigten Staaten.«

»Und genau das ist der Punkt. Jetzt, da er für das höchste Amt des Staates kandidiert, wird es weitere und eingehendere Untersuchungen geben. Wenn Dash Maynards folgenschwere Bänder an die Öffentlichkeit gelangen …«

»Moment, haben Sie irgendwelche Beweise dafür, dass es diese Bänder überhaupt gibt?«

»… nimmt das Unternehmen meines Mandanten ernsthaft und womöglich unwiderruflich Schaden.«

»Weil er in der Show Werbung geschaltet hat?«

»Ja, selbstverständlich.«

»Kurz gesagt, klagen Sie also gegen einen Betrug, der nicht begangen wurde oder den Sie nicht beweisen können, basierend auf etwas, von dem Sie nicht wissen, ob es existiert, und selbst wenn es das tun sollte, wissen Sie nicht, ob oder inwiefern es Ihnen schaden würde. Habe ich das korrekt zusammengefasst?«

Strauss gefiel ihre Darstellung nicht. »Nein, so kann man das nicht …«

»Saul?«

»Ja?«

Hester beugte sich vor. »Dieser Prozess ist vollkommener Unsinn.«

Strauss räusperte sich. Die großen Hände spannten sich an. »Der Richter sagte, wir hätten eine Klagebefugnis.«

»Auch der wird seine Meinung bald ändern. Das wissen Sie ebenso gut wie ich. Darf ich ehrlich zu Ihnen sein, wo wir hier unter uns sind? Dies ist eine ungerechtfertigte Klage, die nur dazu dienen soll, Aufmerksamkeit zu wecken und Druck auf Dash Maynard auszuüben, damit er diese Videos veröffentlicht, die Rusty Eggers in ein schlechtes Licht rücken und seine Wahlchancen verringern sollen.«

»Nein, das entspricht absolut nicht der Wahrheit.«

»Unterstützen Sie Rusty Eggers?«

»Was? Nein.«

»Genau genommen sagten Sie sogar…«, Hester hatte das Zitat in einer Grafik vorbereitet, die jetzt eingeblendet wurde, »…›Rusty Eggers muss um jeden Preis gestoppt werden. Er ist ein geistesgestörter Nihilist, der uns in ein schreckliches Chaos stürzen könnte. Er will die Weltordnung zerstören, selbst wenn dabei Millionen Menschen sterben.‹« Hester sah ihn an. »Das haben Sie gesagt, oder?«

»Ja, das habe ich.«

»Und Sie glauben das auch?«

»Sie etwa nicht?«

Hester würde sich da nicht hineinziehen lassen. »Wenn Dash Maynard also etwas in seinem Besitz hätte, das Rusty Eggers schaden könnte, sind Sie der Ansicht, dass diese Informationen der Öffentlichkeit zugänglich gemacht werden müssten.«

»Natürlich müssten sie das«, sagte Strauss, als wäre das gar keine Frage. »Wir stimmen über das mächtigste Amt der Welt ab. Was die Kandidaten betrifft, muss alles absolut transparent sein.«

»Und das ist der eigentliche Zweck dieser Klage.«

»Transparenz ist wichtig, Hester. Sehen Sie das nicht auch so?«

»Doch das tue ich. Aber wissen Sie, was ich für viel wichtiger halte? Die Verfassung. Rechtsstaatlichkeit.«

»Also stehen Sie auf der Seite von Rusty Eggers und Dash Maynard?«

»Ich stehe auf der Seite von Recht und Gesetz.«

»Ich will ja nicht übertreiben ...«

»Dafür ist es zu spät.«

»... aber wenn Sie daran denken, wie Hitler an die Macht gekommen ist ...«

»Ach, Saul, fangen Sie doch nicht damit an. Ich bitte Sie.«

»Wieso nicht?«

»Lassen Sie es einfach. Nicht in meiner Show.«

Saul Strauss beugte sich vor und sprach direkt in die Kamera: »Dash Maynard könnte Videos haben, die den Lauf der Menschheitsgeschichte verändern.«

»Tja, solange Sie nicht übertreiben«, sagte Hester und verdrehte die Augen. »Und noch einmal, woher wissen Sie überhaupt, dass es diese Bänder gibt?«

Strauss räusperte sich. »Wir, äh, haben unsere Quellen.«

»Zum Beispiel?«

»Zum Beispiel Arnie Poplin.«

»Arnie Poplin?« Es gelang Hester nicht, ihre Skepsis zu verbergen. »Ihre Quelle ist Arnie Poplin?«

»Eine unserer Quellen, ja.« Strauss räusperte sich. »Er hat Wissen aus erster Hand.«

»Das muss ich unseren Zuschauern kurz erklären. Arnie Poplin ist ein Ex-Prominenter, der inzwischen wirren Verschwörungstheorien anhängt und in der *Rusty Show* aufgetreten ist.«

»Diese Einschätzung ist unzutreffend.«

»Hat Arnie Poplin etwa nicht behauptet, dass US-Geheimdienste hinter dem Angriff auf das World Trade Center in New York standen?«

»Das ist hier nicht relevant.«

»Ebenjener Arnie Poplin ruft Woche für Woche meinen

Produzenten an und möchte als Gast eingeladen werden, um irgendwelche neuen wirren Theorien über UFOs, Chemtrails oder ähnlichen Humbug zu verbreiten. Ist das Ihr Ernst? Arnie Poplin?«

»Bei allem gebotenen Respekt …«

»So sollte man einen Satz nie anfangen, Saul …«

»… habe ich den Eindruck, dass Sie die Gefahr verkennen, die von dieser Rusty-Eggers-Kampagne ausgeht. Wir haben die Pflicht, diese Videos auszustrahlen und unsere Demokratie zu retten.«

»Dann suchen Sie sich einen legalen Weg, um es auszustrahlen – sonst bleibt von der Demokratie, die Sie retten wollen, nicht viel übrig.«

»Genau das mache ich ja.«

»Mit diesem albernen, vorgeschobenen Betrug?«

»Manchmal fängt es damit an, dass jemand wegen Falschparkens angezeigt wird«, sagte Strauss, »und wenn man dabei über einen Mord stolpert, ist das nur gut so.«

»Wow, das ist zwar ziemlich weit hergeholt, scheint aber eine Herangehensweise zu sein, die Sie mit Rusty Eggers gemeinsam haben.«

»Wie bitte?«

»Dass der Zweck die Mittel heiligt – das kennt man schon seit Anbeginn der Zeiten. Vielleicht sollten Sie und Eggers sich ein eigenes Land suchen?« Strauss lief puterrot an, bevor er aber etwas erwidern konnte, drehte Hester sich zur Kamera um und sagte: »Wir sind nach einer kurzen Pause wieder für Sie da.«

Ein Produzent rief: »Pause.«

Saul Strauss war nicht glücklich. »Herrje, Hester, was zum Henker sollte das denn?«

»Arnie Poplin? Ist das Ihr Ernst?« Sie schüttelte ungläubig

den Kopf und sah auf ihr Handy. Oren hatte vor zwei Minuten eine SMS geschickt:

Bin auf dem Weg nach oben.

»Ich muss kurz weg, Saul.«

»Mein Gott, haben Sie überhaupt mitgekriegt, was Sie gerade getan haben? Sie haben mich mit Rusty Eggers verglichen.«

»Ihre Klage ist Unsinn.«

Saul Strauss legte ihr eine Hand auf den Arm. »Eggers wird nicht klein beigeben, Hester. Die Zerstörung, das Chaos, der Nihilismus – Sie wissen doch, was ich meine, oder? Im Grunde genommen will er Anarchie. Er will alles vernichten, was uns beiden wichtig ist.«

»Ich muss kurz weg, Saul.«

Hester löste das Mikrofon von ihrem Revers. Ihre Produzentin Allison Grant erwartete sie in den Kulissen. Hester versuchte, sich nonchalant zu geben.

»Ist Besuch für mich da?«, fragte sie.

»Du meinst diesen riesigen Leckerbissen in Polizei-Uniform?«

Hester konnte es sich nicht verkneifen. »Er ist süß, oder?«

»Willkommen in Muskelprotz-City. Einwohner: Er.«

»Wo ist er?«

»Ich habe ihn in den Green Room geschickt.«

Jedes Studio hatte einen Green Room, einen Ort, an dem die Gäste sich aufhielten, bevor sie auf Sendung gingen. Aus irgendeinem unerklärlichen Grund waren diese Räume allerdings nie wirklich grün.

»Wie seh ich aus?«, fragte Hester.

Allison inspizierte sie so eingehend, dass Hester fürchtete, sie könnte ganz wie bei einem Pferdekauf auch noch ihre Zähne checken. »Clever.«

»Was?«

»Ihn herzubestellen, direkt nachdem du auf Sendung gegangen bist. Da sind das Make-up und die Haare schon gemacht.«

»Okay.« Hester strich ihren Business-Rock glatt und ging den Flur entlang. Im Green Room hingen Poster von prominenten Moderatoren und Nachrichtensprechern des Senders, darunter auch eins von Hester, das vor drei Jahren aufgenommen worden war und auf dem sie sich mit verschränkten Armen zur Seite drehte, um hart zu wirken. Als sie in den Raum trat, stand Oren mit dem Rücken zur Tür und betrachtete ihr Poster.

»Was hältst du davon?«, fragte Hester.

Ohne sich ihr zuzuwenden, sagte Oren: »So siehst du schärfer aus.«

»Schärfer?«

Er zuckte die Achseln. »Hübscher oder schöner passt nicht zu dir, Hester.«

»Schärfer nehme ich«, sagte sie. »Ich akzeptiere schärfer und halte es ganz fest.«

Oren drehte sich um und lächelte. Es war ein tolles Lächeln. Es kribbelte bis in ihre Zehen.

»Schön, dich zu sehen«, sagte er.

»Ich freu mich auch, dich zu sehen«, sagte Hester. »Und entschuldige diese ganze Naomi-Sache.«

»Geschenkt«, sagte Oren. »Am Ende war es für dich wahrscheinlich peinlicher als für mich.«

Genau so war es. Als bekannt wurde, dass Naomi die anderen einfach nur reingelegt hatte, war sie im Internet nach Strich und Faden verspottet worden. Hesters Feinde – jeder,

der in den sozialen Medien aktiv war, hatte Feinde – labten sich an ihrem Fehler. Als sie zwei Tage danach eine umstrittene Entscheidung des Wahlgerichts in Kalifornien kommentierte, stürzten sich ein Dutzend Twitter-Spinner (wie Hester sie nannte) voller Wut auf sie: »*Hey, war das nicht die, die einen albernen Kinderstreich für einen nationalen Notfall gehalten hat?*« So gingen inzwischen beide Seiten gerne vor – und eigentlich konnte sie schon den Ausdruck »beide Seiten« nicht ausstehen –, man diskreditierte jedes legitime Argument, indem man darauf hinwies, dass diese Person sich in der Vergangenheit geirrt hatte, ganz egal wie lange es her oder wie absurd es war. Als ob nur perfekte Menschen Aufmerksamkeit verdient hätten.

»Sie ist wieder ausgerissen«, sagte Oren.

»Naomi?«

»Ja. Ihr Vater war bei mir. Er ist überzeugt, dass dieses Mal mehr dahintersteckt.«

»Was wirst du tun?«

»Was kann ich da schon machen? Ich habe einen Funkspruch rausgeschickt, damit meine Leute sich melden, falls sie sie sehen. Aber eigentlich spricht alles dafür, dass sie ausgerissen ist.«

»Ich nehme mal an, dass sie unter sehr großem Stress stand.«

»Ja, das fürchte ich auch.«

Hester hatte noch viele Fragen zu dem ganzen Naomi-Chaos – vor allem, warum Matthew darauf bestanden hatte, dass sie aktiv werden sollte –, aber als die Sache vorbei war, hatte Matthew dichtgemacht und gesagt, er habe sich einfach irgendwie Sorgen um sie gemacht.

»Also, was führt dich hierher?«, fragte sie.

»Ich hatte den Eindruck, dass genug Zeit vergangen ist.«

»Wie bitte?«

»Du hast gesagt, ich soll nicht zu bald anrufen, weil das sonst zu verzweifelt wirken würde.«

»Das habe ich.«

»Und da ich etwas altmodisch bin, hab ich mir gedacht, dass ich dich ganz altmodisch zu einem Date einladen könnte.«

»Oh.«

»Persönlich.«

»Oh.«

»Weil ja niemand mehr ein Wählscheibentelefon hat.«

»Oh.«

Er lächelte wieder. »Das läuft ja echt gut.«

»Ich könnte noch einmal ›Oh‹ sagen.«

»Nein, im Großen und Ganzen habe ich es wohl verstanden. Würdest du irgendwann mit mir essen gehen?«

»Wahrscheinlich sollte ich Gleichgültigkeit vortäuschen. So etwas sagen wie, dass ich da erst mal in meinen Terminkalender gucken muss.«

Oren sagte: »Oh.«

»Ja, Oren. Ich würde sehr gerne mit dir essen gehen.«

»Wie wäre es morgen?«

»Morgen ist gut.«

»Um sieben?«

»Ich reserviere einen Tisch«, sagte sie.

»Muss ich eine Krawatte tragen?«

»Nein.«

»Gut.«

»Gut.«

Schweigen.

Er trat vor, als wollte er sie umarmen, überlegte es sich dann aber anders. Dann winkte er noch einmal unschlüssig und sagte: »Tschüss dann.«

Sie sah zu, wie er sich an ihr vorbeischob und durch die Tür verschwand.

Ja, dachte Hester und widerstand dem Drang, hochzuspringen und die Hacken zusammenzuschlagen. Ein riesiger Leckerbissen.

VIERZEHN

Mit einer etwas zu dramatischen Geste schaltete Rusty Eggers den Fernseher aus und warf die Fernbedienung auf die weiße Couch.

»Mit der albernen Klage wollen die uns nur nerven.«

Gavin Chambers nickte. Sie hatten sich Hester Crimsteins Interview mit Saul Strauss in Rustys elegantem, in Weiß und glänzendem Chrom gehaltenen Penthouse angesehen. Das Penthouse auf diesem Hochhaus hatte deckenhohe Fenster, die den atemberaubendsten Blick auf die Skyline Manhattans freigaben, den man sich nur vorstellen konnte – was vor allem daran lag, dass sich das Penthouse in Hoboken, New Jersey, befand, nicht in Manhattan selbst, und daher den Blick von außen auf die Stadt bot und nicht aus ihrer Mitte herausblickte. Die New Yorker, die am Hudson River wohnten, hatten eine ganz hübsche Aussicht auf New Jersey – die New-Jerseyaner hatten vom anderen Ufer desselben Hudson Rivers eine umwerfende Aussicht auf New York City. Und jetzt, nachts, da sich die Lichter der Megacity im Hudson spiegelten, sah die Wasseroberfläche aus, als hätte man Diamanten auf schwarzen Samt gestreut.

»Der Richter wird die Klage abschmettern, ohne sie eines zweiten Blickes zu würdigen«, fuhr Rusty fort. Er sprach voller Zuversicht. Rusty sprach immer voller Zuversicht.

»Da wirst du sicher recht haben«, sagte Gavin Chambers.

»Hester Crimstein fand ich in diesem Interview wirklich gut«, sagte Rusty.

»Das war sie.«

»Und fair. Sie hat Strauss seinen Blödsinn nicht durchgehen lassen.«

»Stimmt.«

»So schnell gibt der aber nicht auf, oder?«

»Saul Strauss?« Gavin Chambers schüttelte den Kopf. »Nein, das tut er nicht.«

»Du kennst ihn doch?«

»Ja.«

»Ihr habt zusammen gedient.«

Das hatten sie. Bei den Marines. Es war eine Ewigkeit her. Gavin hatte Saul Strauss immer bewundert. Saul war tough, streitbar und mutig – und lag doch in fast jeder Hinsicht falsch.

»Wann hast du ihn das letzte Mal gesehen?«

»Das ist lange her.«

»Trotzdem muss noch eine Verbindung bestehen«, sagte Rusty. »Aus der Zeit, als ihr zusammen im Auslandseinsatz wart.«

Gavin antwortete nicht.

»Was meinst du, könntest du mit ihm reden?«

»Mit ihm reden?«

»Ihn dazu bringen, die Klage zurückzuziehen.«

Früher war Saul Strauss das gewesen, was Gavin für engagiert und leidenschaftlich hielt, wenn auch auf eine verweichlichte, müsli- und kumbaya-hafte, öko-grüne und naive Art, aber die Rhetorik der Sauls dieser Welt hatte immer hysterischere und damit gefährliche Züge angenommen, vor allem wenn es um Rusty Eggers ging.

»Keine Chance«, sagte Gavin.

»Dann ist Strauss also ein echter Hater?«

Wie Gavin Chambers stammte auch Saul Strauss aus einer politischen Mischehe – beide hatten konservative Väter und linksliberale Mütter. Gavin kam nach seinem alten Herrn, während Saul zu einem echten Muttersöhnchen geworden war. Es gab Zeiten, in denen sie lebhafte und engagierte Diskussionen geführt hatten. Gavin hatte Saul naiv und sentimental genannt, Saul fand Gavin übertrieben analytisch und darwinistisch. Es schien lange her zu sein, dass sie sich diese vergleichsweise freundlichen Worte an den Kopf geworfen hatten.

»Er ist zu einem Fanatiker geworden«, sagte Gavin.

»Das dachte ich mir«, sagte Rusty.

»Mhm.«

»In gewisser Weise sind wir uns sehr ähnlich, dein Freund Saul und ich. Wir glauben beide, dass das aktuelle politische System manipuliert ist. Wir glauben beide, dass dieses System das amerikanische Volk im Stich lässt. Wir glauben beide, dass der einzige Weg, es zu reparieren, darin besteht, es zuerst einmal auf den Kopf zu stellen.«

Rusty Eggers starrte auf das gegenüberliegende Manhattan. Er war durch und durch New-Jerseyaner, der in armen Verhältnissen im Bezirk Ironbound in Newark als Sohn eines ukrainischen Vaters und einer jamaikanischen Mutter aufgewachsen war und die Jungen-Highschool St. Benedict's Prep am Martin Luther King Boulevard im Herzen der Stadt besucht und dort ein Vollstipendium für die Princeton University erhalten hatte. Und so war er schlussendlich in seinem Heimatstaat geblieben, statt über den Fluss nach New York zu ziehen. Natürlich liebte er die Aussicht. Mit Zügen oder Fähren konnte er in weniger als einer halben Stunde in Midtown Manhattan oder an der Wall Street sein. Außerdem hatte Rusty einen Gutteil seines Renommees New Jersey zu verdanken – die drei S, wie er gerne sagte – ein wenig Springsteen, ein wenig Sinatra, ein wenig Sopranos. Rusty wirkte etwas derb und doch liebenswert, urban und doch bodenständig, wie ein großer Teddybär von einem Mann mit einem rostroten Haarschopf (daher der Spitzname). Seine Haut war hell genug, dass er als Weißer durchging, und schwarz genug, dass die Rassisten sich hinter ihm sammeln konnten, um zu beweisen, dass sie keine echten Rassisten waren.

Außerdem war Rusty Eggers, wie Gavin Chambers wusste, einfach brillant. Er war das einzige Kind einer sich sehr nahestehenden Familie und hatte in Princeton sowohl einen Abschluss in Philosophie als auch in Politikwissenschaft gemacht. Sein erstes Geld hatte er mit einem Brettspiel verdient, das sich PolitiGuess nannte und in dem es um persönliche Meinungen und Trivialwissen ging. Rustys Leben schien wie geschmiert zu laufen, bis ein Lkw, dessen Fahrer sich zu viel Amphetamin eingeworfen hatte, um einen absurd engen Zeitplan für seine Lieferungen einzuhalten, die Leitplanke des New Jersey Turnpike durchbrochen hatte und auf der Gegenfahrbahn frontal in das Auto der Familie Eggers gerast war. Rustys Eltern waren auf der Stelle tot gewesen. Rusty hatte schwer verletzt überlebt, war aber zwei Monate lang an ein Krankenhausbett gefesselt gewesen. Weil Rusty an jenem Abend gefahren war, litt er an den typischen Schuldgefühlen des Überlebenden, obwohl er in keiner Hinsicht für den Unfall verantwortlich war. Er verlor jeglichen Halt. Er wurde süchtig nach Schmerzmitteln und bekam eine Depression. Eine Zeit lang ging es ihm sehr schlecht.

Überspringen wir also drei schreckliche Jahre.

Obwohl manche Leute behaupten, dass er sich von dieser dunklen Zeit nie ganz erholt hatte, war Rusty Eggers schließlich leicht hinkend – ein Überbleibsel des Unfalls, das er bis heute nicht losgeworden war – mit Hilfe seiner alten Freunde Dash und Delia Maynard wie Phönix aus der Asche aufgestiegen. Wie viele vor ihm behauptete auch Rusty, dass er sich am eigenen Schopf aus dem Sumpf gezogen hatte, tatsächlich aber hatten die Maynards ihm einen Steg gebaut und ihn mit aller Macht herausgezerrt. Mit Dashs Hilfe war Rusty Eggers zum vertrauenswürdigsten Selbsthilfe-Guru der Fernsehlandschaft geworden. Vor zwei Jahren hatte er diesen Ruhm und das ihm entgegengebrachte Wohlwollen dazu genutzt, einen Erdrutschsieg als US-Senator einzufahren, als er sich, in seinen Worten, zum einzigen »völlig unabhängigen Politiker« erklärt hatte.

Rustys Motto: Politik ist zu wichtig, um sie Parteien zu überlassen.

Und dann hatte Rusty Eggers, genau wie die anderen politischen Emporkömmlinge von Obama bis Trump, davon abgesehen zu warten, bis er an der Reihe war. Er strebte nach seinem schnellen Erfolg das höchste Amt im Staat an.

Immer noch mit dem Rücken zu Gavin, fragte Rusty den unverwandt aus dem Fenster starrenden Gavin: »Wie geht's ihnen denn?«

Er sprach von den Maynards. »Ziemlich gut. Sie sind vielleicht etwas gestresst.«

»Insofern hilft ihnen deine Anwesenheit sicher.«

Die Einrichtung in Rustys Wohnung war angemessen zurückhaltend, es gab weder Gold noch Marmor, nur Weiß und Minimalismus. Nichts versuchte der Aussicht durch die deckenhohen Fenster Konkurrenz zu machen.

»Ich weiß es zu schätzen, dass du das für mich tust, Gavin.«

»Ich stell es dir in Rechnung.«

»Ja, mir ist aber bewusst, dass du nicht mehr an vorderster Front kämpfst.«

»Doch, das tue ich«, sagte Gavin. »Wenn auch nur selten. Senator?«

Rusty runzelte die Stirn. »So lange wie wir uns schon kennen, solltest du jetzt nicht anfangen, mich so zu nennen.«

»Ich würde es vorziehen.«

»Ganz wie Sie meinen, Colonel«, erwiderte Rusty mit einem schwachen Lächeln.

»Du weißt doch, dass ich nicht nur meine Security-Firma leite, sondern auch Anwalt bin.«

»Ja, das weiß ich.«

»Ich praktiziere nicht viel«, fuhr Gavin fort, »aber ich behalte meine Zulassung, damit alles, was ich von dir oder einem anderen Kunden höre, unter das Anwaltsgeheimnis fällt.«

»Ich würde dir auch so vertrauen. Das weißt du doch.«

»Trotzdem bist du auch dadurch noch einmal abgesichert – durch diesen juristischen Aspekt. Ich wollte, dass du das weißt. Ja, natürlich bin ich ein Freund, dem du vertraust, aber auch aus rechtlichen Gründen darf ich nichts von dem, was du mir erzählst, preisgeben.«

Rusty Eggers drehte sich lächelnd um. »Habe ich dir schon gesagt, dass ich dich in meinem Kabinett haben will?«

»Darum geht es hier nicht.«

»Vielleicht als Nationalen Sicherheitsberater. Oder als Verteidigungsminister.«

Wie sehr er auch versuchte, sich dadurch nicht aus der Ruhe bringen zu lassen – Gavin Chambers, Ex-Marine, Colonel im Ruhestand, war auch nur ein Mensch. Der Gedanke, im Kabinett zu sitzen, begeisterte ihn. »Vielen Dank für dein Vertrauen in mich.«

»Du hast es dir verdient.«

»Senator, ich möchte dir helfen.«

»Das tust du schon.«

»Der Punkt ist, dass ich die Gerüchte gehört habe.«

»Aber mehr als das ist es auch nicht«, sagte Rusty. »Gerüchte.«

»Warum bewache ich dann die Maynards?«

Rusty sah ihn an. »Bist du mit der Hufeisentheorie in der Politik vertraut?«

»Was ist damit?«

»Die meisten Menschen glauben, dass das in rechts und links geteilte politische Spektrum eine gerade Linie ist, dass sich die Rechte auf der einen Seite der Linie und die Linke auf der anderen befindet. Dass es sich also um Gegenpole handelt, die weit voneinander entfernt sind. Die Hufeisentheorie hingegen besagt, dass die Linie wie ein Hufeisen gebogen ist, sodass sie, wenn man ganz weit nach rechts oder nach links geht, wieder nach innen gekrümmt ist, was dazu führt, dass die beiden Extreme viel näher beieinanderliegen als an der Mitte. Einige Theorien setzen noch einen drauf und sagen, dass es fast schon ein Kreis ist – dass sich die Linie so stark krümmt, dass die äußerste Linke und die äußerste Rechte praktisch nicht zu unterscheiden sind –, beide reden in der einen oder anderen Form der Tyrannei das Wort.«

»Senator?«

»Ja?«

»Ich habe auch Politikwissenschaft studiert.«

»Dann wirst du verstehen, was ich beabsichtige.« Rusty ging auf ihn zu, verzog kurz das Gesicht und begann zu hinken. Das Bein, das in dieser schrecklichen Nacht zersplittert war, verkrampfte sich einfach zu oft. »Die meisten Amerikaner befinden sich, relativ gesehen, in der Mitte dieser Linie, vielleicht etwas rechts oder links vom Zentrum. Die interessieren mich nicht. Sie sind pragmatisch. Sie passen sich an. Die Wähler glauben immer, der Präsident müsste diese Leute ansprechen – das Zentrum. Etwa die Hälfte des Landes ist mehr oder weniger rechts, die andere links, also muss man die Mitte auf seine Seite ziehen. Ich tue das nicht.«

»Ich verstehe nicht, was das mit den Maynards zu tun hat«, sagte Gavin.

»Ich bin der nächste evolutionäre Schritt in unserer von Empörung getriebenen und von den sozialen Medien besessenen politischen Kultur. Die letzte Evolutionsstufe, wenn man so will. Das Ende des Status quo.«

Rustys Augen loderten, und sein Lächeln zitterte leicht. Außer ihnen war niemand im Zimmer, trotzdem meinte Gavin den Jubel aus Millionen Kehlen zu hören.

»Es geht mir um Folgendes: Wenn meine Feinde glauben, dass meine guten Freunde Dash und Delia etwas, *irgendetwas*, haben, das sie gegen mich verwenden könnten, werden sie vor nichts zurückschrecken, um es in die Finger zu bekommen, nicht einmal vor Gewalt.«

»Dann machst du das nur, um deine guten Freunde zu schützen?«

»Fällt es dir schwer, das zu glauben?«

Gavin verzog das Gesicht und führte Zeigefinger und Daumen zusammen, um ein kleines bisschen anzuzeigen. Rusty lachte. Das Lachen platzte förmlich aus ihm heraus. Es war extrem charmant und entwaffnend. »Delia kenne ich schon, seit wir zusammen in Princeton studiert haben. Hast du das gewusst?«

Natürlich wusste Gavin das. Er kannte die ganze Geschichte, die durch die Medien gegangen war. Im vorletzten Studienjahr war Rusty mit Delia ausgegangen. Sie hatten sich getrennt, als beide in den Sommerferien auf dem Capitol Hill ein Praktikum für die Demokraten machten, bei dem Delia sich in einen anderen Praktikanten aus dieser Gruppe verliebte, den sie später heiratete, einen angehenden Dokumentarfilmer – Dash Maynard. Und seltsamerweise hatten Rusty und Dash sich so kennengelernt – bei einem Sommerpraktikum für die Demokraten in Washington, D.C.

Da hatte alles angefangen.

»Die Maynards wissen mehr über mich als jeder andere«, sagte Rusty.

»Zum Beispiel?«

»Oh, nichts Schlimmes. Es ist nicht so, dass sie irgendetwas wirklich Belastendes gegen mich in der Hand hätten. Aber Dash hat damals einfach alles aufgenommen. Alles. Auch das, was hinter den Kulissen passiert ist. Private Treffen. Es gibt keine eindeutigen Beweise, aber unter diesen ganzen Videos könnte es Aufnahmen geben, die meine Feinde gegen mich verwenden können, stimmt's? Momente, in denen ich unhöflich zu einem Gast war, einem Angestellten eine schnippische Antwort gegeben oder vielleicht die Hand auf den Ellbogen einer Frau gelegt habe, was auch immer.«

»Und ganz konkret?«

»Da fällt mir nichts ein.«

Gavin glaubte ihm nicht.

»Behalt sie einfach noch ein paar Wochen im Auge. Dann wird sich das alles erledigt haben.«

FÜNFZEHN

Als Bernard Pine seine Haustür aufgeschlossen hatte, wartete Wilde nicht, bis er hereingebeten wurde. Er ging direkt zur Treppe.

»Halt, wo wollen Sie hin?«

Wilde antwortete nicht. Er ging die Treppe hinauf. Bernard Pine folgte ihm. Das war in Ordnung. Wilde trat in Naomis Schlafzimmer und schaltete das Licht an.

»Was suchen Sie?«, fragte Pine.

»Ich soll Ihnen doch helfen, oder?«

»Ja.«

Wilde starrte auf Naomis Bett, auf all die Plüschtiere. »Hat Naomi einen Liebling?«

»Was für einen Liebling?«

»Ein Lieblingsplüschtier.«

»Woher soll ich das wissen?«

Wilde öffnete den Schrank und checkte das Regal.

»Ihr Rucksack«, sagte er zu Pine.

»Was?«

»Als ich letztes Mal hier war …«

»Moment, wann zum Teufel waren Sie im Schlafzimmer meiner Tochter?«

Wollte Wilde sich auf diese Diskussion einlassen? Wenn er den verwirrten und womöglich sogar feindseligen Ausdruck sah, der sich auf Pines Gesicht abzeichnete, blieb ihm wohl keine Wahl. »An dem Tag, als Sie und ich uns kennengelernt haben.«

»Aber das war im Keller.«

»Und vorher war ich im Schlafzimmer.«

»Mit meiner Tochter?«

»Was? Nein. Allein. Das wissen Sie doch. Naomi war im Keller.«

Pine schüttelte den Kopf, um ihn wieder klar zu bekommen. »Ich versteh das nicht. Wie sind Sie in ihr Schlafzimmer gekommen?«

»Das ist im Moment nicht weiter wichtig. Wichtig ist aber, dass Naomis Rucksack fehlt.«

Wilde zeigte auf das Regal. Pine folgte der Geste, sah das leere Regal und zuckte die Achseln. »Wahrscheinlich ist er in der Schule. In ihrem Spind. Ich hab sie dauernd damit losgehen sehen. Eigentlich jeden Tag.«

»Welche Farbe hat der Rucksack, von dem Sie reden?«

»Ich glaube, er ist schwarz. Vielleicht aber auch dunkelblau.«

»Ich rede von dem rosafarbenen, der hier im Regal lag.«

Wieder war Pine verblüfft. »Woher wollen Sie wissen … Haben Sie in ihren Schrank geguckt?«

»Ja.«

»Warum?«

Wilde bemühte sich, nicht ungeduldig zu klingen. »Weil ich sie gesucht habe. Genau wie jetzt.«

»Ich weiß nichts von einem rosafarbenen Rucksack.«

Wilde sah sich den Schrank noch einmal genauer an. Der rosafarbene Fjällräven Kanken Rucksack, der in diesem Regal gelegen hatte, war eindeutig nicht mehr dort. Er prüfte auch die Kleiderbügel. Bei seinem letzten Besuch waren alle Kleiderbügel in Gebrauch gewesen. Jetzt waren vier leer. Drei weitere lagen auf dem Fußboden, als hätte sie die Kleidungsstücke hastig von ihnen heruntergerissen.

Schlussfolgerung: Sie hat die Kleidungsstücke in den rosa Rucksack gepackt.

Wilde konzentrierte sich wieder auf das Bett und die Plüschtiere. Er schloss einen Moment die Augen und versuchte sich vorzustellen, wie das Bett ausgesehen hatte, als er das letzte Mal hier war. Er hoffte, feststellen zu können, ob etwas fehlte. Aber es hatte keinen Sinn. Wenn ein oder mehrere Plüschtiere gefehlt hätten, wäre das womöglich ein Hinweis darauf, dass Naomi die Absicht gehabt hatte auszureißen. Aber brauchte er diesen zusätzlichen Beweis wirklich?

»Sie ist weggelaufen«, sagte Wilde.

»Das können Sie unmöglich wissen.«

»Mr Pine?«

»Es wäre mir lieber, wenn Sie mich Bernie nennen.«

»Was verschweigen Sie mir, Bernie?«

»Ich weiß nicht, was Sie meinen.«

»Sie wissen mehr, als Sie sagen.«

Pine rieb sich das Kinn. Wilde versuchte, ihn zu durchschauen, wusste aber nicht, woran er war. Hatte er hier einen liebenden, wenn auch etwas verwirrten Vater vor sich? Oder hatte er etwas zu verbergen? Irgendwie traute Wilde ihm nicht ganz. Lag es daran, dass Bernard Pine gefährlich war, oder war es nur ein Anzeichen für Wildes Zynismus?

Dann: »Gestern hat Naomi mir diese SMS geschickt.«

Er reichte Wilde sein Handy. Die Nachricht bestand aus zwei kurzen Sätzen:

Mach dir keine Sorgen. Ich bin in Sicherheit.

»Ich weiß, was Sie jetzt denken«, sagte Pine.

Damit war eigentlich alles klar. Der Rucksack und die Kleidung fehlten. Es gab keine Anzeichen für eine Entführung.

Weder Lösegeldforderungen noch sonst etwas in der Art. Wenn man jetzt noch die anderen Faktoren berücksichtigte – die zunehmenden Schikanen, die Tatsache, dass sie schon einmal ausgerissen war, das fehlgeschlagene Challenge-Game.

Das alles ließ im Prinzip nur einen Schluss zu.

»Sie müssen noch etwas wissen«, sagte Pine.

Wilde sah ihn an.

»Jemand hat sie verletzt.« Seine Augen waren feucht. »Und ich meine nicht die übliche Schikane.«

»Was meinen Sie dann?«

»Körperlich.«

Es wurde still im Zimmer.

»Das müssen Sie mir erklären«, sagte Wilde.

Pine musste sich einen Moment sammeln. Er starrte auf seine Hand herab. Er trug einen College-Ring mit einem Granatstein. Er spielte damit, drehte ihn um den Finger. »Als ich am Tag vor ihrem Verschwinden von der Arbeit gekommen bin, hatte Naomi eine Tüte gefrorene Erbsen auf dem rechten Auge. Am nächsten Morgen war es dunkelblau.«

»Haben Sie sie gefragt, was passiert war?«

»Selbstverständlich.«

Wilde wartete ab. Bernard Pine biss sich auf den Daumennagel.

»Sie sagte, sie sei gegen eine Tür gelaufen.«

»Haben Sie ihr das geglaubt?«

»Natürlich habe ich ihr das nicht geglaubt«, fauchte er. »Aber mehr hat sie dazu nicht gesagt. Haben Sie je versucht, einen Teenager dazu zu bringen, Ihnen etwas zu erzählen? Man kann sie nicht zwingen, etwas preiszugeben. Sie hat nur gesagt, dass es ihr gut geht, und ist auf ihr Zimmer gegangen.«

»Haben Sie nach ihr gesehen?«

»Sie haben keine Kinder, oder, Wilde?«

Wilde ging davon aus, dass die Frage bereits beantwortet war.

»Es hängt alles zusammen«, sagte Pine.

»Was hängt zusammen?«

»Diese Sache mit dem Challenge-Game, die Jugendlichen, die auf ihr herumhacken, und die Tatsache, dass sie wieder abgehauen ist. Irgendetwas stimmt hier nicht.« Er neigte den Kopf und sah Wilde an, als sähe er ihn zum ersten Mal. »Warum haben Sie sich so für meine Tochter eingesetzt?«

Wilde antwortete nicht.

»Kannten Sie Naomi vor diesem Abend überhaupt?«

»Nein.«

»Trotzdem sind Sie in mein Haus eingebrochen, um sie zu suchen. Ein Mädchen, das Sie nicht einmal kannten. Warum sollten Sie das tun?«

In diesem Moment zog Bernard Pine einen Revolver.

Wilde zögerte keinen Moment. Als er erkannte, was passierte, griff er an. Damit rechneten Waffenbesitzer nicht. Nicht sofort. Einer der beiden Männer im Raum – Wilde – hatte eine erstklassige Kampfausbildung. Der andere nicht. Pine hatte den Fehler gemacht, zu nah an Wilde zu stehen. Wilde machte einen kurzen Schritt auf ihn zu, packte mit einer Hand die Waffe, mit der anderen führte er einen klassischen Handkantenschlag auf Pines Hals aus. Wenn dieser Schlag zu hart ausfiel, erzeugte er bleibende Schäden. Wilde wollte ihm aber nur kurz den Atem nehmen, einen Würgereflex hervorrufen, der zu einer unwillkürlichen Muskelentspannung führte.

Es klappte.

Pine taumelte nach hinten. Er griff sich mit einer Hand an den Hals, die andere hob er zum Zeichen der Kapitulation. Der Revolver kam Wilde ziemlich leicht vor. Er öffnete die Trommel und sah hinein.

Keine Patronen.

Pine konnte wieder sprechen. »Ich wollte Ihnen nur Angst machen.«

Idiot, dachte Wilde, sagte aber nichts.

»Aber Sie verstehen mich, oder? Sie brechen in mein Haus ein, bauen irgendeine komische Beziehung zu meiner Tochter auf – ausgerechnet Sie, der verrückte Einsiedler aus dem Wald. Wenn Sie an meiner Stelle wären, würden Sie nicht auch denken, dass da etwas nicht stimmt?«

»Ich weiß nicht, wo Ihre Tochter ist.«

»Dann erzählen Sie mir, wie es dazu gekommen ist: Wer hat Sie aufgefordert, sie zu suchen, als sie sich bei dieser Challenge versteckt hat?«

Wilde würde es ihm nicht verraten. Als er aber einen Moment darüber nachdachte, musste er eingestehen, dass das ein interessanter Punkt war. Matthew hatte ihm nie richtig erklärt, warum er ihn um Hilfe gebeten hatte.

»Geben Sie mir Ihr Handy«, sagte Wilde.

»Was? Wieso?«

Wilde streckte nur die Hand aus. Pine gab es ihm. Wilde öffnete die SMS-Nachrichten und suchte nach der Mitteilung von Naomi. Mach dir keine Sorgen. Ich bin in Sicherheit. Er scrollte nach oben, um zu lesen, was die beiden sich sonst noch geschrieben hatten. Dann hielt er inne.

»Was ist?«, fragte Pine.

Er fand keine weiteren Nachrichten, die Vater und Tochter sich geschickt hatten.

»Wo sind die anderen Nachrichten?«

»Was?«

»Ich gehe davon aus, dass das nicht die erste SMS war, die Sie sich geschrieben haben.«

»Nein, natürlich nicht. Halt, was tun Sie da?«

Wilde checkte die Anrufliste. Ja, es gab Telefonate mit Naomi. Wenn auch nicht viele. Das letzte hatte vor über einem Monat stattgefunden.

»Wo sind die anderen Nachrichten, die Sie beide sich geschickt haben?«

»Was? Ich weiß es nicht. Sie müssten da sein.«

»Sind sie aber nicht.«

Pine zuckte die Achseln. »Kann sie jemand gelöscht haben?«

Ja, es gab jemanden, der das konnte. Der Nutzer des Handys.

»Warum sollten Sie die Unterhaltung mit Ihrer Tochter löschen?«

»Das habe ich nicht. Vielleicht war Naomi da irgendwie dran.«

Unwahrscheinlich.

Wilde fing an zu tippen.

»Was machen Sie da?«, fragte Pine.

Wilde beachtete ihn nicht. Er gab folgenden Text ein:

Hey, Naomi, Wilde hier.

Vielleicht glaubte sie nicht, dass er es wirklich war. Vielleicht hielt sie es für einen Trick ihres Vaters.

Auch bekannt als Boo Radley.

Den Hinweis würde nur sie verstehen.

Ich schicke dies vom Handy deines Vaters. Er macht sich Sorgen um dich. Ich auch. Melde dich, damit wir wissen, dass es dir gut geht.

Wilde fügte noch die Nummer seines aktuellen Handys hinzu und bat sie, sich bei ihm mit einer SMS oder einem Anruf zu melden. Dann warf er Pine das Handy zu, den Revolver steckte er aber ein.

Es wurde Zeit, mit Matthew zu sprechen. Er ging zur Tür.

»Werden Sie mir helfen?«, fragte Pine.

Wilde ging einfach weiter: »Ich werde Naomi helfen.«

SECHZEHN

In der Hoffnung auf eine schnelle Antwort, checkte Wilde das Handy, dessen Nummer er Naomi geschickt hatte, direkt nachdem er das Haus der Pines verlassen hatte.

Nichts.

Wenn Naomi einfach ausgerissen wäre, würde sie ihm dann nicht sofort antworten? Vielleicht machte er sich da etwas vor, aber er ging davon aus. An jenem Abend im Keller hatten sie eine Art Bündnis geschlossen, zwei Ausgestoßene, die sich gegenseitig verstanden … aber vielleicht war das auch nur eine Projektion von ihm.

Er schrieb Matthew eine SMS:

Bist du zu Hause?

Die Punkte tanzten, bevor das Wort »Ja« erschien.

Kann ich vorbeikommen?

Matthews Antwort war ein Daumen-hoch-Emoji.

Als Wilde in den Wald ging, rief er Hester an.

»Ich höre«, meldete sie sich.

»Was?«

»Ein Freund von mir sagt das immer, wenn er ans Telefon geht. Gefällt mir. Was gibt's?«

»Naomi Pine wird wieder vermisst.«

»Hab ich schon gehört.«

»Woher?«

Sie räusperte sich. »Oren hat es mir erzählt.« Ihre Stimme klang etwas seltsam.

»Und was hat er noch erzählt?«

»Dass ihr Vater bei ihm war. Er hätte ein Riesen-Tamtam gemacht. Oren ist sich aber ziemlich sicher, dass sie wieder abgehauen ist.«

»Ihr Vater ist auch zu mir gekommen.«

»Und wie siehst du das?«, fragte Hester.

»Ich nehme auch an, dass sie von sich aus abgehauen ist.«

Er erzählte ihr von den fehlenden Kleidungsstücken und der SMS, in der sie ihrem Vater mitgeteilt hatte, dass er sich keine Sorgen machen solle.

»Die SMS beweist gar nichts«, sagte Hester. »Wenn sie entführt worden ist, können die Entführer ihr das Handy abgenommen haben und alles Mögliche senden.«

»Richtig.«

»Aber die fehlende Kleidung und ihre Vergangenheit sprechen dafür, dass sie ausgerissen ist.«

»Seh ich genauso.«

»Wie auch immer … und ich weiß nicht, wie ich dir das schonend beibringen soll …«

»Das ist sowieso nicht deine Stärke, Hester.«

»… aber es geht uns nichts mehr an. Sofern du nicht das Geld brauchst.«

»Das brauch ich nicht.«

»Aber?«

»Aber ich hätte da noch zwei Punkte«, sagte er.

»Lass mich raten«, sagte Hester. »Punkt eins: Du hast Naomi kennengelernt. Du mochtest sie. Du willst ihr helfen, auch wenn sie ausgerissen ist. Du machst dir Sorgen um sie.«

»Richtig.«

»Und der zweite Punkt?«

»Den kennst du, Hester.«

Sie seufzte. »Matthew.«

»Er hat uns beim ersten Mal nicht alles gesagt. Als wir Naomi gefunden hatten, haben wir die Sache auf sich beruhen lassen. Der Vater sagte, sie hätte blaue Flecken gehabt. Als ob sie jemand geschlagen hätte.«

»Ach komm schon, du glaubst doch nicht etwa, dass Matthew …«

»Natürlich nicht. Aber ich glaube auch nicht, dass er uns alles erzählt hat.«

»Und du magst das Mädchen.«

Wilde überlegte. »Ja. Und sie ist allein. Sie hat niemanden.«

»Was ist mit der Lehrerin, mit der du ins Bett gehüpft bist?«

Wilde runzelte die Stirn. »Hast du wirklich ›ins Bett gehüpft‹ gesagt?«

»Wäre dir gebumst lieber?«

»Immer noch besser als ins Bett gehüpft«, sagte Wilde. »Wir können Ava mal fragen, aber im Endeffekt ist sie nur eine Lehrerin, keine Verwandte oder Freundin.«

»Also, was hast du jetzt vor?«

»Ich werde mit Matthew reden.«

»Jetzt? Ich würde ihn nicht drängen.«

»Mach ich auch nicht. Hast du Kontakte zur Telefongesellschaft?«

»Möglich«, sagte sie.

»Kannst du Naomis Handy orten lassen? Feststellen lassen, wo es ist?«

»Ich kann's versuchen.«

»Oder du kannst Oren bitten, das zu tun«, sagte Wilde, »nachdem du mit ihm ins Bett gehüpft bist.«

»Witzig.«

Wilde steckte das Handy ein. Im Wald war es nie still. Manchmal spürte er das ganz unmittelbar und intuitiv, nahm die Auswirkungen wahr, die aus dieser Ruhe ohne Stille resultierten, die für ihn eine besondere Bedeutung hatte. Es war nicht unbedingt etwas Angenehmes – es war einfach eine Notwendigkeit. Er drehte nicht durch, wenn er in der »Großstadt« war oder so etwas. Gelegentlich gefiel ihm die Abwechslung. Aber dies war sein Zuhause. Wenn er zu lange weg war – wenn er längere Zeit nicht in diese Ruhe eintauchen konnte –, litt er wie ein Taucher an der Taucherkrankheit.

Das klang nach ziemlichem Zen-Quatsch. Und vielleicht war es das ja auch.

Matthew erwartete Wilde in der Küche.

»Mom ist nicht da«, sagte Matthew.

Das wusste Wilde. Laila hatte ihm gesagt, dass sie bis spätabends unterwegs sein würde. »Naomi wird wieder vermisst.«

Matthew antwortete nicht.

»Ist dir aufgefallen, dass sie nicht da ist? In der Schule oder so?«

»Ja.«

»Und?«

Achselzucken. »Ich hab mir gedacht, dass sie wohl abgehauen ist oder so. Die letzte Woche war brutal für sie. Ich hab gedacht, sie braucht eine Pause.«

»Beim letzten Mal warst du sehr besorgt.«

»Und am Ende ist nichts gewesen.«

»Warum warst du denn so besorgt?«

Matthew stellte sich anders hin. »Das hab ich dir doch schon gesagt.«

»Du hattest Wind von diesem Challenge-Game bekommen?«

»Genau.«

»Tja, und das kauf ich dir nicht ab, Matthew.«

Seine Augen weiteten sich. »Du glaubst, dass ich dich belüge?«

»Vielleicht erzählst du mir einfach nicht alles. Aber ja.«

Matthew schüttelte den Kopf und tat so, als wäre er beleidigt. Dann sagte er: »Es ist nichts weiter.«

»Erzähl's mir trotzdem.«

»Ich fühle mich nicht wohl dabei…«

»Dann fühlst du dich eben unwohl«, sagte Wilde.

»Hey, du bist nicht mein Vater, ist dir das klar?«

»Echt jetzt?« Wilde musterte ihn mit einem strengen Blick. »Willst du das wirklich so angehen?«

Matthew sah zu Boden. Dann sagte er leise: »Tut mir leid.«

Wilde wartete.

»Ich hab sie verletzt.«

Wilde spürte, wie sein Puls sich beschleunigte, sagte aber nichts.

»Wir waren auf diesem Tanzabend. Es war so eine Art Party.«

»Wann war das?«

»Vor zwei Monaten.«

Matthew sprach nicht weiter.

Nach einer Weile fragte Wilde: »Wo war diese Party?«

»Bei Crash Maynard. Es war zwar eine Art Party, aber irgendwie auch nicht so richtig. Eher eine Schulveranstaltung. Seit sich vor ein paar Jahren einige Schüler bei einem Schulball betrunken haben, dürfen wir sie nicht mehr in der Turnhalle abhalten. Und da haben sich die Maynards als Gastgeber angeboten. Die ganze Stufe war da.«

»Naomi auch?«

»Die ganze Stufe, ja.« Matthew blickte weiter zu Boden.

Wilde verschränkte die Arme. »Und weiter?«

»Naomi hatte ein Plüschtier mitgebracht. Einen Pinguin. Ich glaube, das war für sie so eine Art Therapietier oder was weiß ich. Sie hat ihn nicht herumgezeigt oder den Eindruck gemacht, dass sie schräg wäre oder so. Er war klein. Sie hatte ihn in der Handtasche. Ein paar Mädchen hat sie ihn aber doch gezeigt. Die haben angefangen zu kichern. Und irgendwann ist Crash dann zu ihr gegangen und hat sich mit ihr unterhalten. Er war sehr nett und hat ihr seinen blöden Totenkopfring gezeigt. Aber damit wollte er sie nur ablenken. Sie hat gelächelt und war echt glücklich … aber dann sind zwei von den anderen Jungs gekommen und haben ihr die Handtasche weggerissen. Sie hat geschrien und ist hinter ihnen hergerannt. In den Wald hinter dem Grundstück. Alle haben gelacht.«

Matthew hielt inne.

»Du auch?«

»Ja, aber ich fand es nicht witzig.«

»Du hast es aber mitgekriegt?«

»Ich habe mich mit Sutton Holmes unterhalten.«

Sutton Holmes. Wilde und Matthew führten nicht viele dieser »Männergespräche«, trotzdem kannte Wilde Matthews Schwarm. Matthew war die einzige Person, die je in Wildes Ecocapsule gewesen war. Wilde hatte ihn mitgenommen, als der Junge mal rausmusste. Irgendwie schien die frische Luft, das Campen, das Einssein mit der Natur oder wie auch immer man es bezeichnen wollte, dazu zu führen, dass die Menschen sich öffneten.

»Es war inzwischen dunkel«, fuhr Matthew fort. »Die Maynards hatten ein paar von diesen transportablen Flutlichtern gemietet, wie man sie von Baseballspielen kennt. Die Hälfte der Jugendlichen hatte Flaschen dabei und hat Wodka und anderen Schnaps in die Softdrinks gemischt, die die Maynards besorgt hatten. Ich hab aber immer den Wald im Auge behalten. Ich habe gewartet, dass Naomi zurückkommt. Nach fünf oder vielleicht zehn Minuten ist Kyle dann am Waldrand aufgetaucht. Er hat eine Hand in die Luft gestreckt. Zuerst habe ich nicht erkannt, was es war, aber als er näher kam…«, Matthew schloss die Augen, »… habe ich gesehen, dass es der Kopf von dem Plüschpinguin war. Nur der Kopf. Es sah aus, als würde die Füllung heraustropfen.«

Wilde wurde schwer ums Herz.

»Alle haben gejohlt.«

Wilde versuchte, nicht wertend zu klingen. »Du auch?«

»Soll ich jetzt erzählen oder nicht?«

Er hatte recht. Dafür war später noch Zeit. Matthew wirkte gerade ganz klein. Wilde machte sich bewusst, dass Matthew der kleine Junge war, der seinen Vater bei einem Autounfall verloren hatte. Er wollte nur dazugehören, eine Sache, die Wilde nie ganz begriff, weil er für sich immer das Gegenteil anstrebte.

»Ich war da schon ziemlich breit.«

»Und breit heißt in diesem Fall…?«

»Betrunken.«

»Und high dazu?«

»Nein, ich hab keine Drogen genommen. Aber ich hatte eine ganze Menge getrunken. Ich weiß, dass das nie eine Entschuldigung für irgendetwas sein darf, aber es spielt einfach eine Rolle. Ich bin da herumgestolpert, es ist immer später geworden, und irgendwann hab ich dann bemerkt, dass niemand ging. Offenbar war irgendwelchen Eltern aufgefallen, dass viele von uns ziemlich betrunken waren, und sie hielten es wohl für das Sicherste, wenn wir auf dem Grundstück blieben, bis wir etwas ausgenüchtert waren.«

Klingt logisch, dachte Wilde.

»Also habe ich gesehen, wie Crash ein Feuerzeug aus der Tasche zieht. Er knipst es an, die Flamme brennt, und dann steckt er Naomis Pinguin an. Einfach so. Dabei hat er so ein breites Lächeln im Gesicht. Er hat sich umgesehen, ich glaube, weil er Naomis Reaktion sehen wollte, und mir ist aufgefallen, dass sie nicht zurückgekommen ist, seit die Jungs ihr im Wald den Pinguin abgenommen haben.«

Matthew nahm sich einen Apfel und ging ins Wohnzimmer. Wilde folgte ihm.

»Was ist dann passiert, Matthew?«

Matthew starrte den Apfel an, wog ihn behutsam in der Hand, und Wilde fragte sich, ob er den Pinguin vor Augen hatte. »Ich wünschte, ich könnte dir erklären, wie ich mich gefühlt habe.«

»Versuch's.«

»Völlig fertig. Deprimiert. Sutton war jetzt bei Crash. Es hatten sich Pärchen gebildet, die gemeinsam verschwunden sind. Ich bin mir einfach … ich weiß nicht … dumm und fehl am Platz vorgekommen, außerdem war ich wütend und betrunken, das war also alles nur … jedenfalls bin ich sie dann suchen gegangen. Naomi, meine ich. Es war dunkel. Aber du hast mir ja beigebracht, wie man sich im Wald bewegt. Irgendwann bin ich trotzdem gestolpert und mit dem Gesicht an einem Baum entlanggeschabt. Da war mir noch schwindliger, und meine Lippe hat geblutet. Und dann hab ich sie gefunden. Sie saß einfach auf einem Stein. Ich hab ihr Profil gesehen, und im Mondschein war Naomi wirklich hübsch. Ich bin näher rangegangen. Sie hat sich nicht umgedreht, obwohl sie mich gehört haben muss. Sie hatte keine Tränen im Gesicht. Ihre Augen waren trocken. Ich hab sie gefragt, ob alles in Ordnung ist. Sie hat gesagt: ›Es ist nur ein albernes Plüschtier.‹ Und sie schien es ernst zu meinen. Sie klang so, als ob es ihr wirklich egal wäre. Ich bin noch näher an sie herangegangen, dann haben meine Beine irgendwie nachgegeben, und ich bin neben ihr zusammengesackt. Das war da am Bach hinter dem Haus der Maynards. Das Plätschern soll ja eigentlich nett sein und so weiter, aber weißt du, woran ich in dem Moment denken musste?«

»Nein.«

»Vom Plätschern musste ich plötzlich pinkeln. Also habe ich mich entschuldigt und bin an den nächsten Baum gegangen. So besoffen war ich. Ich hab nur ein paar Schritte von ihr entfernt die Hose runtergelassen und … na ja, danach hab ich den Reißverschluss zugemacht, bin zurückgegangen und hab mich wieder zu ihr gesetzt. Wir haben uns unterhalten. Es war schön. Ich kenne Naomi schon mein Leben lang. Ich kann mich aber nicht erinnern, dass wir je miteinander gesprochen haben. Jedenfalls nicht so richtig. Ich sag's noch mal, ich war betrunken, das Plätschern des Bachs war irgendwie schön, der Mond schien, und mir gingen abertausend Dinge durch den Kopf. Ich weiß nicht, wie spät es war. In der Ferne ist dann das transportable Flutlicht ausgegangen. Also habe ich sie geküsst. Oder vielleicht hat sie mich geküsst. Jedenfalls waren wir beide damit einverstanden. Nicht, dass du denkst, dass sie es nicht war. Sie fand es eindeutig in Ordnung. Wir haben angefangen rumzumachen. Und ich weiß absolut nicht, wie ich das beschreiben soll. Ein Teil von mir war voll bei der Sache, ja? Der größte Teil. Ich wusste nicht, ob ich sie mag oder nicht. Ich glaub nicht mal, dass das überhaupt eine Rolle gespielt hat. Besser kann ich es nicht erklären.«

Teenager, dachte Wilde. Ein Junge und ein Mädchen auf

einer Party. Auch wenn es uns nicht gefällt, aber diese Geschichte ist so alt wie die Zeit.

»Soll ich dir was Schreckliches erzählen?«

Wilde nickte leicht.

»Wir sind dann etwas mehr zur Sache gegangen. Ihre Hand lag auf meinem Bein und so. Und ein Teil von mir ist wie yeah, fantastisch. Und ein anderer Teil von mir denkt, wow, guck dich an – du bist mit der größten Loserin der Schule zusammen.« Matthew brach ab, hob eine Hand, schüttelte den Kopf. »Ich erzähl das nicht richtig. Das spielt aber auch keine Rolle. Denn genau in dem Moment, als ihre Hand auf meinem Oberschenkel liegt und meine Hand unter ihrem Shirt ist, leuchtet uns ein starker Scheinwerfer ins Gesicht. Wir zucken beide zurück. Ich höre Lachen. Man kann das zwar schwer unterscheiden, aber Crash und Ryan höre ich deutlich raus, und … Naomi flieht. Wie ein Kaninchen. Sie springt auf und saust davon. Ich seh so gut wie nichts, weil mir das Licht vom Scheinwerfer direkt in die Augen scheint. Ich versuche, es mit der Hand abzuschirmen. Alle lachen mich aus und lästern, weil ich mit *der* rumgemacht habe. Ich blinzle und spüre, wie mir Tränen in die Augen schießen. Ich wäre am liebsten auf der Stelle tot umgefallen, weißt du? Ich habe gedacht, das bleibt jetzt ewig an mir hängen. Und die nächsten beiden Monate war das auch so. Wo auch immer ich mich auf der sozialen Leiter befand, ich wurde runtergestoßen. Nicht so tief wie Naomi, aber doch ziemlich weit runter.«

»Was hast du den Jungs gesagt, die dich ausgelacht haben?«, fragte Wilde.

»Dass nichts dabei war. Dass ich nur meinen Spaß haben wollte.« Er schluckte. »Ich … ich hab gesagt, dass sie leicht zu haben ist.«

»Toll.«

Matthew schloss die Augen. Wilde bremste sich.

»Hast du mit Naomi darüber gesprochen?«

»Nein.«

»Wirklich nicht?«

Matthew antwortete nicht.

»Wann hast du sie das nächste Mal gesehen?«

»In der Schule, aber wir sind uns gegenseitig aus dem Weg gegangen.« Matthew überlegte kurz. »Ehrlich gesagt, bin eher ich ihr aus dem Weg gegangen. Ein paar Wochen lang war ich wirklich zum Kotzen.«

Am liebsten hätte Wilde dazu ironisch die Luftgeige gespielt. »Das ist alles vollkommen daneben«, sagte Wilde. »Trotzdem versteh ich nicht so recht, warum du so besorgt warst, als sie vermisst wurde.«

»Weil die Story noch weitergeht.«

Tränen füllten die Augen des Jungen. Wilde wurde mulmig.

»Ich werde mir die Rechtfertigungen sparen, okay? Weil man sich dafür gar nicht rechtfertigen kann. Ich habe eine kleine Kostprobe von dem bekommen, was Naomi seit Jahren durchmacht. Nur einen kleinen Vorgeschmack. Und ich habe es nicht ausgehalten. Als Crash mir eine Chance gegeben hat, wieder einer von ihnen zu werden, war ich sofort dabei. Und nur das zählt. Nicht das Warum. Sondern nur das, was ich getan habe.«

»Und was hast du getan?«

»Wir wollten sie reinlegen.«

»Wie wolltet ihr sie reinlegen?«

Er antwortete nicht.

»Matthew?«

»Ich habe Naomi gebeten, sich mit mir zu treffen. Wie zu einem Date. Ich hab ihr geschrieben, dass ich sie wiedersehen will, wieder an der gleichen Stelle hinter dem Haus der Maynards, und dass sie niemandem etwas davon sagen soll.«

»Was hat sie geantwortet?«

»Sie hat eingewilligt.« Er zuckte die Achseln. »Sie schien begeistert zu sein.«

Matthew schloss die Augen.

Wilde musste sich anstrengen, um einen neutralen Gesichtsausdruck aufrechtzuerhalten. »Und?«

»Und ich hab sie verarscht.«

»Wie?«

»Ich bin dann irgendwie nicht aufgetaucht.«

»Hey, Matthew?«

Matthew sah ihn an.

»Das ist nicht der Moment für Wortklaubereien. Was genau heißt ›dann irgendwie nicht aufgetaucht‹?«

»Ich bin nicht hingegangen. Und ich sollte sie total versetzen, also auch nicht antworten, als sie mir eine SMS mit dem Text ›Wo bist du?‹ geschickt hat.«

»Das hast du dann aber doch getan?«

»Ja.«

»Was hast du geschrieben?«

»Ich hab geschrieben ›Tut mir leid‹.«

»Was hat sie geantwortet?«

»Nichts. Seitdem hat sie kein Wort mehr mit mir gesprochen.«

Er musste an seine Begegnung mit Naomi im Keller denken und an das, was sie dort über Matthew gesagt hatte: *Wahrscheinlich gibt er sich die Schuld. Sagen Sie ihm, dass er das nicht darf. Er will auch nur dazugehören.*

Vielleicht hatte Naomi ihm verziehen, und vielleicht suchte Matthew nach Absolution, aber Wilde war nicht bereit, sie ihm zu erteilen.

»Also, was ist passiert, als Naomi da alleine am Bach saß?«

»Crash ist aufgetaucht. Und noch ein paar andere aus der Gruppe.«

»Und?«

»Und mehr weiß ich nicht. Oder zumindest habe ich damals nicht mehr gewusst. Deshalb habe ich mich bei Nana gemeldet. Am nächsten Tag war Naomi verschwunden. Ich dachte … na ja, eigentlich weiß ich gar nicht, was ich gedacht habe. Ich dachte, sie hätten ihr was angetan.«

»Was zum Beispiel?«

»Keine Ahnung«, sagte er und warf die Hände in die Luft. »Aber am Ende war alles okay mit Naomi. Du hast sie gefunden. Crash hatte ihr bloß von diesem blöden Challenge-Game erzählt. Er hat sie überredet, das zu machen. Das war alles.«

Wilde hörte, wie ein Auto in die Einfahrt bog und anhielt. Er ging den Flur entlang und sah aus dem Fenster. Auf der Fahrerseite eines glänzenden schwarzen Mercedes-Benz SL 550 stieg ein großer Mann in einem Designeranzug aus. Er eilte zur Beifahrerseite, wollte sich als Kavalier zeigen, aber Laila hatte ihre Tür bereits geöffnet und war auch ausgestiegen.

Deshalb hatte Laila Wilde also gesagt, dass sie heute Abend erst spät nach Hause kommen würde.

Ohne ein weiteres Wort zu sagen, ging Wilde die Treppe hinunter und verließ das Haus durch die Hintertür. Matthew würde verstehen, was los war. Sie alle kannten die Situation. Laila würde Designeranzug nicht hereinbitten. Noch nicht. Nicht, wenn Matthew zu Hause war. Aber sie würde Wilde auffordern, erst einmal etwas Abstand zu ihr zu halten, was Wilde dann auch tun würde. Laila würde es mit Designeranzug probieren, aber im Endeffekt würde es nicht klappen. Wilde sollte sich nicht wünschen, dass es so lief. Er redete sich ein, dass er das nicht tat, dass er nur wollte, dass Laila glücklich war. Aber Laila würde diesem Kerl erst einmal eine Chance geben – und Wilde würde Affären mit anderen Frauen haben. Er würde sich weiter mit Laila treffen, platonisch – sie würde nicht wollen, dass er ganz aus ihrem und vor allem aus Matthews Leben verschwand –, und eines Tages würde Designeranzug Geschichte sein und Wilde über Nacht bleiben. Vielleicht war dieser Zyklus okay. Vielleicht musste es so sein. Vielleicht wäre es aber auch besser, Wilde würde sich weniger verfügbar machen und nicht immer so leicht für sie zu haben sein. Vielleicht machte er es ihr zu einfach, eine Beziehung aufzugeben. Vielleicht auch nicht. Vielleicht würde es ihr mit Wilde besser ergehen, und sie sollte Designeranzug vergessen. Vielleicht versuchte Wilde nur, sein Verhalten sich selbst gegenüber zu rechtfertigen. Und vielleicht, nur ganz vielleicht, war es nicht an ihm zu entscheiden, was Laila wirklich wollte, brauchte oder was am besten für sie war.

Inzwischen war es schon ziemlich spät. Zu Ava O'Brien würde er am nächsten Morgen gehen. Vielleicht war da etwas zu holen. Und vielleicht, dachte er, als er kurz stehen blieb und lauschte, wie der Mercedes aus der Einfahrt fuhr, meinte er das in zweierlei Hinsicht.

SIEBZEHN

Als Wilde um fünf Uhr morgens aufstand, checkte er erst einmal seine SMS. Er hatte keine bekommen. Keine Antwort von Naomi. Was hatte das zu bedeuten? Er wusste es nicht.

Wilde schlüpfte in Shorts und streckte sich vor der Ecocapsule. Die Morgenluft war kühl und erfrischend. Er atmete tief durch und genoss das Kribbeln. Wie meistens begann Wilde den Tag mit einer Mischung aus Waldlauf und Spaziergang. Als er oben auf einem Berg ankam, zog er das Handy aus der Tasche und schrieb Ava O'Brien eine Nachricht, in der er sie bat, sich in der Schule mit ihm zu treffen. Es war erst Viertel nach fünf, daher rechnete er nicht mit einer Antwort. Aber als er die tanzenden Punkte sah, die andeuteten, dass sie eine Antwort schrieb, fiel ihm wieder ein, dass Ava auch eine Frühaufsteherin war. Sie schlug vor, dass sie sich um eins am Hintereingang der Schule treffen sollten, den man vom Lehrerparkplatz aus erreichte. Wilde antwortete:

> Wir sind beide wach. Wie wäre es, wenn ich jetzt vorbeikomme?

Wieder die tanzenden Punkte. Dann: Passt gerade nicht.

Wilde erinnerte sich an den großen bärtigen Mann und nickte kurz: 13 Uhr. Eingang Lehrerparkplatz.

Er beendete seine Tour, stellte einen Stuhl auf den Rasen

und fing an zu lesen. Er war schon solange er sich erinnern konnte ein unersättlicher Leser. Als die Park Ranger ihn vor vielen Jahren gefunden hatten, konnte Wilde schon lesen. Die Experten waren verblüfft. Sie behaupteten, dass man das nur dadurch erklären könnte, dass der kleine Junge log oder verwirrt war – offenbar hätte ihn jemand ernährt, gekleidet und erzogen. Das Lesen könne er sich nicht selbst beigebracht haben. Aber soweit Wilde wusste, hatte er das. Er war in Häuser eingebrochen und hatte dort ferngesehen, unter anderem auch sogenannte Bildungssendungen für Kinder wie *Sesamstraße* und *Reading Rainbow*. Außerdem hatte er in einem Haus Videokassetten gefunden, in denen erklärt wurde, wie man seinen Kindern das Lesen beibrachte.

Er war überzeugt, dass er es auf diese Weise gelernt hatte.

Und beim Stichwort lesen musste er wieder an den DNA-Test denken.

Er hatte sich die Ergebnisse noch nicht angesehen. Wollte er das? Brauchte er den Trubel, den das Ganze vermutlich nach sich ziehen würde? Er war zufrieden mit sich und seinem Leben. Es gefiel ihm, in jeder Hinsicht Minimalist zu sein, auch was die Anzahl der Menschen betraf, die für sein Leben bedeutsam waren. Warum also sollte er dieses Risiko eingehen?

War er neugierig?

Er legte sein Buch zur Seite. Ein gebundenes Buch. Meistens las er richtige Bücher und keine E-Books, nicht weil er es ablehnte oder es vorzog, die Seiten von Hand umzublättern, sondern einfach weil er meinte, hier oben schon genug elektronische Geräte zu benutzen, ein Buch zu lesen und es dann zu spenden oder zu verschenken gefiel ihm einfach besser.

Er suchte die E-Mail von der DNA-Webseite. Er hatte sich dort vor zwei Monaten unter einem falschen Namen angemeldet und in das Reagenzglas gespuckt, das sie ihm zugeschickt hatten. Wilde hatte mehrere falsche Identitäten. Sie lagen in angeblich feuerfesten und wasserdichten Metallbehältern im Umkreis von hundert Metern im Wald versteckt. Darin befanden sich auch Bargeld und Unterlagen für Bankkonten auf die Namen all dieser Identitäten, sodass Wilde bei Bedarf schnell und ohne großen Aufwand verschwinden konnte.

Er klickte auf den Link und gab den Benutzernamen und das Passwort ein, die er beim Einsenden seiner DNA-Probe eingerichtet hatte. Er wurde zu einer Seite weitergeleitet, auf der die ethnische Herkunft seiner Vorfahren dargestellt wurde, die aus sämtlichen Himmelsrichtungen zu kommen schienen, wobei der größte Teil etwas vage als »osteuropäisch« eingestuft war. Und nun? Was sagte ihm das? Nichts. Hatte es Einfluss auf seine Gefühle, oder brachte es ihn der Wahrheit näher? Nein, eigentlich nicht.

Auf einem kleineren Banner unter der ethnischen Herkunft seiner Vorfahren stand:

Sie haben über hundert Verwandte! Klicken Sie auf den Link, um mehr zu erfahren!

Sollte er das tun?

Vielleicht klickte er so den Namen seiner Mutter oder seines Vaters an. »Wow!« wäre in diesem Fall wohl die erste Reaktion. Doch was würde dann passieren? Die meisten Menschen suchten diese Antworten, weil sie das Gefühl hatten, ihnen fehlte etwas, und die Antworten auf diese Fragen könnten eine etwas nebulöse Lücke füllen. Die meisten Menschen wollten mehr Menschen in ihrem Leben – mehr Verwandte, eine größere Familie. Wilde wollte das nicht. Warum sollte er also diese Büchse der Pandora öffnen?

Andererseits konnte Unwissenheit niemals Glückseligkeit bedeuten. Das war Wildes feste Überzeugung. Warum sollte er also nicht auf den Link klicken? Er brauchte ja erst einmal nur einen kurzen Blick darauf zu werfen. Klick einfach drauf und guck, ob diese Informationen überhaupt dabei sind.

Er klickte auf den Link.

Wilde kam sich vor wie ein Teilnehmer einer Gameshow, in der die Assistentin einen Vorhang aufzog, hinter dem sich ein brandneues Auto verbergen konnte – oder nichts.

Wie sich herausstellte, war es eher nichts.

Es gab keinen Treffer für die Mutter, keinen für den Vater, keinen für Vollgeschwister, keinen für Halbgeschwister. Der engste aufgeführte Verwandte war ein Cousin zweiten bis dritten Grades mit den Initialen PB, bei dem 2,44 Prozent der DNA bzw. acht Segmente mit Wildes übereinstimmten. Darunter befand sich ein kleines Diagramm mit der folgenden Erklärung:

> Sie und PB haben womöglich gemeinsame Urgroßeltern. Sie könnten auch aus verschiedenen Generationen stammen (Großneffe) oder nur einen Vorfahren teilen (Cousin, halbbürtig).

Es war zwar mehr als nichts, aber nicht viel mehr. Er könnte Kontakt zu PB aufnehmen und versuchen, eine Art Familienstammbaum herzuleiten, aber im Moment, heute, da Naomi ausgerissen war, Matthew, wegen dem, was er ihr angetan hatte, verdientermaßen von Schuldgefühlen geplagt wurde, und Laila sich mit Designeranzug verabredete (wobei ihn der letzte Punkt nicht interessierte, wie er sich noch einmal ins Gedächtnis rief), ermüdete ihn schon der Gedanke daran.

Das hatte Zeit.

* * *

Seit er dort seinen Abschluss gemacht hatte, war Wilde nicht mehr in der Sweet Water High School gewesen. Als er sich dem Gebäude näherte, suchten ihn die alten Geister heim. Zumindest einer. Er spürte förmlich, wie David, Matthews Vater, sich an seine Seite schob. Fast jeden Tag waren sie den Weg zusammen gegangen, bis David im vorletzten Jahr seinen Führerschein gemacht hatte und sie gefahren waren. Die Erinnerungen wollten zum entscheidenden Schlag ausholen, doch Wilde kämpfte dagegen an.

Nicht jetzt. Keine Ablenkung.

Als Wilde hier zur Schule ging, gab es noch keinen Sicherheitsdienst. Das hatte sich geändert. Die schneidig uniformierten Mitarbeiter des privaten Wachdienstes wirkten seriös und waren bewaffnet. Sie hatten ihn schon im Auge, als er auf die Hauptstraße einbog. Wilde nahm den direkten und gut einsehbaren Weg und achtete darauf, dass seine Hände sichtbar auf dem Lenkrad lagen.

Gut sichtbare Hände, während man auf eine Highschool zufuhr. Was für eine Welt.

»Was können wir für Sie tun?«, fragte der größere Wachmann.

»Ich bin mit Ava O'Brien auf dem Lehrerparkplatz verabredet.«

Der andere Wachmann trug einen wie mit Bleistift gezeichneten Schnurrbart und sah so jung aus, dass er – wenn auch vielleicht kein Schüler mehr – vielleicht der Typ sein könnte, der ein oder zwei Jahre früher abgegangen war und seitdem ständig in einer verbeulten Limousine durch die Stadt gurkte. Er suchte Wildes Namen auf seinem Klemmbrett, während sein größerer Kollege versuchte, Wilde mit finsteren Blicken einzuschüchtern. Wilde störte das ebenso wenig wie das Abtasten, das Leeren der Taschen oder der Gang durch den

Metalldetektor. Schon traurig, was aus der Welt geworden war – sollte man solche Typen wirklich bewaffnen und sie in die Nähe einer Schule postieren? Wollen wir unsere Kinder schützen, indem wir zwei unterbezahlten Möchtegern-Cops Waffen in die Hand drücken, um sie anschließend in einem Haufen besserwisserischer Teenager zu platzieren? Die Katastrophe schien vorprogrammiert. Wilde hatte in der Sicherheitsbranche gearbeitet und wusste, dass viele Konkurrenten diese elterlichen Ängste schürten, um mit gut dotierten Verträgen in Schulen Geld zu scheffeln.

Erfinden Sie ein Problem – und verdienen Sie an der Lösung.

Der junge Wachmann telefonierte kurz, und zwei Minuten später führte Ava O'Brien ihn einen Korridor entlang. Er mochte die Art, wie Ava sich bewegte, was vielleicht etwas seltsam klang, aber so war es nun einmal. Sie war schön und stark.

Es musste Pause sein, denn außer ihren Schritten auf dem Linoleum war nichts zu hören. Wilde dachte zurück an die Jahre, in denen er in diesen Gängen unterwegs gewesen war. Natürlich kannte er sich noch aus. Würde er das je vergessen? Als sie an der Sporthalle vorbeigingen, deutete Ava auf die Porträts an der Wand.

»Ich seh dein Gesicht jeden Tag, wenn ich hier bin.«

Unter dem Schild »Hall of Fame – Unseren besten Sportlern an der Sweet Water High School« hingen etwa fünfzig Porträtfotos. Wilde war bei den Leichtathleten zu finden. Er war nicht zur Zeremonie gegangen, bei der diese Ehrungen verliehen wurden. Es war einfach nicht sein Ding. In seinem Abschlussjahr hatte Wilde die Rekorde nahezu aller Laufdisziplinen eingestellt – Hürden, Sprint, Mittelstrecke. Der Trainer des Football-Teams hatte versucht, ihn als Runningback zu gewinnen, aber Wilde mochte die Mannschaftssportarten mit ihrer aufdringlichen Kameradschaft, den aggressiven Anfeuerungen und dem ewigen gegenseitigen Abklatschen nicht. Und das Football-Team mochte er am wenigsten. Es hatte so eine Art Stammes- oder Clan-Struktur.

»Du siehst wütend aus auf dem Foto«, sagte Ava.

»Sollte eigentlich eher machohaft wirken.«

Sie betrachtete es noch einen Moment. »Hat wohl nicht ganz geklappt.«

»Gelingt mir nur selten.«

Er ließ den Blick über die Fotos streifen und suchte nach Rola Naser. Er fand sie sofort. Ihr Lächeln – sie versuchte, nicht den Macho zu geben – traf ihn wie ein Sonnenstrahl. So war sie – strahlend, mitteilsam, ernst, begeisterungsfähig – auch zu Hause. So ziemlich das Gegenteil von Wilde. Vielleicht war es nur Fassade, ihre Art, ihre Kindheit zu verarbeiten, andererseits konnte Wilde sich kaum daran erinnern, dass sie einmal aus der Rolle gefallen wäre.

»Kapitänin der Fußballmannschaft«, sagte Ava, die seinem Blick gefolgt war, und las, was auf Rolas Foto stand. »Wow, sie war in der US-Auswahlmannschaft ihrer Altersgruppe?«

»Rola war die beste Fußballspielerin, die die Schule je hatte.«

»Wart ihr eng befreundet?«

»Sie ist meine Schwester«, sagte Wilde. Dann: »Pflegeschwester.«

Ava führte ihn in einen zu einem Kunststudio umgebauten Klassenraum. Alles war mit Farbspritzern übersät. Wilde sah sich um. Der Raum wirkte behaglich, eine gute Mischung von ziemlich amateurhaften Werken und denen von außerordentlich talentierten Schülern, unausgegorene Skulpturen standen zwischen solchen, die man sich durchaus in einem Museum vorstellen konnte. Hier war Leben, viel Leben.

»Ich habe es schon überprüft«, begann Ava.

Ihr Tonfall klang sachlich. Wilde wartete.

»Naomi war seit letztem Donnerstag nicht mehr in der Schule«, sagte Ava. »Sie fehlt unentschuldigt. Die Schule hat ihr und ihrem Vater per E-Mail eine Verwarnung zukommen lassen.«

»Ich hab gehört, dass es richtig übel war, als sie aus der letzten Fehlzeit zurückgekommen ist.«

»Von wem hast du das gehört?«

»Von ihrem Vater«, sagte er. Er sah keinen Grund, Matthew in die Sache hineinzuziehen. Wilde informierte sie schnell über den Rest – Bernard Pine, der ihn um Hilfe gebeten hatte, Naomis Schlafzimmer, in dem Kleidungsstücke und der Rucksack fehlten.

»Ja, es war richtig übel«, sagte sie, als er fertig war. »Wie nicht anders zu erwarten.«

»Wie hat Naomi reagiert?«

»Auf das Mobbing?«

»Ja.«

»Naomi hat sich … ich weiß nicht, vielleicht noch weiter in sich zurückgezogen. Ich habe versucht, sie dazu zu bringen, sich zu öffnen, aber sie hat mich nicht an sich herangelassen.«

»Gab es sonst noch jemanden, mit dem sie darüber hätte reden können?«

»Nicht, dass ich wüsste.« Ava legte den Kopf auf die Seite. »Sie hat mir erzählt, dass du es warst, der sie gefunden hat. Sie sagte, ihr beiden hättet euch bei ihr im Keller unterhalten.«

»Das stimmt.«

»Sie mochte dich, Wilde.«

»Ich mochte sie auch.«

»Hat sie dir erzählt, warum sie bei diesem schrecklichen Spiel mitgemacht hat?«

»Sie hoffte auf eine Art Neubeginn«, sagte Wilde.

»Einen Neubeginn?«

»Ein Reset, um mit ihren Mitschülern noch einmal ganz von vorn anzufangen. Sie dachte, wenn sie es wirklich durchzieht, könnte das vielleicht für Aufsehen sorgen, sodass alle sie in einem anderen Licht sehen würden.«

Ava schüttelte den Kopf. »Irgendwie versteh ich es, aber …«

Wilde schwieg.

»Ich wünschte, diese Kinder wüssten, wie kurz die Zeitspanne ist, die man auf der Highschool verbringt«, sagte sie.

»Das können sie nicht.«

»Ich weiß. Mein Großvater oben in Maine ist vor Kurzem zweiundneunzig geworden. Ich hab ihn gefragt, wie das so ist in dem Alter. Er meinte, es wäre alles so schnell gegangen wie ein Fingerschnippen. Er sagte: ›Irgendwann bin ich achtzehn geworden. Ich bin zur Army gegangen, die haben mich für die Grundausbildung in den Süden geschickt. Und jetzt bin ich hier.‹ So schnell ging das für ihn. Als wäre er 1948 mit seinem Seesack in einen Bus gestiegen und gerade wieder ausgestiegen.«

»Scheint ein cooler Typ zu sein«, sagte Wilde.

»Das ist er. Ich weiß gar nicht so genau, warum ich dir das erzählt habe. Vielleicht, weil es schon für uns, zwei Erwachsene, schwer ist zu glauben, dass unser Leben so schnell an uns vorbeirauscht, und ein sechzehnjähriges Mädchen, das tyrannisiert wird, unmöglich begreifen kann, dass ihr Leben nicht nur aus dieser blöden Schulzeit besteht.«

Wilde nickte. »Hast du irgendeine Idee, wo Naomi sein könnte?«

»Ich denke, wir sind uns einig, dass sie wahrscheinlich ausgerissen ist.«

»Wahrscheinlich.«

Ava fragte: »Hast du es bei ihrer Mutter probiert?«

»Hast du nicht gesagt …«

»Ja, schon klar. Aber das war vorher. Naomi hat mir auch etwas von einem Neubeginn erzählt. Aber nach diesem Challenge-Game muss ihr klar geworden sein, dass es hier, in dieser Stadt, keinen Neuanfang für sie gibt. Dafür müsste sie an einen anderen Ort ziehen.«

»Dann hältst du es für möglich, dass sie bei ihrer Mutter ist?«

»Naomi hat mir erzählt, dass ihre Mutter eine Reise machen will. Damals hab ich mir nicht viel dabei gedacht, aber vielleicht lag so etwas wie Sehnsucht in ihrer Stimme.«

»Weißt du, wohin die Mutter wollte?«

»Ins Ausland, mehr hat sie mir nicht erzählt.«

»Okay, ich werd versuchen, die Mutter zu erreichen.«

Ava sah auf die Uhr. Wilde verstand den Hinweis.

»Musst du gleich unterrichten?«, fragte er.

»Ja.« Dann: »Was die SMS betrifft, die ich dir neulich abends geschickt habe.«

Wilde wusste natürlich, welche sie meinte: Komm heute Abend vorbei. Ich lasse die Tür offen. Und danach: Du fehlst mir, Wilde.

»Kein Problem.«

»Ich würde nicht mehr wollen als das, was wir hatten. Es war nur, na ja, ich habe mich in dem Moment einfach einsam gefühlt.«

»Das habe ich auch gelegentlich.«

»Wirklich?«

Er sah keinen Grund, sich zu wiederholen.

»Es war schon seltsam«, sagte sie, »was wir hatten. Jetzt ist nicht der richtige Moment. Aber …«

»Es war schön«, sagte Wilde. »Wirklich schön.«

»Aber es konnte nicht halten, oder?« Es lag kein Bedauern in ihrer Stimme.

Wilde antwortete nicht.

»Es war wie eine dieser quirligen Kreaturen, die nur kurz leben. Bei der sich der ganze Lebenszyklus in ein paar Tagen vollzieht.«

Er fand, dass es das gut traf. »Ja, so ziemlich.«

Sie standen auf. Beide wussten nicht recht, was sie tun sollten. Ava trat auf ihn zu und gab ihm einen Wangenkuss. Er sah ihr in die Augen und hätte ihr fast gesagt, dass er zur Verfügung stünde. Fast. Aber er sagte es nicht.

Wechsel das Thema: »Kennst du den Maynard-Jungen?«

Sie blinzelte, trat einen Schritt zurück. »Crash? Nur vom Hörensagen.«

»Und was sagt man so über ihn?«

»Dass er ein übler Kerl ist. Er hat Naomi ständig gequält, wobei vielleicht noch etwas anderes dahintersteckt.«

»Etwas anderes?«

»Der Herr, wie mich dünkt, gelobt zu viel«, sagte Ava mit ihrer besten Shakespeare-Stimme.

»Meinst du, er ist in sie verknallt?«

»Das würde ich nicht sagen. Er ist mit Sutton Holmes zusammen. Aber wahrscheinlich ist Crash auf eine Art von Naomi fasziniert, die er selbst nicht richtig beschreiben könnte.«

»Ist Crash Maynard heute in der Schule?«

»Wahrscheinlich, warum?«

»Wann ist der Unterricht zu Ende?«

ACHTZEHN

Hester setzte ihre Badekappe auf und schwamm eine Dreiviertelstunde lang im Keller ihres Bürohochhauses Bahnen. Bahnen schwimmen – hin Kraulen, zurück Brustschwimmen – war seit nunmehr zwei Jahrzehnten ihre wichtigste Fitnessübung. Vorher hatte sie dem Pool nicht viel abgewinnen können. Das Ausziehen des Badeanzugs war eine Qual. Man roch nach Chlor. Die Haare litten furchtbar. Es war todlangweilig. Aber gerade dieser letzte Punkt – die Langeweile – hatte Hester schließlich in seinen Bann gezogen. Aus Momenten reiner Einsamkeit, reiner Stille und eben reiner Langeweile – immer gleiche Schwimmzüge, allein in dieser Woche hunderte, wenn nicht gar tausende Male wiederholt – entstand etwas, das andere als Zen bezeichneten. Den Körper in Wasser und Chemikalien gehüllt, ging Hester im Kopf Plädoyers, Zeugenaussagen und Kreuzverhöre durch.

Heute jedoch dachte sie nicht an die Arbeit, während ihr Körper das Wasser durchschnitt. Sie dachte an Oren. Sie dachte an den kommenden Abend.

Wir gehen nur essen, ermahnte sie sich.

Er hatte sie eingeladen.

Es ist kein Date. Nur ein Abendessen mit einem alten Freund.

Falsch. Ein Mann fuhr nicht zum Arbeitsplatz einer alten Freundin, um sie zu fragen, ob sie mit ihm essen gehen würde. Das war keine Probe. Es *war* ein Date. Der Ernstfall.

Hester duschte, föhnte ihre Haare, zog ihren besten Power-

Suit an. Als sie aus dem Aufzug stieg, reichte ihre Assistentin Sarah McLynn ihr eine Reihe Nachrichten, um die sie sich kümmern musste. Hester nahm sie, ging in ihr Eckbüro und schloss die Tür. Sie setzte sich an den Schreibtisch, atmete tief durch und öffnete den Internet-Browser.

»Lass das, Hester«, rügte sie sich laut.

Aber seit wann nahm Hester Crimstein Ratschläge von irgendjemandem an – und von Hester Crimstein schon gar nicht.

Sie gab »Cheryl Carmichael« ins Suchfeld ein.

Ja. Orens Ex.

Eine Hälfte von Hester erhob sich aus ihrem Körper und schwebte missbilligend schnalzend über ihr. Die andere Hälfte – die, die noch auf dem Stuhl saß – musterte die schwebende Hälfte, runzelte die Stirn und erwiderte: »Ja, klar, als ob du zu fein dafür wärst.«

Hester drückte die Enter-Taste und sah sich die Ergebnisse an. Bei den ersten ging es um eine Cheryl Carmichael, die Professorin an der City University of New York war. Nein – das war definitiv nicht die richtige Cheryl Carmichael. Hester scrollte nach unten. Sie wusste nicht recht, was sie im Internet über eine geschiedene Mitt- bis Endsechzigerin zu finden erwartete. Aber als sie auf die Richtige stieß – Cheryl Carmichael, Wohnort: Vero Beach, Florida – war es viel schlimmer, als sie es sich vorgestellt hatte.

»Mein Gott …«

Cheryl Carmichael war in sämtlichen sozialen Medien unübersehbar. Ihr Instagram-Account hatte mehr als 800 000 Follower. Ihre Instagram-Biografie, oder wie immer man das nannte, las sich wie folgt:

Persönlichkeit des öffentlichen Lebens
Fitnessmodell
Influencer und Freigeist
»Ich liebe das Leben!«
#Ueber60undTraumhaft

Leck mich, dachte Hester.

Unter der Biografie stand eine E-Mail-Adresse »Für Anfragen«? Was für Anfragen? Hesters Gedanken fuhren in einen unanständigen Abgrund hinab, bis sie erkannte, dass mit »Anfragen« Werbeangebote gemeint waren. Ja, wirklich.

Unternehmen bezahlten Cheryl dafür, dass sie mit ihren Produkten posierte.

Als sie die Fotos betrachtete, zog sich Hesters Magen zusammen. Cheryl, die früher lange, lockige Haare hatte, die bis zur Mitte ihres Rückens herabfielen – Hester erinnerte sich noch gut daran, wie sie in engen Shorts und einem noch engeren Top auf dem Little-League-Feld herumgelaufen war und die Väter so taten, als würden sie sie nicht anstarren –, präsentierte sich jetzt mit einer modernen stacheligen Kurzhaarfrisur. Ihr Körperbau, der auf vielen gewagten Bildern mit Hashtags wie #bikinibabe, #fitgoals, #squats, #loveyourself, #beachbum zu sehen war, repräsentierte all das und noch mehr.

Verdammt. Cheryl Carmichael war immer noch der Hammer.

Hesters Handy klingelte. Ein Blick aufs Display zeigte ihr, dass es Wilde war.

»Ich höre«, sagte sie.

»Was machst du gerade?«

»Etwas, das dazu führt, dass ich mich ungeheuer unzulänglich fühle.«

»Wie bitte?«

»Vergiss es. Was gibt's?«

»Hast du eine Antwort von der Telefongesellschaft?«, fragte Wilde.

Er sprach von Naomis Handy. »Sie überwachen es. Bisher war es allerdings nicht aktiv.«

»Das heißt, dass das Handy ausgeschaltet ist?«

»So ist es.«

»Können sie feststellen, wann und wo es ausgeschaltet wurde?«

»Ich frag nach. Hast du gestern Abend noch mit Matthew gesprochen?«

»Ja.«

»Und?«

»Es wäre wohl besser, wenn du selbst mit ihm sprichst.«

Wilde wollte Matthews Vertrauen nicht missbrauchen. Hester verstand das.

»Du könntest noch was für mich tun«, sagte Wilde.

»Ich habe keine große Lust, da viel Arbeit reinzustecken. Zumindest so lange nicht, wie du keine echten Hinweise dafür hast, dass Naomi nicht einfach ausgerissen ist.«

»Verständlich«, sagte Wilde. »Kannst du trotzdem noch kurz Naomis Mutter anrufen?«

Er erzählte ihr von seinem Gespräch mit Ava O'Brien.

»Wenn die Tochter bei der Mutter wäre, würde sie es dem Vater nicht sagen?«, fragte Hester.

»Wer weiß. Ein Anruf bei ihr könnte ihn beruhigen. Wenn du zu beschäftigt bist …«

»Was dann? Willst du sie etwa anrufen? Was würdest du sagen? ›Hi, ich bin ein alleinstehender Enddreißiger und suche Ihre Tochter?‹«

»Guter Einwand.«

»Ich mach das schon.«

»Ist bei dir alles in Ordnung, Hester?«

Sie starrte auf ein Foto von Cheryl Carmichael in einem Einteiler, mit dem sie auf dem Titelbild der Bademoden-Ausgabe der Zeitschrift *Sports Illustrated* posieren könnte. »Ich bin bestenfalls Durchschnitt.«

»Du klingst mürrischer als üblich.«

»Gut möglich«, sagte sie. »Wo bist du?«

»Noch in der Highschool. Ich will versuchen, den Maynard-Jungen zu befragen.«

* * *

Wilde beendete das Telefonat mit Hester und wandte sich an Ava.

»Bist du sicher?«

»Ja.«

»Es könnte auf dich zurückfallen.«

Ava zuckte die Achseln. »Ich flieg hier sowieso zum Jahresende raus. Wie alle anderen Teilzeitbeschäftigten auch. Budgetkürzungen.«

»Tut mir leid.«

Sie winkte ab. »Ich will sowieso langsam wieder zurück nach Maine.«

Sie waren noch immer im Kunstraum. Wilde hatte sich in aller Ruhe die Werke der Schüler angesehen. In gewisser Hinsicht war es das großartigste Museum, das er je gesehen hatte. Es gab einfach alles, von Zeichnungen über Aquarelle, Skulpturen, Mobiles, Töpferarbeiten und Schmuck, und während die künstlerischen Fähigkeiten naturgemäß extrem unterschiedlich verteilt waren, hatten der Eifer und die Kreativität, die all diese Dinge ausstrahlten, in jedem Fall etwas Hypnotisches.

Sie stellten sich an die Ausgangstür und warteten auf das Läuten.

»Als ich hier zur Schule ging, war das kein Kunstraum«, sagte er.

»Sondern?«

»Der Werkraum von Mr Cece.«

Sie lächelte. »Hast du eine Lampe oder einen Schemel gemacht?«

»Lampe.«

»Und wo ist die jetzt?«

Er hatte sie den Brewers geschenkt, die damals noch seine Pflegeeltern gewesen waren, ihn später adoptiert hatten und sich inzwischen in eine geschlossene Wohnanlage nach Jupiter, Florida, zurückgezogen hatten. Wilde und seine Pflegeschwester Rola hatten ihnen vor acht Jahren beim Umzug geholfen und auf der langen Fahrt auf der Interstate 95 den Transporter gefahren. Rola wollte an allen möglichen kuriosen Sehenswürdigkeiten an der Strecke halten, wie dem UFO Welcome Center in South Carolina oder der kleinsten Kirche in Georgia.

Seitdem war Wilde nicht mehr in Florida gewesen.

Als es läutete, versteckte Wilde sich in einer Abstellkammer des Kunstraums. Ava wartete an der Tür zum Flur.

Zwei Minuten später kam Crash Maynard herein. »Sie wollten mich sprechen, Miss O'Brien?«

Wilde hatte die Tür der Abstellkammer einen Spalt offen gelassen, damit er zusehen konnte.

Ava sagte: »Ja, danke, dass Sie gekommen sind.«

Crash berührte eine Tonskulptur, die neben einem Hocker stand.

»Die ist noch nicht trocken«, warnte Ava ihn.

»Ich weiß nicht, warum Sie mich herbestellt haben. Ich

habe seit meinem ersten Jahr hier keinen Kunstunterricht mehr gehabt.«

»Es geht nicht um Kunst. Setzen Sie sich doch.«

»Meine Mom erwartet mich, daher …«

»Wissen Sie, wo Naomi Pine ist?«

Wilde gefiel das. Kein langes Vorgeplänkel.

»Ich?«, fragte Crash, als wäre schon der Gedanke, dass er das wissen könnte, das Schockierendste und Verrückteste, was er je gehört hatte. »Warum sollte ich das wissen?«

»Immerhin sind Sie Klassenkameraden.«

»Ja, aber …«

»Aber?«

Crash gluckste kurz, nervös und gleichzeitig eingebildet. »Wir sind nicht gerade Freunde oder so.«

»Aber Sie unterhalten sich schon gelegentlich.«

»Nein, tun wir nicht.«

Ava verschränkte die Arme. »Warum hat sie mir dann erzählt, dass Sie genau das getan haben?«

»Naomi hat das gesagt?«

»Ja.«

Crash zögerte eine Sekunde. Man sah, wie sich die Rädchen drehten, als ein Ach-was-soll's-Lächeln über sein Gesicht huschte. »Eigentlich sollte ich das nicht sagen.«

»Aber?«

»Aber ich glaube, Naomi steht ein bisschen auf mich.«

»Und was bedeutet das?«

»Na ja, ich mein, wenn sie sagt, dass wir uns unterhalten haben …«, Achselzucken, »… ich weiß nicht, vielleicht wollte sie damit auch nur angeben oder so.«

»Angeben?«

»Ja. Oder, ich weiß auch nicht, ich bin ja nett zu ihr und so. Wenn sie also ›hi‹ zu mir sagt, dann sage ich auch ›hi‹.«

»Wow«, sagte Ava. »Das ist *wirklich* nett.«

Die Ironie verstand er nicht. »Aber eigentlich haben wir keinen echten Kontakt zueinander. Wenn Sie wissen, was ich meine?«

»Ich denke schon«, sagte Ava. »Jetzt erzählen Sie mir von dem Abend, an dem Matthew Naomi versetzt hat oder wie immer Sie es nennen.«

Schweigen.

»Crash?«

Er hob sein Handy und drückte eine Taste. Wilde gefiel das nicht. »Meine Mutter hat mir gerade eine SMS geschickt, Miss O'Brien.«

»Okay.«

»Ich muss los.«

»Können Sie zuerst noch meine Frage beantworten?«

»Ja, ich weiß nicht, wovon Sie reden.«

»Doch, das tun Sie. Naomi hat mir erzählt …«

»Sie hat es Ihnen erzählt?«

»Ja …«

»Dann brauchen Sie mich ja nicht danach zu fragen«, entgegnete Crash, was, wie Wilde zugeben musste, eine ziemlich gute Antwort war. »Ich gehe jetzt lieber, Miss O'Brien.«

»Ich will wissen …«

Crash fuhr zu ihr herum und kam ihr etwas zu nahe. »Ich weiß nichts über Naomi Pine!« Der Was-soll's-Tonfall war verschwunden. »Absolut nichts!«

Ava wich nicht zurück. »Sie haben sie in jener Nacht gesehen.«

»Und wenn? Sie befand sich auf meinem Grund und Boden.«

»Warum haben Sie Matthew Crimstein aufgefordert, sie reinzulegen?«

»Hat Matthew Ihnen das erzählt?« Er schüttelte den Kopf. »Hören Sie, ich darf jederzeit gehen, richtig? Sie dürfen mich nicht aufhalten und mich zwingen hierzubleiben, richtig?«

»Nein, natürlich nicht …«

»Dann bin ich raus.«

Wilde dachte sich, *wieso nicht*? Er öffnete die Schranktür und sagte: »Aber ich kann dich aufhalten.« Er durchquerte den Raum, stellte sich mit dem Rücken vor die Tür und blockierte den Ausgang. Ava warf ihm einen kurzen Blick zu und schüttelte den Kopf. Blick und Kopfschütteln besagten, dass sie das nicht für die richtige Art hielt, mit der Sache umzugehen.

Crash runzelte die Stirn. »Was soll das denn?«

»Erzähl uns, wo Naomi ist«, sagte Wilde.

Crashs Augen verengten sich. »Sie waren letztens bei mir am Tor. Sie haben meinem Wachmann die Waffe abgenommen.«

Wieder sah Ava Wilde an. Er ignorierte ihren Blick.

»Du steckst nicht in Schwierigkeiten«, sagte Wilde, was wahr sein mochte oder auch nicht. »Aber wir müssen Naomi finden.«

Plötzlich wurde die Tür aufgestoßen und schlug Wilde so hart in den Rücken, dass er das Gleichgewicht verlor. Thor stürmte herein und senkte die Schulter wie ein Linebacker bei einem Tackle. Wilde war sauer auf sich selbst. Natürlich hatte der Junge einen Sicherheitsdienst. Und natürlich hatte er per Handy signalisiert, dass er Hilfe brauchte. Idiotisch von Wilde, sich so überraschen zu lassen.

Er steckte ernsthaft in Schwierigkeiten.

Thor schoss auf Wilde zu. Ohne jedes Zögern. Wilde war immer noch dabei, sich wieder aufzurappeln.

Aber es war zu spät.

Thor legte seine muskulösen Arme um Wildes Brustkorb und schob ihn mit der Schulter weiter nach hinten. Er lief einfach weiter, hob Wilde dabei hoch, um ihn zu Boden zu werfen.

Das war ganz und gar nicht gut.

Thor war wütend. Wahrscheinlich ärgerte er sich noch über die peinliche Situation, als Wilde ihm vor den Augen seines Chefs die Waffe abgenommen hatte. Er wollte es ihm heimzahlen.

Wilde überlegte, was er tun konnte. Aber eigentlich konnte er gar nichts tun. Er hing mit an den Körper gepressten Armen in der Luft und würde innerhalb von Millisekunden auf den Boden aufschlagen. Wenn sie beide auf dem Boden stünden oder das Ganze etwas langsamer ablaufen würde, könnte er versuchen, dem großen Mann seinen Kopf auf die Nase zu rammen. Aber Thors Gesicht war direkt vor Wildes Brust.

Es war unmöglich.

Wie alles andere auch.

Er musste sich auf den Aufprall vorbereiten, sich schnell wieder erholen. Die nächsten Schritte planen.

Im letzten Moment verdrehte Wilde mit aller Kraft seinen Körper. Das änderte nichts daran, dass er auf den Boden knallte. Überhaupt nichts. Er schlug mit großer Wucht auf das Resopal, mit sehr großer Wucht. Zischend entwich die Luft aus seiner Lunge. Aber durch das schnelle Verdrehen seines Körpers hatte Wilde Thors Haltung leicht verändert, sodass der nicht nur flach auf den fleischigen Unterarm fiel, sondern auch der Ellbogen etwas abbekam.

Das tat weh.

Einem Mann tat der Ellbogen weh. Der andere jedoch – Wilde – bekam keine Luft.

Weg, dachte Wilde.

Das war sein einziger Gedanke. Weg. Weg vom Angreifer. Versuch, so viel Abstand wie möglich zu Thor herzustellen.

Aufrappeln, Kraft schöpfen.

Wilde, der noch immer auf dem Boden lag, versuchte, den Wunsch – nein, das Bedürfnis –, Luft zu holen, zu ignorieren. Das war das Entscheidende. Es war nicht das erste Mal, dass er wegen eines Schlags auf die Brust keine Luft mehr bekam. Es war ein schreckliches, lähmendes Gefühl. Aber die Erfahrung hatte ihn gelehrt, dass diese Lähmung hauptsächlich durch Angst hervorgerufen wurde – man hatte das Gefühl, keine Luft zu bekommen und zu ersticken, und dieses Gefühl legte einen lahm. Die Befehle wurden vom Gehirn nicht mehr an Arme und Beine weitergeleitet. Aber Wilde wusste inzwischen – obwohl seine Instinkte das Gegenteil behaupteten –, dass er bald wieder würde atmen können und dass dieser Zeitpunkt schneller kam, wenn er nicht in Panik geriet, also widerstand er der Versuchung, sich zusammenzurollen und einfach liegen zu bleiben, bis er wieder Luft bekam.

Mit scheinbar berstender Lunge rollte Wilde sich zur Seite.

»Lass ihn zufrieden!«, schrie Ava.

Doch Thor war unbarmherzig. Er warf sich auf Wilde und rammte ihm die Knie ins Kreuz. Der Stoß jagte einen schneidenden Schmerz sein Rückenmark hinauf, als würden tausend Glassplitter darin aneinanderreiben. Ava versuchte, Thor wegzuziehen, aber der schüttelte sie einfach ab. Wilde wollte sich umdrehen, ihr helfen, aber Thor ließ es nicht zu. Er schob seinen Arm unter Wildes, womit der eigentliche Kampf erst anfing. Wenn man sich alte Spielfilme oder Lehrvideos ansah, ging es immer um Schläge. Stehende Männer schlugen oder traten aufeinander ein. Die meisten Kämpfe endeten jedoch auf dem Boden. Als Ringkämpfe. Thor hatte den Größen- und Gewichtsvorteil auf seiner Seite. Und er hatte das

Überraschungsmoment ausgenutzt. Er profitierte davon, dass Wilde immer noch nicht richtig Luft bekam.

Oft war ein Opfer, das man bringen musste, der Schlüssel zum Sieg. Wilde hatte genug Football-Spiele gesehen und wusste daher, dass die besten Quarterbacks diejenigen waren, die in der Pocket standen und nicht zuckten, selbst wenn ein hundertfünfzig Kilo schwerer Lineman wie ein Güterzug auf sie zuraste. Die Größten dieser Zunft nahmen den Zusammenprall hin, ohne die Konzentration auf ihr Ziel zu vernachlässigen.

Das tat auch Wilde jetzt.

Er erlaubte dem Größeren, ein paar Treffer zu landen. Weil er ein Ziel vor Augen hatte.

Einen Finger.

Er schob sich zur Seite und wusste, dass Thor ihn in Schulternähe greifen musste, um ihn festzuhalten. Und darauf wartete er. Er konzentrierte sich darauf – auf Thors Hand, die sich seiner Schulter näherte – und nur darauf. Und als Thor schließlich nach seiner Schulter griff, ließ Wilde seine beiden Hände los, packte einen von Thors Fingern und bog ihn mit aller Kraft nach hinten.

Der Finger brach mit einem hörbaren Knacken.

Thor heulte auf.

Weg, dachte Wilde.

Wieder rollte er zur Seite. Er sah die üble Mischung aus Wut und Schmerz in Thors Miene. Der große Mann war drauf und dran, sich wieder auf Wilde zu stürzen, aber eine Stimme zerteilte die Luft wie die Sense des Schnitters. »Das reicht jetzt.«

Es war Gavin Chambers.

NEUNZEHN

Auf dem Schulparkplatz wurde Thor, der seinen gebrochenen Finger wie ein verletztes Kleintier hätschelte, von Gavin Chambers in einem schwarzen Cadillac Escalade verstaut und dann weggeschickt. Den kleinlauten Crash steckte er in ein weißes Mercedes-Benz S-Klasse Coupé, das Crashs Mutter fuhr. Die Mutter – Wilde wusste, dass sie Delia hieß –, ließ sich das nicht gefallen. Sie stieg aus und verlangte eine Erklärung von Gavin. Wilde stand zu weit weg, um das Gespräch mitzuhören, aber nah genug, um zu erkennen, dass ihn immer wieder mütterliche Blicke wie Dolche durchbohrten.

Die Schüler hatten sich vor der Schule versammelt. Wilde erkannte Kyle, Ryan, Sutton und ein paar andere, von denen Matthew ihm im Laufe der Jahre erzählt hatte. Matthew stand dabei und wirkte peinlich berührt. Er warf Wilde einen fragenden Blick zu. Wilde zeigte keine Reaktion.

Schließlich stieg Delia Maynard wieder in den Benz, knallte die Tür zu und fuhr mit Crash auf dem Beifahrersitz davon. Die Menge zerstreute sich, auch Matthew verschwand. Gavin Chambers ging zu Wilde und sagte: »Lassen Sie uns einen Spaziergang machen.«

Sie schlenderten zwischen einem Zaun und der Backstein-Rückwand der Schule entlang. Wilde sah das Football-Feld und die für seine Vergangenheit wichtigere Vierhundertmeterbahn, die es umgab. Das war der Ort seiner vermeintlichen »Glanzzeit«, auch wenn er bei dem Gedanken daran nicht von nostalgischen Gefühlen übermannt wurde. Er hatte sich nicht plötzlich als rennenden Teenager vor Augen oder so etwas. Im Leben blickte man nach vorn. Natürlich konnte man gelegentlich an die alten Zeiten denken, aber die waren vergangen und vorbei und kamen nicht wieder. Meistens war das auch gut so.

»Ich dachte, Sie hätten das Mädchen gefunden«, sagte Gavin.

»Sie ist wieder weg.«

»Hätten Sie etwas dagegen, mir davon zu berichten?«

»Ja, hätte ich.«

Gavin schüttelte den Kopf. »Was Sie hier getan haben – den Jungen so anzugehen und meinen Mitarbeiter zu verletzen –, setzt mich in ein schlechtes Licht.« Er blieb stehen. »Ich dachte, wir hätten eine Abmachung.«

»Das war, bevor Naomi wieder verschwunden ist.«

»Und Sie können beweisen, dass Crash etwas damit zu tun hat?«

Wilde antwortete nicht.

Gavin legte eine Hand hinter sein Ohr. »Ich hör ja gar nichts.«

»Deshalb habe ich ihn ja gefragt.«

»Und dabei sind Sie offenbar etwas zu weit gegangen. Seine Mutter ist wütend. Sie will die Kunstlehrerin melden.«

»Ich war es, nicht sie.«

»Wie nobel von Ihnen, ich bin aber nicht sicher, ob das Schulamt das auch so sieht.«

»Einer Lehrerin damit drohen, dass sie ihren Job verliert«, sagte Wilde mit einem kurzen Kopfschütteln. »Ist das nicht etwas unter Ihrem Niveau?«

Gavin lächelte. »Doch, ist es. Ich habe ein bisschen was über Sie gelesen, Wilde. Der größte Teil Ihrer Militärakte ist zwar geheim, aber, na ja, ich habe da so meine Möglichkeiten. Sehr beeindruckend. Das gilt auch für den Rest Ihrer Lebensgeschichte. Aber wie schon erwähnt, habe ich die Leute und die Mittel. Unser neuer Deal sieht also folgendermaßen aus: Ich werde den Jungen für Sie befragen. Wenn Crash Maynard etwas über dieses Mädchen weiß, teile ich es Ihnen mit.«

Sie gingen weiter.

»Ich habe eine Frage«, sagte Wilde.

»Nur heraus damit.«

»Als wir das letzte Mal miteinander gesprochen haben, sagten Sie, dass es um mehr geht als um eine Rauferei unter Teenagern.«

»Ist das eine Frage?«

»Worum geht es?«

»Das wollen Sie nicht wissen.«

»Ist das Ihr Ernst?«

Gavin Chambers lächelte. »Es hat nichts mit Naomi Pine zu tun.«

»Hat es vielleicht etwas mit Rusty Eggers zu tun?«

Ein weiterer schwarzer Cadillac Escalade hielt vor ihnen. Gavin klopfte Wilde auf den Rücken und ging darauf zu.

»Bleiben Sie in Kontakt«, sagte er, »aber halten Sie Abstand.«

* * *

Als Wilde auf dem Rückweg zur Ecocapsule in den Wald kam, erwartete Matthew ihn schon. Er ging mit geballten Fäusten auf und ab. »Was zum Teufel war das denn?«

»Du scheinst ziemlich aufgebracht zu sein«, sagte Wilde.

Wilde ging den Weg hinauf. Matthew folgte ihm.

»Und?«

»Und was?«

»Was wolltest du in meiner Schule?«

»Ich habe Crash Maynard nach Naomi gefragt.«

»In der Schule? Willst du mich verarschen?«

»Ist das ein Problem, Matthew?«

»Ich muss hier Tag für Tag zur Schule gehen. Das ist dir schon klar, oder?«

Wilde blieb stehen.

»Was ist?«, fragte Matthew.

»Hast du vergessen, was du ihr angetan hast?«

Das brachte den Jungen zum Schweigen. Er wurde blass. Es war still im Wald. Nach einer Weile sagte Matthew leise: »Nein.«

Er stand mit gesenktem Kopf da – verdammt, genau wie David. Der Sohn erinnerte ihn so sehr an den Vater, dass Wilde fast einen Schritt zurückgewichen wäre. Nach ein paar Sekunden hob Matthew den Kopf. Als er Wildes Gesichtsausdruck sah, fauchte er: »Hör auf damit.«

»Ich mach doch gar nichts.«

»Doch, das tust du«, sagte Matthew. »Du weißt, dass ich es nicht ausstehen kann, wenn du mich mit dieser ›Oh-mein-Gott-er-sieht-genauso-aus-wie-sein-Vater‹-Miene anguckst.«

Wilde konnte sich ein Lächeln nicht verkneifen. »Schon okay.«

»Lass es einfach.«

»Okay, tut mir leid.« Wilde tat so, als würde er sich den Ausdruck mit der Hand aus dem Gesicht wischen. »Siehst du?«

Matthew seufzte. »Du kannst so unglaublich öde sein.«

Wilde lächelte.

»Was?«

»Genau so etwas hätte dein Vater auch gesagt.«

Matthew verdrehte die Augen. »Ist jetzt endlich Schluss damit?«

Wilde hatte Matthew immer gesagt, dass er ihm von seinem Vater erzählen würde, ganz egal, ob es ihm gefiel oder nicht. Er machte das nicht, um Davids Geist zu besänftigen oder so etwas – in Wildes Weltbild war tot tot –, sondern für Matthew. Er hatte seinen Vater verloren, aber er sollte nicht auch noch die Erinnerung an ihn oder den letzten Rest seines Einflusses verlieren.

»Also, was hätte mein hochheiliger Dad gesagt?«, fragte Matthew in einem möglichst widerstrebenden Tonfall.

»Wozu?«

»Über das, was ich Naomi angetan habe?«

»Er wäre sauer.«

»Würde er mir Hausarrest geben?«

»Auf jeden Fall. Außerdem würde er dich auffordern, dich zu entschuldigen.«

»Hab ich schon versucht.« Dann: »Mach ich.«

»Gut. Und dein Vater war kein Heiliger. Er hat viel Mist gebaut. Aber er hat es auch immer wiedergutgemacht.«

Als sie die Schlucht in der Nähe der Ecocapsule durchquerten, fragte Matthew: »Immer?«

»Was immer?«

»Hat er es immer wiedergutgemacht?«

Wilde verspürte ein leichtes Flattern in seiner Brust. »Er hat es versucht.«

»Mom glaubt, dass du uns etwas über die Unfallnacht verschweigst.«

Wilde ging einfach weiter, aber die Worte taten weh. »Das hat sie dir gesagt?«

»Stimmt es?«

»Nein.«

Matthew musterte ihn. Jetzt war von David nicht mehr viel zu sehen – wenn der Junge ihn mit skeptischem Blick ansah, erinnerte er eher an Laila. Dann blinzelte Matthew und sagte: »Ist aber auch egal, was? Er ist so oder so tot.«

Wilde überlegte kurz, kam dann aber zu dem Schluss, dass dieser Kommentar keiner Antwort bedurfte.

Matthew fragte: »Und was hat Crash dir erzählt?«

Das Wort Crash und die Tatsache, dass Wilde gedanklich noch beim Unfall war, brachten ihn einen Moment lang aus dem Konzept. »Nicht viel. Aber er wirkte nervös.«

»Dann glaubst du also, dass Crash Naomi etwas angetan hat?«

»Es spricht weiterhin alles dafür, dass sie von sich aus abgehauen ist.«

»Aber?«

»Aber irgendwie habe ich das Gefühl, dass da etwas nicht richtig zusammenpasst.«

Matthew lächelte ihn an. »Hast du mir nicht beigebracht, dass immer Chaos herrscht?«

»Ein paar Unregelmäßigkeiten sind zu erwarten, trotzdem gibt es doch ein bestimmtes Muster in diesem Chaos.«

»Ein Muster im Chaos«, wiederholte Matthew. »Viel Sinn ergibt das nicht.«

Wohl wahr, dachte Wilde.

»Ich glaube …«, stammelte Matthew. »Ich glaube, das, was ich Naomi in der Nacht angetan habe …, dass ich nicht aufgetaucht bin … ich fühle mich deswegen irgendwie schuldig … und es ist wohl auch alles meine Schuld, oder?«

Matthew wartete. Wilde schwieg.

Dann sagte Wilde: »Erwartest du jetzt, dass ich etwas Tröstliches sage?«

»Nur, wenn dir danach ist.«

»Ist es nicht.«

Sie erreichten die Ecocapsule. Matthew, der einzige Gast, den er hier draußen hatte, machte seine Hausaufgaben gerne auf engstem Raum. »Weniger Ablenkung«, hatte er Wilde erklärt. Matthew wollte für eine Physik-Klausur lernen. Der Junge war gut in Naturwissenschaften. Wilde setzte sich nach draußen und las sein Buch.

Nach zwei Stunden kam Matthew wieder heraus.

»Gute Lern-Session?«, fragte Wilde.

»Ja, danke. Und sag in diesem Zusammenhang nie wieder Session.«

Sie machten sich auf den Rückweg zu Matthews Haus. Als sie ankamen, fragte Wilde, ob er ein Glas Wasser bekommen könnte. Normalerweise ging er, sobald er sich vergewissert hatte, dass Matthew sicher im Haus war, aber in der jetzigen Situation, was Naomi und womöglich auch Crash anging, war es vielleicht besser, noch zu bleiben, bis seine Mutter nach Hause kam.

Außerdem wollte er Laila aus zwei Gründen sprechen. Erstens weil Matthew ihm erzählt hatte, dass Laila noch immer den offiziellen Bericht über das, was vor all den Jahren auf dieser tückischen Mountain Road geschehen war, in Frage stellte.

»Matthew?«

»Ja?«

Wilde dachte an Avas Gespräch mit Crash. »Verheimlichst du mir irgendwas?«

»Hä?«

»Über Naomi.«

»Nein.«

Matthew brachte ihm ein Glas Wasser. Dann ging er hinauf in sein Schlafzimmer und schloss die Tür. Er hatte Wilde nicht gesagt, was er vorhatte, und Wilde hatte nicht gefragt.

Wilde setzte sich ins Wohnzimmer und wartete. Um sieben hielt Lailas Wagen in der Einfahrt. Als sie die Haustür öffnete, stand er auf.

»Hey«, sagte Laila, als sie ihn sah.

»Hey.«

»Ich wollte mit dir reden«, sagte Laila.

Dies war der zweite – und wichtigere – Grund dafür, dass Wilde hiergeblieben war.

»Ich weiß«, sagte Wilde.

Laila machte eine Pause. »Du weißt es schon?«

»Ich war vor Kurzem bei Matthew, als du nach Hause gekommen bist. Ich bin hinten rausgegangen.«

»Oh«, sagte Laila.

»Ja.«

»Wir sind noch ganz am Anfang«, sagte Laila. »Ich weiß nicht, ob das irgendwohin führt …«

»Du bist mir keine Erklärung schuldig …«

»… aber es wäre möglich.«

Laila sah ihn nur an. Er hatte verstanden. Sie wollte die Beziehung mit Designeranzug auf die nächste Ebene heben. Auf die körperliche Ebene, falls jemand das immer noch nicht verstanden hatte.

»Kein Problem«, sagte Wilde.

»Ein Haufen Probleme«, erwiderte Laila.

»Ich meinte …«

»Ich weiß, was du gemeint hast, Wilde.«

Er nickte und stand auf. »Ich geh dann mal lieber.«

»Es wird doch nicht schräg zwischen uns, oder?«

»War es doch nie.«

»Doch, manchmal schon«, sagte Laila. »Gelegentlich hast du dich auch zu sehr zurückgezogen.«

»Ich will halt nicht stören.«

»Das wirst du nicht. Aber noch braucht Matthew dich. Und ich brauch dich auch noch.«

Er ging zu ihr und gab ihr einen Wangenkuss, der fast zu zärtlich ausfiel. »Wenn du mich brauchst, werde ich da sein.«

»Ich liebe dich, Wilde.«

»Ich liebe dich auch, Laila.«

Er lächelte. Sie erwiderte das Lächeln. Wilde spürte, wie etwas in seiner Brust einen feinen Riss bekam. Laila … na ja, er wusste nicht, was sie fühlte.

»Gute Nacht«, sagte er und ging durch die Hintertür.

ZWANZIG

Das Restaurant hatte Hester ausgesucht – RedFarm, ein moderner Dim-Sum-Laden, der sich durch eine exzellente Küche, Lässigkeit und witzig präsentierte Kreationen auszeichnete. So hießen ihre Lieblingsteigtaschen »Pac Man« und sahen tatsächlich aus wie die kleinen Geister aus dem alten Videospiel. RedFarm nahm keine Reservierungen entgegen, aber Hester war öfter hier und wusste, dass sie bei Bedarf einen Ecktisch bekommen würde. Die Atmosphäre war eher cool und kreativ als ruhig und romantisch, aber hey, beim ersten Date.

Nur keinen Druck aufbauen, richtig?

Oren hatte Hester das Bestellen überlassen. Und so wurde jetzt der Tisch mit Teigtaschen beladen – Drei-Farben-Gemüse, Garnelen und Mango, Schweinefleisch und Krabbensuppe (ein weiteres Lieblingsgericht), knuspriger Ochsenschwanz, schwarzes Trüffelhuhn.

»Himmlisch«, murmelte Oren zwischen zwei Bissen.

»Es schmeckt dir also?«

»Es ist so köstlich, dass ich fast vergesse, wie wunderbar die Gesellschaft ist.«

»Cooler Spruch«, sagte Hester. »Darf ich mich nach deiner Ex-Frau erkundigen?«

Gerade hatte er seine Stäbchen auf eine der Teigtaschen gesenkt. »Ist das dein Ernst?«

»Feingefühl ist nicht unbedingt meine Stärke.«

»Was du hiermit überzeugend demonstriert hättest.«

»Es ging mir einfach gerade durch den Kopf.«

»Meine Ex-Frau ging dir durch den Kopf?«

»Ich habe bloß ein paar Fragen. Ich kann einfach dasitzen und mich davon ablenken lassen, oder ich stelle sie dir einfach.«

Oren hob die Teigtasche an. »Ich möchte auf keinen Fall, dass du abgelenkt bist.«

»Ich habe Cheryls Instagram-Seite entdeckt.«

»Soso«, sagte er.

»Hast du sie gesehen?«

»Nein, hab ich nicht. Ich nutze keine sozialen Medien.«

»Aber du weißt davon?«

»Ja, das tue ich.«

»Denkst du noch an sie?«

»Jetzt sollte ich Nein sagen, stimmt's?«

»Ich habe die Fotos gesehen.«

»Mhm.«

»Ich könnte es dir also nicht verübeln.«

»Natürlich denke ich noch an sie – aber nicht so. Wir waren achtundzwanzig Jahre verheiratet. Denkst du noch an Ira?«

Hester antwortete nicht sofort. Sie hatte ein Dutzend Outfits ausprobiert, bevor sie sich für dieses Kleid entschieden hatte. Erst auf der Straße, als sie in einem Schaufenster ihr Spiegelbild sah, war ihr bewusst geworden, dass Ira immer gesagt hatte, dass sie in diesem Kleid sexy aussähe.

»Wir haben beide eine Vergangenheit, Hester.«

»Ich wollte nur …« Sie wusste nicht recht, wie sie es ausdrücken sollte. »Wir sind sehr verschieden. Cheryl und ich.«

»Das ist wahr.«

»Ich weiß, dass dies nur ein erstes Date ist, aber sie ist einfach so … heiß.«

»Das bist du auch.«

»Werd jetzt nicht herablassend, Oren.«

»Bin ich nicht. Ich weiß, was du meinst. Aber das ist doch kein Wettbewerb.«

»Na, Gott sei Dank. Du sagtest, Cheryl hätte dich verlassen.«

»Einerseits hat sie das, andererseits auch nicht.«

»Soll heißen?«

»Ich glaube, ich hab sie zuerst verlassen. Zumindest emotional. Sie hat mich schließlich verlassen, weil ich mich schon von ihr distanziert hatte.« Er legte die Stäbchen zur Seite und wischte sich mit der Serviette das Kinn ab. Dabei ließ er sich viel Zeit. »Cheryl hat sich wohl ein bisschen verloren gefühlt, als die Kinder aus dem Haus waren. Du weißt ja, wie es in Westville ist. Da dreht sich alles um Familien und Kindererziehung. Wenn das vorbei ist … tja, Hester, du hattest deinen Beruf. Aber als Cheryl sich umgesehen hat, waren die Kinder weg, ich bin immer noch Tag für Tag zur Arbeit gegangen, und sie war entweder zu Hause, hat Tennis gespielt, ist zum Zumba gegangen oder was auch immer.«

»Also hat sie einfach Schluss gemacht?«

»Es muss keiner schuld sein. Eine Scheidung bedeutet nicht, dass die Ehe gescheitert ist.«

»Äh, so leid es mir tut, aber da bin ich anderer Meinung, für mich ist eine Scheidung so etwas wie die Definition für eine gescheiterte Ehe.«

Oren biss die Kiefer zusammen und wandte sich einen Moment lang ab. »Cheryl und ich haben achtundzwanzig Jahre miteinander verbracht. Wir haben drei Kinder so großgezogen, dass sie zu anständigen Erwachsenen geworden sind. Wir haben ein Enkelkind, ein weiteres ist unterwegs. Sagen wir es mal so: Wenn man achtundzwanzig Jahre lang ein Auto besessen hat, das nach dieser Zeit zusammenbricht, war das Auto dann ein Fehlkauf?«

Hester runzelte die Stirn. »Die Analogie ist etwas weit hergeholt.«

»Und wie wäre es mit dieser: Wenn das Leben ein Buch ist, dann haben wir beide ein neues Kapitel begonnen. Sie wird mir immer wichtig sein. Ich werde ihr immer Glück wünschen.«

»In deinen Kapiteln – um diese Analogie aufzugreifen – kommt sie allerdings nicht mehr vor?«

»So ist es.«

Hester schüttelte den Kopf. »Gott, das ist so vernünftig, ich könnte kotzen.«

Oren lächelte. »Aber bitte nicht, bevor ich diesen Dim-Sum mit knusprigem Ochsenschwanz probiert habe.«

»Okay, eine Frage noch«, sagte Hester.

»Gut, schieß los.«

Hester legte die Hände auf ihre Brust. »Cheryl hat sich die Titten machen lassen, oder? Ich meine, diese Dinger sitzen doch so hoch, dass sie sie als Ohrringe tragen könnte.«

Als Oren lachte, spürte Hester, dass ihr Handy vibrierte. Sie zählte im Kopf mit.

»Dreimal vibrieren«, sagte sie. »Ich muss rangehen.«

»Was?«

»Einmal vibrieren heißt, dass es ein normaler Anruf ist. Zwei, dass es die Arbeit ist. Dreimal ist es etwas Wichtiges, und ich muss rangehen.«

Oren hob beide Hände. »Dann geh schon ran.«

Sie führte das Handy ans Ohr. Es war Sarah McLynn aus dem Büro.

»Was gibt's?«, fragte Hester.

»Bist du bei deinem Date?«

»Du unterbrichst es gerade.«

»Mach heimlich ein Foto. Ich will ihn sehen.«

»Gibt es noch einen Grund, mich anzurufen?«

»Ist das nötig?«

»Sarah.«

»Schon gut. Du hattest mich gebeten, Naomis Mutter zu kontaktieren.«

»Ja, und?«

»Sie weigert sich, mit dir zu sprechen. Sie hat gesagt, du sollst dich um deinen eigenen Kram kümmern, und aufgelegt.«

* * *

Gavin Chambers stand an seinem Bürofenster in einem Hochhaus in Midtown Manhattan und blickte auf die Demonstranten hinab – an die zwanzig ältere, wild zusammengewürfelte und nachlässig gekleidete Männer und Frauen. Ein paar skandierten: »Gebt die Videos frei!«, ein Aufruf, der offenbar kaum Anklang fand. Diese Quasi-Herumtreiber tauchten überall auf, wenn es galt, für irgendwelche aktuellen linken Forderungen auf die Straße zu gehen. Zwei Frauen trugen ausgebleichte rosa Strickmützen. Auf den vielen Plakaten, die sie in die Luft hielten, stand, dass sie unter anderem Palästina befreien, Widerstand leisten sowie die Immigration and Customs Enforcement »ICE« abschaffen wollten – allerdings schienen sie mit dem Herzen nicht recht bei der Sache zu sein. Gavin erinnerte der Marsch eher an einen trägen Spaziergang.

Delia trat zu ihm ans Fenster. »Ist das nicht …?«

»Saul Strauss«, sagte Gavin nickend. Sein alter Kriegskumpan war unschwer zu erkennen. Saul war fast zwei Meter groß und trug einen langen grauen, auffallenden Pferdeschwanz, dessen wichtigste Eigenschaft darin zu bestehen schien – aufzufallen.

Dash beendete ein Telefonat und stellte sich neben seine Frau. Zwischen Dash und Delia herrschte wie immer große Ungezwungenheit – alles schien sich ganz natürlich und wie von selbst zu ergeben –, und obwohl Gavin im Leben ein paar tolle Beziehungen gehabt hatte, beneidete er die beiden. Menschen konnten einem etwas vorspielen – sie spielten einem jeden Tag etwas vor –, aber Gavin war schon so lange bei den Maynards, dass er erkannte, dass es bei Dash und Delia echt war, eine Liebe, die die eigene, so positiv sie auch sein mochte, etwas unzureichend erscheinen ließ. Es ging nicht nur um das, was sie sagten, und auch nicht allein um ihre Blicke oder die scheinbar zufälligen Berührungen. Dazu kam eine nicht greifbare Mischung aus großer Freundschaft und körperlicher Anziehung. Und vielleicht wollte Gavin das auch nur gerne so sehen, aber es schien ihm so, als wäre es eine echte Seelenverwandtschaft, als hätten die beiden wirklich den einen Menschen auf dieser Welt gefunden, der perfekt zum jeweils anderen passte.

»Was wollen die?«, fragte Delia.

»Das ist ja nicht zu überhören«, sagte Gavin. »Sie wollen die Videos.«

»Es gibt keine Videos«, antwortete Delia.

»Das glauben sie nicht.«

»Glauben Sie das auch nicht, Gavin?«, fragte sie.

»Das spielt keine Rolle.«

»Das beantwortet meine Frage nicht.«

»Ich werde Sie so oder so schützen.«

Schließlich sagte Dash auch etwas: »Das war nicht die Frage.«

Gavin sah erst Dash, dann wieder Delia an. »Natürlich gibt es Videos«, sagte Gavin. »Ob sie für Rusty allerdings so schädlich sind, wie die in Hanf gehüllten Freunde dort unten glauben möchten? Das zu beurteilen steht mir nicht zu.«

Dash ging zurück zu seinem Bürotisch. »Also verstehen Sie die Situation.«

Gavin sparte sich die Antwort.

»Wir sind nicht mehr sicher«, sagte Delia und folgte ihrem Mann. »Wenn Crash in seiner Schule in eine solche Lage geraten kann …«

»Das wird nicht wieder vorkommen.«

Dash legte seiner Frau den Arm um die Schulter. Wieder fielen Gavin die Ungezwungenheit, die Natürlichkeit und die Zärtlichkeit dieser alltäglichen Geste ins Auge. »Das reicht mir nicht.«

»Wer war der Mann?«, fragte Delia.

»Hat Crash Ihnen das nicht gesagt?«

Delia schüttelte den Kopf. »Er hat nur erzählt, dass er immer wieder nach Naomi Pine gefragt hat.«

»Er nennt sich Wilde.«

»Moment, ist das nicht dieser seltsame Einsiedler, den man im Wald gefunden hat?«

»Genau das ist er.«

»Das versteh ich nicht. Was hat der mit Naomi Pine zu tun?«

»Er ist so eine Art Ersatzvater für Matthew Crimstein. Und Matthew und seine Familie interessieren sich aus irgendeinem Grund für Naomis Aufenthaltsort.«

»Crimstein«, wiederholte Dash. »Wie in Hester?«

»Ja.«

Das gefiel ihnen allen nicht.

»Crash schwört, dass er nichts über Naomi weiß«, sagte

Delia. Als Gavin nicht antwortete, fragte sie: »Glauben Sie, dass er etwas weiß?«

»Crash hatte Kontakt zu ihr. Zu Naomi Pine, meine ich. Wie Sie wahrscheinlich wissen, war sie vor etwa einer Woche verschwunden, weil sie bei diesem Challenge-Game mitgemacht hatte.«

»Ein paar von den Müttern haben sich darüber unterhalten.«

»Crash hat sie dazu ... animiert.«

»Wollen Sie sagen, er hätte sie genötigt?«

»Nein, aber der Gruppenzwang hat eine nicht unerhebliche Rolle gespielt.«

»Sie glauben doch nicht, dass Crash diesem Mädchen etwas Schlimmes angetan hat, oder?«

»Eher nicht«, sagte Gavin. »Dafür wird er zu gut überwacht.«

Beide waren sichtlich erleichtert.

»Was allerdings keinesfalls bedeutet, dass er nichts darüber weiß.«

»Und was machen wir jetzt? Mir gefällt das nicht.« Delia blickte wieder aus dem Fenster. Saul Strauss starrte direkt zu ihr hinauf, fast so, als könnte er sie durch das verspiegelte Glas erkennen. »Mir gefällt das alles nicht.«

»Ich würde vorschlagen, dass die Familie einen kleinen Urlaub macht. Für eine Weile die Stadt verlässt. Vielleicht eine Auslandsreise.«

»Warum?«

»Die Leute sehen Rusty Eggers als eine existenzielle Bedrohung.«

Gavin Chambers wartete auf Widerspruch von einem der beiden. Er blieb aus.

Delia sagte: »Gavin?«

»Ja.«

»Wir sind doch sicher, oder? Sie werden nicht zulassen, dass unserem Sohn etwas passiert.«

»Sie sind sicher«, sagte Gavin. »Und er ist es auch.«

EINUNDZWANZIG

Matthew schmierte sich ein Erdnussbutter-Marmelade-Sandwich, setzte sich allein an den Küchentisch, aß es, hatte immer noch Hunger, schmierte ein zweites und fing gerade an, es zu essen, als es an der Hintertür klopfte.

Er schaute aus dem Fenster und war überrascht – eher schockiert –, als er Crash Maynard sah. Matthew rechnete mit allem, als er die Tür vorsichtig zur Hälfte öffnete.

»Hey«, sagte Crash.

»Hey.«

»Kann ich kurz reinkommen?«

Matthew rührte sich nicht und öffnete die Tür auch nicht weiter. »Was gibt's denn?«

»Ich hab gerade …« Crash wischte sich mit dem Ärmel über die Augen. Er blickte in den Garten. »Weißt du noch, wie wir hier draußen Kickball gespielt haben?«

»In der fünften Klasse.«

»Wir haben nebeneinandergesessen. In Mr Richardsons Klasse«, sagte Crash. »Der war echt seltsam, oder?«

»Stimmt.«

»Aber irgendwie auch toll.«

»Das war er«, pflichtete Matthew ihm bei.

»Wir waren damals echt gute Freunde, weißt du noch?«

»Ja«, sagte Matthew. »Ich erinnere mich.«

»Es war einfacher.«

»Was war einfacher?«

»Alles. Es hat niemanden wirklich interessiert, wer das größere Haus hatte oder was die anderen dachten. Wir … wir haben einfach nur Kickball gespielt.«

Matthew wusste, dass das nicht ganz stimmte. Es mochten unschuldigere Zeiten gewesen sein als heute, aber ganz so unschuldig waren sie dann auch wieder nicht gewesen.

»Was willst du, Crash?«

»Mich entschuldigen.« Tränen liefen seine Wangen herab. Er schluchzte mehr, als dass er sprach. »Es tut mir echt furchtbar leid.«

Matthew trat zurück. »Komm doch rein.«

Aber Crash stand wie angewurzelt da. »Bei mir zu Haus läuft grad eine ziemliche Scheiße ab. Ich weiß, dass das keine Entschuldigung ist, aber es ist so, als würde man auf einem Vulkan leben und nur darauf warten, dass er ausbricht.«

Das Selbstvertrauen, die Überheblichkeit und die Hochnäsigkeit, die Crash im Schulflur noch an den Tag gelegt hatte, waren verschwunden. Matthew wusste nicht recht, was er davon halten sollte, hatte aber das Gefühl, dass irgendetwas vollkommen falsch lief.

»Komm doch rein«, probierte er es noch einmal. »Wir haben damals immer Yoo-hoo getrunken, stimmt's? Ich glaub, Mom hat welche im Kühlschrank.«

Crash schüttelte den Kopf. »Ich kann nicht. Die werden mich suchen.«

»Wer?«

»Ich wollte nur, dass du Bescheid weißt, okay? Tut mir wirklich leid, dass ich dich verletzt habe. Und Naomi. Was ich getan habe …«

»Los, komm schon rein, Crash.«

Aber Crash rannte davon.

* * *

Wilde hatte noch keine Lust, zur Ecocapsule zurückzukehren.

Sein Stammlokal – oder das, was dem am nächsten kam – war eine Bar in der gläsernen Lobby des Sheraton-Hotels an der Route 17 in Mahwah, New Jersey. Das Hotel warb damit, schlicht und dennoch exklusiv zu sein, was der Wahrheit ziemlich nahekam. Es war ein Hotel für Geschäftsleute, die hier nur eine oder vielleicht zwei Nächte verbrachten, was sowohl den Gästen als auch Wilde gelegen kam.

Das gläserne Atrium des Sheraton verlieh der Bar eine angenehme Offenheit. Die Bedienungen, wie Nicole McCrystal, die ihn beim Eintreten mit einem freundlichen Lächeln begrüßte, waren immer dieselben, während die Gäste, meist junge Führungskräfte, die sich hier gern etwas austobten, ständig wechselten. Und genau diesen letzten Punkt mochte Wilde an Hotelbars – die Offenheit und Vergänglichkeit, und bei Bedarf waren die Zimmer und die Betten nur eine Fahrstuhlfahrt entfernt.

War es zu früh?

Wahrscheinlich, aber wie lange sollte Wilde warten? Eine Woche? Zwei? Zu warten kam ihm willkürlich und sinnlos vor. Sein Herz war nicht gebrochen. Und Lailas auch nicht.

Es war, wie es war.

»Wilde!«, rief Nicole, die sich offensichtlich freute, ihn zu sehen.

Sie brachte ihm ein Bier. Wenn es um Bier ging, hielt er es, genau wie das Hotel, eher schlicht. Er freute sich einfach über ein einheimisches Bier vom Fass. Heute war es das Blond Lager der Asbury Park Brewery. Nicole beugte sich über den Tresen und gab ihm einen Wangenkuss. Tom winkte ihm vom anderen Ende zu.

»Ist eine Weile her«, sagte sie.

Nicole lächelte. Ein freundliches Lächeln.

»Stimmt.«

»Wieder auf der Pirsch?«

Er sagte nichts dazu, weil er die Antwort selbst noch nicht kannte.

Sie beugte sich zu ihm hinüber. »Ein paar frühere Eroberungen haben nach dir gefragt.«

»Nenn sie nicht so.«

»Wie würdest du sie denn nennen?« Ein Mann am anderen Ende der Bar leerte sein Glas und hob die Hand. Nicole sagte: »Denk drüber nach, ich bin gleich wieder da.«

Wilde trank einen kräftigen Schluck und lauschte dem Summen des Hotels. Sein Handy vibrierte. Es war Hester.

»Wilde?«

Bei ihr war die Geräuschkulisse so laut, dass er sie kaum verstehen konnte. »Wo bist du?«, fragte er.

»In einem Restaurant.«

»Verstehe.«

»Ich habe ein Date.«

»Verstehe.«

»Mit Oren Carmichael.«

»Verstehe.«

»Du bist ein toller Gesprächspartner, Wilde. Diese Begeisterungsfähigkeit.«

»Soll ich ›Hurra‹ schreien?«

»Naomis Mutter spricht nicht mit mir.«

»Was willst du damit sagen?«

»Was könnte ich wohl damit sagen wollen? Ich will damit sagen, dass sie nicht mit mir spricht. Sie ruft nicht zurück. Sie sagt, ihre Tochter ginge mich nichts an.«

»Also ist Naomi bei ihr?«

»Ich weiß es nicht. Ich wollte meinen Ermittler zu ihr nach

Hause schicken, aber pass auf: Sie macht gerade Urlaub in Südspanien.«

»Also könnte Naomi mit ihr unterwegs sein. Vielleicht wollte sie einfach nur der ganzen Quälerei entfliehen, und deshalb hat ihre Mutter sie nach Spanien mitgenommen.«

»Wo bist du, Wilde?«

»In der Bar im Sheraton.«

»Sei vorsichtig«, sagte Hester. »Du verträgst Alkohol ungefähr so gut wie ein 18-jähriger Backfisch bei der ersten großen Sause.«

»Was ist ein Backfisch?«

»Das kannst du nicht wissen, dafür bist du zu jung.«

»Wo wir gerade dabei sind, was ist eine Sause?«

»Sehr komisch. Lass uns morgen früh weiterreden. Ich muss zurück zu Oren.«

»Du hast ein Date«, sagte Wilde. Dann: »Hurra.«

»Witzbold.«

Irgendwann war Wilde in ein Gespräch mit Sondra vertieft, einer dreißig- bis fünfunddreißigjährigen Rothaarigen, die eine eng anliegende Hose trug und viel lachte. Sie saßen in der ruhigen Ecke der Bar. Sondra war in Marokko geboren. Ihr Vater hatte dort für die Botschaft gearbeitet. »Er war bei der CIA«, erzählte sie. »Fast alle Botschaftsangestellten sind Spione. Nicht nur die der USA. Überall. Na ja, ist ja auch logisch. Wenn man jemanden so leicht an einen geschützten Ort im Herzen eines fremden Landes platzieren kann – nimmt man natürlich seine besten Leute für die Gegenspionage.« Sondra war als Kind viel herumgekommen, von einer Botschaft zur nächsten gezogen, von denen die meisten in Afrika und im Nahen Osten lagen. »Sie waren fasziniert von meinen Haaren. Es gibt jede Menge Aberglauben um Rothaarige.« Sie war nach Los Angeles gegangen, hatte dort an der University of California studiert und einen Abschluss in Hotelmanagement gemacht. Sie war geschieden und hatte einen sechsjährigen Sohn, der zu Hause geblieben war. »Ich reise nicht viel, aber die Tour hierher mache ich jedes Jahr.« Ihr Sohn war bei seinem Vater. Mit ihrem Ex kam sie ganz gut aus. Sie wohnte gern in diesem Sheraton. Das Hotel gab ihr immer ein Upgrade für die Präsidentensuite. »Die musst du sehen«, sagte sie mit einer Stimme, die eine Filmfreigabe von zwölf auf achtzehn Jahre hochgeschraubt hätte. »Ganz oben. Man kann von da die New Yorker Skyline sehen. Es sind drei Zimmer, wir könnten also einfach einen Drink im Wohnzimmer nehmen…, ich meine, ich will ja nicht, dass du denkst…«

Schließlich gab Sondra ihm eine Schlüsselkarte.

»Bei der Ankunft haben sie mir zwei gegeben«, erläuterte sie hastig. »Eine fürs Wohnzimmer und eine fürs Schlafzimmer, wenn du verstehst, was ich meine.«

Wilde, der immer noch an seinem zweiten Blond Lager saß, versicherte ihr, dass er das tat.

»Wegen der Zeitverschiebung kann ich sowieso noch nicht schlafen. Ich werde im Wohnzimmer arbeiten, falls du später noch auf einen Schlummertrunk raufkommen möchtest.«

Schlummertrunk. Sause. Backfisch. Er kam sich vor, als wäre es 1963.

Er dankte Sondra, versprach aber nichts. Sie ging zum Aufzug. Er starrte auf die Schlüsselkarte, damit er nicht auf die Idee kam, Sondra hinterherzustarren. Auf einen Drink, hatte sie gesagt. Im Wohnzimmer, nicht im Schlafzimmer. Vielleicht war das alles. Vielleicht steckte wirklich nicht mehr dahinter.

Dann fragte ihn ein kräftig gebauter Mann mit einem Pferdeschwanz: »Gehen Sie rauf?«

Der kräftige Mann nahm den Hocker direkt neben ihm, obwohl noch mindestens zwanzig andere frei waren.

»Sie ist sehr hübsch«, sagte der kräftige Mann. »Ich steh auf Rothaarige, Sie nicht?«

Wilde antwortete nicht.

Der kräftige Mann streckte seine Hand aus. »Ich heiße Saul«, sagte er.

»Strauss«, ergänzte Wilde.

»Sie kennen mich?«

Wilde schwieg.

»Tja, ich fühle mich geschmeichelt.«

Wilde hatte Strauss ein paar Mal in Hesters Sendung gesehen. Er war ein guter Talkgast – eine liebenswerte Mischung aus super-progressivem College-Professor, dem dazu noch der Ruf eines echten Kriegshelden vorauseilte. Wilde war kein Fan von Experten. Sie wurden im Fernsehen entweder als Stichwortgeber benutzt, um eine Position einfach nur zu bestätigen oder um jemandem an den Karren zu fahren, und beides war für sämtliche Beteiligten nicht gut.

»Ich habe Ihren Namen nicht verstanden«, sagte Strauss.

»Aber Sie kennen ihn.«

»Kennt ihn überhaupt jemand?« Er sah Wilde mit einem wissbegierigen Blick an, der – um es in Hesters Jargon zu sagen – die Backfische am College wahrscheinlich nur so dahinschmelzen ließ. »Man nennt Sie Wilde, oder? Sie sind der berühmte Junge aus dem Wald.«

Wilde zog die passende Anzahl Scheine aus seinem Portemonnaie und legte sie auf den Tresen. »War nett, Sie kennenzulernen«, sagte er und stand auf.

Strauss ließ sich nicht beirren. »Also gehen Sie zu ihr aufs Zimmer?«

»Ist das Ihr Ernst?«

»Ich will Ihnen nicht hinterherspionieren.«

»Hey, Saul – darf ich Sie Saul nennen?«

»Klar.«

»Warum überspringen wir den Rest des Vorspiels nicht und kommen direkt zur Sache?«

»Ist das Ihr Plan, wenn Sie nach oben gehen?« Strauss hob sofort eine Hand. »Tut mir leid, da bin ich zu weit gegangen.«

Wilde machte sich auf den Weg.

Strauss sagte: »Wie ich gehört habe, hatten Sie heute eine Auseinandersetzung mit dem Maynard-Jungen.«

Wilde drehte sich wieder zu ihm um.

»Sie hatten mich doch gebeten, das Vorspiel zu überspringen«, sagte Strauss.

»Von wem haben Sie das gehört?«

»Ich habe meine Quellen.«

»Und die sind?«

»Anonym.«

»Dann tschüss.«

Strauss legte die Hand auf Wildes Unterarm. Sein Griff war überraschend kräftig. »Es könnte wichtig sein.«

Wilde zögerte kurz, setzte sich dann aber wieder hin. Er war neugierig. Strauss war ein Widerstandskämpfer – wer war das heutzutage nicht? –, aber Wilde hatte auch immer den Eindruck gehabt, dass er eine ehrliche Haut war. Im ersten Moment dachte Wilde, es wäre das Beste, den Mann einfach abblitzen zu lassen, aber nach kurzer Überlegung fragte er sich, was er zu verlieren hatte, wenn er sich mit ihm unterhielt.

Absolut nichts.

Wilde sagte: »Ich suche ein Mädchen, das höchstwahrscheinlich ausgerissen ist.«

»Naomi Pine.«

Eigentlich hätte Wilde nicht überrascht sein dürfen. »Ihre Quellen sind gut.«

»Sie sind hier nicht der einzige Ex-Militär. Was hat Crash Maynard mit Naomi Pine zu tun?«

Strauss klang jetzt sachlich und geschäftsmäßig.

»Vermutlich nichts.«

»Aber?«

»Sie ist eine Außenseiterin. Er der beliebteste Schüler der Klassenstufe. Trotzdem hatten die beiden Kontakt.«

»Könnten Sie das etwas näher ausführen?«, fragte Strauss.

»Warum fragen Sie nicht Ihre Quelle?«

»Wissen Sie etwas über die Beziehung der Maynards zu Rusty Eggers?«

»Ich weiß, dass Maynard sein Produzent war.«

»Dash Maynard hat Eggers erschaffen.«

»Okay.«

Strauss beugte sich näher zu ihm. »Wissen Sie, wie gefährlich Eggers ist?«

Wilde sah keinen Grund, die Frage zu beantworten.

»Wissen Sie es?«, hakte Strauss nach.

»Nehmen wir mal an, dass ich es tue.«

»Und von Maynards Videos haben Sie auch gehört?«

»Ich sehe da keine Verbindung«, sagte Wilde.

»Vielleicht gibt es auch keine. Wilde, darf ich Sie um einen Gefallen bitten? Eigentlich ist es kein echter Gefallen. Sie sind Patriot. Sie wollen doch sicher, dass die Videos veröffentlicht werden.«

»Woher wollen Sie wissen, was ich will?«

»Ich weiß, dass Ihnen Wahrheit und Gerechtigkeit wichtig sind.«

»Und ich weiß nicht, ob das auch für Sie gilt.«

»Die Wahrheit ist ein Wert an sich. Das war sie zumindest einmal. Die Maynard-Videos müssen veröffentlicht werden, weil die Menschen die Wahrheit über Rusty Eggers erfahren müssen. Wer könnte das bestreiten? Wenn die Leute die Wahrheit sehen – die ganze Wahrheit – und diesem Nihilisten trotzdem die Macht über das Land geben wollen, okay, dann ist das so.«

»Saul?«

»Ja.«

»Kommen Sie zur Sache.«

»Halten Sie mich einfach auf dem Laufenden – umgekehrt halte ich Sie auch auf dem Laufenden. Das ist Ihre beste Chance, das Mädchen zu finden. Sie haben Ihre Dienstzeit auf bewundernswerte Weise abgeleistet, weil Sie dieses Land lieben. Eggers hingegen ist eine Bedrohung, wie sie dieses Land noch nie erlebt hat. Er täuscht die Nation mit seinem Charisma, aber sein vermeintliches ›Manifest‹ ist in Wahrheit ein Aufruf zur Anarchie. Es wird zu Lebensmittelknappheit, weltweiter Panik, Verfassungskrisen und sogar zu Krieg führen.« Saul rutschte etwas näher an Wilde heran und senkte die Stimme. »Mal angenommen, die Maynard-Videos zeigen den echten Rusty Eggers. Angenommen, sie öffnen den Leuten die Augen für die ungeheure Gefahr, die direkt vor der Tür lauert. Das ist wichtiger als alle Auslandseinsätze, die wir hinter uns gebracht haben, Wilde. Das müssen Sie mir glauben.«

Er gab Wilde eine Visitenkarte mit seiner Handynummer und seiner E-Mail-Adresse. Dann verabschiedete er sich mit einem leichten Klaps auf Wildes Rücken und ging an der Rezeption vorbei zur Tür.

* * *

Wilde steckte die Visitenkarte ein und stand auf.

Er schlenderte zur Toilette, pinkelte ziemlich lange, dann – um es mit Bruce Springsteen zu sagen – warf er einen prüfenden Blick in den Spiegel und hätte am liebsten seine Kleidung, sein Haar und sein Gesicht gewechselt. Er spritzte sich Wasser auf die Wangen und machte sich so gut er konnte zurecht. Dann ging er zum gläsernen Aufzug und drückte den Knopf. Nicole, die Barkeeperin, sah ihn an und nickte kurz. Da er nicht wusste, was sie damit sagen wollte oder ob es überhaupt etwas bedeutete, erwiderte er ihr knappes Nicken.

Um in die oberste Etage zu gelangen, musste man eine Schlüsselkarte in einen Schlitz schieben. Das tat er mit der Karte, die Sondra ihm gegeben hatte. Er lehnte sich ans Glas und sah nach unten, während er hochfuhr, betrachtete die kleiner werdende Lobby. Gesichter zogen an seinem inneren Auge vorbei – Matthew, Naomi, Crash, Gavin, Saul, Hester, Ava, Laila. Laila.

Mist.

Er stieg aus und ging den Flur entlang. Vor der Tür mit dem Messingschild und der Aufschrift »Präsidentensuite« blieb er stehen. Er sah auf seine Schlüsselkarte. Er sah zur Tür. Sondra war schön. Man konnte diese Art von Beziehungen kritisieren, ihnen ein Etikett aufdrücken, sie für abgeschmackt und hohl halten oder sonst irgendwie bewerten, aber es war alles eine Frage der Perspektive. Sondra und er konnten eine Verbindung aufbauen, die eine besondere Bedeutung hatte. Sie verlor nichts dadurch, dass sie nicht von Dauer war. Auch wenn es ein Klischee war, so stimmte es doch – alles verging. Eine schöne Rose verblühte schon bald. Einige Termiten dagegen konnten sechzig Jahre alt werden.

Ein Song von Jon Bon Jovi ging ihm durch den Kopf. Mann, erst Bruce, jetzt Jon. Viel mehr New Jersey ging wirklich nicht.

»*Want to make a memory?*«

Wollte er eine bleibende Erinnerung schaffen? Wilde warf

noch einen Blick auf die Tür, dachte an Sondra und stellte sich vor, wie die langen roten Haare auf seine Brust fielen. Dann schüttelte er den Kopf. Nicht heute Nacht. Er würde wieder in die Lobby gehen und sie über das Haustelefon anrufen. Nicht, dass sie auf ihn wartete.

In diesem Moment wurde die Tür geöffnet.

»Wie lange stehst du schon hier?«, fragte Sondra.

»Ein, zwei Minuten.«

»Willst du darüber reden?«

»Sollte ich wohl nicht.«

»Reden?«

»Ich bin kein großer Redner.«

»Aber ich bin eine tolle Zuhörerin«, sagte Sondra.

Er nickte. »Ja, das stimmt.«

Sie trat einen Schritt zurück. »Komm rein, Wilde.«

Und er gehorchte.

ZWEIUNDZWANZIG

Als Wilde aufwachte, dachte er zuerst an Laila, noch bevor er überhaupt bemerkt hatte, dass er sich nicht in der Ecocapsule, sondern in einem fremden, aber vertrauten Hotelzimmer befand.

Verdammt!

Sondra saß auf einem Stuhl, hatte die Füße untergeschlagen. Die Morgensonne strahlte auf ihr Gesicht. Zunächst bewegten sich beide nicht. Sie starrte aus dem Fenster. Er starrte auf ihr Profil, versuchte, ihren Gesichtsausdruck zu deuten – Gelassenheit? Reue? Versunkenheit? –, und ihm wurde klar, dass das, was immer er auch hineininterpretierte, höchstwahrscheinlich falsch war. Es war nicht so einfach, am Gesicht eines Menschen abzulesen, was in ihm vorging.

»Guten Morgen, Sondra.«

Sie drehte sich zu ihm um und lächelte. »Guten Morgen, Wilde.« Dann: »Musst du sofort los?«

Auch in diesem Moment versuchte er – obwohl er sich gerade vorgenommen hatte, es nicht zu tun –, ihre Gedanken zu lesen. Wollte sie, dass er ging, oder gab sie ihm nur die Gelegenheit, für den Fall, dass er sie ergreifen wollte?

»Ich hab nichts vor«, sagte er. »Aber wenn du Pläne …«

»Wie wäre es, wenn wir uns Frühstück bestellen?«

»Klingt gut.«

Sondra lächelte ihm zu. »Ich wette, du kennst die Frühstückskarte auswendig.«

Er antwortete nicht.

»Tut mir leid. Ich wollte nicht …«

Wilde winkte ab. Sie fragte ihn, was er essen wollte. Er sagte es ihr. Sie ging ins Wohnzimmer der Suite und nahm den Hörer ab. Wilde stieg nackt aus dem Bett. Er war auf dem Weg ins Badezimmer, als sein Handy ausrastete.

Es summte, klingelte oder vibrierte nicht. Es rastete aus.

Er griff es schnell und schaltete den Alarm aus.

»Ist alles in Ordnung?«

Er schaute aufs Display. Die Antwort lautete Nein.

Er wischte nach links, worin manche unter diesen Umständen vielleicht eine gewisse Ironie sehen mochten. Aber es war nicht Tinder – es war sein Alarmsystem. Ein Auto war in seine versteckte Straße gefahren. Eigentlich keine große Sache. Das löste noch keinen Alarm aus, es schaltete nur die anderen Sensoren und Bewegungsmelder ein. Und zwei davon hatten bereits ausgelöst. Noch während er auf den Bildschirm sah, löste ein dritter aus. Das bedeutete, dass jemand – mindestens drei Personen – im Wald unterwegs war und nach seiner Behausung suchte. Wieder wischte er nach links. Eine Landkarte erschien. Ein vierter Sensor löste aus. Sie näherten sich der Ecocapsule von Süden, Osten und Westen.

»Du musst los«, sagte Sondra.

Wilde wollte es erklären. »Jemand versucht herauszufinden, wo ich wohne.«

»Okay.«

»Also … das ist keine billige Ausrede.«

»Ich weiß«, sagte sie.

»Wie lange bist du noch in der Stadt?«

»Ich fahr heute wieder.«

»Oh.«

»›Oh‹ oder ›puuh‹?« Sie hob eine Hand. »Entschuldige,

das war unangebracht. Du wirst es nicht glauben, aber für mich ist das neu.«

»Das glaube ich«, sagte er.

»Für dich aber nicht.«

»Nein, das ist es nicht.«

»Du hast nicht gut geschlafen«, sagte sie. »Du hast oft etwas gerufen. Du hast dich hin und her geworfen, als ob die Decken dich einschnüren würden.«

»Tut mir leid, wenn ich dich wach gehalten habe.«

Mehr gab es eigentlich nicht zu sagen. Wilde zog sich schnell an. Kein Abschiedskuss. Überhaupt keine richtige Verabschiedung. Es war ihm lieber so. Während er sich fertig machte, blieb Sondra im Wohnzimmer der Suite. Vielleicht machte sie sich auch fertig.

Er hatte keine Zeit, zu Fuß zu gehen, also nahm er eins der Taxis, die vor dem Sheraton standen. Er nannte dem Fahrer keine Adresse, weil es keine gab. Er ließ ihn einfach die Mountain Road hinauffahren. Auf diesem Straßenabschnitt war Wilde nur selten. Er weckte zu viele schlechte Erinnerungen. Als sie an die Kurve kamen, in der Davids Wagen vor all den Jahren von der Straße abgekommen war, merkte Wilde, wie sich seine Finger in den Sitz krallten. Er bemühte sich, ruhig zu atmen. Das kleine weiße Kreuz stand immer noch da, was Hester wahrscheinlich ärgerlich gefunden hätte, wenn sie es nicht als sarkastisch ansah. Wilde wusste nicht, wer es damals dort aufgestellt hatte. Er hatte mit dem Gedanken gespielt, es zu entfernen – es stand schon zu lange da –, aber es war nicht an ihm, sich dort einzumischen.

»Hier oben sind keine Häuser«, sagte der Fahrer.

»Ich weiß. Halten Sie einfach, wenn ich es Ihnen sage.«

»Gehen Sie wandern?«

»So in der Art, ja.«

Knapp einen Kilometer später gab Wilde das Zeichen. Er gab dem Mann einen Zwanziger für eine Acht-Dollar-Fahrt und stieg in der Nähe des Gipfels aus. Seine kleine versteckte Straße – die Zufahrt für seine Besucher – lag weiter unten am Fuß des Berges. Normalerweise ging er von seiner Behausung auf den Berg hinauf. Heute würde er hinuntergehen und dabei den Kartenausschnitt der Security-Software auf seinem Handy im Auge behalten. Wenn er die Signale der Sensoren richtig interpretierte, kreisten seine Besucher die Ecocapsule mit fast militärischer Präzision langsam und vorsichtig von allen Seiten ein.

Beunruhigend.

Was wollten sie von ihm? Und genauso wichtig, wenn nicht sogar wichtiger, war die Frage: *Wer* wollte etwas von ihm?

Man könnte es für einen Glücksfall halten, dass Wilde in der Nacht dieser Invasion zufällig nicht zu Hause war, aber das war es nicht. Wäre er zu Hause gewesen, hätte ihn der Alarm geweckt. Er wäre geflüchtet, bevor sie sich der Ecocapsule auf fünfhundert Meter genähert hätten. Er hatte schon vor langer Zeit Fluchtwege und Verstecke angelegt, für den Fall, dass ihn jemand holen wollte.

Er wäre augenblicklich verschwunden.

Niemand kannte sich in diesem Wald so gut aus wie er. In diesem Dickicht hätten sie keine Chance gegen ihn. Ganz egal, wie viele es waren.

Aber es änderte nichts an seinen Fragen: Wer waren sie, und was wollten sie?

Vorsichtig lief Wilde den Abhang hinunter, ließ sich von der Schwerkraft unterstützen. Bei einem auffallend verästelten Baum bog er nach rechts ab, in Richtung des ihm am nächsten liegenden ausgelösten Bewegungsmelders. Natürlich konnte ein Bewegungsmelder im Wald auch durch ein Tier ausgelöst werden. Durch einen Hirsch oder einen Bären. Manchmal reagierten sie sogar auf Eichhörnchen oder Waschbären. Wildes System war jedoch so aufgebaut, dass mehrere Melder nacheinander ausgelöst haben mussten, bevor ein Alarm aktiviert wurde, weil das dafür sprach, dass sich jemand ganz bewusst auf die Ecocapsule zubewegte und es sich daher mit großer Wahrscheinlichkeit um einen Menschen handelte. Das Auto, das auf seiner Zufahrtsstraße abgestellt und über den Schlauchsensor gefahren war, sowie die folgenden Meldungen verrieten ihm, dass dies kein Fehlalarm sein konnte. Und es handelte sich auch nicht um eine einzelne Person – auch nicht um zwei oder drei. Wahrscheinlich waren es mindestens fünf, wenn nicht noch mehr.

Sie suchten ihn.

Acht Uhr morgens. Es war kühl im Wald, die Morgenfrische lag noch in der Luft. Wilde schlich wie ein Panther durchs Unterholz. Er hatte keinen echten Plan. Er verstand es eher als Erkundungsmission. Bleib auf Distanz. Sammle Informationen über den Gegner. Stell fest, wo er ist und mit wie vielen Personen du es zu tun hast.

Versuch herauszubekommen, was zum Henker sie von dir wollen.

Als er die Felsformation erreichte, an der einer der Bewegungsmelder ausgelöst hatte, hielt er kurz an. Er prüfte das Gerät, um festzustellen, ob es eine Fehlfunktion hatte, die erklären würde, warum so viele Sensoren aktiviert worden waren. Der Bewegungsmelder war intakt. Er ging zügig weiter.

Da waren sie.

Zwei Männer im Team. Clever. Einen könnte er ausschalten, bevor er Kontakt zu den anderen aufnehmen konnte. Bei zwei Personen war das erheblich schwieriger. Beide waren von

Kopf bis Fuß schwarz gekleidet. Sie behielten die Umgebung genau im Auge, der eine hatte die Führung übernommen und sah nach vorne, während der andere gewissermaßen die Nachhut bildete und nach hinten blickte. Sie waren so weit auseinander, dass ein einzelner Angreifer sie nicht ausschalten konnte.

Profis.

Wilde näherte sich ihnen, um sie sich genauer anzusehen. Beide trugen Ohrhörer. Wahrscheinlich standen alle miteinander in Kontakt. Diese Jungs kamen von Norden. Weitere Teams kamen von Süden, Osten und Westen. Wenn er davon ausging, dass alle Teams aus zwei Personen bestanden, hatte er es mit mindestens acht Gegnern zu tun.

Wilde war ein guter Beschatter, offenbar besser als diese beiden Typen, aber unsichtbar war er nicht. Übergroßes Selbstvertrauen verleitete einen zu Fehlern. Die Männer waren bewaffnet. Ihre Blicke schweiften ständig durch den Wald, und wenn Wilde nicht sehr vorsichtig war, musste er damit rechnen, entdeckt zu werden.

Ab und zu checkte der größere Mann etwas auf dem Bildschirm seines Smartphones und korrigierte ein wenig die Richtung, in die sie gingen. Welche App sie auch immer benutzten, sie führte sie eindeutig zur Ecocapsule. Wilde hatte keine Ahnung, auf welcher Technologie das basierte, aber wenn jemand seine Behausung unbedingt finden wollte, gab es Ortungsgeräte, die ihn irgendwie dorthin führten. Das war ihm immer bewusst gewesen. Und er war darauf vorbereitet.

Jetzt, da er das Ziel der Männer kannte, war es für Wilde einfacher. Er brauchte ihnen nicht direkt zu folgen. Er steuerte auf eine seiner Metallboxen zu. Sechs davon hatte er so im Wald versteckt, dass sie niemand finden würde, und sie wurden nicht etwa mit einem Zahlenschloss, sondern mit einem

Handabdruck geöffnet. Diese Box war oben in einem Baum. Er kletterte hinauf, löste das Klebeband, mit dem sie an einem dicken Ast befestigt war, und öffnete sie. Wilde nahm die Waffe heraus. Er wollte die Box schon wieder schließen, ohne die Papiere für die falsche Identität mitzunehmen, überlegte es sich dann aber anders. Was wäre, wenn er fliehen musste?

Er würde lieber auf Nummer sicher gehen.

Er glitt den Baum hinunter und machte sich auf den Weg zur Ecocapsule. Er lief jetzt schneller, wollte vor dem behutsam vorrückenden Team ankommen, dem er gefolgt war.

Und was dann?

Darüber würde er nachdenken, wenn es so weit war. Leichtfüßig lief er weiter.

Er lief auf den Hügel, der knapp zweihundert Meter vom aktuellen Standort der Ecocapsule entfernt war. Dort kletterte er auf einen Baum, um von oben auf die Lichtung blicken zu können. Eigentlich hatte er die Kapsel tiefer im dichten Wald platzieren wollen, was aber dazu geführt hätte, dass weniger Licht auf die Sonnenkollektoren gefallen wäre und er deutlich weniger Energie hätte speichern können. Dennoch wäre es gut gewesen. Sobald er oben im Baum war, konnte er die herannahenden Männer aus einer sicheren Position beobachten.

Wilde ergriff einen Ast, zog sich hoch und blickte nach unten.

Mist. Sie waren schon da.

Vier Männer. Sie hatten die Ecocapsule umstellt. Bewaffnet. Zwei weitere – die beiden, denen Wilde gefolgt war – traten auf die Lichtung. Jetzt waren sechs Männer zu sehen.

Der Anführer ging vorsichtig auf die Ecocapsule zu.

Wilde erkannte ihn.

Wilde zog sein Handy aus der Tasche, scrollte die Anrufliste ein Stück herunter und tippte auf Anrufen. Gavin Chambers hatte die Hand schon zur Tür der Ecocapsule ausgestreckt, als er offenbar das Vibrieren seines Handys in der Tasche spürte. Er zog es heraus, blickte aufs Display, sah sich um. Dann nahm er den Anruf an und führte das Handy ans Ohr.

»Wilde?«

»Fassen Sie mein Haus nicht an.«

Gavin sah sich jetzt genauer um, aber es war ausgeschlossen, dass er Wilde oben im Baum entdeckte. »Sind Sie in diesem Ding?«

»Nein.«

»Sie müssen es aufmachen.«

»Warum?«

»Es ist etwas passiert. Etwas Wichtiges.«

»Ja, das dachte ich mir schon.«

»Warum?«

»Soll das ein Witz sein? Sie haben mindestens vier bewaffnete Teams im Einsatz, die meine Kapsel im Wald umstellt haben. Man braucht kein ausgebildeter Ermittler zu sein, um zu dem Schluss zu kommen, dass ›etwas Wichtiges‹ passiert ist. Also, was ist los?«

»Die Maynards.«

»Was ist mit ihnen?«

»Ich muss mir Ihre Kapsel ansehen. Dann muss ich Sie zu ihnen bringen. Sind Sie in der Nähe, oder beobachten Sie mich mit einer Kamera, die ich übersehen habe?« Wieder sah er sich um, beschattete seine Augen dabei mit der Hand. »Wie dem auch sei, ich werde Sie sowieso nicht finden, oder?«

»Nein.«

»Ich habe unbefugt Ihr Gelände betreten.«

»Und doch sind Sie hier.«

»Es musste sein, Wilde. Ich musste Sie auf die eine oder andere Weise aus der Reserve locken.«

»Und was dann?«

»Ich könnte mit einer Axt auf Ihre Behausung losgehen und gucken, was drin ist.«

»Das ist nicht Ihr Stil«, sagte Wilde.

»Nein, ist es nicht. Ich sag Ihnen was. Ich schicke meine Männer weg.«

»Das wäre ein guter Anfang.«

»Aber dann muss ich mit Ihnen reden.«

Wilde antwortete nicht. Gavin Chambers bellte ein paar Befehle heraus. Die Männer befolgten sie klaglos. Als sie gegangen waren, führte Gavin Chambers sein Handy wieder ans Ohr. »Kommen Sie raus. Wir müssen reden.«

»Warum? Was ist los?«

»Ein weiteres Kind wird vermisst.«

DREIUNDZWANZIG

Beim Aufwachen hatte Hester immer noch Schmetterlinge im Bauch.

Sie flatterten dort seit gestern Abend um elf, als Oren sie bis zur Wohnungstür begleitet hatte – nicht nur bis zur Haustür oder zum Fahrstuhl, dafür war er zu sehr der Gentleman alter Schule. Und er hatte sie geküsst. Oder hatte sie ihn geküsst? Egal. Es war ein Kuss gewesen. Ein richtiger Kuss. Er hatte einen Arm um ihre Taille gelegt. Okay, ja, das war schön. Aber die andere Hand – seine große Hand –, die andere wunderbare, große Hand, hatte er auf ihren Hinterkopf gelegt, ihn damit fast umschlossen, ihren Kopf leicht nach hinten gekippt, sodass ihr Gesicht nach oben gerichtet war, und, in einem Wort …

Verzückung.

Hester schmolz dahin. Auf der Stelle. Hester Crimstein, Rechtsanwältin, wusste, dass sie zu alt war, um dahinzuschmelzen, in Verzückung zu geraten oder Schmetterlinge im Bauch zu haben. So was hatte sie mit dreizehn erlebt, als Michael Gendler, der hübscheste Junge der Klasse, mit ihr zusammen bei Jack Kolkers Bar-Mizwa herausgeschlichen war und sie in dem kleinen Raum hinter dem Büro des Rabbiners rumgemacht hatten. Orens Kuss war so vieles auf einmal gewesen. Natürlich durchdrang er ihren ganzen Körper, sodass sie sich berauscht und schwindelig fühlte und ganz in dem Augenblick aufging, ein anderer Teil von ihr beobachtete sie aber von außen, sah mit weit aufgerissenen Augen staunend zu und dachte: *Du heilige Scheiße, ein einziger Kuss wirft mich völlig aus der Bahn!*

Wie lange hatte der Kuss gedauert? Fünf Sekunden? Zehn Sekunden? Dreißig? Eine ganze Minute? Nein keine Minute. Sie wusste es nicht. Hatte sie die Umarmung erwidert? Sie hatte sich den Kuss – den KUSS, er hatte es verdient, in Großbuchstaben gedacht zu werden – hundert Mal durch den Kopf gehen lassen und war sich immer noch nicht sicher. Sie erinnerte sich, dass ihre Hände auf seinen starken, runden Schultern ruhten, dass sich das gut und sicher anfühlte und ach, wie sie diese Schultern liebte – und was zum Teufel war überhaupt mit ihr los?

Sie erinnerte sich daran, wie sanft der KUSS begonnen hatte, wie Oren begann, den Kopf sanft zurückzuziehen, wie sie dann wieder zusammengekommen waren, wie der KUSS fordernder und leidenschaftlicher geworden war, bis er ach so zärtlich zu Ende ging. Er hatte weiterhin ihren Hinterkopf gehalten. Und er hatte ihr in die Augen gesehen.

»Gute Nacht, Hester.«

»Gute Nacht, Oren.«

»Darf ich dich noch einmal einladen?«

Sie verkniff sich mehrere scharfzüngige Erwiderungen und sagte: »Ja, das würde mir gefallen.«

Oren wartete, bis sie in der Wohnung war. Hester lächelte ihm zu, als sie die Tür schloss. Dann, als sie allein war, führte sie ein kleines Freudentänzchen auf. Sie konnte nicht anders. Sie kam sich gleichzeitig kapriziös und närrisch vor. Leicht benommen machte sie sich bettfertig. Sie war sicher, dass sie nicht würde einschlafen können. Aber als der Adrenalinschub abflaute und sie ausgelaugt und erschöpft zurückblieb, war sie doch eingeschlafen. Und sie hatte sogar sehr gut geschlafen.

Und jetzt, am Morgen, hatte Hester diese Schmetterlinge im Bauch. Nur das. Schmetterlinge im Bauch. Der letzte Abend kam ihr unwirklich vor, wie ein Traum, und sie wusste nicht recht, ob sie dieses Gefühl herbeisehnte oder Angst davor hatte. Brauchte sie so etwas in ihrem Leben? Sie war doch zufrieden – sowohl mit ihrem Privatleben als auch mit ihrer Karriere. Warum sollte sie das aufs Spiel setzen? Das Problem war nicht nur, dass sie zu alt war für diese unreifen Gefühlswallungen. Ihre Gewohnheiten waren festgefahren. Und sie mochte diese festgefahrenen Gewohnheiten. Wollte sie wirklich, dass durch so etwas alles auf den Kopf gestellt wurde? Wollte sie es riskieren, verletzt zu werden, sich zu blamieren oder dass sonst eins von den tausenden Dingen geschah, die in einer solchen Situation danebengehen konnten und wahrscheinlich auch danebengehen würden?

Das Leben war gut, oder?

Sie griff nach ihrem Handy und sah eine Nachricht von Oren:

Zu früh für eine SMS? Ich will nicht verzweifelt wirken.

Verzückung. Wieder geriet sie in Verzückung.

Sie tippte eine Antwort: Stalker.

Sie sah die drei Punkte, die signalisierten, dass er schrieb. Dann verschwanden die drei Punkte. Sie wartete. Keine Antwort. Ein kurzer Anflug von Panik erfasste sie.

Das war ein Witz! Nein, es ist nicht zu früh!

Keine Antwort.

Oren?

Genau das hatte sie gemeint – wer wollte sich schon so fühlen? Wer wollte, dass einem das Herz in die Hose rutschte und man sich Sorgen machte, weil man womöglich etwas Falsches getan hatte oder weil das Ganze womöglich nur ein Spiel für ihn war und hey, es war nur ein Date und ein Kuss (der KUSS), also, verdammt noch eins, immer mit der Ruhe.

Das Handy klingelte. Sie hoffte, dass es Oren war, aber im Display erschien eine andere ihr bekannte Nummer. Sie tippte auf »Annehmen« und hielt das Telefon ans Ohr.

»Wilde?«

»Ich brauche deine Hilfe.«

* * *

Wilde trat auf die Lichtung vor der Ecocapsule. Er hielt sein Handy hoch.

Gavin Chambers runzelte die Stirn. »Was machen Sie?«

»Ich führe ein Video-Telefonat«, sagte Wilde.

»Jetzt, während unserem Gespräch?«

»Während unseres Gesprächs!«, plärrte eine Frauenstimme aus dem Handy. »Während erfordert den Genitiv, mein Süßer.«

Wilde ging auf Gavin zu. Der spähte aufs Display.

»Hi, Gavin. Mein Name ist Hester Crimstein. Wir sind uns einmal auf einer Dinnerparty bei Henry Kissinger begegnet.«

Gavin Chambers sah Wilde an, als wollte er sagen: »Muss das sein?«

»Machen Sie nicht so ein Gesicht, Bubbele«, fuhr Hester fort. »Ich nehme das alles auf. Verstehen Sie?«

Gavin schloss die Augen und stieß einen langen Seufzer aus. »Im Ernst?«

»Nein, aus Spaß. Nur, damit das klar ist: Wenn Wilde etwas passiert …«

»Ihm passiert nichts.«

»In Ordnung, mein Hübscher, dann gibt es ja kein Problem.«

»Es ist nicht nötig, das aufzunehmen.«

»Ach, ganz bestimmt nicht, aber Sie haben einem Dutzend bewaffneter Männer befohlen, sich an das Haus meines Mandanten anzuschleichen, und anschließend damit gedroht, dieses Haus zu zerstören. Also nennen Sie mich ruhig paranoid, aber als seine Anwältin – und nur, damit auch der Punkt geklärt ist, ich bin deine Anwältin, richtig, Wilde?«

»Das ist richtig«, sagte Wilde.

»Als seine Anwältin möchte ich Folgendes festhalten: Sie, Colonel Chambers, haben sich mit einer Gruppe bewaffneter Männer der Behausung meines Mandanten …«

»Das ist öffentliches Gebiet.«

»Colonel Chambers, wollen Sie Ihre Zeit wirklich damit verbringen, sich mit mir über juristische Fragen auseinanderzusetzen?«

Gavin seufzte. »Nein, das will ich nicht.«

»Ich könnte das nämlich. Ich habe keine Eile. Bist du in Eile, Wilde?«

»Ich hab den ganzen Tag Zeit«, sagte Wilde.

»Schon gut, tut mir leid«, sagte Gavin, »keine Auseinandersetzung über juristische Fragen. Lassen Sie uns weitermachen.«

»Wo war ich gerade?«, fuhr Hester fort. »Ach ja, Sie haben sich mit einer Gruppe bewaffneter Männer der Behausung meines Mandanten genähert. Sie haben gedroht, in die Behausung einzubrechen und sie zu zerstören. Sie brauchen gar nicht die Augen zu verdrehen. Ich würde Sie ja festnehmen lassen, mein Mandant ist allerdings, gegen meinen teuren Rat, immer noch bereit, mit Ihnen zu reden. Er scheint – in meinen Augen zu Unrecht – Vertrauen in Sie zu setzen. Ich werde seinen Wunsch respektieren, möchte meine Position allerdings noch einmal deutlich machen: Wenn Wilde irgendeinen Schaden erleidet…«

»Er wird keinen Schaden erleiden.«

»Pst, hören Sie zu. Wenn er verletzt wird oder gegen seinen Willen festgehalten wird, wenn ich ihn telefonisch nicht erreichen kann oder wenn Sie etwas anderes tun als das, was er verlangt, werden Sie mich Ihr Leben lang nicht wieder los, Colonel Chambers. Wie Herpes. Oder Hämorrhoiden. Nur schlimmer. Habe ich mich klar ausgedrückt?«

»Wie Kloßbrühe.«

»Wilde?«

»Danke, Hester. Hast du was dagegen, wenn ich das Telefonat jetzt beende?«

»Das liegt bei dir«, sagte sie.

»Gut, danke.«

Er tippte auf das Display und steckte das Handy ein.

Gavin Chambers sah ihn mit gerunzelter Stirn an. »Sie haben Ihre Mami angerufen?«

»Hey, jetzt haben Sie meine Gefühle verletzt.«

»Das, was ich Ihnen erzählen wollte, sollte absolut vertraulich bleiben.«

»Dann rufen Sie mich nächstes Mal an, statt einen bewaffneten Stoßtrupp zu schicken.«

Gavin deutete auf die Ecocapsule. »Ich war etwas überrascht, dass wir Ihren Wohnort so schnell gefunden haben. Ich hatte angenommen, Sie hätten ein paar Attrappen aufgestellt so wie die Ghost Army im Zweiten Weltkrieg. Schon mal davon gehört?«

Das hatte Wilde. »Der Sonderverband 23rd Special Troops.«

»Holla«, sagte Chambers. »Sie sehen mich beeindruckt.«

Die Dreiundzwanzigste, auch bekannt als die Ghost Army, war eine Elitetruppe von Künstlern und Special-Effects-Soldaten, die »strategische Desinformation« betrieben. Sie verwendeten zum Beispiel aufblasbare Panzer und Gummiflugzeuge und erzeugten sogar Sound-Collagen mit Manövergeräuschen, um ihre Version des Trojanischen Pferdes im Stil des 20. Jahrhunderts zu perfektionieren.

»Wie haben Sie die Ecocapsule gefunden?«, fragte Wilde.

»Eine Drohne mit Sensor«, sagte Gavin Chambers. »Und jetzt machen Sie bitte die Tür auf.«

»Es ist niemand drin.«

»Was durch das Öffnen verifiziert werden könnte.«

»Vertrauen Sie mir nicht?«

Er wirkte erschöpft. »Können wir bitte diesen Punkt mal abhaken?«

»Wen suchen Sie?«

»Niemanden.«

»Sie haben doch eben noch gesagt …«

»Das war, bevor Sie den Entschluss gefasst haben, mit einer Person über mich zu plaudern, die eine eigene Fernsehsendung hat.«

»Sie ist meine Anwältin. Wenn ich ihr sage, dass sie nicht darüber reden soll, wird sie es nicht tun.«

»So naiv können Sie doch gar nicht sein.« Gavin Chambers wandte den Blick ab und schüttelte den Kopf. Er überlegte kurz, wusste aber, dass er keine Wahl hatte. Das Ganze konnte nur auf eine Art ablaufen. »Es geht um Crash Maynard.«

»Was ist mit ihm?«

»Er wird vermisst.«

»Ist er ausgerissen oder …«

Gavin zog seine Waffe. »Jetzt machen Sie endlich die verdammte Tür auf, Wilde.«

»Ist das Ihr Ernst?«

»Seh ich aus, als wäre ich in der Stimmung, das Spielchen bis in alle Ewigkeit fortzusetzen?«

Das tat er nicht. Er sah aus wie ein abgenutztes Kleidungsstück, das an den Rändern ausfranste. »Ich habe Ihnen gesagt, dass Crash vermisst wird. Jetzt lassen Sie mich in Ihre Bleibe sehen, damit ich Sie von der Liste streichen kann und wir weitersuchen können.«

Wilde hatte keine Angst vor der Waffe und war auch nicht versucht, seine eigene zu ziehen, er sah keinen Grund, den Mann weiter zu verärgern. Er verstand, was los war: Crash Maynard war verschwunden, und Wilde war ein möglicher Verdächtiger.

Die Tür der Ecocapsule ließ sich mit einer Fernbedienung öffnen, wie man sie auch zum Entriegeln von Autotüren verwendete. Wilde griff in seine Tasche, zog sie heraus und drückte den Knopf. Als die Tür nach oben aufklappte, schob Gavin seine Waffe wieder in das Holster. Er steckte den Kopf in die Kapsel, sah sich um und zog ihn wieder heraus.

»Tut mir leid, das mit der Waffe.«

Wilde sagte nichts.

»Lassen Sie uns gehen.«

»Wohin?«

»Die Maynards wollen Sie sehen. Sie bestehen sogar darauf.«

»Bedrohen Sie mich wieder mit der Waffe, wenn ich mich weigere?«

»Wollen Sie mir das denn ewig vorhalten?« Gavin hatte sich auf den Weg gemacht. »Ich habe mich doch entschuldigt.«

Die kurze Fahrt nach Maynard Manor verbrachten sie schweigend. Das Herrenhaus glitzerte in der Morgensonne auf einer Rasenfläche, die so gleichmäßig grün war, als hätte man sie in diesem Ton gestrichen. Es stand genau in der Mitte dieser gut fünfhundert mal fünfhundert Meter großen, augenscheinlich perfekt quadratischen Fläche. Der Rasen war penibel gemäht. Dahinter begann der Wald. Rechts befand sich ein Schwimmbecken mit acht Fünfzig-Meter-Bahnen, links ein Tennisplatz und hinten ein Fußballplatz in Originalgröße mit frisch gekalkten Linien.

Der SUV hielt vor einer malerischen Remise. Gavin stieg aus. Wilde folgte ihm.

»Bevor wir weitergehen, müssen Sie das noch unterschreiben.«

Gavin reichte Wilde ein Klemmbrett mit einem Schriftstück und einem Kugelschreiber.

»Das ist eine Standard-Vertraulichkeitsvereinbarung. Damit verpflichten sich beide Seiten zur Geheimhaltung.«

»Schon klar«, sagte Wilde und gab es ihm zurück: »Ich weiß, was eine Vertraulichkeitsvereinbarung ist.«

»Wenn Sie sie nicht unterschreiben, kann ich Ihnen nicht mehr über das erzählen, was hier passiert ist.«

»Okay, dann tschüss.«

»Gott, Sie gehen mir aber so was von auf den Sack. Okay, vergessen Sie die Vereinbarung. Kommen Sie.«

Gavin ging in Richtung hintere linke Ecke des Anwesens.

»Haben Sie wirklich gedacht, ich hätte den Jungen entführt?«, fragte Wilde.

»Nein.«

»Oder dass ich ihn bei mir versteckt hätte?«

»Eigentlich nicht, aber es wäre möglich gewesen.«

Gavin ging weiter. Auf halber Strecke zwischen dem Haus und dem Wald blieb er stehen. »Hier ist er uns verloren gegangen.«

»Könnten Sie das etwas näher erläutern?«

»Crash war heute Morgen nicht in seinem Schlafzimmer. Wir haben die Videos der Überwachungskameras überprüft. Wie Sie sich sicher vorstellen können, sind die Sicherheitsvorkehrungen hier ziemlich umfangreich. Die Überwachungskameras decken den Außenbereich des Hauses bis hier ab.« Er zog sein Handy aus der Tasche, wischte darüber und drehte es so, dass Wilde aufs Display sehen konnte. »Hier sehen Sie, wie Crash an unserem aktuellen Aufenthaltsort vorbeigeht, wahrscheinlich in diese Richtung.«

Er zeigte auf den Wald hinter sich und tippte auf PLAY. Die Kamera war offenbar mit einem Filter für Nachtaufnahmen ausgerüstet. Wilde sah, wie Crash vom Haus über ihren aktuellen Standort Richtung Wald gegangen war. Die Uhr unten links im Video zeigte 02:14.

»Ist vorher oder nachher noch jemand auf einem Überwachungsvideo zu sehen?«, fragte Wilde.

»Nein.«

»Sie glauben also, dass Crash ausgerissen ist.«

»Wahrscheinlich. Mit Sicherheit wissen wir nur, dass er hier entlang in Richtung der Bäume gegangen ist.« Er sah Wilde an. »Aber jemand, der sich in diesem Wald gut auskennt, könnte ihm dort aufgelauert haben.«

»Aha«, sagte Wilde. »Da komme ich dann ins Spiel.«

»Gewissermaßen.«

»Sie glauben aber doch nicht ernsthaft, dass ich etwas damit zu tun habe.«

»Wie ich schon sagte, habe ich ein paar Punkte abgehakt.«

»Also bin ich hier, weil ich Crash zufällig ausgerechnet gestern ein paar Fragen gestellt habe.«

»Das ist aber schon ein komischer Zufall, finden Sie nicht?«

»Und Naomi Pine wird auch vermisst«, sagte Wilde.

»Das ist dann noch so ein komischer Zufall, finden Sie nicht?«

»Also gibt es eine Verbindung?«

»Zur gleichen Zeit verschwinden zwei Kinder aus derselben Klassenstufe?«, sagte Gavin. »Wenn es da keine Verbindung gibt …«

»… wäre das aber schon ein komischer Zufall, finden Sie nicht?«, vollendete Wilde den Satz für ihn. »Was haben Sie noch?«

»Sie standen in Kontakt.«

»Naomi und Crash?«

»Ja.«

»In letzter Zeit?«

»Das weiß ich nicht. Der Junge ist unseren Überwachungsmaßnahmen immer einen Schritt voraus – WhatsApp, Signal, ganz egal welche Apps sie benutzen, die sind alle verschlüsselt. Mein Job besteht nicht darin, die Familie auszuspionieren. Ich soll sie beschützen.«

»Warum?«

»Warum was?«

»Warum beschützen Sie sie, Gavin? Und ich meine Sie im Speziellen. Ich habe mich über Sie informiert, genau wie Sie sich über mich informiert haben. Normalerweise arbeiten Sie nicht mehr an vorderster Front, und Dash Maynard ist nur ein Fernsehproduzent. Also sind Sie nicht nur hier, um ihn und seine Familie zu beschützen. Sie sind wegen Rusty Eggers hier.«

Gavin lächelte. »Was für eine Schlussfolgerung. Muss ich applaudieren?«

»Nur, wenn Sie es für angemessen halten.«

»Das tue ich nicht. Warum ich hier bin, spielt keine Rolle. Zwei Teenager sind verschwunden. Sie suchen die eine, ich den anderen.«

»Sollen wir uns zusammentun?«

»Wir haben das gleiche Ziel.«

»Ich gehe davon aus, dass Sie mich nicht grundlos hierhergebracht haben.«

»Ehrlich gesagt, haben die Maynards darauf bestanden, dass ich Sie hole. Und da dachte ich, wenn Sie schon mal hier sind, kann ich mir ja mal anhören, was Sie von der Sache halten.«

Als Wilde zum Wald blickte, entdeckte er einen Pfad. »Glauben Sie, dass Crash dahin wollte?«

»Wenn ich mir die Laufrichtung im Video anschaue, ist davon auszugehen. Dazu kommt, dass das auch die Stelle ist, wo er vor Kurzem Naomi Pine begegnet ist, als sie unbefugt auf dem Grundstück war.«

Crash war Naomi nicht »begegnet« – er hatte ihr einen bösen Streich gespielt, ihr Angst eingejagt und sie tyrannisiert. So hatte Matthew es zumindest dargestellt. Aber es war nicht der richtige Zeitpunkt, sich um die Wortwahl zu streiten. Wilde ging in Richtung Waldweg, um sich das näher anzusehen.

»Dann darf ich annehmen, dass der Bereich, in dem wir uns jetzt befinden, nicht von Überwachungskameras erfasst wird?«, fragte Wilde.

»So ist es. Wir beobachten Personen in der Nähe des Herrenhauses. Personen, besonders Familienmitglieder, die das Grundstück freiwillig verlassen, interessieren uns nicht.«

»Ihre Arbeitshypothese lautet also«, sagte Wilde, »dass Crash und Naomi sich hier draußen getroffen haben und sich jetzt irgendwo zusammen verstecken?«

»Das klingt am plausibelsten.«

»Trotzdem sind Sie in Panik geraten.«

»Wir sind nicht in Panik geraten.«

»Sie haben mein Haus von bewaffneten Männern umstellen lassen.«

»Hören Sie mit dem Theater auf. Das sind keine normalen Zeiten, Wilde. Die Familie steht unter enormem Druck und Stress. Es gab Drohungen – gewalttätige, schreckliche Drohungen. Vielleicht haben Sie etwas darüber in den Nachrichten gesehen.«

Wilde nickte. »Die Maynards besitzen Videos, die Rusty Eggers zugrunde richten könnten.«

»Es stimmt zwar nicht, aber die Menschen glauben halt jede auch noch so durchgeknallte Verschwörungstheorie, die im Internet verbreitet wird.«

Sie folgten dem Pfad in den Wald. Wilde suchte auf der Erde nach Fußabdrücken. Er fand viele, die meisten waren frisch. »Sind Sie und Ihre Männer heute Morgen hier entlanggelaufen?«

»Selbstverständlich.«

Wilde runzelte die Stirn, in gewisser Hinsicht spielte das aber keine Rolle. Crash Maynard war aus freien Stücken hierhergekommen. Im Video war niemand anders zu sehen. Hatte Naomi oder eine andere Person auf ihn gewartet? Objektive Beweise dafür gab es zumindest nicht. Sie kamen auf die kleine Lichtung mit dem Felsen, auf der sich Matthew und Naomi nähergekommen waren. Wilde kniete sich vor den Felsen, tastete den Rand und ein paar Stellen ab, die halb darunter versteckt lagen, und fand ein paar Stummel, sowohl von Zigaretten als auch von Joints.

»Wenn dieser Ort hier nicht von Kameras überwacht wird, woher wussten Sie dann, dass Crash hier Naomi begegnet ist?«

»Einer meiner Männer war auf dem Grundstück unterwegs. Er hat eine Gruppe Jugendliche lachen gehört.«

»Und er ist nicht eingeschritten?«

»Er ist Wachmann, kein Babysitter.«

Plötzlich durschnitt ein vertrautes Geräusch die Luft. Er blickte zum Himmel, zwischen den Ästen hindurch, die sich in den tiefblauen Himmel streckten. Das Knattern und Surren der Rotoren wurde lauter. Wilde litt nicht an einer posttraumatischen Belastungsstörung – zumindest nicht an einer, die klinisch diagnostiziert werden würde –, aber bei diesem Geräusch zuckte jeder zusammen, der da drüben im Einsatz gewesen war.

Sie traten wieder auf die Freifläche, während der Hubschrauber abseits vom Haus über dem Rasen schwebte. Als er landete, sah Wilde Gavin Chambers an, in der Hoffnung, einen Hinweis darauf zu bekommen, was gerade geschah. Chambers ließ sich jedoch nichts anmerken. Beim Aufsetzen des Bell 427 Helikopters, der vielleicht das beliebteste Modell für Flüge von, sagen wir, Manhattan hier raus war, spürte Wilde selbst auf diese Entfernung den Wind, den der Rotor verursachte. Die Turbinen wurden ausgestellt. Pilot und Passagiere warteten, bis der Rotor vollständig zum Stillstand gekommen war, dann stieg der Pilot aus und öffnete die hintere Tür.

Hester Crimstein kam heraus. Als sie Wilde und Gavin sah, lächelte sie und breitete die Arme aus.

»Das ist doch mal ein Auftritt, was, Jungs?«

VIERUNDZWANZIG

Fünf Minuten später waren sie im überdimensionalen Bibliotheksturm der Maynards. Hester saß Dash und Delia gegenüber. Gavin Chambers stand hinter den Maynards. Ein burgunderroter Leder-Ohrensessel neben Hester war eigentlich für Wilde vorgesehen, der sich jedoch entschlossen hatte, ebenfalls stehen zu bleiben.

»Dürfen wir Ihnen etwas zu trinken anbieten?«, fragte Dash Maynard.

Hester sah Wilde fragend an und sagte: »Danke, nicht nötig.«

»Wir wissen es zu schätzen, dass Sie sich so kurzfristig Zeit für uns genommen haben«, fuhr Dash fort.

»Sie haben mir einen Hubschrauber geschickt und angeboten, das Doppelte meines normalen Stundensatzes zu zahlen«, sagte Hester. »Wie könnte ein armes *Mejdele* wie ich das ablehnen?«

Delia Maynard hatte noch nichts gesagt. Ein leichtes Zittern lief über ihr blasses Gesicht. Ihr Blick wirkte fahrig und in die Ferne gerichtet. Für ein paar lange Sekunden schwiegen alle.

»Hey, alles bestens, ich kann den ganzen Tag warten – ich krieg hier den doppelten Super-teuer-aber-sie-ist-es-wert-Stundensatz. Mama kauft sich ein schönes neues Paar Louboutins, wenn Sie wissen, was ich meine?«

Dash sah Delia an. Wilde blickte über sie hinweg durchs

Fenster. Die Aussicht war herrlich. Das Herrenhaus lag so hoch, dass man über den Bäumen die Wolkenkratzer Manhattans sah.

»Das war nur ein Witz«, sagte Hester.

»Wie bitte?«

»Schon klar, Sie haben angeboten, mir das doppelte Honorar zu bezahlen. Aber so arbeite ich nicht. Ich berechne Ihnen den gleichen Stundensatz wie jedem anderen Mandanten – nicht mehr und nicht weniger. Und ich verschwende meine Zeit nicht gerne, selbst wenn sie bezahlt wird. So dringend brauche ich das Geld nicht. Ich bin schon reich. Nicht so reich wie Sie, Mr Maynard, aber …«

»Nennen Sie mich Dash.«

»Okay, Dash, cool. Da Sie etwas zögerlich wirken, lassen Sie mich ein paar grundsätzliche Regeln festlegen, damit wir loslegen können, okay?«

»Ja«, sagte er und räusperte sich, »das wäre vielleicht ganz hilfreich.«

»Erstens: Sie haben am Telefon gesagt, dass Sie meine Dienste in Anspruch nehmen wollen.«

»Stimmt.«

»Dann bin ich jetzt Ihre Anwältin. Wunderbar, *Masel tov*.« Sie blickte zu Gavin Chambers hinauf, der hinter Dashs Schulter stand. »Bitte gehen Sie. Dies ist ein privates Gespräch zwischen meinem Klienten und mir.«

»Oh nein«, sagte Dash. »Es ist okay, wenn Gavin …«

»Für mich ist es das nicht«, unterbrach Hester ihn. »Ich bin jetzt offiziell Ihre Anwältin. Was Sie mir mitteilen, fällt unter das Anwaltsgeheimnis und ist damit geschützt. Kurz gesagt: Niemand kann mich zwingen, das zu enthüllen, was Sie mir erzählen werden. Mr Chambers hat diese juristischen Privilegien nicht. Er kann, ob es Ihnen gefällt oder nicht, gezwungen werden, den Inhalt dieses Gesprächs preiszugeben. Daher will ich, dass er den Raum verlässt.« Hester sah nach rechts. »Du auch, Wilde. Ab mit dir.«

Dash sagte: »Aber wir vertrauen Gavin …«

»Dash? Sie haben gesagt, ich soll Sie Dash nennen, richtig? Dash, die Sache ist ziemlich einfach. Wie eben schon erwähnt, stelle ich die Regeln auf. Regel eins lautet: Wenn Sie mich engagieren wollen, müssen Sie auf mich hören. Wenn Sie nicht auf mich hören wollen, tja, mein Fahrer ist auf dem Weg hierher – ich verzichte für den Rückweg auf den Helikopter mit diesem *farkakte* Lärm, besten Dank auch –, mein Fahrer müsste bald hier sein. Ich fahre zurück in die Stadt, berechne Ihnen diesen Besuch, und unsere Wege trennen sich. Dies ist keine Demokratie. Ich bin Ihr ›Geliebter Führer‹ fürs Leben. Sind wir uns über Regel Nummer eins einig?«

Dash sah aus, als wollte er widersprechen, doch Delia legte ihm eine Hand auf den Oberschenkel.

»Wir sind uns einig«, sagte Delia.

»Gut.«

Gavin sagte: »Mir gefällt das nicht.«

»In einem anderen Leben«, sagte Hester, »wird mich das bekümmern, ehrlich. Ich werde dann bittere Tränen darüber vergießen. Aber jetzt seien Sie still und verschwinden Sie.«

Dash nickte Gavin zu. Gavin warf die Hände in die Luft und ging zur Tür. Wilde folgte ihm.

»Warten Sie«, sagte Delia.

Beide Männer blieben stehen.

Delia sah Hester an. »Wir haben ein komplettes Briefing über Wildes Background erhalten.«

»Was Sie nicht sagen.«

»Er ist immer noch lizenzierter Ermittler für CRAW-

Securities«, sagte Delia. »Er hat früher auch für Sie gearbeitet, oder?«

»Und wenn das so wäre?«

»Engagieren Sie ihn wieder«, sagte Delia. »Als Ermittler für unseren Fall. Damit würde doch alles, was er erfährt, mit unter das Anwaltsgeheimnis fallen, oder?«

»Hey, gute Idee.« Hester drehte sich um und sah Wilde an. »Willst du für mich arbeiten?«

»Klar«, sagte Wilde.

»Dann setz dich hin. Steh nicht so dräuend neben mir, davon wird mir schwindelig.«

Kurz darauf hatte Gavin Chambers den Raum verlassen. Die vier saßen in den Ledersesseln, Delia und Dash auf der einen Seite des Teak-Couchtisches, Hester und Wilde auf der anderen.

»Ich versteh das nicht«, sagte Dash. »Wenn Sie Wilde als Ermittler engagieren konnten, warum ging das mit Gavin nicht auch?«

»Darum«, sagte Hester.

»Warum darum?«

»Weil ich es sage. Sie haben mich in einem Hubschrauber abholen lassen, weil es, wie ich vermute, dringend ist und schnell gehen muss. Also lassen Sie uns zur Sache kommen, okay?«

Wilde hob die Hand. »Noch nicht.«

Hester sah ihn an. »Was ist?«

»Colonel Chambers hat versucht, die Kommunikation Ihres Sohns zu überwachen.«

»Natürlich«, sagte Dash. »Das ist Teil seines Jobs.«

Aber Hester hatte bereits ihre Hände auf die Armlehnen gestützt und stand mit einem leisen Grunzen auf. »Lassen Sie uns spazieren gehen.«

»Wieso?«, fragte Dash.

»Wir wissen nicht, ob Ihr neuer Sicherheitschef nicht Abhörgeräte in diesem Raum installiert hat.«

Dash und Delia waren einen Moment lang verdutzt.

»Sie verstehen das nicht«, sagte Dash. »Wir vertrauen Gavin bedingungslos.«

»Nein, Sie verstehen das nicht«, entgegnete Hester. »Ich tue genau das nicht. Und ich bin auch nicht ganz überzeugt davon, dass Ihre Frau das tut.« Sie ging zur Tür. »Kommen Sie, lassen Sie uns an die frische Luft gehen. Es ist schön draußen, das wird uns guttun.«

Wieder sah Dash Delia an. Sie nickte und nahm seine Hand. Sie gingen eine Wendeltreppe hinunter am verwirrten Gavin Chambers vorbei nach draußen. Die Zwillinge trainierten unter Anleitung eines Coaches auf dem Fußballfeld.

»Die Mädchen wissen nicht, was passiert ist«, sagte Dash. »Es wäre schön, wenn das so bleiben könnte.«

Sie gingen fast den gleichen Weg in Richtung Wald, den ihr Sohn in der Nacht eingeschlagen hatte. Es war ein wunderschöner Tag, fast als wollte er sie verspotten. Wilde sah, wie Hester die Aussicht auf Manhattan entdeckte, die Aussicht auf den Ort, der jetzt ihr Zuhause war, wie sie die Wolkenkratzer betrachtete, als wären sie alte Freunde.

Als sie weit genug vom Haus entfernt waren, fragte Hester: »Warum bin ich hier?«

Dash kam direkt auf den Punkt. »Als wir heute Morgen aufwachten, war unser Sohn Crash verschwunden. Die ersten Anzeichen deuteten darauf hin, dass er noch am späten Abend einen Freund besucht hat oder schlimmstenfalls ausgerissen ist. Mr Wilde kennt die Situation.«

Hester sagte: »Okay.«

Delia hielt sich eine Hand über die Augen, um das Sonnenlicht abzuschirmen. Sie schaute zu Wilde auf. »Warum haben Sie unseren Sohn gestern in der Schule bedrängt?«

»Holla.« Hester mischte sich ein. »Antworte nicht. Ich will erst einmal auf dem aktuellen Stand sein, bevor wir entscheiden, welchen Weg wir hier einschlagen, okay?«

»Die Wahl des Wegs ist einfach«, sagte Delia. »Aufgrund unserer derzeitigen Lage …«

»Was für einer Lage?«

»Saul Strauss war gestern in Ihrer Show zu Gast«, sagte Delia.

»Das stimmt. Und?«

»Er hat Anschuldigungen gegen uns erhoben.«

»Ich nehme an, Sie sprechen über seine Behauptung, dass Sie im Besitz belastender Videos sind?«

Delia nickte. »Videos, die angeblich Rusty Eggers belasten, ja.«

»Ich bin davon ausgegangen, dass das Blödsinn ist«, sagte Hester. »Gibt es diese Videos?«

»Nein«, sagte Delia, »es gibt sie nicht.«

Die Antwort kam ohne jedes Zögern, dachte Wilde. Was natürlich nicht bedeutete, dass sie die Wahrheit sagte. Aber sie machte keine Pause, die Körpersprache verriet nichts – sie bestritt es einfach.

»Fahren Sie fort«, sagte Hester.

»Als uns Crashs Abwesenheit auffiel«, sagte Dash, »haben Colonel Chambers und sein Team sich sofort auf die Suche gemacht. Die ersten Anzeichen deuteten alle darauf hin, dass unser Sohn aus freien Stücken gegangen ist. Auf dem Video einer Überwachungskamera sieht man, dass er das Anwesen allein und allem Anschein nach freiwillig verlässt.« Dash wandte sich Wilde zu. »Trotzdem – und ich denke, das ist ganz normal – hat Colonel Chambers sich versichert, dass der

Mann, der unseren Sohn gestern gegen seinen Willen in der Schule festgehalten hat, nichts damit zu tun hatte. Sie wissen natürlich Bescheid, Ms Crimstein, Sie haben es auf FaceTime gesehen. Wir wollen den Grund erfahren, warum Mr Wilde es für erforderlich hielt, unseren Sohn in seiner Schule zur Rede zu stellen. Ich denke, unsere Sorge ist verständlich.«

Hester nickte. »Also haben Sie Chambers geschickt, um Wilde herzuholen.«

»So ist es.«

»Und Sie dachten, wenn Sie mich engagieren, würde er mit Ihnen reden.«

Delia ergriff das Wort. »Nein. Wir haben Sie engagiert, weil sich die Situation geändert hat.«

»Was meinen Sie?«

»Wir glauben nicht mehr, dass Crash freiwillig gegangen ist.«

»Wieso nicht?«

»Weil wir«, sagte Delia, »vorhin eine Forderung für seine Freilassung bekommen haben.«

* * *

Die Forderung war in Form einer anonymen E-Mail eingegangen.

Dash reichte Hester sein Handy, die sich leicht vorbeugte, um das Sonnenlicht vom Display fernzuhalten. Wilde las über ihre Schulter mit:

> Wir haben Ihren Sohn. Wenn Sie nicht genau das tun, was wir sagen, wird er exekutiert. Wir wollen das nicht, glauben aber an die Freiheit, und Freiheit hat immer ihren Preis. Wenn Sie das FBI oder die Polizei informieren, werden wir es erfahren

und Crash sofort exekutieren. Wenn Sie glauben, die Behörden ohne unser Wissen kontaktieren zu können, täuschen Sie sich. Wir konnten Ihren Sohn trotz Ihrer aufwendigen Sicherheitsvorkehrungen entführen. Wir werden es erfahren, und Ihr Sohn wird schrecklich leiden.

Unsere Forderung ist leicht zu erfüllen. Wir glauben, dass die Wahrheit auch für Sie eine Befreiung sein wird. Daher verlangen wir, dass Sie uns die Videos mit Rusty Eggers aushändigen. Alle, besonders die ersten. Wir werden darüber nicht verhandeln. Der Einsatz ist zu hoch.

Bitte befolgen Sie diese Anweisungen genau.

Am Ende dieser E-Mail befindet sich ein Link zu einer anonymen Dropbox. Er führt über mehrere VPNs ins sogenannte Darknet. Der Link ist noch nicht aktiv.

Klicken Sie pünktlich um 16:00 Uhr auf diesen Link und laden Sie auf Aufforderung alle Videos mit Rusty Eggers hoch, die Sie besitzen.

Sie werden einen speziellen Ordner vorfinden, der für dieses eine absolut vernichtende Video vorgesehen ist. Wir wissen, dass dieses Video existiert, also tun Sie bitte nicht so, als wäre das nicht der Fall. Der Link wird pünktlich um 17 Uhr wieder deaktiviert.

Wenn wir nicht bekommen, was wir wollen, wird Ihr Sohn die Konsequenzen tragen.

Das war alles. Am Ende war tatsächlich ein Hyperlink, der aus diversen Zahlen, Buchstaben und Symbolen aller Art bestand.

Hester las die Nachricht noch ein paar Mal. Wilde beobachtete sie und wartete. Schließlich gab Hester Dash sein Handy zurück. Beiden zitterten die Hände.

»Wollen Sie meinen Rat?«, fragte Hester.

»Natürlich.«

»Schalten Sie das FBI ein.«

»Nein«, sagte Delia.

»Sie haben die Nachricht gelesen«, fügte Dash hinzu. »Kein FBI, keine Polizei.«

»Das ist schon klar, meiner Meinung nach haben Sie aber die besten Chancen, wenn Sie mit Profis zusammenarbeiten, die für solche Situationen ausgebildet sind. Sehe ich das richtig, dass nur wir vier diese Mail gelesen haben?«

Beide nickten.

»Dann macht Wilde sich jetzt auf den Weg. Wir kennen Leute beim FBI. Gute Leute, die dafür sorgen, dass nichts herauskommt. Wilde informiert eine dieser Personen über den Stand der Dinge …«

»Nein«, sagte Dash. »Auf keinen Fall.«

»Delia?«, sagte Hester.

»Ich stimme meinem Mann zu. Fürs Erste machen wir das alleine.«

Sie würden ihre Meinung nicht ändern, jedenfalls noch nicht, also schaltete Wilde einen Gang hoch. »Der Zeitangabe zufolge wurde die E-Mail vor etwas mehr als einer Stunde abgeschickt. Wann haben Sie sie das erste Mal gesehen?«

Dash verzog das Gesicht. »Was tut das denn jetzt zur Sache?«

Delia antwortete: »Eigentlich sofort.«

»Und daraufhin haben Sie mich angerufen?«, fragte Hester.

»Ja.«

Hester sah, worauf Wilde hinauswollte. »Einen Punkt hätte ich gerne noch geklärt«, sagte sie.

»Und der wäre?«

»Ihrem Sicherheitschef haben Sie davon nichts gesagt?«

Dash stieß einen Seufzer aus. »Ich wollte es.«

»Ja, aber Ihre Frau nicht.« Hester sah Delia an. »Weil Sie das sehen, was ich sehe.«

»Und was sehen die beiden Damen, das mir verborgen bleibt?«, fragte Dash etwas pikiert.

»Gavin Chambers arbeitet für Rusty Eggers. Seine Loyalität gilt ihm, nicht Ihnen. Ich habe Gavin Chambers vorhin nicht nur deshalb rausgeschickt, weil er aus juristischer Sicht zum Reden gezwungen werden könnte. Er sollte den Raum verlassen, weil Ihre Sicherheit nicht seine erste Priorität ist. In erster Linie schützt er Rusty Eggers. Verstehen Sie?«

»Natürlich«, sagte Dash, »aber selbst, wenn ich dem zustimmen würde, wären unsere Interessen in diesem Punkt doch identisch.«

Hester legte den Kopf auf die Seite. »Sind Sie sicher? Sagen wir – rein hypothetisch –, dass es nur zwei Möglichkeiten gibt: Entweder Ihr Sohn stirbt, oder all Ihre Videos werden veröffentlicht. Wofür würde sich Rusty Eggers wohl entscheiden?«

Schweigen.

»Außerdem sollten Sie noch etwas anderes in Betracht ziehen«, fuhr Hester fort. »Falls es sich wirklich um eine Entführung handeln sollte, wer wäre dann Ihr Hauptverdächtiger?«

»Radikale«, sagte Dash.

»Na, das ist ziemlich vage, aber lassen wir es dabei bewenden. Sagen wir, es waren Radikale. Dann hätten diese Radikalen also einen Weg gefunden, Ihren Sohn allein in den Wald zu locken und ihn dann auf Ihrem eigenen Grundstück zu ergreifen und zu verschleppen, mit vorgehaltener Waffe oder sonst irgendwie.« Hester rieb sich das Kinn. »Halten Sie das für wahrscheinlich?«

»Was wollen Sie damit sagen?«, fragte Delia.

»Noch nichts. Das sind alles nur Ideen. Ehrlich. Mehr nicht. Es könnte zum Beispiel auch sein, dass Ihr Sohn das alles ausgeheckt hat.«

Delia sah sie skeptisch an. »Das glaube ich nicht.«

»Vielleicht ist Crash einfach ausgerissen. Vielleicht geht es ihm gut, er hat sich irgendwo versteckt und ist in Sicherheit. Vielleicht hat er diese E-Mail geschickt.«

»Warum sollte er das tun?«

»Keine Ahnung. Nur Ideen, erinnern Sie sich? Es wäre jedoch eine Möglichkeit. Eine andere Möglichkeit wäre, dass Naomi Pine etwas damit zu tun hat. Von ihr wissen wir immerhin, dass sie schon mehrmals ausgerissen ist. Hat sie ihn auf die Idee gebracht? Sind die beiden zusammen? Crash und Naomi sind in einer Klassenstufe, vielleicht haben sie das also gemeinsam ausgeheckt. Ich weiß es nicht, aber das wäre eine andere Möglichkeit. Können Sie mir so weit folgen?«

Dash hatte die Stirn gerunzelt, doch Delia sagte: »Ich denke schon.«

»Gehen wir also davon aus, dass die Entführung in vollem Gang ist. Ich will nicht kalt und analytisch klingen, aber lassen Sie uns für einen Moment versuchen, das Denken nicht von Emotionen leiten zu lassen, okay? Nehmen wir an, jemand hätte einen Weg gefunden, Ihren Sohn in den Wald zu locken und ihn zu entführen. Es besteht ja auch die Möglichkeit, dass es genau so ist, wie es aussieht. Viele … äh … Radikale wollen, dass Rusty Eggers von der Bildfläche verschwindet. Also könnte ein Team von Experten – vielleicht vom CIA oder Leute mit einer militärischen Ausbildung – diese Operation durchgeführt haben. Zweifelhaft, aber okay, nicht ausgeschlossen. Und das führt mich zur letzten Möglichkeit, die mir nicht aus dem Kopf geht.«

Delia sagte: »Erzählen Sie.«

»Gavin Chambers steckt dahinter«, sagte Hester. »Er ist ein absoluter Insider. Er kennt die Überwachungsanlage. Er weiß alles. Er könnte Ihren Sohn aufgefordert haben, sich mit ihm draußen im Wald zu treffen, und ihn dann entführt haben.«

Dash schnalzte abschätzig. »Das ist doch lächerlich.«

»Und das Motiv?«, fragte Delia, ohne auf die Reaktion ihres Mannes einzugehen.

»Vielleicht hat Rusty ihm den Auftrag gegeben. Vielleicht will Rusty herausbekommen, was genau Sie über ihn wissen?« Hester glaubte, mit dem Punkt einen Treffer gelandet zu haben – zumindest bei Delia. Sie trat einen Schritt näher zu ihr. »Hören Sie, Delia, Sie haben doch etwas gespürt, oder? Deshalb haben Sie Gavin Chambers nichts gesagt. Irgendetwas an seinem Verhalten hat dazu geführt, dass Sie gezögert haben.«

»So weit würde ich nicht gehen«, sagte Delia.

»Aber …«

»Es ist nur … er arbeitet für Rusty Eggers. Wie Sie schon sagten. Es war eine Vorsichtsmaßnahme und lag nicht etwa daran, dass ich den Verdacht hatte, er könnte unseren Sohn entführt haben.«

Hester drehte sich zu Wilde um und sah seinen Gesichtsausdruck. »Hast du noch etwas?«

»Ich habe noch ein paar Fragen zur E-Mail mit dem Ultimatum«, sagte Wilde.

»Okay.«

»Was ist mit ›besonders das erste Video‹ gemeint?«

»Ich bin mir nicht sicher«, sagte Dash, »vermute aber, dass sie die Outtakes aus der ersten Staffel meinen.«

Wilde wartete einen Moment. Lass eine Insel des Schweigens entstehen. Oft hielten es die Leute nicht aus und begannen, etwas zu erzählen. Für Dash und Delia galt das nicht.

Nachdem ein paar Sekunden verstrichen waren, fragte Hester: »Was noch, Wilde?«

»Wenn die Entführer nur wollen, dass alle die Wahrheit über Rusty Eggers erfahren, warum fordern Sie dann nicht, dass Sie die Videos den Medien übergeben oder sie in einem öffentlichen Forum zugänglich machen? Warum fordern die Kidnapper, sie an ihre persönliche Dropbox zu schicken?«

»Ich kann Ihnen nicht folgen«, sagte Dash.

»Das könnte nichts zu bedeuten haben«, sagte Wilde. »Es kann aber auch sein, dass die Entführer die Kontrolle über die Informationen behalten wollen, statt sie der Öffentlichkeit zugänglich zu machen.«

Die vier standen noch ein paar lange Sekunden in der Sonne. Dann durchbrach das Motorengeräusch eines Rasenmähers die Stille. Dann das eines weiteren.

»Aber da ist nichts auf den Videos«, sagte Dash. »Das ist doch das Entscheidende. Da ist nichts Belastendes zu sehen.«

Delia nickte. »Das, was wir haben, wäre schlimmstenfalls etwas peinlich für Rusty. Mehr nicht.«

Wilde hörte, was sie sagten, und kam zu einem simplen Schluss.

Sie logen.

FÜNFUNDZWANZIG

Sie hatten fast sechs Stunden Zeit, bis der Link aktiv wurde. Wilde kannte ein paar Grundregeln für Verhandlungen mit Kidnappern. Erstens: Niemals dem ersten Angebot zustimmen. Ein Leben mochte auf dem Spiel stehen, aber wie bei jeder Verhandlung ging es auch hier um Macht und Kontrolle. Beides lag zum Großteil in den Händen der Kidnapper, aber die Familie des Opfers war der einzige mögliche Käufer am Markt für das »Produkt«, das die Täter anboten. Also waren sie nicht vollkommen machtlos. Sie mussten versuchen, einen Dialog zu beginnen. Alle anderen Regeln – die Emotionen herauszuhalten, niedrig anzufangen, Geduld zu haben, Beweise dafür zu fordern, dass Crash lebte – ergaben sich aus dieser Grundprämisse.

Es gab nur ein Problem.

Wilde hatte keine Möglichkeit, mit den Entführern in Kontakt zu treten.

Er hatte keine E-Mail-Adresse, keine Handynummer, nichts. Wilde schickte eine Antwort auf die E-Mail mit dem Ultimatum, die aber sofort mit einer Fehlermeldung zurückkam.

Die Uhr tickte, also verteilten sie die Aufgaben. Dash würde die Videos vorbereiten, für den Fall, dass sie sich entschieden, einige oder alle hochzuladen. Delia würde sich bei Crashs engsten Freunden melden und nachfragen, ob jemand Crash kürzlich gesehen hatte oder wusste, wo er sein könnte.

»Versuchen Sie, die Sache möglichst nicht an die große

Glocke zu hängen«, riet Hester ihr. »Sie sind nur eine Mutter, die etwas besorgt ist, weil sie nicht genau weiß, wo ihr Sohn übernachtet hat, weiter nichts.«

Wilde würde die Suche nach Naomi fortsetzen, weil die erste Theorie am plausibelsten klang: Zwischen Naomis und Crashs Verschwinden bestand eine Verbindung. Kurz gesagt, wenn sie Naomi Pine fanden, fanden sie höchstwahrscheinlich auch Crash Maynard.

Wilde musste noch etwas anderes erledigen. Er hielt nach Gavin Chambers Ausschau und entdeckte ihn neben dem Tennisplatz mit einer Zigarette.

»Dass Sie rauchen, überrascht mich«, sagte Wilde.

»Der Bösewicht raucht immer.« Chambers warf den Stummel auf den Boden und trat ihn mit der Ferse aus. »Und er verschmutzt die Umwelt.« Er sah blinzelnd in die Sonne. »Ihre Idee, das Meeting nach draußen zu verlegen?«

Wilde sparte sich die Antwort.

»Die Bibliothek ist nicht verwanzt. Sie können sie absuchen lassen.«

»Okay.«

»Dann ist das jetzt der offizielle Rausschmiss?«

»Nein«, sagte Wilde.

»Könnten Sie mir dann vielleicht erzählen, was hier vor sich geht?«

»Soweit es möglich ist schon, ja.«

»Hey, Wilde?«

Wilde sah ihn an.

»Beleidigen Sie meine Intelligenz nicht mit irgendwelchem Schwachsinn, ja? Mir ist klar, dass es Hester nicht in erster Linie um das Anwaltsgeheimnis geht. Sie betrachtet mich als Rustys Mann.«

»Hmm. Sind Sie sicher, dass Sie nicht mitgehört haben?«

Das gefiel Gavin. »Darauf wäre jeder Idiot gekommen. Schließlich hat Rusty mich hergeschickt, also glaubt jetzt jemand, dass ich ihm gegenüber loyal bin.«

»Stimmt das etwa nicht?«

»Würde es mir nützen, wenn ich Nein sage?«

»Eher nicht.«

»So oder so, ich will bloß den Jungen finden. Also, wie ist der Plan?«

»Die meisten Security-Leute waren hier schon beschäftigt, als Sie an Bord gekommen sind, oder?«

»Das stimmt. Ich habe drei von meinen eigenen Männern mitgebracht, darunter auch Bryce.«

»Bryce?«

»Der Blondschopf, mit dem Sie ständig aneinandergeraten.«

»Okay. Dann sind Bryce und die beiden anderen raus.«

»Und dann machen Sie das allein mit Maynards schlecht ausgebildeten Miet-Wachleuten?«

»Ich werde ein paar von meinen eigenen Leuten dazuholen«, sagte Wilde.

»Ah, ich verstehe.« Gavin Chambers lächelte. »Aus Ihrer früheren Firma?«

Wilde hatte schon mit Rola telefoniert, die sich sofort dahintergeklemmt hatte. Sie war inzwischen mit einem Team unterwegs. »Genau.«

»Haben Sie überhaupt schon mal mit einer Entführung zu tun gehabt?«, fragte Gavin. »Nichts für ungut, aber Sie werden es vermasseln.«

»Witzig.«

»Was?«

»Gerade eben waren Sie sich noch ziemlich sicher, dass Crash ausgerissen ist und nicht entführt wurde.«

»Ja, das war aber, bevor die Maynards Hester Crimstein angerufen und mich vor die Tür geschickt haben. Und es war, bevor ich in die Bibliothek gegangen bin und ihre Gesichter gesehen habe. Sie haben versucht, sich zusammenzureißen – so machen Dash und Delia das –, aber sie hatten sich kaum noch unter Kontrolle.« Chambers griff in die Jackentasche und zog eine Sonnenbrille heraus. »Übrigens, haben Sie es ihnen gesagt?«

Wilde wartete. Als Chambers nicht weitersprach, fragte er: »Okay, ich schlucke den Köder. Was soll ich ihnen gesagt haben?«

»Dass Sie Saul Strauss in der Sheraton Bar getroffen haben.«

Wilde hätte nicht überrascht sein dürfen, war es aber. Außerdem ärgerte er sich ziemlich darüber, dass er den Beschatter nicht entdeckt hatte. Hatte das vertrauliche Gespräch mit Laila ihn wirklich so sehr aus der Bahn geworfen? »Beeindruckend.«

»Eigentlich nicht.«

»Frage: Wenn Ihre Männer mich beschattet haben, dann wussten Sie doch, dass ich heute Morgen nicht in der Ecocapsule war. Und Sie wussten auch, dass ich den Jungen nicht entführt habe.«

»Ist das eine Frage?«

»Was sollte diese Machtdemonstration im Wald, wenn Sie gewusst haben, dass ich nicht da war?«

»Wir wussten es nicht.«

»Sie sagten gerade, dass Sie mich beschattet …«

»Nicht Sie, Wilde. Sie haben wir nicht beschattet.«

»Strauss. Sie haben Strauss beschattet?«

»Saul Strauss ist ein Irrer – und eine Bedrohung«, sagte Gavin. »Das sieht man doch.«

»Ich schon«, sagte Wilde.

»Also, was wollte er von Ihnen?«

Wilde überlegte, wie er die Frage beantworten sollte.

»Sie werden mich nicht los«, sagte Gavin Chambers. »Entweder wir arbeiten zusammen, wie wir es geplant hatten – ich weiß mehr über Crash, Sie wissen mehr über Naomi –, oder ich mische mich einfach ein und vertrete Rustys Interessen, ohne mit Ihnen zusammenzuarbeiten.«

Wilde war nicht sicher, ob es der richtige Schritt war, ihm ging aber der alte Spruch durch den Kopf, dass man seine Freunde nah bei sich hält, seine Feinde aber noch näher.

»Strauss wusste, dass Naomi vermisst wird«, sagte Wilde.

»Woher?«

»Keine Ahnung. Und er wusste auch, dass eine Verbindung zwischen Naomi und Crash besteht.«

»Warum um alles in der Welt sollte Saul Strauss sich für Naomi Pine interessieren?«, fragte Chambers.

Etwas anderes fiel Wilde wieder ein. Gleich zu Beginn ihres Gesprächs hatte Saul Strauss gesagt: »Wie ich gehört habe, hatten Sie heute eine Auseinandersetzung mit dem Maynard-Jungen.«

Also wusste Saul Strauss, dass Wilde in der Schule gewesen war.

Woher wusste er das?

Natürlich waren auf dem Parkplatz Zeugen gewesen, aber außer Crash und ihm gab es nur eine Person, die wusste, was im Kunstraum wirklich geschehen war. Ava O'Brien.

Ach was. Wie sollte Ava in diese Sache verwickelt sein?

Ausgeschlossen. Sie war nur eine Kunstlehrerin in Teilzeit.

Wilde sagte: »Sie kennen ihn von früher, stimmt's?«

»Saul Strauss? Wir waren zusammen im Einsatz. Ich habe ihn gestern gesehen, als er vor dem Büro der Maynards protestiert hat.«

»Dann sollten wir ihn vielleicht erst einmal ausfindig machen«, sagte Wilde.

»Auf den Gedanken bin ich auch schon gekommen, wie Sie sich sicher vorstellen können?«

»Also?«

»Erinnern Sie sich noch daran, wie er das Hotel verlassen hat?«

Wilde nickte. »Er ist Richtung Hintertür gegangen.«

»Möglich«, sagte Gavin.

»Wie meinen Sie das?«

»Meine Männer haben Strauss reingehen sehen. Sie haben aber nicht gesehen, dass er wieder rausgekommen ist. Wir haben ihn verloren.«

* * *

Die Maynards hatten Wilde einen Lexus GS zur Verfügung gestellt. Er glitt hinters Lenkrad und rief Ava O'Brien an. Die Mailbox meldete sich. Er kannte niemanden, der seine Mailbox abhörte, also schickte er Ava eine kurze SMS:

Muss dich dringend sprechen.

Er sah keine tanzenden Punkte, also antwortete sie nicht sofort. Er hätte sowieso nicht recht gewusst, wie er seine Frage hätte formulieren sollen. Wenn Ava O'Brien irgendeine Verbindung zu Saul Strauss hatte … Nein, das ergab keinen Sinn.

Aber da er gerade an Strauss dachte …

Als Wilde in Bernard Pines Einfahrt anhielt, zog er die Visitenkarte heraus, die Saul Strauss ihm gegeben hatte, und wählte die darauf angegebene Nummer. Auch hier erreichte er nur die Mailbox.

»Hier ist Wilde. Sie sagten, ich sollte anrufen, wenn ich irgendwelche Informationen hätte. Ich habe etwas. Es wird Sie interessieren.«

Er wusste nicht, ob das im engeren Sinne der Wahrheit entsprach, nahm aber an, dass die Nachricht Strauss' Aufmerksamkeit wecken würde. Wilde dachte an Ava. Er dachte an Strauss. Er dachte an Gavin und Crash und ja, natürlich an Naomi.

Irgendetwas hatte er übersehen.

Bernard Pine, Naomis Vater, öffnete die Haustür, bevor Wilde die Klingel erreicht hatte.

»Kennen Sie einen Mann namens Saul Strauss?«, fragte Wilde.

»Wen?«

»Saul Strauss. Er tritt gelegentlich im Fernsehen auf. Vielleicht hat Naomi ihn mal erwähnt.«

Pine schüttelte den Kopf. »Nie gehört. Haben Sie etwas Neues erfahren?«

»Haben Sie etwas?«

»Nein. Ich will noch einmal zur Polizei gehen. Ich glaube aber nicht, dass die mir zuhören.«

»Wissen Sie, ob Naomis Reisepass da ist?«

»Ich kann nachgucken«, sagte Pine. »Kommen Sie rein.« Er trat zurück und ließ Wilde ins Haus. Die Luft im Foyer war abgestanden. Wilde sah das halb volle Glas und die halb volle Bourbonflasche auf dem Couchtisch. Bernard folgte Wildes Blick.

»Ich hab mir einen Tag freigenommen«, sagte Bernard.

Wilde schwieg.

»Wozu brauchen Sie ihren Pass?«

»Wäre es möglich, dass Naomi bei ihrer Mutter ist?«

Ein Schatten huschte über sein Gesicht. »Warum fragen Sie das?«

»Wir haben sie angerufen.«

»Sie haben Pia angerufen?«

Er sah keinen Grund zu erwähnen, dass der Anruf von Hesters Kanzlei getätigt worden war. »Bei unserem ersten Anruf hat Ihre Ex-Frau sofort gesagt, dass Naomi nicht bei ihr ist. Dieses Mal hat sie sich geweigert, etwas zu sagen. Außerdem haben wir gehört, dass sie im Ausland ist.«

»Und deshalb wollen Sie wissen, ob Naomis Reisepass hier ist.« Pine führte Wilde nach hinten in ein Arbeitszimmer. Die Einrichtung war klassisch: Schreibtisch, Computer, Drucker, Aktenschrank. Rechts lagen eine Stromrechnung und ein Brief von einem Kabelfernseh-Anbieter. Und ein Scheckbuch. Auf dem Computer war ein klassisches Strandfoto zu sehen, wahrscheinlich das Standard-Hintergrundbild. Als Briefbeschwerer benutzte Bernard Pine einen Acrylglasblock, auf dem sein Name stand – eine Art »Mitarbeiter des Monats«-Auszeichnung. Außerdem stand da ein Foto von einem ProAm-Golfausflug, in der Mitte der Golfprofi, ganz rechts der strahlende Bernard mit seinem Driver.

Fotos von seiner Tochter gab es nicht.

Bernard Pine wühlte in der Schublade herum, beugte sich dann herunter, um besser hineingucken zu können. »Hier ist er.«

Er zog den Pass heraus. Wilde streckte die Hand aus. Bernard zögerte kurz, gab ihm dann aber Naomis Pass. Er enthielt nur einen Einreisestempel – Heathrow Airport in London vor drei Jahren.

»Naomi ist nicht bei meiner Ex«, sagte Pine.

In seiner Stimme lag keinerlei Unsicherheit.

»Darf ich Ihnen etwas zeigen?«

Wilde nickte.

»Ich will nicht, dass Sie mich für sonderbar halten oder so.«

Bernard Pine drehte sich um und trat an den Aktenschrank. Er kramte einen Schlüssel heraus, öffnete die unterste Schublade, griff tief hinein und zog ein Magazin in einer Plastik-Schutzhülle heraus. Das Magazin hieß *SportsGlobe*. Es war zwanzig Jahre alt. Auf dem Cover war ein Model im Badeanzug zu sehen.

Eine Seite war mit einem gelben Post-it markiert. Pine schlug sie vorsichtig auf.

»Pia«, sagte er mit so sehnsüchtiger Stimme, dass auch Wilde beinah zusammenzuckte. »Hinreißend, oder?«

Wilde betrachtete das Model in dem extrem knappen Bikini.

»Als das Foto entstand, waren wir ungefähr ein Jahr zusammen. Pia hat hauptsächlich für Dessous und Bikinis gemodelt. Sie hat sich auch für die Badeanzugausgabe der *Sports Illustrated* beworben. Wissen Sie noch, wie wichtig die damals war?«

Wilde antwortete nicht.

»Pia ist also zu Probeaufnahmen gegangen oder wie immer man das nennt, und wissen Sie, was die von der *Sports Illustrated* zu ihr gesagt haben?«

Er schwieg und wartete auf eine Antwort. Damit es weiterging, sagte Wilde: »Nein.«

»Sie haben gesagt, sie sei zu kurvig. Das Wort haben sie benutzt. Kurvig. Sie dachten, ihre …«, er hielt sich die offenen Hände vor die Brust, »… müssten falsch sein. Ist das nicht unglaublich? Sie sagten, sie wären so perfekt, das müssten Implantate sein.« Er deutete auf das Foto. »Aber die sind echt. Fantastisch, oder?«

Wilde sagte nichts.

»Ich hör mich an wie ein Schwein, stimmt's?«

Wilde entschied sich für die Lüge, die Pine am ehesten zum Weiterreden animieren könnte. »Eigentlich nicht.«

»Wir haben uns in einem Club im East Village kennengelernt. Ich konnte mein Glück kaum fassen. Ich meine, da waren alle Typen hinter ihr her. Aber wir haben uns einfach auf Anhieb gut verstanden. Sie war so schön. Ich konnte einfach nicht aufhören, sie anzustarren. Wir waren schwer verliebt. Ich habe damals bei Smith Barney gearbeitet und ziemlich gut verdient. Pia hat ein bisschen gemodelt. Gerade genug. Ich behaupte nicht, dass es perfekt war. Schöne Frauen, Frauen, die so aussehen, sind immer ein bisschen überdreht. Das gehört wohl einfach dazu. Aber, na ja, damals fand ich das halt aufregend, und sie war eben superheiß. Wir waren verliebt, wir hatten Geld, die Stadt stand uns offen, wir hatten keine Verpflichtungen …«

Bernard Pine klappte das Magazin so behutsam wieder zu, als wäre es ein fragiles religiöses Schriftstück, und schob es wieder in die Schutzhülle. Er drehte sich um, legte es wieder nach hinten in den Aktenschrank und verschloss die Schublade.

»Wir waren ungefähr ein Jahr zusammen, als Pia mir sagte, dass sie keine Kinder kriegen kann. Das klingt jetzt vielleicht etwas seltsam, aber wir hatten vorher nie darüber gesprochen. Ich weiß es nicht genau, aber ich glaube, sie hatte ein bisschen Angst vor meiner Reaktion. Aber – und das mag Sie überraschen – ich war begeistert. Wir haben zusammen einen Riesenspaß gehabt. Ich wollte nicht, dass ein Baby das verdirbt, und – das klingt jetzt sicher furchtbar – ich habe ihren Körper so sehr geliebt. Ich hatte Freunde mit heißen Frauen. Nicht so heiß wie Pia, aber heiß. Und nach der Geburt, na ja, Sie wissen schon, was ich meine.«

Wilde sagte: »Mhm.«

»Ich bin nur ehrlich.«

Wieder sagte Wilde: »Mhm.«

»Also haben wir geheiratet. Großer Fehler. Bevor wir die Sache offiziell gemacht hatten, war zwischen Pia und mir alles bestens gelaufen. Aber dann fängt man an, mit anderen verheirateten Paaren herumzuhängen, und alle haben Babys. Pia, na ja, das was ich für eine leichte Überspanntheit und Launenhaftigkeit gehalten hatte, hat sich zu einer Depression oder bipolaren Störung entwickelt. Sie ist den ganzen Tag im Bett geblieben. Sie hat keine Aufträge mehr angenommen. Sie hat sogar ein paar Pfund zugelegt.«

Wilde wollte so tun, als würde er nach Luft schnappen und »wie furchtbar« sagen, verhielt sich aber ruhig.

»Und natürlich wollte Pia jetzt ein Baby. Ich war nicht sicher, ob das wirklich eine gute Idee war, aber ich habe sie geliebt. Ich wollte, dass sie glücklich ist. Und wir waren ja auch nicht die ersten Menschen, die glaubten, dass ein Baby die eigene Ehe retten könnte. Also haben wir angefangen, über Leihmutterschaft und Ähnliches zu reden, aber dann bin ich auf diese Adoptionsagentur in Maine gestoßen. Sie ist etwas teurer, sorgt aber dann auch dafür, dass alles glattläuft. Die Agentur hat uns versichert, dass wir innerhalb von sechs Monaten ein gesundes Baby bekommen würden. Tja, und bei Pia hat es auch gut gewirkt. Als sie das hörte, hat sie wieder angefangen, auf sich achtzugeben. Es war fast wie früher, außer dass sie besessen war von der Ankunft des Babys. Plötzlich wollte sie nicht mehr in der Stadt wohnen. Die Stadt wäre schmutzig, sagte sie. Es sei nicht der richtige Ort, um ein Kind großzuziehen. Und dann hat sie im Immobilienteil der *New York Times* dieses Haus gefunden.« Bernard breitete die Hände aus. »Sie wissen schon. ›Lieben Sie das Ungewöhnliche?‹« Also haben wir es gekauft und sind zwei Tage bevor Naomi zu uns kam hier rausgezogen. Alles sollte ganz wunderbar werden.«

Bernard Pine hielt inne.

»Und was ist dann passiert?«, fragte Wilde.

»Irgendwo hab ich mal gelesen, dass selbst Adoptivmütter an Wochenbettdepressionen oder Ähnlichem leiden können. Ich weiß nicht, ob es das war, aber Pia ist dabei irgendwie auf der Strecke geblieben. Es war schrecklich. Sie konnte keine Beziehung zu ihrer Tochter aufbauen. Nicht einmal oberflächlich. Es war, als wäre unser Baby eine Spenderniere gewesen, die von Pias Körper abgestoßen wurde.«

Interessantes Bild, dachte Wilde. »Und was haben Sie dann gemacht?«

»Ich habe Kindermädchen angestellt. Und Pia hat sie immer wieder gefeuert. Ich habe versucht, sie davon zu überzeugen, zu einem Psychiater zu gehen, aber das hat sie rundheraus abgelehnt. Außerdem hatte ich noch meinen Job. Man braucht mindestens eine Stunde, um von hier in die Stadt zu kommen, ganz egal, wie man es macht.« Er kniff die Augen zusammen, dann öffnete er sie wieder. »Eines Tages bin ich nach Hause gekommen, und Naomi hatte einen blauen Fleck am Arm. Sie ist gefallen, sagte Pia. Kurz darauf hatte sie eine Wunde über dem Auge. Das Mädchen ist tollpatschig, sagte Pia.«

Bernard ballte eine Faust und hielt sie sich vor den Mund. »Es ist sehr schwer, darüber zu reden.«

»Wollen Sie ein Glas Wasser oder so?«

»Nein, ich will es hinter mich bringen, bevor ich den Schwanz einziehe. Ich habe das noch nie erzählt. Niemandem. Wahrscheinlich hätte ich damals mehr tun müssen. Ich hätte darauf bestehen müssen, dass Pia sich Hilfe sucht oder …«

Wieder brach er erschöpft ab, und einen Moment lang fürchtete Wilde, dass er nicht weitersprechen würde.

»Wir sind so weit gekommen«, sagte Wilde. »Jetzt erzählen Sie mir auch den Rest.«

»Ich habe angefangen, mir um Naomis Gesundheit Sorgen zu machen. Also bin ich irgendwann nicht zur Arbeit gefahren. Ich habe einfach so getan, als würde ich zum Bus gehen, bin dann aber im Ort geblieben. Ich weiß gar nicht so genau, warum ich das getan habe. Wahrscheinlich ist mir irgendetwas an jenem Morgen besonders komisch vorgekommen. Oder es war eine Art Vorahnung, ich kann es nicht sagen. Jedenfalls bin ich eine Stunde nachdem ich das Haus verlassen hatte wieder zurückgekommen. Völlig unerwartet. Schon in der Einfahrt konnte ich die Schreie hören. Von beiden. Beide haben aus vollem Hals geschrien. Ich bin ins Haus gerannt. Sie waren oben. Pia hat sie gebadet. Das Wasser … es war so heiß, dass ich Dampf aufsteigen sah.«

Wieder kniff er die Augen zu.

»Das war's dann. Der Tropfen, der das Fass zum Überlaufen gebracht hat. Ich habe Pia gezwungen, sich Hilfe zu suchen, wobei ›Hilfe‹ ein relativer Begriff ist. Wir haben uns scheiden lassen – heimlich, still und leise. Die Welt brauchte schließlich nicht zu erfahren, was passiert war, oder? Pia hat auf ihr Sorgerecht verzichtet. Vielleicht, um sich mein Schweigen zu erkaufen. Oder weil sie wusste, dass sie sich sowieso nie für Naomi interessieren würde. Das ist jetzt fünfzehn Jahre her. Seitdem hat Naomi ihre Mutter nicht mehr gesehen.«

Wilde versuchte das, was er gerade gehört hatte, zu verarbeiten, die furchtbare Geschichte hinter sich zu lassen und seine Ermittlung fortzusetzen. Dann fragte er: »Sind Sie sicher?«

»Was meinen Sie?«

»Könnten Naomi und Ihre Ex-Frau sich hinter Ihrem Rücken getroffen haben?«

»Das kann ich mir nicht vorstellen. Pia kämpft immer noch mit schweren psychischen Problemen, hat es aber geschafft, sich einen neuen reichen Ehemann zu angeln. Ich vermute, dass sie schon seit langer Zeit aufgehört hat, an Naomi zu denken.«

SECHSUNDZWANZIG

Hester rief Aaron Gerios an, einen ehemaligen FBI-Agenten, der Erfahrung bei Geiselnahmen und Entführungen hatte. »Ich würde dir gern eine hypothetische Situation schildern.«

»Eine hypothetische«, wiederholte Gerios.

»Ja«, sagte Hester. »Du weißt, was das Wort hypothetisch bedeutet, oder, Aaron?«

»Wenn du anrufst, heißt das, dass die Situation real und nicht hypothetisch ist, du mir aber nicht sagen kannst, um wen es sich handelt.«

»Ich werde so tun, als hättest du das auf eine hypothetische Art gesagt.«

Hester schilderte die Situation, sprach über die Entführung und das Ultimatum. Aarons Vorschläge entsprachen zum größten Teil dem, was Wilde bereits eingeleitet hatte. Im Prinzip machten sie also alles richtig, besonders unter diesen Umständen. Auch Gerios war keineswegs überzeugt, dass es sich um eine echte Entführung handelte.

»Klingt eher so, als wollte der Junge seinen Eltern eins auswischen.«

»Durchaus möglich.«

»Oder ein heißes Mädel hat ihn angestiftet, das zu tun.«

»Ein schwanzgesteuerter Mann«, sagte Hester. »Ich wusste gar nicht, dass es so etwas gibt.«

»Du warst schon immer eine schwer naive Braut, Hester.«

»Ja, das stimmt natürlich. Danke, Aaron.«

»Kein Problem. Aber darf ich dir zum Abschluss einen guten, wenn auch nicht sehr originellen Rat erteilen?«

»Natürlich.«

»Überzeug deine hypothetischen Eltern davon, das reale FBI zu kontaktieren. Selbst wenn es nur eine Seifenblase ist, neigen solche Vorfälle dazu, in die Hose zu gehen, wenn wir nicht beteiligt sind.«

Aaron legte auf.

Hester spazierte immer noch auf dem Gelände von Maynard Manor herum. Zweifelsohne war das Anwesen auf die erwünschte altmodische Art und Weise großartig, aber ein paar moderne Akzente waren etwas schrill geraten. So kam Hester gerade an einem »Skulpturengarten« vorbei, in dem einige kitschige Bronzestatuen standen, die die Familie Maynard darstellten. Die Zwillinge, die jetzt vierzehn waren – Hester fielen ihre Namen nicht ein, irgendwie fingen beide mit K an wie Katie oder Karen –, sahen hier aus wie Sieben- oder Achtjährige. Eines der Mädchen ließ einen Bronze-Drachen steigen, während das andere einen bronzenen Fußball kickte. Der Bronze-Crash war etwa zwölf oder dreizehn und trug einen Lacrosse-Schläger über der Schulter wie Huckleberry Finn seine Angelrute. Bronze-Delia und Bronze-Dash betrachteten ihre Bronzekinder lachend. Die ganze Bronze-Maynard-Familie lachte, sodass dieses Lachen für alle Ewigkeit auf ihren Gesichtern erstarrt war, was ziemlich gruselig wirkte.

Hesters Handy klingelte. Im Display erschien OREN. Immer noch liefen ihre Wangen rot an, als sie seinen Namen sah.

»Ich höre«, sagte Hester.

»Warum meldest du dich am Telefon immer so?«

»Lange Geschichte.«

»Kann ich sie irgendwann in der näheren Zukunft hören?«

Sie lächelte. »Wie nah?«

»Ich habe heute Nacht Bereitschaft, muss also hier in der Nähe bleiben. Was hast du vor?«

»Ich bin im Ort.«

»Zu Besuch bei Matthew und Laila?«

»Nein, was anderes«, sagte Hester. »Geschäftlich.«

»Oh. Hast du dann überhaupt Zeit zum Abendessen? Es ist nicht ganz so gut wie gestern Abend, aber ich habe genug Einfluss und Macht, um einen Tisch bei Tony's Pizza and Sub zu bekommen. Ich würde dich sogar einladen.«

»Danke dafür übrigens.«

»Wofür?«

»Dafür, dass ich gestern Abend bezahlen durfte. Dafür, dass du dich einfach bedankt und nicht die Macho-Karte gespielt und darauf bestanden hast, die Rechnung zu übernehmen.«

»Ich habe mich bemüht, ein moderner, einfühlsamer Mann zu sein. Wie hab ich mich geschlagen?«

»Sehr gut.«

»Ich hab das auch nie so recht verstanden.«

»Was?«

»Wahrscheinlich klingt das jetzt zu politisch korrekt.«

»Sprich weiter.«

»Seien wir ehrlich. Du verdienst viel mehr als ich. Ich bin da nicht so im Bilde. Ganz im Gegenteil. Aber ich begreif die Jungs absolut nicht, die einen Rappel kriegen, wenn die Frau mehr verdient als sie. Ich hab das immer so gesehen, dass ich schließlich besser dastehe, wenn ich mit einer sehr erfolgreichen Frau zusammen bin. Je erfolgreicher mein Mädel ist, desto besser steh ich da. Klingt das logisch?«

Er hat »mein Mädel« *gesagt. Verzückung.*

»Das heißt dann also«, sagte Hester, »dass dein nicht beendeter Gedankengang eigentlich auf Selbstbezogenheit basiert?«

»Genau.«

Hester bemerkte, dass sie auf eine Art lächelte, auf die sie normalerweise nie lächelte. »Gefällt mir.«

»Und nachdem ich das alles gesagt habe, geht das Essen heute Abend auf mich. Was mich weniger kosten wird als das Trinkgeld, das du gestern gegeben hast. So gegen sieben? Es sei denn, du fährst heute Abend noch zurück in die Stadt.«

Hester überlegte. Sie wusste nicht, wie sich die Kidnapping-Situation weiterentwickeln würde, aber sie musste so oder so in der Nähe bleiben – und wahrscheinlich musste sie dann auch etwas essen. Sie verabredeten sich unverbindlich, dann legten sie auf.

Hester ging zurück zum Herrenhaus. Das Grundstück war riesig, aber es sprach Hester nicht an. Diese ewige Ruhe machte sie nervös.

Hester entdeckte Delia in der Disney-World-Bibliothek. Sie telefonierte. Als Delia Hester sah, winkte sie sie herein. Delia legte den Zeigefinger dabei auf die Lippen, um Hester zu signalisieren, dass sie leise sein sollte, dann drückte sie die Lautsprechertaste, damit sie mithören konnte.

Delia sagte: »Vielen Dank für den Rückruf, Sutton.«

»Ich hätte mich schon früher gemeldet, Mrs Maynard, aber ich hatte Unterricht.« Die Stimme eines Teenagers. »Ist mit Crash alles okay?«

»Warum fragst du?«

»Na ja, er ist heute nicht in der Schule.«

»Wann hast du das letzte Mal mit ihm gesprochen?«

»Mit Crash? Wir haben gestern noch Nachrichten geschickt.«

»Wann war das, Sutton?«, fragte Delia.

Sutton zögerte.

»Er steckt nicht in Schwierigkeiten«, sagte Delia. »Aber er

hat gestern Abend das Haus verlassen, und seitdem habe ich nichts von ihm gehört.«

»Wenn Sie einen Moment warten«, sagte Sutton, »kann ich auf dem Handy nachsehen, wann es genau war.«

»Gern.«

Nach einer kurzen Pause sagte Sutton: »Ein Uhr achtundvierzig.«

»Was hat er geschrieben?«

»Er hat nur geschrieben, dass er losmuss.«

»Das ist alles?«

»Ja. ›Ich muss los.‹ Das ist alles.«

»Hast du eine Idee, wo er sein könnte?«

»Nein, tut mir leid. Ich bin sicher, dass es nichts weiter ist. Ich kann Trevor, Ryan und die anderen Jungs noch mal fragen.«

»Das wäre toll, danke.«

»Es ist nur …«, fing Sutton an.

»Ja?«

»Na ja, ich will nicht, dass Sie sich Sorgen machen oder so. Aber normalerweise schickt er mir Nachrichten. Viele. Ich meine, das machen wir alle. Wir haben Chat-Gruppen und ganz normale SMS und Snapchat und so weiter. Ich meine, ich kann mich nicht erinnern, wann er mir das letzte Mal morgens keine SMS geschickt hat.«

Delia führte eine Hand an ihren Hals. »Hast du ihm eine Nachricht geschickt?«

»Nur eine. Keine Antwort. Soll ich es noch mal versuchen?«

»Ja, bitte.«

»Ich melde mich, wenn ich was höre.«

Delia sah Hester an. Die formte mit den Lippen das Wort »Naomi«. Delia nickte.

»Ist Crash mit Naomi Pine befreundet?«

Schweigen.

»Sutton?«

»Warum fragen Sie nach Naomi?«

Wieder sah Delia Hester an. Hester zuckte die Achseln.

»Na ja, Naomi wird vermisst...«

»Und Sie glauben, dass Crash bei ihr ist?«

Die Skepsis in ihrer Stimme war unüberhörbar.

»Ich weiß es nicht. Ich frage ja nur. Sind die beiden Freunde?«

»Nein, Mrs Maynard. Das soll jetzt nicht gemein klingen, aber Naomi und Crash verkehren in sehr unterschiedlichen Kreisen.«

»Und doch hat er sie überredet, sich auf dieses Challenge-Game einzulassen, oder?«

»Ich muss in den Unterricht. Wenn ich etwas von Crash höre, melde ich mich sofort.«

Sutton legte auf.

Hester sagte: »Ist das Crashs Freundin?«

»Immer mal wieder. Sutton ist wohl das beliebteste Mädchen der Schule.«

»Und Crash ist einer der beliebtesten Jungen«, sagte Hester.

»Ja.«

»Vielleicht hat der beliebte Junge ja plötzlich eine Schwäche für das verfemte Mädchen.«

»Klingt nach einer schlechten Teenager-Romanze«, sagte Delia mit einem Achselzucken. »Andererseits wäre es ja nicht das erste Mal.«

»Vielleicht waren seine Schikanen...«

»Mein Sohn hat sie nicht schikaniert.«

»...oder wie auch immer Sie es nennen wollen. Vielleicht

war es wie auf dem Spielplatz, wo der kleine Junge dem Mädchen an den Zöpfen zieht, weil er sie mag.«

Delia gefiel das nicht. »Dieser kleine Junge wird normalerweise ein Soziopath.«

»Was ist auf den Videos, Delia?«

Der plötzliche Themenwechsel überraschte Delia Maynard. Und genau das hatte Hester bezweckt. Sie studierte Delias Gesicht und suchte nach verräterischen Zeichen. Sie glaubte, etwas gesehen zu haben, war sich aber nicht hundertprozentig sicher. Hester hatte sehr viel Erfahrung mit Vernehmungen. Sie konnte eine Lüge besser erkennen als die meisten anderen, aber die Leute, die von sich behaupteten, das »idiotensicher« zu können, waren, um es in denselben Worten auszudrücken, normalerweise selbst die Idioten.

»Nichts Wichtiges«, sagte Delia.

»Dann nehmen Sie Kontakt zum FBI auf.«

»Das geht nicht.«

»Was dann dafürspricht, dass Sie etwas zu verbergen haben. Tut mir leid, aber Subtilität ist nicht meine Stärke, also komme ich direkt auf den Punkt: Ich glaube, Sie lügen. Und, was noch schlimmer ist, Sie belügen mich. Also lassen Sie mich das klarstellen. Es ist mir egal, was Sie verheimlichen oder was auf den Videos zu sehen ist. Wenn ich als Ihre Anwältin es erfahre, dann bleibt es geheim.«

Delia lächelte, es lag aber keine Freude darin. »In jedem Fall?«

»In jedem Fall.«

»Ganz egal, was passiert?«

»Ganz egal, was passiert.«

Delia durchquerte den Raum und sah aus dem Fenster. Die Aussicht war spektakulär, sie schien Delia Maynard aber weder Frieden noch Trost oder Freude zu spenden. »Ich habe

Ihnen ja schon gesagt, dass ich neulich Ihre Sendung gesehen habe. Als Saul Strauss zu Gast war.«

»Ja, was war damit?«

»Als Strauss mit diesen ›Was wäre, wenn Sie Hitler stoppen könnten‹-Spekulationen anfing, sind Sie ihm ins Wort gefallen.«

»Natürlich bin ich das«, sagte Hester. »Das ist auf tausenderlei Ebenen kompletter Unfug.«

»Nehmen wir – rein hypothetisch – einmal an, ich hätte da etwas, das Hitler aufhalten könnte ...«

»Oh, bitte ...«

»... und ich vertraue es Ihnen als meiner Anwältin an.«

»Würde ich es verraten?«, fragte Hester. »Nein.«

»Selbst wenn es bedeuten würde, dass Hitler an die Macht kommt?«

»Ja, aber es ist eine lächerliche Hypothese«, sagte Hester. »Ich will nicht zu sehr ins Detail gehen, aber haben Sie mal etwas von dem Hitler-Paradoxon gehört? Kurz zusammengefasst läuft es darauf hinaus, dass, wenn Sie in der Zeit zurückgehen und Hitler im Kindbett umbringen könnten, es so erhebliche Veränderungen nach sich ziehen würde, dass es nahezu alles und damit auch jede spätere Geburt beträfe, was wiederum dazu führen könnte, dass wir beide gar nicht hier wären. Aber die Annahme ist nicht deshalb lächerlich. Sie ist lächerlich, weil ich weder in die Zukunft sehen noch in der Zeit zurückreisen kann. Die Zukunft ist nur Spekulation – keiner von uns weiß, wie sie aussehen wird. Daher kann ich Ihnen sagen, dass ich Ihr düsteres Geheimnis nicht verraten werde, ganz egal, was es ist. Ganz egal, was passiert. Weil ich nicht weiß, ob ich den nächsten Hitler so wirklich aufhalten könnte. Ich weiß nicht einmal, ob es überhaupt wünschenswert wäre, den nächsten Hitler aufzuhalten. Wenn ich Hitler gestoppt hätte, wäre stattdessen vielleicht ein fähigerer Irrer an die Macht gekommen – und das womöglich erst, nachdem diese deutschen Wissenschaftler die Atombombe entwickelt hätten. Vielleicht wäre alles noch viel schlimmer geworden. Verstehen Sie, was ich meine?«

»Das tue ich«, sagte Delia. »Es gibt zu viele unbekannte Variablen. Sie glauben vielleicht, ein Gemetzel zu stoppen – und erzeugen dadurch ein viel größeres.«

»Genau. Ich habe in meinem Job schon ein paar furchtbare Geständnisse gehört. Schreckliche, grauenvolle …« Hester schloss einen Moment die Augen. »Und vielleicht wäre die Welt besser geworden, wenn ich meinen Eid gebrochen hätte. Das beträfe aber nur einen winzigen Bereich. Einer Familie wäre vielleicht Gerechtigkeit widerfahren. Oder ich hätte eine weitere Tragödie verhindert und Schlimmeres. Aber im Endeffekt muss ich dem System vertrauen, so fehlerbehaftet es auch sein mag.«

Delia nickte langsam. »Auf den Videos ist nichts.«

»Sind Sic sicher?«

»Das bin ich. Man sieht ein paar Dinge, die Rustys Feinde gegen ihn verwenden könnten. Aber es gibt keine eindeutigen Beweise.«

»Also gut«, sagte Hester. Ihr Handy vibrierte. Eine SMS von Wilde. Sie las sie:

> Meine Security-Leute werden innerhalb der nächsten halben Stunde hier sein.

Delia wollte noch einen Anruf tätigen. Hester musterte sie einen Moment lang. Delia spürte ihren Blick und sah sie an. »Was ist?«, fragte Delia.

»Eine Einschränkung muss ich allerdings machen«, sagte Hester. »Von Mutter zu Mutter.«

»Okay.«

»Wenn es darum ginge, meinen Sohn zu retten, würde ich reden.«

Delia rührte sich nicht.

»Ich würde schreien, ich würde kreischen, ich würde alles ausplaudern. Da gehen all unsere hochtrabenden Theorien den Bach hinunter. Wenn ich in der Zeit zurückreisen könnte, wenn ich eine Wahrheit enthüllen könnte, die mir meinen Sohn zurückbringt, würde ich es sofort tun. Verstehen Sie?«

»Ich glaube schon.«

Hesters Augen blieben trocken, als sie kurz nickte und sich abwandte.

SIEBENUNDZWANZIG

Das Team von Wildes alter Security-Firma fuhr in zwei Fahrzeugen vor.

Das erste war ein dunkelgrüner Honda Odyssey Minivan. Gefahren wurde er von Rola Naser, der Firmengründerin. Als Rola die Autotür öffnete, hörte Wilde ihre Kinder auf dem Rücksitz kreischen. Aus dem Radio plärrte ein Wiggles-Song über leckeren Obstsalat.

»Mami ist gleich zurück«, sagte Rola.

Weder das Kreischen noch die Musik wurden für diese Ansage unterbrochen. Rola stieg aus dem Minivan und ging auf Wilde zu. Auf dem Revers ihres blauen Blazers war ein Fleck. Sie trug Puma-Sneaker, Mom-Jeans und hatte sich eine Art Wickeltasche über die Schulter gehängt.

Sie stapfte mit hoch erhobenem Kopf auf ihn zu. Rola war nur gut ein Meter fünfzig groß, also musste sie aufblicken, um ihm in die Augen zu sehen. Wilde bereitete sich innerlich vor.

»Willst du mich verarschen, Wilde?«

»Was?«

»Was?«, ahmte Rola ihn auf eine ziemlich gute, sarkastische Art nach. »Lass das, okay?«

»Entschuldige.«

»Ich hab Besseres verdient, oder etwa nicht?«

»Das hast du, ja.«

»Und wie lange ist es her?«, fragte Rola.

»Weiß ich nicht«, sagte er.

»Doch, natürlich weißt du das. *Zwei* Jahre. *Zwei* verdammte Jahre, Wilde. Das letzte Mal habe ich dich gesehen, als Emma geboren wurde.«

Emma war Rolas fünftes Kind – drei Jungen, zwei Mädchen, alle unter zwölf. Früher, bei den Brewers, war Rola seine Pflegeschwester gewesen. Die Brewers hatten im Lauf der Jahre fast vierzig Pflegekinder aufgenommen, die durch diese Erfahrung alle zu besseren Menschen geworden waren. Einige waren nur ein paar Monate geblieben. Einige, wie Wilde und Rola, viele Jahre.

»Und dieser Fleck, den du die ganze Zeit anstarrst …«, sie deutete auf ihr Revers, »und den du, wie ich weiß, unbedingt wegmachen willst? Das ist Emmas Sabber, schönen Dank auch. Was wolltest du sagen?«

»Ekelhaft?«

Sie schüttelte den Kopf. Rolas Background war, ähnlich wie seiner, ziemlich mysteriös. Ihre Mutter war Araberin sunnitischen Glaubens, die schwanger und unverheiratet aus dem Königreich Jordanien in die USA geflohen war. Sie hatte sämtliche Verbindungen zu Familie und Freunden in ihrem Heimatland abgebrochen. Sie sprach nie darüber. Sie hatte niemandem – nicht einmal Rola – erzählt, wer ihr Vater war.

»Verdammt, Wilde? Zwei Jahre.«

»Entschuldige«, sagte Wilde noch einmal. Er sah zum Minivan hinüber. »Wie geht's euch allen denn so?«

Rola zog eine Augenbraue hoch. »Echt jetzt?«

»Was ist?«

»›Wie geht's euch allen denn so?‹«, ahmte sie ihn wieder nach. »Mehr kommt da nicht? Du besuchst mich nicht. Du rufst nicht an.«

»Ich hab angerufen«, sagte er.

»Wann?«

»Heute. Vorhin.«

Rola sah ihn mit offenem Mund an. »Ist das dein Ernst?«

Er antwortete nicht.

»Du hast angerufen, weil du Hilfe brauchst.«

»Ist trotzdem ein Anruf«, sagte er.

Rola schüttelte den Kopf und sagte mit tiefem Bedauern in ihrer Stimme: »Ach, Wilde, du wirst dich nie ändern, was?«

Er hatte Rola gewarnt, als sie darauf bestand, ihn zu ihrem Vollzeitpartner zu machen. Er hatte ihr gesagt, dass er es niemals durchhalten würde. Sie hatte es gewusst und sogar Verständnis dafür gezeigt, andererseits hatte sie schon immer diesen wilden Cheerleader-Optimismus versprüht, selbst wenn sie eigentlich keinen Grund dazu hatte. Im Haus der Brewers war Rola kontaktfreudig, ungestüm, engagiert und gesellig gewesen und hatte pausenlos geredet. Sie hatte die hektische Aktivität geliebt, das ewige Kommen und Gehen der vielen Pflegekinder, was, wie Wilde vermutete, zum Teil auch daran lag, dass sie es nicht aushielt, allein zu sein.

Rolas Sehnsucht nach Trubel und vielen Menschen war ähnlich ausgeprägt wie Wildes Sehnsucht nach Einsamkeit.

Rola hatte nicht nur alle Hindernisse überwunden, sie hatte es mit wehenden Fahnen getan – sie war Jahrgangsbeste der Highschool, stellvertretende Jahrgangssprecherin, Kapitänin sämtlicher Fußballmannschaften, in denen sie gespielt hatte. Als herausragende College-Sportlerin hatte das FBI sie umworben. Sie hatte dort eine steile Karriere begonnen, und als Wilde seine Dienstzeit bei der Army beendete, gelang es ihr irgendwie, ihn zu überreden, mit ihr zusammen eine Privatdetektei zu gründen. Sie beschloss, sie CRAW zu nennen – Chloe, Rola And Wilde.

Die inzwischen verstorbene Chloe war der Hund der Brewers gewesen.

»CRAW«, hatte Rola damals gesagt. »Ist doch ein hübscher Name, oder?«

»Bezaubernd.«

Wilde hatte versucht dabeizubleiben, sich einzufügen und regelmäßig ins Büro zu gehen, aber im Endeffekt hielt er es einfach nicht aus. Das war nicht sein Leben. Er hatte versucht, Rola ihre Anteile zurückzugeben, aber sie nahm sie nicht an. Sein Name sollte weiterhin an der Tür stehen, also erledigte er gelegentlich ein paar außerplanmäßige Einsätze für sie.

Er wusste, dass er besser kommunizieren musste – zurückrufen, präsenter sein, sich ab und zu melden, soziales Engagement zeigen. Rola, Scott und ihre Kinder bedeuteten ihm auch wirklich viel. Sehr viel. Trotzdem gelang es ihm nicht, mehr zu tun. Es war einfach nicht sein Ding.

»Ich hab alles mitgebracht.« Rola stürzte sich sofort in die Arbeit.

Sie ließ die Tasche von der Schulter rutschen und reichte sie ihm.

Er runzelte die Stirn. »Ist das eine Wickeltasche?«

»Keine Sorge. Sie ist brandneu. Keine Keime. Falls sie jemand öffnet, sieht er nur saubere Babykleidung und Windeln. Du kannst behaupten, dass du ein fürsorglicher Onkel wärst, auch wenn das ziemlich weit hergeholt ist. Soll ich dir zeigen, wo die versteckten Taschen sind?«

»Die find ich schon.«

»Ich habe noch vier GPS-Tracker und drei Einweg-Handys eingepackt. Brauchst du ein Messer?«

»Nein.«

»Es ist trotzdem eins in dem Fach mit dem Schnappverschluss. Bei den Feuchttüchern.«

»Großartig.« Wilde betrachtete das andere Auto. Ein

schwarzer Buick. »Ich brauche drei Leute, die die Maynards rund um die Uhr bewachen.«

»Drei von unseren Besten sind im Buick«, sagte Rola. Sie nickte. Die Wagentüren wurden geöffnet, und das Sicherheitsteam stieg aus.

»Lauter Frauen«, sagte Wilde.

»Hast du ein Problem damit?«

»Nein.«

»Du bist so unglaublich progressiv, Wilde. Und der Rotschopf rechts ist keine Frau. Zelda ist nicht-binär.«

Zelda winkte ihm kurz zu. Wilde winkte zurück.

»Wir vier werden uns abwechseln«, sagte Rola.

»Moment mal. Du auch?«

»Ja, ich auch. Ich bin in der ersten Gruppe.«

»Du kannst die Kinder nicht zu den Maynards mitnehmen.«

»Tatsächlich, Wilde? Das war mir nicht klar. Danke, dass du es mir sagst. Kann ich mir das kurz aufschreiben?« Rola mimte einen Stift in der Hand und einen Block in der Handfläche. »Bei … Entführung … Keine … Kinder … Mitbringen.« Sie legte den unsichtbaren Stift weg. »Siehst du. Das wäre auch geklärt.«

»Ach Rola«, ahmte er sie nach, »du wirst dich nie ändern, was?«

Sie lächelte.

Wilde sah den Honda Odyssey an. »Also, wen hast du da bei dir im Wagen?«

»Emma und die Zwillinge.«

Die Zwillinge waren sechs Jahre alt, wie ihm nach kurzer Überlegung wieder einfiel.

»Ich bring Zoe und Elijiah nach Upper Saddle River zum Geburtstag einer Freundin, sie feiert im Gravity Vault, das ist eine von diesen Kletterhallen. Und Emma kann ich auch dort lassen, weil eine der Mütter sich bereit erklärt hat, auf sie aufzupassen, bis Scott sie abholt. Ich bin dann in spätestens einer halben Stunde bei den Maynards.«

»In Ordnung.«

»Muss ich noch irgendwas wissen?«

»Du kennst den Ablauf.«

Rola salutierte übertrieben. »Alles klar.«

Eine Sekunde lang standen die beiden sich unsicher gegenüber und wussten nicht, was sie tun sollten.

»Ich muss los«, sagte Wilde und zeigte mit dem Daumen unbeholfen hinter sich. Dann wandte er sich ab. Er hörte, wie der schwarze Buick losfuhr und Rola mit ruhiger Stimme meinte: »Zoe, lass die Haare deines Bruders los«, als sie wieder in den Minivan stieg.

Zehn Minuten später erreichte Wilde den Seven-Eleven-Minimarkt in der Nähe der Highschool. Ava hatte ihm gesimst, dass sie sich hier mit ihm treffen würde, weil die Schule aufgrund der gestrigen physischen Auseinandersetzung mit Thor-Bryce tabu war. Wilde ging hinein, betrachtete die im gläsernen Ofen kreisenden Hot Dogs und die Slurpee-Automaten. Im Seven-Eleven änderte sich nichts. Die Zeit schritt überall voran, außer im Seven-Eleven.

Als Ava O'Brien auf den Parkplatz fuhr, spürte Wilde, dass sein Handy vibrierte. Ein Blick aufs Display verriet ihm, dass es Gavin Chambers war.

»Wo sind Sie?«, fragte Gavin.

»Seven-Eleven.«

»Ist das Ihr Ernst?«

»Ich könnte Ihnen ein Foto von einem Slurpee als Beweis schicken.«

»Warten Sie dort auf mich.«

»Wieso?«

»Ich muss Ihnen etwas zeigen. Rühren Sie sich nicht von der Stelle.«

Chambers legte auf. Ava kam herein und fragte ohne jede Einleitung: »Was gibt's so Dringendes?«

Kein Hallo und auch sonst keine Begrüßung. Eventuell war Ava wegen der gestrigen Ereignisse verärgert. Sie sah heute etwas gestresster aus, aber nicht weniger schön. Ihre Augen funkelten, als sie zu ihm hochsah.

Wilde folgte ihrem Beispiel und kam direkt auf den Punkt: »Kennst du Saul Strauss?«

Ava verzog das Gesicht. »Diesen Aktivisten aus dem Fernsehen?«

»Ja.«

»Ich weiß, wer er ist, klar.«

»Ich meinte, ob du ihn persönlich kennst?«

»Nein. Wieso?«

»Du hast nie mit ihm gesprochen oder auf irgendeine andere Art mit ihm in Kontakt gestanden?«

»Nein. Und ich frage noch einmal: Wieso?«

»Weil er von meinem Zusammentreffen mit Crash bei dir in der Schule wusste.«

»Genau wie alle anderen auch«, sagte Ava. »Wir waren hinterher alle auf dem Parkplatz, falls du dich noch erinnerst.«

»Er wusste mehr als das.«

»Ich verstehe das nicht. Was unterstellst du mir hier?«

»Ich bin auf der Suche nach Saul Strauss' Quelle.«

Das Funkeln in den Augen entflammte. »Und deshalb holst du mich in meiner Mittagspause aus der Schule? Ich bin es jedenfalls nicht, Wilde. Und warum sollte sich jemand wie Saul Strauss überhaupt für so etwas interessieren?«

Wilde antwortete nicht.

Ava wirkte genervt. »Hallo?«

Er wusste nicht, wie viel er ihr erzählen sollte. Er glaubte ihr, dass sie Strauss nicht kannte – und sowieso sah er da keine nachvollziehbaren Verbindungen. Angenommen, Ava hätte in irgendeiner Form mit Strauss zusammengearbeitet. Angenommen, Ava hätte Strauss erzählt, dass Wilde Crash wegen einer vermissten Teenagerin zur Rede gestellt hatte. Was folgte daraus? Dass Strauss den Jungen entführt hatte? Ergab das irgendeinen Sinn?

Ihm fehlten zu viele Einzelheiten.

»Crash Maynard wird vermisst«, sagte Wilde.

Das überraschte sie. »Moment, mit ›vermisst‹ meinst du …«

»Ausgerissen, untergetaucht, entführt, was auch immer. Gestern Abend war er noch zu Hause. Heute ist er verschwunden.«

Ava überlegte einen Moment. »Du meinst, genau wie Naomi?«

»Ja.«

Sie ging zwei Schritte weiter nach hinten, sodass sie zwischen den Chips und dem anderen Knabberzeug standen. Er sagte nichts. Noch nicht. Er wollte ihr etwas Zeit lassen.

»Das könnte einiges erklären«, sagte Ava.

»Was zum Beispiel?«

»Ich dachte, Naomi hätte … Ich weiß nicht …, dass sie gelogen hätte, wäre vielleicht etwas zu viel gesagt, übertrieben, etwas zu wenig.«

Wilde wartete. Als sie nichts mehr sagte, fragte er: »In welchem Zusammenhang?«

»Crash.«

»Was ist mit ihm?«

»Naomi hat in letzter Zeit angedeutet, dass sie einen geheimen Freund hat – jemand wirklich Beliebtes. Ich hab es nicht ernst genommen. Erinnerst du dich an den alten Witz über den Kerl, der sagt: ›Oh, ich habe eine heiße Freundin, aber die kennt ihr nicht‹?«

Wilde nickte. »Sie wohnt in Kanada oder so.«

»Genau.«

»Du hast angenommen, dass Naomi sich das nur ausgedacht hat.«

»Oder dass sie es sich vielleicht nur einbildet oder so etwas. Ja, am Anfang schon.«

»Und dann?«

»Nachdem ich etwas genauer nachgefragt habe, hat sie mir erzählt, dass es Crash Maynard ist. Sie sagte, dieses ganze Challenge-Game wäre nur Tarnung gewesen, und Crash sei eifersüchtig, weil sie mit Matthew in den Wald gegangen ist.«

Matthew.

»Und was hast du dazu gesagt?«, fragte Wilde.

»Ich habe mich gefragt, ob Crash sie vielleicht einfach wieder reinlegen wollte.«

»Dass er nur vorgibt, sie zu mögen, damit er sie anschließend erniedrigen kann?«

»Ja. Wie in *Carrie*. Oder, Moment, der Junge, der Carrie im Film gefragt hat, war doch eigentlich nett, oder? Wollte er sie nicht verteidigen, und dann haben die Fieslinge sie mit Schweineblut übergossen?«

Wilde wusste es nicht mehr. »Dann gehst du also davon aus, dass Crash vielleicht wirklich auf sie steht?«

»Ich weiß es nicht«, sagte Ava und kaute auf ihrer Unterlippe. »Aber vielleicht ist die einfachste Antwort die beste – Naomi und Crash sind zusammen. Vielleicht wollen sie nur ein paar Tage allein sein. Vielleicht geht uns das Ganze überhaupt nichts an.«

Irgendetwas passte da nicht richtig zusammen – oder es passte viel zu gut zusammen.

»Ich muss zurück in die Schule«, sagte Ava.

»Ich bring dich zum Wagen.«

Sie gingen zum Parkplatz. Ava entriegelte die Türen mit der Fernbedienung. Er überlegte, ob er ihr die Tür aufhalten sollte, aber das kam ihm dann doch zu ritterlich vor. Als sie sich auf den Fahrersitz setzte, gab er ihr ein Zeichen, dass sie das Fenster kurz herunterlassen sollte. Das tat sie. Wilde lehnte sich gegen die Öffnung.

»Außerdem hab ich mit Naomis Dad gesprochen.«

»Und?«

»Er hat gesagt, Naomis Mutter hätte sie misshandelt.«

Er berichtete ausführlich von seinem Gespräch mit Bernard Pine. Avas Augen glänzten tränenfeucht. »Die arme Naomi. Ich wusste natürlich, dass sie keine gute Beziehung zueinander hatten, aber das?« Ava schüttelte den Kopf. »Ich fahr jetzt lieber.«

»Kommst du zurecht?«

»Ja, schon okay.«

»Soll ich später bei dir vorbeikommen?«, fragte er.

Die Worte waren einfach aus ihm rausgesprudelt. Er hatte das nicht geplant. Eigentlich war das gar nicht seine Art.

Ava wirkte überrascht. Sie wischte sich noch einmal über die Augen und wandte sich ihm zu. »Wann?«

»Ich weiß es nicht. Vielleicht heute Abend. Oder morgen. Einfach, um ein bisschen zu reden.«

Ava starrte durch die Frontscheibe, ohne ihn anzusehen.

»Ohne jede Verpflichtung«, fügte Wilde hinzu. »Gut möglich, dass ich sowieso keine Zeit habe, wegen Crash, Naomi und …«

»Ich würde mich freuen.«

Ava streckte die Hand durch das offene Fenster und legte sie auf sein Gesicht. Er wartete. Sie sah aus, als wollte sie noch etwas sagen, aber dann nahm sie die Hand einfach wieder weg. Sie legte den Rückwärtsgang ein, parkte aus und fuhr zurück in Richtung Schule.

ACHTUNDZWANZIG

Ist Arnie Poplin so weit?«, fragte Hester.

Sie stand vor einem Computermonitor im hochmodernen Studio der Maynards. Der Raum war in Weiß und Edelstahl eingerichtet und hätte besser in ein renoviertes Loft in Manhattan gepasst statt in dieses alte Anwesen. An den Wänden waren Fernsehbildschirme angebracht. Ihre Produzentin Allison Grant war in der Leitung.

Rola Naser, die Hester schon seit vielen Jahren kannte, richtete die Übertragungsleitung für die Live-Sendung ein. Hester hatte Rola immer gemocht und bewunderte sie dafür, wie viel Stärke sie bewies, besonders wenn sie unter Druck geriet. Sie hatte sogar gehofft, dass David sich mit ihr verabreden würde, als er und Rola noch auf dieselbe Highschool gingen. Sie hatte ihn sogar ein wenig dazu gedrängt, was wenig überraschend war, wenn man sie kannte. David hatte natürlich nicht auf sie gehört und behauptet, dass das *schräg* wäre, weil Rola ja *so was wie Wildes Schwester* sei.

Und wenn er es getan hätte? Wäre dann alles anders gelaufen? Wäre David dann noch am Leben?

»Alles klar, die Verbindung steht«, sagte Allison.

Hester schüttelte die Geister der Vergangenheit ab und beugte sich zu Rola vor. »Hast du gehört? Es geht los.«

»Hab ich«, sagte Rola, während sie tippte.

Hesters Idee war einfach, wenngleich etwas fragwürdig. Saul Strauss hatte behauptet, seine Quelle hinsichtlich der

Maynard-Videos sei Arnie Poplin. Und Arnie Poplin war süchtig nach Aufmerksamkeit. Hester hatte Allison dazu gebracht, ihn mit dem Versprechen auf ein »Vorbereitungsgespräch für ein Interview« aus der Reserve zu locken, das ihm einen Auftritt in einer Live-Sendung verschaffen könnte.

Rola sagte: »Siehst du den Monitor an der Wand?«

»Meinst du diesen gigantischen Fernseher?«

»Ja, Hester, der gigantische Fernseher.«

»Klar seh ich den. Den könnte man vom Weltraum aus sehen.«

»Stell dich da drüben hin«, sagte Rola. »Ich verbinde dich mit Arnie Poplin.«

»Wo genau soll ich stehen?«

»Da ist ein Kreuz auf dem Boden.«

Hester stellte sich auf das Kreuz aus Isolierband, mit dem in Studios und im Theater die Stellen markiert wurden, an denen eine Person oder eine Requisite stehen sollte.

Rola sagte: »Fertig?«

»Absolut. Kann Arnie dich nicht sehen?«

»Nein. Die Kamera hier zeigt nur dein Gesicht. Deshalb habe ich mich für den Monitor entschieden.«

»Prima.« Hester lächelte ihr zu. »Ist wirklich schön, dich zu sehen, Rola.«

»Ja, ich freue mich auch, dich zu sehen, Hester … Fertig?«

Hester nickte. Rola drückte ein paar Tasten, und der Monitor erwachte zum Leben. Arnie Poplins vertrautes, wenn auch etwas aufgedunsenes Gesicht füllte den Bildschirm. Es war eine Nahaufnahme – so groß, dass man die Poren in seiner Haut erkennen konnte. Hester war versucht, einen Schritt zurückzutreten, aber leider musste sie auf der Markierung bleiben.

»Hi, Arnie.«

Seine abweisende Miene wirkte etwas aufgesetzt. »Was zum Teufel soll das, Hester?«

Sie waren sich im Laufe der Jahre bei der einen oder anderen Gelegenheit begegnet. Vor fünfundzwanzig Jahren hatte Arnie Poplin in einer erfolgreichen Familien-Sitcom den lustigen Nachbarn gespielt. Drei Jahre lang war er berühmt und beliebt gewesen. Dann, puff, war das vorbei. Wie viele andere hatte er mit Entzugserscheinungen zu kämpfen gehabt. Drogen und Ruhm, zwei der Dinge mit dem größten Suchtpotenzial in unserer Gesellschaft. Die Menschen unterschätzten die Macht dieses hellen, wärmenden Feuers, das man als Ruhm bezeichnete, sie unterschätzten, wie finster und kalt es für die Betroffenen wurde, wenn dieses Feuer erlosch.

Also hatte Arnie verzweifelt versucht, im Rampenlicht zu bleiben. Allison Grant hatte einmal halb im Scherz gesagt, dass Arnie Poplin auch bei der feierlichen Öffnung eines Garagentors auftreten würde. Er versuchte, sich katzbuckelnd einen Weg in Spielshows, Reality-Shows, Haus- und Gartenshows und Kochsendungen zu erschleichen – alles, um dieses Feuer wenigstens für ein paar Sekunden wieder anzufachen, auch wenn es nicht mehr so hell und warm wie früher werden würde.

Hester sagte: »Ich wollte Sie fragen …«

»Halten Sie mich für einen Idioten?«

Er war verschwitzt und rot angelaufen.

»Ich habe Ihre Sendung mit Saul Strauss gesehen, Hester. Wissen Sie noch, wie Sie mich genannt haben?«

»Einen Ex-Prominenten, der zu einem durchgeknallten Verschwörungstheoretiker geworden ist«, sagte Hester.

Sein Unterkiefer fiel herab, eine Geste, die sie für gespielte Überraschung hielt. Er brauchte ein paar Sekunden, bis er wieder angemessen empört wirkte. Diese Schauspieler. »Und Sie erwarten, dass ich das einfach vergebe und vergesse?«

»Sie haben zwei Möglichkeiten, Arnie. Sie können diesen Anruf oder dieses Skype-Ding oder was immer das für ein mysteriöses Videogeschehen ist, abbrechen, oder Sie können mir erzählen, wie Sie das Ganze sehen.«

»Sie werden mir nicht glauben.«

»Wahrscheinlich nicht. Aber wenn Sie mich überzeugen können, dass Sie die Wahrheit sagen oder auch nur einen Hauch von Wahrheit, lade ich Sie in meine Sendung ein.«

»Als Einzelgast?« Arnie rieb sich das Gesicht. »Ich will nicht in irgend so eine dämliche Diskussionsrunde.«

»Einzelinterview. Nur Sie und ich.«

Er verschränkte die Arme und tat für eine Millisekunde so, als würde er darüber nachdenken. »Was wollen Sie wissen?«

»Erzählen Sie mir von den Rusty-Eggers-Videos, die Dash Maynard angeblich hat.«

»Es gibt sie.«

»Woher wissen Sie das?«

»Ich war in der *Rusty Show*. Das wissen Sie doch, oder?«

»Natürlich.«

»Hatte hohe Einschaltquoten, als ich noch dabei war. Das erwähnt nie jemand.«

Hester seufzte. »Arnie.«

»Okay, okay. Also, jedenfalls hab ich mitgekriegt, wie sie sich unterhalten haben. Rusty und Dash. Sie haben über die Videos gesprochen. Dash hat geschworen, dass er sie vernichtet hat.«

»Wenn Dash sie aber vernichtet hat …«

»Ach, kommen Sie. Niemand löscht Videos, Hester. Das wissen Sie doch. Und Rusty wusste es auch. Deshalb war er so aufgebracht. Er wusste, dass Dash sie nie ganz löschen oder die Bänder, auf denen sie waren, zerstören würde. Warum sollte er das tun?«

»Dash Maynard schwört, dass er keine Videos hat, die Rusty …«

»Also, na ja, Dash ist halt ein egoistisches Arschloch, oder? Er hat dieses riesige Imperium aufgebaut. Waren Sie schon mal bei ihm? Es sieht aus wie beim *Großen Gatsby*.«

»Haben Sie die Videos gesehen?«, fragte Hester.

»Ich? Nein.«

»Woher wissen Sie, dass es sie gibt?«

»Ich habe sie gehört.«

»Sie haben die Videos gehört?«

»Nein. Ich habe Dash und Rusty gehört, wie sie sich darüber gestritten haben.«

»Und was genau haben sie gesagt?«

»Es war spät am Abend, verstehen Sie? Ich war als Einziger noch da. Sie dachten, dass ich längst weg wäre. Dass sie allein sind. Darf ich Ihnen die Wahrheit sagen?«

»Das wäre nett, Arnie.«

»Ich hatte auf der Toilette das Bewusstsein verloren.«

»Wie bitte?«

»Ja also, ich war im Büro des Studios. In einer Toilettenkabine. Hab auf dem …«

»Ich sehe es vor mir, Arnie.«

»Jedenfalls hatte ich mir ein bisschen Koks reingezogen oder so was. Ich weiß es nicht mehr so genau. Ich bin bewusstlos geworden. Als ich wieder aufgewacht bin, war es total dunkel in der Kabine. Es war zehn Uhr abends. Ich hab mir die Hose hochgezogen. Sie hing immer noch an meinen Knöcheln.«

»Hey, vielen Dank für dieses Detail.«

»Sie wollen doch die ganze Geschichte hören, oder?«

»Boxershorts oder Slip?«

»Hä?«

»Vergessen Sie's«, sagte Hester. »Sie haben sich die Hose hochgezogen.«

»Genau, ich hab mir die Hose hochgezogen. Aber wie ich schon gesagt habe, war es total dunkel. Also pechschwarz. Ich hab nach dem Riegel getastet. Sie wissen schon, der, mit dem man die Kabinentür öffnet.«

»Ja, Arnie, ich kenne diese Riegel. In Damentoiletten gibt es die auch.«

»Jedenfalls war es immer noch dunkel. Ich hab mich aus dem Lokus in den Flur rausgetastet. Ich hatte Angst, dass die da vielleicht nachts die Türen abschließen. Sodass ich eventuell nicht mehr rauskomme. Wissen Sie, was ich meine?«

»Klar, erzählen Sie weiter.«

»Dann hab ich Stimmen gehört. Zwei Männer.«

»Lassen Sie mich raten. Rusty und Dash.«

»Genau. Und sie haben sich gestritten. Ich bin näher ran. Da hab ich gehört, wie Rusty sagte: ›Du musst das Video vernichten. Du musst es mir versprechen.‹ Er war betrunken. Ich hab es an seiner Stimme gehört. Normalerweise hat Rusty sich gut unter Kontrolle, aber da hat er ziemlich besoffen gelallt. Außerdem hat er immer wieder gesagt: »Dir ist gar nicht klar, was damit passieren kann. Du musst es vernichten. Davon darf nie jemand was erfahren.«

»Und was hat Dash darauf gesagt?«

»Er sagte nur, mach dir keine Sorgen, das erfährt schon niemand, dafür würde er sorgen. Aber Rusty hat weiter darauf bestanden. Er hat Dash angefleht, es zu löschen, das dann aber irgendwie wieder zurückgenommen.«

»Was meinen Sie mit zurückgenommen?«

»Er hat es gewusst, Hester. Rusty hat es gewusst.«

»Was hat er gewusst?«

»Er hat gewusst, dass Dash Maynard es nie löschen würde.

Dash sieht sich als seriösen Dokumentarfilmer oder Journalisten oder so was. Als Beobachter. Ich wäre nicht überrascht, wenn er selbst dieses Gespräch aufgezeichnet hätte. Ehrlich. Da waren überall Wanzen. Vielleicht sogar in dieser Toilette.«

»Mhm«, sagte Hester. Das klang mehr und mehr nach Zeitverschwendung. »Und was noch?«

»Reicht das nicht?«

»Eigentlich nicht.«

»Sie haben mitbekommen, dass ich da war.«

»Haben sie etwas gesagt?«

»Nein, aber drei Tage danach bin ich überraschend zu einem Urintest einbestellt worden. Sie haben Drogen in meinem System gefunden und mich gefeuert. Mich. Ihren großen Zuschauermagneten. Aber nicht nur das, das Testergebnis wurde den Medien zugespielt. Sie wissen warum, oder? Es war ein Komplott, um mich zu diskreditieren. Ich war sauber.«

»Sie haben mir gerade erzählt, dass Sie Kokain genommen hatten.«

»Das war drei Tage vorher!«

Er wurde immer aufgeregter, rutschte auf seinem Stuhl herum, sein Blick schoss hin und her, auf seiner Stirn bildeten sich Schweißperlen, und Hester hätte gewettet, dass Arnie Poplin gerade dabei war, etwas zu offenbaren. »Sie mussten mich diskreditieren. Sie mussten mich zum Schweigen bringen.«

»Okay, danke.«

»Rusty hat jemanden umgebracht.«

Hester erstarrte. »Was meinen Sie damit?«

»Das hat Dash gegen ihn in der Hand.«

»Wollen Sie damit sagen«, fing Hester langsam an, »dass Dash Maynard ein Video hat, auf dem Rusty Eggers einen Mord begeht?«

»Ich kann nur das sagen, was ich gehört habe.«

»Und was ist das?«

Rusty hat gesagt: »Ich wollte ihn nicht töten, es war ein Unfall.«

»In diesen Worten?«

»Nein. An den genauen Wortlaut erinnere ich mich nicht mehr. Aber darum ging es. Rusty hat jemanden umgebracht. Darauf basierte ihre Verbindung. Jetzt, wo ich so darüber nachdenke, fällt mir gerade ein, dass Dash es sogar gesagt hat.«

»Was hat er gesagt?«

»Dass er es niemals verraten würde, weil ihr Bündnis darauf beruht. Oder so was Ähnliches. Dass all die guten Dinge, die danach kamen, auf diesem Bündnis basieren. Ich sag es Ihnen, Hester, das sind Mörder. Rusty jedenfalls. Und Dash hat den Beweis. Er ist gesetzlich dazu verpflichtet, diese Information zu veröffentlichen, oder?«

Hester dachte an ihr Gespräch mit Delia, über das, was sie wusste und trotz des Anwaltsgeheimnisses nicht verraten wollte. Sie sah Rola an. Rola zuckte die Achseln, als wollte sie sagen, sie wüsste nicht, ob sie ihm glauben sollte.

»Kann ich in die Show kommen?«, fragte Arnie Poplin. »Ich hätte direkt heute Abend Zeit.«

NEUNUNDZWANZIG

Gavin Chambers fuhr in einem blauen Chevrolet Cruze auf den Parkplatz des Seven-Eleven. Allein. Zumindest für den Moment war er ohne Fahrer und SUV. Diskretion? Möglich. Er stieg mit Baseballmütze und Sonnenbrille aus dem Chevy, was, wie Wilde dachte, eigentlich eine ziemlich dumme Verkleidung war, weil so etwas nur Leute trugen, die versuchten, sich zu verkleiden. Andererseits schien draußen die Sonne. Vielleicht trug Gavin die Sachen ja auch einfach, weil es bequem war.

Vielleicht war auch nicht alles ein verdammter Hinweis.

»Was machen Sie im Seven-Eleven?«, fragte Gavin.

»Ist der Slurpee nicht Grund genug?«

Gavin seufzte. »Also, was haben Sie herausgefunden?«

»Ich habe erfahren, dass ich mich nicht von der Stelle rühren soll, weil Sie mir etwas zeigen wollen. Zumindest haben Sie das am Telefon gesagt.«

Er schüttelte den Kopf. »Sie erinnern mich an meine erste Frau.«

»War sie auch heiß?«

»Heiß und chaotisch.«

Wilde sah auf sein Handy. »Würden Sie mich zu den Maynards fahren? Wir können uns auf der Fahrt unterhalten.«

»Wie Sie wollen.« Er entriegelte den Wagen mit der Fernbedienung. Als sie einstiegen, ließ Gavin die Bombe platzen: »Wir wissen, dass es eine Forderung gab.«

Er startete den Motor und legte den Rückwärtsgang ein.

Wilde gingen sofort vier Möglichkeiten durch den Kopf:

Erstens: Chambers fischte komplett im Trüben. Das kam ihm unwahrscheinlich vor.

Zweitens: Aufgrund der Panik bei den Maynards hatte Chambers einfach spekuliert, dass es eine Forderung gegeben haben musste. In diesem Fall war das eine verdammt gute Vermutung.

Drittens: Er ließ tatsächlich bestimmte Bereiche im Haus abhören. Das war durchaus möglich. Aber Rola würde das Haus sowieso absuchen, dann würde er mehr wissen.

Viertens: Gavin hatte eine Insider-Quelle.

Wie auch immer, Wilde würde seine Aussage weder bestätigen noch abstreiten. An der Ampel wandte Gavin Chambers sich ihm zu und starrte ihn an. Wilde starrte zurück. Beide blinzelten nicht. Als die Ampel grün wurde, hupte hinter ihnen jemand. Gavin schüttelte den Kopf, murmelte etwas und zog sein Handy aus der Tasche.

»Ich hab doch gesagt, dass Crash uns mit den Nachrichten-Apps einen Schritt voraus ist – Snapchat, Signal, WhatsApp und so weiter?«

»Ja.«

»Einer meiner besten Techniker hat eine Nachricht entdeckt, die er gestern Nacht um 2:07 Uhr über eine neue App namens Communicate Plus von seinem Provider bekommen hat. Sie ist verschlüsselt, Nachricht und Absenderadresse werden eine Minute nach dem Öffnen der Datei automatisch gelöscht. Die Einzelheiten kenne ich nicht, aber irgendwie – fragen Sie mich nicht, wie – hat mein Techniker es geschafft, den Schluss der letzten Nachricht zu kopieren, bevor sie gelöscht wurde.«

Er reichte Wilde sein Handy. Die Nachricht lautete:

Natürlich verzeihe ich dir. Ich weiß, dass du es getan hast, um deine Freunde zu täuschen. Ich warte gerade am selben Ort. Ich bin so aufgeregt!!!!

Dahinter drei Herz-Emojis.

Wilde stellte die offensichtliche Frage: »Wissen Sie, woher die Nachricht kam oder wer sie geschickt hat?«

»Nein. Wir wissen nur, dass sie natürlich von jemandem sein muss, der diese App auch benutzt, die Kontaktadresse, die des Providers, von dem sie kam, und so weiter wurden gelöscht.«

Wilde starrte die Nachricht an. Er las sie noch einmal.

»Hat jemand eine Forderung gestellt?«, fragte Gavin.

»Sie sagten doch, Sie wüssten es schon.«

»Was?«

»Der exakte Wortlaut war: ›Wir wissen, dass es eine Forderung gab.‹ Wenn Sie es wissen, brauchen Sie mich ja nicht zu fragen.«

»Können Sie mal fünf Minuten aufhören, eine Nervensäge zu sein? Rusty will helfen.«

»Klar will er das.«

»Und wir wissen doch beide, wer diese Nachricht geschrieben hat.«

Natürlich meinte er Naomi.

»Angenommen, Sie hätten recht«, sagte Wilde, »was wollen Sie dann machen?«

»Haben Sie bei Naomi zu Hause nachgesehen?«

»Ich habe den Vater besucht.«

»Haben Sie das ganze Haus überprüft? Beim letzten Mal war sie doch die ganze Zeit dort im Keller, oder?«

Wilde sagte nichts. Er sah nur auf die Uhr. Es war fast drei, in einer Stunde lief die Frist ab. Als sie sich dem Tor am Anwesen der Maynards näherten, sagte Wilde: »Danke fürs Mitnehmen.«

»Sie wissen, dass ich recht habe«, sagte Gavin.

»In welcher Hinsicht?«

»In jeder Hinsicht. Sie wissen, dass Naomi irgendwie in die Sache verstrickt ist.«

»Mhm. Und in welcher Hinsicht haben Sie noch recht?«

Gavin durchbohrte Wilde mit seinem Blick. »Dass Sie und Ihre Schwester das nicht allein bewältigen können.«

»Die Entscheidung liegt nicht bei mir«, sagte Wilde.

»Wenn Sie den Maynards sagen, sie sollen uns wieder dazuholen, werden sie auf Sie hören.«

Irgendetwas an dieser Begegnung stimmte ganz und gar nicht.

»Danke fürs Mitnehmen, Gavin. Bleiben Sie in Kontakt.«

* * *

Rola erwartete ihn am Eingangstor der Maynards in einem Golfcart.

»Ich bring dich rauf zu Hester.«

Er setzte sich neben sie, und sie fuhren los. Das Gelände war zu gepflegt. Die meisten Menschen fanden das sicher schön. Wilde nicht. Die Natur bemalte ihre Leinwand, dann kam jemand daher und meinte, er könnte das Bild verbessern. Nein. Es sollte – entschuldigen Sie die Wortwahl – eine *wilde* Natur sein. Wenn man sie zähmte, verlor sie das Besondere.

Nachdem er Rola auf den neuesten Stand gebracht hatte, fragte sie: »Was soll ich jetzt machen?«

»Die Forderung.«

»Was ist damit?«

»Darin wird ausdrücklich das ›erste‹ Video verlangt.«

»Was soll das heißen?«

»Dash Maynard und Rusty Eggers haben sich in Washington, D.C., als Praktikanten in Capitol Hill kennengelernt. Versuch, etwas über diese Zeit herauszufinden.«

»Was zum Beispiel?«

»Was weiß denn ich? Haben sie zusammengewohnt? Miteinander abgehangen? Ich gebe zu, dass das ziemlich vage ist und die Erfolgschancen minimal sind.«

»Ich setze ein paar Leute darauf an.«

»Versuch außerdem, Saul Strauss ausfindig zu machen. Wir müssen ihn als ersten Verdächtigen betrachten.«

»Okay. Noch was?«

Wilde überlegte und beschloss, dass sie lieber auf Nummer sicher gehen sollten. »Wenn es dunkel wird, musst du zu Naomi Pines Haus.«

Rola sah ihn an. »Warst du nicht gerade erst dort?«

»Wir müssen es durchsuchen.«

»Und wen oder was suchen wir?«

»Crash und Naomi.«

Rola nickte. »Geht klar.«

Hester saß allein auf einer Steinbank mit Blick auf die Skyline von Manhattan. Als Wilde näher kam, drehte sie sich zu ihm um und hob eine Hand, um ihre Augen vor der Sonne abzuschirmen. Mit der anderen Hand klopfte sie auf den Stein. »Setz dich.«

Das tat er. Einen Moment lang sagte keiner etwas. Sie starrten nur auf die Skyline über den Bäumen. Die Sonne stand gerade so hoch am Himmel, dass alles – Gebäude, Bäume, Berge – aussah, als hätte es einen Heiligenschein.

»Hübsch«, sagte Hester.

»Ja.«

»Und langweilig.« Hester sah ihn an. »Willst du anfangen?«

»Nein.«

»Hatte ich auch nicht erwartet«, sagte sie. Dann: »Ich habe mit Arnie Poplin gesprochen.«

Sie berichtete.

»Jemanden getötet«, sagte Wilde, als sie fertig war.

»Er behauptet, das gehört zu haben.«

»Ich nehme an, dass du nicht die erste Person warst, der er das erzählt hat.«

»Davon gehe ich auch aus.«

»Warum hat dann niemand Anzeige erstattet?«

»Weil Arnie Poplin ein unzuverlässiger, aufmerksamkeitsheischender Drogensüchtiger ist, der mit den beiden noch ein Hühnchen zu rupfen hat.«

»Okay.«

»Journalisten würden ihm unter allen Umständen mit Misstrauen begegnen, aber Rusty Eggers hat die Schiedsrichter besser in der Hand als jeder andere.«

»Welche Schiedsrichter?«

Hester sah blinzelnd in die Sonne. »Ein guter Freund von mir war auf der Uni ein Star-Basketballer. Ein Erstrunden-Pick von der Duke University. Interessierst du dich überhaupt für Basketball?«

»Nein.«

»Dann wirst du ihn nicht kennen. Wie auch immer, er hat mich zu ein paar Spielen im Madison Square Garden mitgenommen. Meistens zu College-Basketballspielen. Weißt du, was mir da immer wieder aufgefallen ist?«

Wilde schüttelte den Kopf.

»Die Art und Weise, wie die Trainer die Schiedsrichter anbrüllen und beschimpfen. Diese kleinen Männer in Anzug und Krawatte rennen während des ganzen Spiels an der Seitenlinie auf und ab, erleiden einen Wutanfall nach dem anderen, wie

Kleinkinder, die Süßigkeiten wollen. Es ist einfach peinlich, ihnen zuzusehen. Also habe ich diesen Ex-Basketballstar gefragt, was das soll, und er sagte, das wäre reine Taktik. Es läge in der Natur des Menschen, gemocht werden zu wollen. Für uns beide gilt das nicht unbedingt. Aber für Menschen im Allgemeinen. Wenn du die Schiedsrichter also jedes Mal anschreist, wenn sie gegen dich pfeifen – ganz egal, ob es richtig ist oder nicht –, dann neigen sie dazu, auch mal für dich zu pfeifen.«

Wilde nickte. »Das ist genau das, was Rusty mit den Medien macht.«

»Richtig. Er beschimpft sie ständig, sodass sie – um in dem Bild zu bleiben – Angst bekommen, ein Foul gegen ihn zu pfeifen. Im Prinzip machen das natürlich alle Politiker. Rusty beherrscht es aber einfach besser als die anderen.«

»Trotzdem müssen wir Dash mit dem konfrontieren, was Arnie Poplin dir erzählt hat.«

»Schon passiert.«

»Und?«

Hester zuckte die Achseln. »Was glaubst du? Dash streitet es ab. Er hat es als ›Müll‹ bezeichnet. Wortwörtlich. Er meinte, es wäre ›lauter Müll‹.«

»Bedauerlich. Und was schließt du daraus?«

»Dasselbe wie du.«

»Sie verheimlichen uns etwas.«

»Genau.« Sie tätschelte sein Bein. »In Ordnung, *Bubbele*, also, was hast du herausgefunden?«

Zunächst berichtete Wilde ihr, was Bernard Pine ihm über Naomis Misshandlungen durch seine Ex-Frau erzählt hatte. Hester schüttelte nur den Kopf. »Was für eine Welt.«

»Aber irgendetwas passt da nicht ganz zusammen.«

»Was meinst du damit?«

»Ich weiß es nicht«, sagte Wilde. »Ich bin immer noch der

Ansicht, dass wir mit Naomis Mutter reden müssen. Ich habe Rola gebeten, sie ausfindig zu machen.«

»Gut. Was noch?«

Wilde erzählte ihr davon, dass Crash und eine weitere Person, bei der es sich möglicherweise um Naomi handelte, über eine neue App kommuniziert hatten, sowie von Avas Gespräch mit Naomi über eine aufkeimende Beziehung zwischen den beiden Teenagern.

»Alle Anzeichen sprechen dafür, dass Crash und Naomi zusammen sind«, sagte Hester.

Wilde sagte nichts.

»Gehen wir also fürs Erste davon aus, dass das so ist«, fuhr sie fort. »Nehmen wir an, die beiden Teenager haben sich heimlich ineinander verliebt und beschlossen, zusammen durchzubrennen.«

»Okay.«

Hester zuckte die Achseln. »Wieso sollte dann eine solche Forderung gestellt werden?«

Wilde antwortete nicht. Er sah auf die Uhr. »In nicht einmal einer Stunde läuft die Frist der Entführer ab. Sollen wir reingehen?«

»Sie haben vorgeschlagen, dass wir uns um Viertel vor vier in der Bibliothek treffen.«

»›Sie‹ sind Dash und Delia?«

»Ja.«

»Hast du eine Idee, was sie geplant haben?«

»Sie wollen es uns dann mitteilen.«

Wilde blickte wieder auf die ferne Skyline. »Normal ist das nicht.«

»Nein, das ist es gewiss nicht.«

Beide genossen noch einmal die Aussicht. Hester schloss ihre Augen und ließ sich von den Sonnenstrahlen wärmen.

»Wie soll ich das möglichst behutsam ansprechen?«, fragte Hester.

Wilde blickte weiter auf die Wolkenkratzer. »Behutsam«, wiederholte er. »Das ist nicht unbedingt deine Stärke, Hester.«

»Stimmt, also einfach raus damit: Ich habe überlegt, bei Laila zu übernachten, werde das aber nicht tun, wenn du dort bist.«

Wilde konnte sich ein Lächeln nicht verkneifen. »Ich werde definitiv nicht dort sein.«

»Oh.«

»Was aber nicht heißt, dass es eine gute Idee ist, bei ihr zu übernachten.«

»Oh«, sagte Hester. Und dann noch einmal: »*Oh*. Tatsächlich?«

Wilde sagte nichts.

»Darf ich neugierig sein?«

»Ich verstehe das mal als rhetorische Frage.«

»Es ist sechs Jahre her, seit wir uns richtig unterhalten haben.«

»Das tut mir leid«, sagte er.

»Mir auch, und ich hoffe, dass es nicht an David liegt.«

David. Wenn man den Namen laut aussprach, schwiegen sogar die Bäume.

»Du weißt doch, dass ich dir keinen Vorwurf mache. Und dass ich das auch nie getan habe, oder?«

Wilde antwortete nicht, fragte nur: »Und darum geht es bei deiner Neugier?«

»Nein«, sagte Hester. »Ich behaupte nicht, dass du wie ein Sohn für mich bist, das wäre maßlos übertrieben. Ich habe drei Söhne. Und das sind die einzigen Menschen, die wie Söhne für mich sind. Aber ich war von Anfang an dabei – vom ersten

Tag, als du aus dem Wald gekommen bist. Wir waren alle da. Ich. Ira. Und David natürlich auch.«

»Du warst sehr gut zu mir«, sagte Wilde.

»Deshalb bringe ich das Thema aber nicht zur Sprache. Ich werde also ganz direkt sein. Diese DNA-Ahnen-Tests im Internet sind inzwischen super beliebt. Vor ein paar Jahren hab ich sogar selbst einen gemacht.«

»Irgendwelche Überraschungen?«

»Nicht eine einzige. Ich bin so furchtbar langweilig.«

»Aber du willst wissen, ob ich einen gemacht habe«, sagte er.

»Es ist sechs Jahre her«, sagte sie. »Also ja, ich will wissen, ob du einen gemacht hast.«

»Hab ich. Vor Kurzem erst, um genau zu sein.«

»Irgendwelche Überraschungen?«

»Nicht eine einzige. Ich bin auch furchtbar langweilig.«

»Ehrlich?«

»Keine Eltern oder Geschwister. Der nächste Verwandte ist ein Cousin zweiten Grades.«

»Das ist immerhin ein Anfang«, sagte sie.

Wilde schüttelte den Kopf. »Nein, Hester, das ist es nicht. Wenn man ein vermisstes Kind sucht – einen Sohn, Bruder oder was auch immer –, würde man sich auf dieser DNA-Website anmelden und einen Test machen. Da mich niemand sucht, interessiert sich offenbar niemand für mich. Ich bin nicht auf Mitleid aus, aber sie haben ein kleines Kind jahrelang allein im Wald …«

»Das weißt du nicht«, unterbrach Hester ihn.

Wilde drehte sich um und sah sie an, sie erwiderte den Blick aber nicht.

»Was weiß ich nicht?«, fragte er.

»Wie lange du da draußen warst.«

»Nicht genau, nein.«

»Vielleicht waren es nur ein paar Tage.«

Der Einwand verwirrte Wilde. »Was redest du da? Dein Sohn und ich haben jahrelang miteinander gespielt.«

»Jahrelang.« Hester schnalzte spöttisch. »Ach, komm schon.«

»Was ist?«

»Ihr wart zwei kleine Jungs. Glaubst du wirklich, ihr hättet so ein Geheimnis jahrelang für euch behalten können?«

»Genau das haben wir getan.«

»Du glaubst, dass ihr das getan habt. Du weißt, wie langsam die Zeit für kleine Kinder vergeht. Es können Tage gewesen sein, vielleicht auch Wochen, aber Jahre?«

»Ich habe Erinnerungen an die Zeit, Hester.«

»Das bezweifle ich ja gar nicht. Aber meinst du nicht, dass diese Erinnerungen innerhalb von ein paar Tagen entstanden sein könnten? Du sagst immer, du kannst dich nicht an die Zeit erinnern, bevor du im Wald warst. Also ist dir vielleicht … lass mich eben ausreden, okay? … vielleicht ist dir etwas zugestoßen, etwas so Traumatisches, dass du alles, was vorher war, verdrängt hast. Und da du nichts über dein Leben vor diesem traumatischen Ereignis weißt, haben sich diese Erinnerungen so sehr aufgebläht, dass dir ein paar Tage wie Jahre vorkommen.«

So war es nicht gewesen. Wilde war sich ganz sicher.

»Es gab Wanderer, die mich Monate und sogar Jahre vorher gesehen haben.«

»Sie sagten, sie hätten einen kleinen Jungen gesehen. Das könntest du gewesen sein, sie könnten aber auch jemand anderes gesehen haben.«

Wilde glaubte das nicht. Er erinnerte sich daran, in Häuser eingebrochen zu sein – in viele Häuser. Er erinnerte sich an kilometerweite Wanderungen. Er erinnerte sich an das rote Geländer und an die Schreie.

»Das ändert nichts«, sagte Wilde. »Selbst wenn du recht haben solltest, sucht niemand diesen Jungen.«

»Deshalb musst du die Wahrheit herausfinden … um bei dir selbst anzukommen.«

Wilde verzog das Gesicht. »Hast du wirklich gesagt, ›um bei dir selbst anzukommen‹?«

»Ich gebe zu, dass das wohl nicht mein bester Moment war. Aber du weißt, was ich meine. Du hast Probleme mit Beziehungen und Intimität, Wilde. Das ist kein Geheimnis. Man muss kein Genie sein, um zu erkennen, dass das Ganze damit anfing, dass du im Stich gelassen wurdest. Wenn du also verstehen würdest, wie es dazu kam oder was genau da passiert …«

»Dann wäre ich normaler?«

»Du weißt, was ich meine.«

»Es wird nichts ändern.«

»Wahrscheinlich hast du recht«, sagte Hester. »Aber es gibt noch einen weiteren Grund.«

»Und der wäre?«

»Ich bin einfach wahnsinnig neugierig«, sagte Hester und warf die Hände in die Luft. »Du nicht?«

Wieder sah Wilde auf die Uhr. »In einer Viertelstunde läuft das Ultimatum ab. Gehen wir zu den Maynards.«

DREISSIG

Die Maynards saßen in zwei identischen burgunderfarbenen Ohrensesseln. Es überraschte Wilde nicht, dass beide extrem angespannt wirkten. Ihre Gesichter waren vom Stress gezeichnet und aschfahl, die Augen gerötet. Überraschend fand Wilde jedoch, wie elegant und vornehm die beiden gekleidet waren. Dash, der eine hellbraune Hose mit einer rasiermesserscharfen Bügelfalte trug, übernahm die Gesprächsführung.

»Wenn Sie uns bitte über alle Neuigkeiten in Kenntnis setzen würden, die Sie in Erfahrung bringen konnten«, sagte er zu Wilde.

Wilde gab sein Bestes. Delia und Dash hörten zu, ohne sich zu bewegen, wahrscheinlich rissen sie sich einfach zusammen, weil sie befürchteten, die Kontrolle zu verlieren, wenn sie auch nur die geringste Regung zeigten. Als Wilde fertig war, sahen Dash und Delia sich an. Delia nickte kurz.

»Wir haben hin und her überlegt. Wir haben die Hinweise überprüft. Wir haben versucht, eine Zeitachse der Unternehmungen unseres Sohns in der letzten Nacht zu erstellen. Wir haben uns ausführlich mit Ihnen beiden unterhalten und die verschiedenen Theorien erörtert.«

Er streckte den Arm aus und ergriff die Hand seiner Frau.

»Ehrlich gesagt wissen wir nicht, ob es sich um eine Entführung handelt oder um einen Streich oder sonst irgendetwas. Und allem Anschein nach wissen Sie das auch nicht.«

»Ich weiß es nicht«, sagte Hester. »Wilde?«

»Das lässt sich unmöglich mit Sicherheit sagen.«

»So ist es«, sagte Dash. »Daher haben Delia und ich nach ausgiebiger Diskussion beschlossen, dass es am besten und sichersten ist, die Videos hochzuladen. Wir können nicht alle hochladen. Die Datei wäre zu groß, und außerdem, na ja, woher sollte irgendjemand wissen, wie viele Stunden wir haben? Das weiß ich ja selbst nicht einmal.«

»Warum haben Sie so viel Bildmaterial?«, fragte Hester.

»Das ist einfach meine Arbeitsweise«, sagte Dash.

»Dash ist in erster Linie Dokumentarfilmer«, ergänzte Delia.

Wilde nickte, sah sich im Zimmer um und beschloss, es drauf ankommen zu lassen. »Nehmen Sie uns deshalb auch in diesem Augenblick auf?«

Schweigen. Dann fragte Dash: »Wovon reden Sie?«

Wilde zog sein Handy aus der Tasche. »Ich habe eine Netzwerk-Scanner-App, die erkennt, ob es in einem Raum Abhörgeräte oder Kameras gibt. Hier zeigt sie Sender und Netze an, die sich nur durch die Tatsache erklären lassen, dass Kameras im Raum sind.«

Dash lehnte sich zurück und schlug die Beine übereinander. »Ich bin Dokumentarfilmer. Ich filme auch unser Leben. Ich nehme zwar nicht an, dass ich diese Videos je benutzen werde …«

»Muss das jetzt wirklich sein?«, fauchte Delia.

»Nein«, sagte Wilde. »Sie haben recht. Konzentrieren wir uns auf die bevorstehende Aufgabe.«

Es war nur ein Bluff gewesen. Es gab zwar Apps zum Scannen oder Kartieren von Netzwerken und zum Auffinden versteckter Kameras. Die Leute nutzten sie zum Beispiel, um sicherzustellen, dass sie nicht von Airbnb-Gastgebern ausspioniert wurden. Wilde hatte jedoch keine solche App auf dem Handy.

Noch fünf Minuten bis zur Deadline um sechzehn Uhr. Sie stellten einen Laptop auf den Eichen-Couchtisch zwischen sich. Dash klickte auf den Link in der E-Mail, die sie vorhin bekommen hatten. Auf dem Monitor erschien ein Countdown, der anzeigte, dass die Verbindung in vier Minuten und siebenundvierzig, sechsundvierzig, fünfundvierzig … Sekunden aktiv sein würde.

»Sobald der Link aktiviert ist, wird mein Team versuchen, den Provider ausfindig zu machen«, sagte Wilde. »Man hat mir allerdings gesagt, dass selbst ein einfaches VPN verhindern würde, dass wir verwertbare Daten erhalten.«

Sie sahen schweigend zu, wie die Uhr die Vier-Minuten-Marke unterschritt.

»Und was ist jetzt auf den Videos?«, fragte Hester.

»Outtakes aus der Sendung«, sagte Dash. »Und Dinge, die hinter den Kulissen geschehen sind. Im Autorenraum, wo wir die Ideen entwickelt haben. Solche Sachen.«

»So, so«, sagte Hester. »In der E-Mail wurden Sie aufgefordert, das ›absolut vernichtende‹ Video in einen speziellen Ordner hochzuladen.«

Hester wartete. Keiner sagte etwas.

»Werden Sie das tun?«

Delia sagte: »Ja.«

»Was ist darin zu sehen?«

»Wir wissen nicht, inwiefern das für Sie von Bedeutung ist.«

»Wie bitte?«

»Wir wollen es niemandem zeigen. Wir werden dazu gezwungen, um die Sicherheit unseres Sohns zu gewährleisten.«

»Sie sind also bereit, es einem anonymen Entführer zu zeigen, nicht aber Ihrer Anwältin?«

»Wir sehen keinen Grund, es *irgendjemandem* zu zeigen«, sagte Dash. »Aber wie Mr Wilde richtig sagte, haben diese Leute nicht verlangt, dass wir es veröffentlichen. Daher besteht die Möglichkeit, dass sie es für sich behalten – oder eben auch nicht. Auf jeden Fall wollen wir Rustys Vertrauen nicht missbrauchen, nicht einmal, wenn es um Sie geht. Wenn Sie so wollen, missbrauchen wir es nur, um die Sicherheit unseres Sohns sicherzustellen.«

Hester sah Wilde an und schüttelte den Kopf. Dann drehte sie sich um und musterte die Maynards. »Ich hoffe, Sie wissen, was Sie tun.«

Als die Uhr auf null heruntergelaufen war, aktualisierte Dash Maynard die Webseite. Er erhielt eine neue Webseite mit einem sehr einfachen Aufbau. Sie enthielt zwei gelbe Kästchen. Auf dem einen stand: VIDEOS – UPLOAD, auf dem anderen: SPEZIELLER ORDNER – UPLOAD.

Darunter befand sich die Anleitung:

Klicken Sie auf beide Links. Wir werden erst mit Ihnen in Kontakt treten, wenn die Videos hochgeladen wurden.

Wer auch immer dahintersteckte, war gut, dachte Wilde. Keine Verhandlungen, kein langes Hin und Her.

Dash atmete langsam aus. Delia legte ihm zur Beruhigung eine Hand auf die Schulter.

»Los geht's«, sagte Dash.

Er klickte zuerst auf das Feld für den speziellen Ordner, dann auf das für die übrigen Videos. Die Dateien wurden hochgeladen. Eine Minute verging. Dann noch eine. Schließlich erschien ein neues Symbol. Ein Umschlag. Dash bewegte den Cursor dorthin und klickte ihn an.

Wir müssen die Dateien überprüfen.

Wenn Sie unsere Anweisungen befolgt haben, wird Ihr Sohn morgen pünktlich um 12 Uhr mittags zurückgeschickt. Wir teilen Ihnen seinen Aufenthaltsort mit.

Delia traten Tränen in die Augen. »Um zwölf Uhr?«

Dash ergriff die Hand seiner Frau.

»Unser Sohn muss noch eine Nacht bei diesen Leuten verbringen?«

»Er schafft das schon«, sagte Dash. »Wir haben getan, was wir konnten.«

»Haben wir das?«, fragte Delia.

Schweigen.

Dash wandte sich Wilde und Hester zu. »Was sollen wir jetzt tun?«

»Wenn Sie immer noch nicht zur Polizei gehen wollen …«, setzte Hester an.

»Das wollen wir nicht.«

Hester zuckte die Achseln. »Dann müssen wir wohl abwarten.«

* * *

Als sie wieder draußen waren, sagte Hester zu Wilde: »Wir werden nicht hier warten, oder?«

»Ich weiß nicht recht, was wir tun können.«

»Willst du weiter hier abhängen?«, fragte Hester.

»Vielleicht nicht unbedingt auf dem Grundstück, aber doch in der Nähe.«

»So mache ich es auch«, sagte Hester. »Vielleicht gehe ich noch einen Happen essen, wenn das okay ist.«

»Natürlich ist das okay.«

Hester begann, die Hände zu ringen und verdrehte dabei die Ringe an ihren Fingern. Wilde fiel zum ersten Mal auf, dass sie ihren Ehering nicht mehr trug. Hatte sie das vor sechs Jahren noch getan? Er wusste es nicht mehr.

»Mit Oren Carmichael«, fügte sie hinzu.

Hester Crimstein errötete. Sie wurde tatsächlich rot.

»Das zweite Date in zwei Tagen«, sagte Wilde.

»Ja.«

»Hurra.«

»Hör auf damit.«

»Wenn du nicht bei Laila schlafen willst, kannst du vielleicht bei Oren unterkommen.«

»Hör auf damit.« Das Rot wurde dunkler. »Ich bin kein Flittchen, okay.«

Wilde lächelte. Es war schön, sich normal zu benehmen, selbst wenn es nur für ein paar Sekunden war. »Geh abendessen«, sagte er. »Ich wünsch dir guten Appetit.«

»Er ist wirklich nett«, sagte sie. »Oren, meine ich.«

»Und er ist ein Prachtexemplar mit breiten Schultern.«

»Echt? Ist mir kaum aufgefallen.«

»Geh schon, Hester.«

»Du rufst an, wenn sich hier etwas tut?«

»Mach ich.«

»Wilde?«

Er drehte sich zu ihr um.

»Seit Ira gab es niemanden mehr.«

»Dann wird's aber auch Zeit«, sagte Wilde.

* * *

Tony's Pizza and Sub sah genau so aus, wie der Name vermuten ließ.

Hinter dem Tresen arbeiteten zwei Männer in weißen Schürzen, die Pizza-Rohlinge in die Luft warfen. Über ihnen befand sich die Speisekarte für Leute, die hereinkamen und zum Mitnehmen bestellten, ansonsten konnte man sich an einen der Tische setzen, und eine Kellnerin – immer eine Schülerin der örtlichen Highschool – brachte eine Speisekarte, die laminiert und klebrig war. Wie nicht anders zu erwarten, waren die Tischdecken rot-weiß kariert. Auf jedem Tisch standen ein Serviettenspender, mehrere Streuer mit Parmesan, Oregano und Ähnlichem und eine leere Chianti-Flasche, in der eine halb abgebrannte Kerze steckte. Im Fernseher unter der Decke liefen entweder Sport oder Nachrichtensendungen. Im Moment lief Hesters Sender.

Oren saß in seiner Polizeiuniform in einer Nische hinten im Raum. Als er Hester sah, stand er sofort auf, was in dieser Umgebung sehr förmlich wirkte.

»Hey«, sagte Oren.

Er gab ihr einen Wangenkuss und nahm ihre Hand. Hester drückte seine Hand und rutschte in die Nische.

»Ich wette, du warst schon eine Million Mal hier«, sagte Oren.

Tony's war einer der wichtigsten Treffpunkte der Stadt und nur etwa anderthalb Kilometer von ihrem früheren Zuhause entfernt. Angeblich gab es dort auch die beste Pizza im Umkreis von zwanzig Kilometern.

»Nein«, sagte Hester. »Ich bin seit über dreißig Jahren das erste Mal wieder hier.«

»Ehrlich?«

Hester nickte. »Gleich an dem Abend, an dem wir in die Stadt gezogen sind, sind Ira und ich mit den Jungs zum Essen hergekommen. Wir waren erschöpft und hungrig, es war ein langer Tag gewesen. Jedenfalls war nur ein Tisch frei. Sie wollten uns den Tisch aber nur unter der Voraussetzung geben, dass wir nicht nur eine Pizza, sondern ein komplettes Abendessen bestellen. An die Einzelheiten erinnere ich mich nicht mehr, auf jeden Fall waren sie unhöflich. Ira ist daraufhin wütend geworden. Er wurde nicht so leicht wütend, aber wenn … Jedenfalls sind wir dann, ohne etwas gegessen zu haben, wieder gegangen. Und dann hat Ira, ob du's glaubst oder nicht, dem Inhaber einen Brief geschrieben. Er hat ihn sogar getippt. Aber er hat nie eine Antwort bekommen. Also hat er uns verboten, noch einmal herzukommen oder hier etwas zu bestellen. Ich weiß nicht, wie viele tausend Dollar ihnen im Lauf der Jahre wegen dieses Vorfalls durch die Lappen gegangen sind. Die Jungs waren Ira gegenüber so loyal, dass sie, selbst wenn sie zu einer Geburtstagsfeier hierher eingeladen wurden oder ihr Little-League-Team nach einem Spiel herkam, hier nichts gegessen haben.« Hester blickte auf. »Warum erzähle ich dir das?«

»Weil es interessant ist«, sagte Oren. »Sollen wir woanders hingehen? Vielleicht ins Heritage Diner?«

»Soll ich dir was Komisches erzählen?«

»Klar.«

»Ich hab das von meiner Assistentin checken lassen. Tony's wurde vor vier Jahren verkauft. Wenn es noch den alten Inhaber hätte, wäre ich nicht gekommen.«

Oren lächelte. »Wir können also bedenkenlos hierbleiben?«

»Ja.« Hester schüttelte den Kopf. »Tut mir leid.«

»Was?«

»Dass ich direkt wieder über Ira spreche. Beim ersten Date erwähne ich Cheryl. Beim zweiten Ira.«

»Mir gefällt das«, sagte Oren, »wenn man sämtliche Probleme gleich zur Sprache bringt. Was machst du überhaupt in der Stadt? Besuchst du Matthew und Laila?«

Hester schüttelte den Kopf. »Arbeit für Mandanten.«

»Hier in unserem kleinen Kaff?«

»Mehr darf ich nicht sagen.«

Er verstand das. Die Kellnerin brachte jedem ein Stück Pizza Margherita. Hester nahm einen Bissen und schloss ihre Augen. Es schmeckte himmlisch.

»Gut, oder?«, fragte Oren.

»Im Moment hasse ich Ira gerade.«

Er kicherte und nahm sein Stück in die Hand. »Ich tippe auf die Maynards.«

»Was?«

»Deine Mandanten. Die Maynards. Eigentlich hätte ich auf Dash Maynard getippt, aber du sagtest, du arbeitest für Mandanten. Plural.«

»Ich kann das weder bestätigen noch dementieren …«

»Das erwarte ich auch nicht.«

»Wie kommst du darauf, dass es die Maynards sind?«

»Der Hubschrauber. Die müssen bei uns anfragen, ob der Luftraum frei ist. Ich weiß also, dass heute Morgen ein Heli aus Manhattan gekommen ist. Außerdem bist du in einem Uber-Taxi gekommen, nicht in deinem schwarzen Escalade mit Tim am Steuer.«

»Ich bin beeindruckt«, sagte Hester.

Oren zuckte die Achseln. »Ich bin ein ausgebildeter Ermittler.«

»Ich darf trotzdem nicht darüber sprechen.«

»Ich will ja gar nicht darüber sprechen«, sagte er. »Ich freu mich einfach sehr, dass du mit mir hier bist.«

Trotz allem – der Geister der Vergangenheit, der Forderung, dieser Pizzeria – spürte Hester, wie ihr Gesicht die Farbe der Tomatensauce auf der Pizza annahm.

»Ich freu mich auch, dass ich hier bin«, sagte Hester.

Für ein paar Minuten schrumpfte die Welt auf die Größe des wunderbaren Mannes ihr gegenüber und der ambrosiagleichen Pizza auf dem Tisch zwischen ihnen. Sie genoss die kurze Flucht aus der Wirklichkeit. Eigentlich sehnte Hester sich nicht oft danach. Sie war gerne mittendrin. Sie empfand es als anstrengend, nicht eingeweiht zu sein.

Ein paar Leute blieben kurz am Tisch stehen, meist um ein, zwei Worte mit Oren zu wechseln, und einige Gesichter kannte auch sie noch. Die Gromans, die früher samstagmorgens immer mit Ira Tennis gespielt hatten. Jennifer Tallow, die supernette Bibliothekarin, deren Sohn mit Jeff befreundet gewesen war. Natürlich kannten alle Oren. Wenn man in einer Stadt dieser Größe so lange Polizist war, verschaffte einem das einen ganz eigenen Prominentenstatus. Sie konnte nicht sagen, ob Oren die Aufmerksamkeit genoss oder ob er aus Pflichtgefühl so extrem höflich war.

»Wann genau gehst du in den Ruhestand?«, fragte Hester.

»In drei Monaten.«

»Und was hast du dann vor?«

Oren zuckte die Achseln. »Das ist noch offen.«

»Glaubst du, du bleibst hier im Ort?«

»Fürs Erste schon.«

»Du lebst wirklich schon lange hier draußen«, sagte sie.

»Stimmt.«

»Schon mal überlegt, ob du nicht lieber in eine Stadt ziehst?«

»Doch«, sagte er. »Ich denke darüber nach.«

Als sein Handy klingelte, wurde sein Gesichtsausdruck ernst. »Das ist der Arbeits-Klingelton. Ich muss rangehen.«

Hester gestikulierte, dass er das tun sollte. Interessant, dachte sie, gestern waren es ihre unterschiedlichen Vibrationsimpulse, heute sein Arbeits-Klingelton – wie ein Echo.

Oren führte das Handy ans Ohr und sagte: »Ja.« Ein paar Sekunden vergingen: »Okay, wer ist am nächsten bei Tony's? Alles klar, er soll umkehren und mich abholen.« Er beendete das Telefonat.

»Tut mir leid, ich muss weg. Es könnte schnell gehen, falls du warten willst …«

»Nein, schon okay. Ich hab Laila gesagt, dass ich vorbeikomme.«

Er stand auf. »Bist du sicher?«

»Ja, kein Problem. Ich bestell mir ein Uber-Taxi.«

»Okay, danke.« Er warf zwei Zwanziger auf den Tisch. »Ich ruf dich später an.«

»Ein Notfall?«, fragte Hester.

»Es ist nur ein Unfall auf der Mountain Road. Wenn ich fertig bin, ruf ich dich an.«

Als der Streifenwagen vorfuhr, eilte Oren zur Tür. Er drehte sich nicht noch einmal um und sah daher nicht, was er angerichtet hatte. Hester saß stocksteif da. Sie konnte sich nicht rühren, bekam kaum Luft. Das Blut war in ihren Adern gefroren. Ihre Lunge arbeitete nicht mehr. Sie hörte ihren eigenen Herzschlag, der immer lauter wurde, bis sie nichts anderes mehr hörte.

»Es ist nur ein Unfall auf der Mountain Road …«

Als passierte es ständig. Als wäre es keine große Sache.

Eine Träne löste sich und lief ihre Wange hinab. Sie spürte, dass sich weitere Tränen bildeten und sich in ihrer Brust ein kehliger Schrei bildete, der bald herausmusste. Die Zeit wurde knapp. Hester versuchte, sich aufzurappeln. Sie schaffte es, aufzustehen und zur Toilette zu taumeln. Als sie dort war, verriegelte sie die Tür und dämpfte ihren Schrei mit der Hand.

Hester konnte nicht sagen, wie lange sie dortblieb. Es klopfte niemand an die Tür oder so etwas, also ging sie davon aus, dass es nicht viel mehr als ein oder zwei Minuten waren. Sie riss sich zusammen. Sie blickte in den Spiegel, spritzte sich etwas Wasser ins Gesicht und sah Davids Geist in ihrem Spiegelbild.

»Es ist nur ein Unfall auf der Mountain Road …«

Sie fragte sich, wo Oren in der Nacht gewesen war, als er den Anruf erhalten hatte. War er in der Dienststelle, im Streifenwagen, bei Tony's, wie heute – oder war er zu Hause bei Cheryl gewesen? Hatte er noch im Bett gelegen, hatte Cheryl sich zu ihm umgedreht und gefragt, ob etwas nicht in Ordnung wäre, und hatte Oren dann vielleicht den Kopf geschüttelt, ihr einen sanften Kuss gegeben und gesagt, sie solle weiterschlafen und gemurmelt …

»Es ist nur ein Unfall auf der Mountain Road …«

Jetzt ergab das alles Sinn. Hester hielt sich weder für eine Pessimistin noch für eine Optimistin, aber irgendwie wusste sie, dass das nicht funktionieren konnte, dass die Seifenblase der Glückseligkeit, in der sie sich gestern Abend mit Oren befunden hatte, viel zu fragil war, um nicht zu platzen. Jetzt begriff sie es. Oren war in jener tragischen Nacht dort gewesen. Ob es ihr gefiel oder nicht, er war in den schlimmsten Moment ihres Lebens verstrickt – und daran ließ sich nichts ändern. Sie würde Oren ansehen, vielleicht küssen, vielleicht umarmen – und immer wieder an diese schreckliche Nacht denken müssen.

Wie sollte eine Beziehung das überleben?

Sie wischte sich mit einem Papierhandtuch das Gesicht ab, zog ihr Handy heraus und bestellte sich mit der App ein Uber-Taxi. Acht Minuten entfernt. Hester atmete noch ein paar Mal tief durch und warf noch einen weiteren Blick in den Spiegel. Sie sah alt aus – wie eine alte Frau –, was sie auch war. Es war ätzend, in den Spiegel zu sehen und sich das bewusst zu machen. Das grelle Licht in dieser blöden Pizzeria-Toilette betonte jede Falte.

Ihr Handy vibrierte. Auf dem Display stand der Name ihrer Produzentin Allison Grant. Hester meldete sich: »Was gibt's?«

»Bist du in der Nähe eines Fernsehers?«

»Ich kann hingehen. Wieso?«

»Jemand hat ein Video von Rusty Eggers geleakt.«

Hester spürte, wie sich ihr Rücken streckte. »Schlimm?«

»Sehr. Das wird er niemals überstehen.«

EINUNDDREISSIG

Rusty Eggers sah in seinem Penthouse fern.

Gavin stand hinter ihm. Rustys beide wichtigste Beraterinnen – Jan Schnall, die frühere Stabschefin des republikanischen Gouverneurs von South Carolina, und Lia Capasso, ehemalige Wahlkampfmanagerin zweier demokratischer Senatoren – saßen auf der Couch und machten sich Notizen. Das Laufband am unteren Bildschirmrand schrie in roten Großbuchstaben:

EILMELDUNG: SCHOCKIERENDES RUSTY-EGGERS-VIDEO

Moderator Scott Gallett: *»Das Video ist vermutlich etwa zehn Jahre alt und stammt aus der ersten Staffel der Rusty Show …«*

»Wenigstens das ist korrekt«, sagte Rusty.

»Die junge Frau ist Kandi Pate, Jungstar der damals erfolgreichen Jugend-Comedy-Serie Amazing Darcy, *die in dieser Staffel drei Gastauftritte in der Rusty Show hatte. Als diese Aufnahmen entstanden, wäre sie demnach sechzehn oder siebzehn Jahre alt gewesen, während Rusty Eggers Mitte vierzig war. Wir mahnen noch einmal zu Vorsicht in der Bewertung der Bilder: Es handelt sich um eine Eilmeldung.*

Das Video scheint authentisch zu sein, wir haben bisher jedoch noch keine unabhängige Bestätigung für die …«

»Das wird die Hyänen allerdings nicht aufhalten«, sagte Rusty.

Gavin fiel auf, dass Rusty bemerkenswert ruhig wirkte. Für seine beiden Beraterinnen galt das nicht.

Auf dem Video sitzt Rusty Eggers neben Kandi Pate auf einer Couch und hat den Arm um sie gelegt. Kandi scheint vor seiner Berührung zurückzuweichen.

Rusty Eggers: Die meisten Jungs in deinem Alter wissen doch noch gar nicht, was sie tun. Sexuell, meine ich. Verstehst du, was ich meine?

Kandi Pate: Mhm, meine Agentin wartet unten.

Rusty: Ich finde nicht, dass deine Agentin sich dir gegenüber anständig verhält.

Kandi Pate: (lacht nervös) Sie hat mich so weit gebracht.

Rusty: In eine Kinderserie. Du bist jetzt eine erwachsene Frau. Und so talentiert.

Kandi Pate: Danke.

Rusty: Warum kommst du heute Abend nicht in mein Hotelzimmer, dann können wir weiter darüber reden.

Kandi Pate: Heute Abend? Ich weiß nicht genau …

Und dann küsst Rusty Eggers sie gierig auf den Mund.

»Seht ihr!« Rusty deutete auf den Bildschirm. »Sie wehrt sich nicht gerade, oder?« Aber sie zog ihn auch nicht gerade zu sich heran. Rustys Beraterinnen wurden blass.

Gavin fragte: »Weißt du, wo das aufgenommen wurde?«

»Sieht aus wie Maynards Studio in New York«, sagte Rusty.

Der Kuss endet. Kandi Pate steht schnell auf, streicht sich den Rock glatt, wischt sich den Mund mit dem Handrücken ab. Sie ringt sich ein Lächeln ab.

Kandi Pate: Ich muss jetzt gehen.

Rusty: Heute Abend also? Um neun Uhr. Nur zum Reden.

Kandi stürmt aus dem Raum.

Rusty wandte sich vom Fernseher ab und sah seine beiden Beraterinnen an. »Um eure erste Frage zu beantworten: Ja, sie ist an diesem Abend zu mir ins Zimmer gekommen.«

Moderator Scott Gallett: Kandi Pate wurde schließlich aus der Rusty Show gefeuert, weil es Gerüchte über Drogenkonsum und unbotmäßiges Verhalten gab, aber unsere heutige Expertenrunde fragt sich inzwischen, ob diese Gerüchte der Wahrheit entsprachen, oder ob Kandi Pate nicht vielleicht das Opfer einer …

Rusty schaltete den Fernseher aus. »*Expertenrunde*«, wiederholte er. »Macht mal halblang.« Er rieb die Hände aneinander. »Lia?«

Lia Capasso sah ihn benommen an.

»Sind die Bots bereit?«

»Sie sind einsatzbereit«, sagte Lia.

»Gut.« Rusty ging im Raum auf und ab. »Die erste Gruppe soll behaupten, das Band wäre zu Lehrzwecken gedreht worden.«

»Zu Lehrzwecken?«

»Ja. Deshalb haben wir es gefilmt. Kandi und ich wollten darstellen, wie unangemessenes Verhalten am Arbeitsplatz aussieht, damit alle, die bei der *Rusty Show* arbeiten, wissen, dass wir in solchen Belangen eine Null-Toleranz-Strategie fahren.«

Jan Schnall sagte: »Und du glaubst, das funktioniert?«

»Das ist nur die erste Gruppe, Jan. Die zweite Bot-Gruppe wird behaupten, dass Kandi an einem ›MeToo‹-Drehbuch gearbeitet hat. Sie war ihrer Zeit weit voraus. Sie hat mich gebeten, eine Szene mit ihr anzuspielen. Lia, unsere Grafikdesigner sollen ein Drehbuch mit genau diesem Dialog entwerfen. Mit einem der gängigen Drehbuchprogramme aus der Zeit. Vielleicht Final Draft oder Movie Magic. Und sie sollen eine Dialogseite davor und eine dahinter entwerfen oder so ähnlich. Es muss echt aussehen. Wir lassen es dann als ›nicht realisiertes Manuskript‹ durchsickern, das Kandi Pate noch weiter ausarbeiten wollte, bevor ihre Karriere in die Binsen gegangen ist.«

Lia notierte sich alles. »Geht klar.«

»Wir sagen, dass ich als Mentor vieler junger Talente, die in meiner Show aufgetreten sind, geholfen habe, diese Zeilen richtig zu sprechen, dass ich mich bei dem, was sie von mir wollte, jedoch sichtlich unwohl gefühlt habe. Jan, besorg ein paar Körpersprache-Experten, die darauf hinweisen, dass ich eindeutig schauspielere und während des dargestellten Kusses zögerlich aussehe.«

»Alles klar.«

»Dann weiten wir das nach rechts und nach links aus. Jan, bring ein paar rechte Bots dazu, Sachen zu sagen wie: ›Warum ist die Linke immer ganz vorne dabei, wenn es um sexuelle Selbstbestimmung geht und Frauen, die ihre eigenen Entscheidungen treffen, und jetzt behaupten sie, Kandi Pate wäre nicht stark genug, selbst zu entscheiden, mit wem sie sich verabredet‹, und so etwas. Und dann, Lia, sollen die linken Bots einwerfen: ›In den Schlafzimmern der Menschen haben wir nichts verloren, und diese erwachsene Frau muss ihre eigenen Entscheidungen treffen können.‹ Ihr kennt das. Weiß jemand, wo das Schutzalter für die sexuelle Einwilligungsfähigkeit in New York liegt?«

Lia tippte etwas in ihr iPad. »Siebzehn.«

»Und Kalifornien?«

»Achtzehn.«

Er überlegte. »Wir haben auch ein Büro in Toronto. Wie ist es da?«

Lia tippte weiter. »Es lag bei vierzehn. Jetzt ist es allerdings bei sechzehn.«

»Okay, cool. Lasst uns weitere Gerüchte verbreiten, dass das in unserem Büro in Toronto aufgenommen wurde. Außerdem brauchen wir noch eine Gruppe Bots mit Fake-Profilen, die die Macho-Ausreden verbreitet.«

Jan runzelte die Stirn. »Macho-Ausreden?«

»So etwas wie ›Welcher echte, heißblütige Amerikaner würde nicht versuchen, sich an ein geiles Ding wie Kandi Pate ranzumachen‹, und ›diese Jammerlappen im Internet heulen einfach nur, weil sie eifersüchtig sind und keinen echten Mann abkriegen‹ oder so ähnlich. Sie sollen immer wieder darauf hinweisen, dass Kandi rechtlich gesehen nicht minderjährig war.«

Lia und Jan nickten und erwärmten sich bereits für ihre Aufgabe. Gavin stand nur schweigend daneben.

»Und schließlich müssen wir die Fake-News-Gruppe dazu bringen, zu behaupten, dass das Band offensichtlich gefälscht wurde. Auch da kommen dann wieder unsere Social Media Accounts mit ihren unterschiedlichen Stufen von…«, Rusty malte mit den Fingern Anführungszeichen in die Luft, »…›Expertise‹ zum Zug. Die sollen sich an die durchgeknallten Verschwörungstheoretiker wenden, und, was weiß ich, irgendwelche unerklärlichen Schatten im Film entdecken und behaupten, dass es eindeutig mit Photoshop bearbeitet wurde oder dass der Ton nicht richtig zum Bild passt. Am besten machen sie ein paar von diesen YouTube-Videos, in denen irgendwelche Stellen eingekreist werden und der Sprecher sagt: »Holla, eigentlich kann hier gar kein Schatten sein, oder was auch immer, da muss jemand dran rumgepfuscht haben, und so weiter. Ach, und dann holen Sie sich ein paar Stimm-Experten, die behaupten, dass es nicht meine Stimme ist, sondern eine schlechte Imitation. Ein paar Bots sollen auch sagen, dass es sich anhört, als ob es aus altem Filmmaterial oder so herausgeschnitten wäre. Könnt ihr mir folgen?«

»Können wir«, sagte Lia.

Jan ergänzte: »Das ist perfekt.«

Die Frauen waren nicht mehr blass. Sie lächelten sogar.

»Dann sollen unsere Bots sich gegenseitig bekämpfen. ›Wen interessiert, ob es gephotoshopt ist? Das war doch sowieso alles völlig legal!‹ Oder: ›Die ethischen Erwägungen könnt ihr vergessen – das ist alles Fake auf dem Video. Das ist nie passiert‹.«

Lia fragte: »Sollen wir die wirklich alle einsetzen?«

»Ja, alle, und dann noch ein paar mehr. ›Warum zeigen die Sender nicht, was *vorher* passiert ist – als Kandi Pate Rusty angebaggert hat?‹ Oh, mir fällt noch was ein. Eine Gruppe soll posten: ›Hier ist ein Link zum KOMPLETTEN Video, wo ihr sehen könnt, dass Kandi Rusty total anbaggert und er sich immer weiter zurückzieht, warum zeigen die Medien das nicht?‹ Aber dann – oh, das ist klasse – führt der Link zu einer Seite mit einer Fehlermeldung, worauf die Bots behaupten, die Mainstream-Medien oder die Regierung hätten es unterdrückt. ›Die wollen da irgendetwas vertuschen‹, werden sie schreien. Und dann die totale Bot-Attacke, das sollen die rechten und die linken Bots machen. Die Leute sollen sich darüber streiten, warum man mir unmöglich die Schuld an dem Ganzen geben kann.«

»Mir gefällt's«, sagte Lia.

»Und dann fahren wir die üblichen Attacken auf den Vorgang als solchen. Ihr wisst schon. ›Das eigentliche Verbrechen ist nicht das, was man in dem Video sieht, das eigentliche Verbrechen hat derjenige begangen, der uns da verbotenerweise gefilmt hat‹, und ›welcher Denunziant, der offenbar eine Rechnung begleichen wollte, ist illegal in mein Büro eingedrungen, um mich auszuspionieren? Das sind die wahren Verbrecher. Warum ist das Establishment bereit, Gesetze zu brechen, um zu verhindern, dass meine Botschaft das Volk erreicht?‹«

»Oh, das ist gut«, sagte Jan.

»Klar, oder? Und noch was, Lia, einer unserer Anwälte soll Kandi kontaktieren. Sie an die Vertraulichkeitserklärung erinnern, die sie unterschrieben hat. Sie darf nichts sagen. Wenn sie es trotzdem macht, werden wir sie auf hundert verschiedene Arten zerstören. Lass sie außerdem wissen, dass wir einen neuen Film produzieren, in dem es vielleicht eine tolle Rolle für ihr Comeback geben könnte, wenn sie uns unterstützt.«

»Geht klar«, sagte Lia.

»Eine Frage«, sagte Jan.

»Raus damit.«

»Die Medien warten verzweifelt auf einen Kommentar. Was schreiben wir in unserer offiziellen Presseerklärung?«

»Noch gar nichts. Warten wir ab, wie die Lage in den sozialen Medien in ein paar Stunden aussieht. Dann wissen wir mehr. Ich nehme an, dass unser Statement ziemlich vage gehalten sein wird. In etwa so: ›Wir werden keinen Kommentar dazu abgeben, weil wir dem Ruf von Frau Pate, die ein wunderbarer Mensch ist und eines gewissen Schutzes bedarf, keinen Schaden zufügen wollen, und wir finden es abscheulich, dass die Medien sie so in den Schmutz ziehen, nur um ein paar Extra-Klicks zu bekommen, wir werden uns aber nicht an diesem perfiden Klatsch über eine Situation beteiligen, die eindeutig missverständlich dargestellt wurde.‹ So etwas in der Art. Aber noch nicht. Ich will erst sehen, welche Storys sich durchsetzen. Informiert unsere Leute über ihre Aufgaben, damit sie so schnell wie möglich loslegen können. Wir müssen hier weiter Verwirrung stiften.«

»Geht sofort los«, sagte Lia.

Die beiden schnappten sich ihre Handys und Tablets.

Rusty nahm Gavin zur Seite. »Du weißt, woher das Video stammt, oder?«

»Ich vermute, von den Maynards.«

»Du solltest sie aufhalten.«

»Ich hab dir doch gesagt, dass sie mich gefeuert haben.« Dann senkte er die Stimme und fügte hinzu: »Außerdem haben sie mir gesagt, dass in den Videos nichts Schlimmes zu sehen ist.«

»Wenn das das Schlimmste ist, haben wir kein Problem.«

»Wenn?«

»Was?«

»Du sagtest, *wenn*. Was gibt es noch?«

»Hol den Wagen«, sagte Rusty Eggers. »Fahren wir zu den Maynards.«

* * *

Als die Nachrichtensendung begann, war Wilde mit Delia und Dash Maynard in der Bibliothek. Sie sahen sich die »Eilmeldung« schweigend an.

In der ersten Werbepause sagte Wilde: »Ich nehme mal an, das war das ›absolut vernichtende‹ Video.«

»Wir wollten es nicht veröffentlichen«, sagte Delia.

Sie stand auf und ging zur Tür. Dash wirkte überrascht. »Willst du nicht sehen, wie …«

»Ich hab genug gesehen. Ich brauche etwas frische Luft.«

Delia ging. Wilde blickte hinauf zu den Buntglasfenstern im Turm der Bibliothek. Draußen war es dunkel, irgendwie strahlten sie aber noch, als würde die Sonne durch sie hindurchscheinen. Wie schon vorher kam Wilde der Raum eigenartig vor. Eine so große Bibliothek sollte eigentlich alt riechen – nach den Ledereinbänden der Bücher, dem Holz der Regale und etwas modrig vom alten Papier.

»Das müsste reichen, finden Sie nicht?«

Da sonst niemand im Raum war, hatte Dash mit Wilde oder mit sich selbst gesprochen.

»Wofür reichen?«, fragte Wilde.

»Um die Kidnapper zufriedenzustellen. Um Rustys Kampagne zu beenden.«

Wilde wusste es nicht. Er wusste auch nicht, ob Dash das mit Bedauern oder freudig gesagt hatte. Er war aber sicher, dass Angst in der Stimme des Mannes lag. Das war unüberhörbar.

»Was läuft hier Ihrer Meinung nach?«, fragte Wilde.

»Wie bitte?«

»Mit Ihrem Sohn. Glauben Sie, dass er entführt wurde?«

Dash legte die Hände zusammen und lehnte sich zurück. »Im Endeffekt hielten Delia und ich es für das Beste, auf Nummer sicher zu gehen.«

»Das ist eigentlich keine Antwort auf meine Frage.«

»Mehr kann ich leider nicht für Sie tun.«

»Es steckt aber noch mehr hinter Ihrer Entscheidung, das Video zu veröffentlichen, oder?«

»Ich kann Ihnen nicht folgen.«

»Der Druck ist weg«, sagte Wilde.

Dash fragte etwas verärgert: »Wovon reden Sie?«

»Die Medien haben gefordert, dass Sie die Rusty-Eggers-Videos veröffentlichen, alle haben geschrien, dass Sie das Richtige tun und sich patriotisch verhalten sollen. Aus der Geschichte wären Sie nie wieder rausgekommen. So etwas wie Privatsphäre oder echte Freiheit hätten Sie vergessen können. Auf Ihnen, Ihren Geschäften und Ihrer Familie hätte ein ständiger Druck gelastet. Aber jetzt, wo dieses Video endlich veröffentlicht wurde, hat sich das alles erledigt. Das muss doch eine Erleichterung für Sie sein.«

Dash sah wieder zum Fernseher. »Ich möchte nicht unhöflich sein, aber würde es Ihnen etwas ausmachen, für eine Weile in ein anderes Zimmer zu gehen? Ich wäre gern noch etwas alleine.«

Wilde stand auf und ging zur Tür. Er war gerade in den Flur getreten, als sein Handy vibrierte.

Im Display stand NAOMI PINE.

Er hielt sich das Handy ans Ohr. »Hallo?«

»Hey, Wilde.«

Sein Herz schlug schneller. »Naomi?«

»Hören Sie auf, nach uns zu suchen, okay?«

»Naomi, wo bist du?«

»Es geht uns gut. Wir sind in Sicherheit.«

»Ist Crash bei dir?«

»Ich muss auflegen.«

»Warte …«

»Bitte. Sie machen alles kaputt. Wir wollen nicht gefunden werden.«

»Das hast du schon einmal versucht, Naomi.«

»Was?«

»Als du die Challenge angenommen hast«, sagte Wilde. »Weißt du noch, was du zu mir gesagt hast?«

»Im Keller, meinen Sie?«

»Ja.«

»Ich habe gesagt, dass ich etwas verändern will.«

»Du hast mehr als das gesagt.«

»Ich habe gesagt, dass ich alles verändern will. Ich wollte etwas so Einschneidendes tun, dass ich meine Vergangenheit auslösche und ganz von vorn anfangen kann.«

»Und das tust du jetzt?«

»Sie sagen mir jetzt sicher, dass ich damals gescheitert bin und daher wieder scheitern werde.«

»Nein, Naomi, das sage ich nicht. Ich glaube an dich.«

»Wilde?«

»Ja, ich bin hier.«

»Bitte. Wenn Sie mir helfen wollen, lassen Sie mich in Ruhe.«

* * *

Rusty Eggers saß neben Gavin auf dem Rücksitz des Wagens. Immer wieder streckte und beugte er sein versehrtes Bein. Gavin beobachtete, wie er in die Tasche griff, eine kleine Blechdose herauszog und sie öffnete. Rusty nahm zwei Pillen heraus, warf sie in den Mund und schluckte. Er sah Gavin mit glasigen Augen an.

»Paracetamol«, sagte Rusty.

Gavin antwortete nicht.

Rusty zog ein Handy aus der Tasche, wählte eine Nummer und sagte: »Hallo, ich bin's. Erklär mir nichts. Ich bin auf dem Weg zu eurem Haus. Ich hab gehört, dass es einen Sicherheitsdienst gibt. Dann treffen wir uns lieber draußen ... ja, genau. Danke.«

Gavin Chambers fragte: »Verrätst du mir, worum es geht?«

»Erinnerst du dich, wie wir über die Hufeisen-Theorie in der Politik diskutiert haben?«

»Klar.«

»Wir haben darüber gesprochen, dass die meisten Amerikaner – relativ gesehen – in der Mitte standen. So konnte sich Amerika all die Jahre im Gleichgewicht halten. Die Linke und die Rechte standen sich nah genug, sodass es zwar Meinungsverschiedenheiten gab, aber kein Hass herrschte.«

»Okay.«

»Diese Welt gibt es nicht mehr, Gavin, daher ist es jetzt leicht, die soziale Ordnung zu zerstören. Die Mitte ist selbstzufrieden geworden. Die Angehörigen der Mitte sind klug, aber faul. Sie sehen die Grautöne. Sie verstehen die andere Seite. Extremisten hingegen sehen nur Schwarz und Weiß. Sie sind nicht nur überzeugt, dass ihre Sicht der Dinge absolut richtig ist, sie sind außerdem unfähig, die andere Seite überhaupt zu verstehen. Diejenigen, die ihre Meinungen nicht teilen, sind in jeder Hinsicht minderwertig, und daher sind sie bereit, für diese Sichtweise zu töten. Ich verstehe diese Leute, Gavin. Und ich will mehr von ihnen erschaffen, indem ich diejenigen in der Mitte zwinge, sich für eine Seite zu entscheiden. Ich will auch sie zu Extremisten machen.«

»Warum?«

»Extremisten sind unbarmherzig. Sie ordnen die Dinge nicht in Kategorien wie richtig oder falsch ein – ihre Kategorien sind ›wir oder sie‹. Du bist Baseballfan, stimmt's, Gavin?«

»Ja, das stimmt.«

»Yankees-Fan, oder?«

»Na und?«

»Wenn du also herausfinden würdest, dass der Yankee-Trainer betrogen hat oder dass all deine Lieblingsspieler Anabolika genommen haben, würdest du dann ein Red-Sox-Fan werden?«

Gavin sagte nichts.

»Und?«

»Wahrscheinlich nicht.«

»Eben. Die Yankees könnten nichts tun, das dich zu einem Red-Sox-Fan machen würde. Diese Kraft will ich mir zunutze machen. Ich habe vor Kurzem ein Zitat von Werner Herzog gelesen. Weißt du, wer das ist?«

»Der deutsche Filmregisseur.«

»Richtig. Er sagte, dass Amerika, so wie Deutschland einst, in dem Bewusstsein aufwachen wird, dass ein Drittel seines Volkes ein Drittel seines Volkes umbringen wird, während ein weiteres Drittel dabei zusieht.« Rusty legte seine Hand auf Gavins Schulter. »Wir beide werden die Welt verändern, mein Freund.« Er beugte sich vor. »Lassen Sie mich an der nächsten Ecke aussteigen.«

»Ich dachte, wir fahren zu den Maynards.«

»Planänderung.«

»Ich kann dir nicht folgen.«

Sie hielten an der Ecke. An der Bushaltestelle dort stand eine Frau. Sie hielt den Kopf gesenkt.

»In fünf Kilometern ist ein Diner. An der Route 17.«

»Ich kenne es.«

»Wartet da auf mich. Sollte nicht allzu lange dauern, bis ich nachkomme.«

Sie fuhren weiter. Gavin drehte sich noch einmal um, versuchte, die Identität der Frau auszumachen. Er war sich nicht sicher – würde es nie beschwören können –, meinte aber, dass sie Delia Maynard sehr ähnlich sah.

ZWEIUNDDREISSIG

Als Hester am nächsten Morgen aufwachte, brauchte sie ein oder zwei Minuten, um zu begreifen, wo sie war. In ihrem Kopf pochte es. Ihre Kehle war trocken. Die wenigen Strahlen der Morgensonne, die sich an den Vorhängen vorbei ins Schlafzimmer mogelten, schmerzten in ihren Augen. Aus der Ferne hörte sie Stimmen. Sie kamen von unten.

Hester versuchte, sich das Ganze zusammenzureimen. Sie brauchte nicht lange. Nachdem sie Tony's Pizza and Sub verlassen hatte, war sie zu ihrem früheren Zuhause gefahren. Es war noch niemand dort gewesen. Matthew war mit Freunden unterwegs. Laila, tja, sie vermutete, dass Laila ein Date hatte, was Wildes gestrige Bemerkung erklären würde, dass er nicht bei ihr übernachtete. Also war sie allein in dem Haus gewesen, das einst ihre eigene Familie beherbergt hatte – Ira, Jeff, Eric, David … alle ihre Jungs, so hatte sie sie immer genannt, ihre Jungs, ihre tollen, wunderbaren Jungs. Hester wusste, dass der einzige Weg, die aufgeschreckten Geister der Vergangenheit zur Ruhe zu bringen, über eine Art chemische Fürbitte führte. In der Hausbar hatte sie eine Flasche Writer's Tears entdeckt und etwas von dem Whiskey über ein paar Eiswürfel in ein Glas gegossen. Es war ein Anfang, ein guter Anfang, der die Geister beschwichtigt hatte, sodass sie sich neben sie setzten und ihre Hand hielten. Allerdings würde sie sich auf diese Weise niemals ganz von ihnen befreien können. Also hatte sie in ihrer Handtasche herumgekramt und die Pillen herausgesucht. Hester nahm sie nur sehr selten, nur wenn sie ein starkes Bedürfnis verspürte, und wenn das heute Abend nicht die Definition eines starken Bedürfnisses war, die sogar fürs Wörterbuch taugen würde, dann wusste Hester nicht, ob überhaupt eine Definition existierte. Schon als sie die Pillen in den Mund gesteckt hatte, war Hester klar gewesen, dass das nicht klug von ihr war, dass man Alkohol und Medikamente nicht mischen durfte, und dass sie fit und klar im Kopf sein musste, wenn ihre Familie oder Wilde sie brauchten.

An nahezu jedem anderen Abend hätte sie dieser Gedanke gestoppt, aber dieser Abend war nicht jeder andere Abend.

Sie blinzelte und griff nach ihrem Handy. Wie, fragte sie sich, hatte sie es ins Schlafzimmer geschafft? Sie wusste es nicht. War Laila nach Hause gekommen und hatte ihre frühere Schwiegermutter bewusstlos auf der Couch gefunden? Oder Matthew? Das glaubte sie nicht. Eine vage Erinnerung stieg in ihr auf, daran, dass sie sich ihres Zustandes bewusst geworden war und sich bettfertig gemacht hatte, bevor sie das Unvermeidliche ereilte. Sicher war sie sich jedoch nicht.

Hester hörte immer noch Stimmen von unten. Einen Moment lang machte sie sich Sorgen, dass Laila womöglich vergessen hatte, dass sie hier übernachtete, und Hester jetzt belauschte, wie Laila dem Mann, der womöglich die Nacht hier verbracht hatte, das Frühstück machte. Sie hielt die Luft an und horchte.

Zwei Stimmen. Beide weiblich. Laila, und jemand anders …?

Der Akku von Hesters Handy war nur noch zu vier Prozent geladen. Das Display zeigte 6:11 Uhr. Sie sah, dass Oren versucht hatte, sie zu erreichen. Er hatte mehrmals angerufen. Außerdem war etwas auf der Mailbox. Auch von Oren. Sie drückte auf Play.

»Hey, ich bin's. Es … es tut mir schrecklich leid. Einfach unglaublich, wie taktlos ich war. Ich hab den Anruf bekommen und bin einfach rausgestürmt, ohne weiter nachzudenken … aber das ist keine Entschuldigung. Es tut mir wirklich leid. Nur damit du Bescheid weißt, der Unfall war nicht dramatisch, es gab keine ernsthaften Verletzungen. Ich weiß nicht, ob das von Bedeutung ist oder nicht. Ruf mich an, okay? Ich würde gerne wissen, dass mit dir alles in Ordnung ist?«

Aber mit ihr war nicht alles in Ordnung.

Hester hörte die Sorge in seiner Stimme. Oren war wirklich ein guter Mann, aber es war, als würde ein Fluch auf ihr lasten. Oren war in der Nacht, in der David gestorben war, dort gewesen. Auch damals war er zu einem Unfall gerufen worden, und es war ausgeschlossen, dass sie das abschütteln und normal damit umgehen könnte. Jetzt nicht. Später nicht. Niemals. Der Fluch zerstörte jede Möglichkeit, so gering sie auch sein mochte, gemeinsam glücklich zu werden.

Sie wollte nicht, dass Oren sich Sorgen machte. Es war nicht seine Schuld, und er war nicht mehr der Jüngste. Er sollte sich nicht unnötig aufregen. Sie schrieb Oren eine SMS:

Alles okay. Bin wahnsinnig beschäftigt. Ruf dich später an.

Aber sie würde ihn nicht anrufen. Oder rangehen, wenn er zurückrief. Er würde verstehen, was los war, und das war für alle am besten.

Die Stimmen von unten wurden lauter. Komisch, woran man sich erinnerte. Dieser Raum hier, den Laila und David als Gästezimmer nutzten, war früher Hesters Arbeitszimmer

gewesen. Am Hall und der Lautstärke erkannte sie, dass die beiden Frauen sich zuerst in der Küche unterhalten hatten und jetzt im Windfang an der Haustür standen. Wahrscheinlich verabschiedeten sie sich gerade. Hester sah aus dem Fenster und … ja … eine junge Frau ging den Weg entlang zu einem vor dem Haus geparkten dunkelblauen Auto.
Hester zog sich den Bademantel an, den Laila für Gäste bereitgelegt hatte, und trat in den Flur. Laila stand unten an der Treppe.

»Guten Morgen«, sagte sie.

»Guten Morgen.«

»Du warst schon im Bett, als ich gestern Abend gekommen bin. Alles okay?«

»Ja«, sagte Hester durch das Pochen in ihrem Kopf hindurch. »Prima.«

»Tut mir leid, wenn ich dich geweckt habe. Eine Mandantin, die ganz in der Nähe wohnt, musste reden.«

»Oh, verstehe.«

»Ich hab Kaffee gemacht. Steht in der Küche, falls du einen willst.«

»Du bist göttlich«, sagte Hester.

Laila lächelte und nahm ihre Tasche. »Ich muss los, bevor die Straßen zu voll werden. Brauchst du noch etwas?«

»Nein, alles okay. Danke, Laila.«

»Matthew müsste auch bald aufstehen. Wenn du heute Abend noch in der Stadt bist, wollen wir dann irgendwie zusammen essen?«

»Lass uns das spontan entscheiden.«

»Gut.«

Damit öffnete Laila die Tür und ging. Hesters Lächeln fiel in sich zusammen, sie legte die Hände auf den dröhnenden Kopf, drückte ihn seitlich zusammen, um zu verhindern, dass er auseinanderplatzte. Dann ging sie die Treppe hinunter, ein Kaffee würde zweifelsohne helfen.

Als sie am Fenster neben der Haustür vorbeikam, sah sie, dass die junge Frau in dem blauen Auto noch nicht weggefahren war. Laila ging zu ihr. Hester beobachtete kurz, wie die beiden sich unterhielten. Laila legte der Frau wie zum Trost eine Hand auf die Schulter. Die Frau schien daraus Kraft zu schöpfen. Sie nickte und drückte die Fernbedienung ihres Autos.

»Hey, Nana.«

Matthew stand oben an der Treppe.

»Hey.« Hester sah immer noch aus dem Fenster und fragte: »Kennst du die Frau da bei deiner Mutter?«

»Wen?«

»Die, die gerade in das blaue Auto steigt.«

Matthew trampelte die Stufen herunter, wie es nur ein Teenager konnte. Er trat ans Fenster und blickte hinaus, als die junge Frau ins Auto stieg und losfuhr. »Ach so«, sagte Matthew. »Das ist Miss O'Brien. Ich glaube, Mom hilft ihr bei einem Fall.«

Warum, fragte sich Hester, klingelte bei dem Namen etwas?

»Miss O'Brien?«

»Ja«, sagte Matthew. »Sie ist Kunstlehrerin bei mir an der Schule.«

* * *

Dem Uber-Fahrer, der laut der App Mike hieß und eine Bewertung von 4,78 hatte, missfiel der Anblick der Menschenmenge vor dem Tor von Maynard Manor.

»Was zum Teufel ist das?«, fragte er Hester.

Eine Handvoll Demonstranten, nicht mehr als zehn, standen dort mit Schildern, auf denen »FAKE NEWS!« und »SPIONE SIND VERRÄTER UND GEHÖREN IN DEN KNAST« stand. Außerdem skandierten sie etwas. Etwa die gleiche Anzahl Polizisten war vor Ort, um sie am Betreten des Grundstücks zu hindern, und als Mike 4,78 vom Grauen Honda Accord vorfuhr, kam ausgerechnet der uniformierte Oren auf sie zu, steckte seinen Kopf auf der Beifahrerseite in den Wagen und fragte Mike 4,78: »Werden Sie erwartet?«

Auf dem Rücksitz sagte Hester: »Ja.«

Oren sah sie an. »Oh. Hi.«

Und schon diese beiden Worte reichten, damit sich Davids Geist materialisierte und neben sie setzte.

»Hi.«

Einen Moment lang verharrten sie reglos und ohne etwas zu sagen. Dann brach Mike 4,78 das Schweigen. »Können wir jetzt reinfahren, oder nicht?«

»Der Wachmann wird Sie durchlassen, dann können Sie Miss Crimstein hinter dem Tor absetzen«, sagte Oren. »Ich wünsche noch einen schönen Tag.«

Davids Geist verblasste, als Oren den Kopf zurückzog und Mike 4,78 durchs Tor fuhr. Wilde erwartete sie in einem Golfcart. Als Hester eingestiegen war, sagte Wilde: »Naomi hat sich auf meinem Handy gemeldet.«

»Was? Wann?«

»Gestern Abend.«

»Warum hast du mich nicht angerufen?«

»Du hattest ein Date.«

»Und hinterher?«

Wilde versuchte, sich ein Lächeln zu verkneifen. »Ich wusste ja nicht, wie gut das Date gelaufen ist.«

»Jetzt werd nicht frech.«

»Entschuldigung.«

»Und was hat Naomi gesagt?«

»Wir sollen aufhören, nach ihnen zu suchen.«

»Ihnen? Das würde heißen, sie war nicht allein?«

»Korrekt.«

»Klang sie verzweifelt?«

»Nicht so verzweifelt, dass man den Eindruck hätte, sie würde gegen ihren Willen festgehalten. Eigentlich klang sie eher ein bisschen aufgeregt.«

»So aufgeregt, als wäre der beliebteste Junge der Schule mit ihr durchgebrannt?«

»Möglich.«

Sie fuhren die Zufahrt hinauf.

»Ich hab auch was«, sagte Hester.

»Erzähl.«

»Ava O'Brien war heute Morgen bei Laila.«

Wilde war verblüfft. »Wieso?«

»Laila sagte, sie sei eine Mandantin.«

»Inwiefern?«

Hester verzog das Gesicht. »Wir dürfen nicht fragen … und sie darf es nicht sagen. Anwaltsgeheimnis, erinnerst du dich?«

Wilde checkte die Zeit. »Ava wird sich bald auf den Weg zur Schule machen. Wenn ich mich beeile, kann ich sie vielleicht noch abfangen.«

»Und was willst du sie fragen? Ich hab darüber nachgedacht. Wie soll eine juristische Angelegenheit, mit der sich Laila befasst, mit dieser Sache zusammenhängen?«

Wilde hatte keine Ahnung, da aber noch fünf Stunden Zeit waren, bis Crash freigelassen werden sollte, war er ein wenig unruhig.

»Ich bin bald zurück«, sagte er.

»Wo sind die Maynards?«

»In der Bibliothek. Ich setz dich da noch ab, bevor ich mich auf den Weg mache.«

Wilde hatte eine lange Nacht hinter sich. Er hatte nicht geschlafen und war stattdessen zu einem nächtlichen Waldlauf aufgebrochen. Er rannte gerne nachts zwischen den Bäumen, merkte dabei, wie schnell sich seine Augen an die Dunkelheit gewöhnten, und wie alle fünf Sinne – ja, man nutzte alle fünf – miteinander verschmolzen, sodass das Ganze zu etwas Größerem wurde als die Summe der Einzelteile. Er hatte in der Ecocapsule vorbeigeschaut. Seit Gavin Chambers' Männer sie umstellt hatten, war er nicht mehr dort gewesen. Er wollte sicherstellen, dass sie nicht zurückgekommen waren und daran herumgebastelt hatten. Das hatten sie nicht. Außerdem hatte er eine Weile nicht geduscht und die Kleidung gewechselt, also machte er auch das.

Als er wieder in der Ecocapsule war, dachte Wilde über die Idee mit den Attrappen nach – die Ghost Army, strategische Desinformation. Die Absicht dahinter war recht simpel: Man stiftete Chaos und Verwirrung. Wenn er das, was er in den Nachrichten gesehen hatte, richtig interpretierte, machten Rusty Eggers und seine Leute das auch gerade.

Es funktionierte. Und wenn man die Geschichte betrachtete, hatte es im Prinzip immer funktioniert.

In der Hoffnung, Ava zu treffen, fuhr er im Lexus der Maynards zur Highschool. Hester hatte recht. Wahrscheinlich würde er dort nichts erfahren. Aber Wilde mochte Ava. So ganz akzeptierte er es noch nicht, aber irgendwie wollte er sie wiedersehen. Sie spukte die ganze Zeit in seinem Hinterkopf herum, seit er sich selbst gestern im Seven-Eleven mit dem Vorschlag überrascht hatte, dass sie sich wieder mal treffen sollten. Nichts Ernstes. Das war ihm klar. Er kehrte unter anderem deshalb nicht zu einer Frau zurück, weil er keine feste

Bindung eingehen wollte, die Partnerin auf Zeit aber vielleicht andere Absichten hegte. Das kam ihm nicht richtig oder fair vor. Also keine Zugaben.

Aber wenn er sich selbst gegenüber ganz ehrlich war, wollte er mit Ava eine Zugabe.

War sein Besuch in der Schule also nur eine Ausrede, um sie zu sehen?

Wilde parkte gegenüber vom Lehrerparkplatz, stieg aus und lehnte sich an den Wagen. Ein paar Minuten später sah er Avas Auto auf den Parkplatz fahren. Als sie ausstieg, beobachtete er sie einen Moment lang. Ava O'Brien war wunderschön, dachte er. Stark. Leidenschaftlich. Unabhängig. Einfühlsam.

Er hatte gerade einen Schritt auf sie zu gemacht, als ein Auto vor ihm hielt und ihm den Weg versperrte.

Der Fahrer steckte den Kopf aus dem Fenster. »Steigen Sie ein.«

Es war Saul Strauss.

»Warum zum Teufel suchen mich plötzlich alle, Wilde?«

»Sagen Sie es mir.«

»Ich hatte nichts mit der Veröffentlichung des Videos zu tun.«

»Ich weiß«, sagte Wilde.

»Und warum sucht Gavin mich dann? Warum haben Sie mich angerufen?«

»Lange Geschichte.«

»Steigen Sie ein«, sagte Strauss und blickte nach rechts und links. »Ich muss Ihnen etwas zeigen.«

Wilde sah zu Ava. Sie war jetzt an der Schultür.

»Es ist wichtig«, sagte Strauss, »ich werd hier aber nicht in aller Öffentlichkeit warten, während Gavin Chambers mich als Zielscheibe auserkoren hat. Wenn Sie jetzt nicht einsteigen, bin ich weg.«

Wilde zögerte noch so lange, bis Ava in der Schule verschwunden war. Jetzt hatte er nichts Besseres mehr vor. Er stieg auf der Beifahrerseite ein. Strauss gab Gas.

»Wohin fahren wir?«, fragte Wilde.

»Wäre es zu melodramatisch, wenn ich antworte: ›Wir suchen die Wahrheit‹?«

»Eindeutig.«

»Dann lautet die Antwort: ins Gefängnis«, sagte Strauss. »Wir fahren ins Gefängnis.«

DREIUNDDREISSIG

Was meinen Sie mit ›ins Gefängnis‹?«

Saul Strauss hatte beide Hände am Steuer. »Warum sind alle so scharf darauf, mich zu finden?«

»Vielleicht sollte man besser fragen, wo Sie gewesen sind.«

»Ich habe Feinde, Wilde. Das wird Sie gewiss nicht überraschen. Wenn also ein berechnender Faschist wie Gavin Chambers, der für einen pillenschluckenden Nihilisten wie Rusty Eggers arbeitet, bei mir an die Tür klopft, tauche ich erst einmal ab, wissen Sie?«

»Ich weiß, dass Sie nicht sagen, wo Sie gewesen sind.«

»Was geht Sie das an? Was geht es Gavin an?«

Wilde sah keinen Grund, es ihm nicht zu sagen. »Crash Maynard wird vermisst.«

»Was meinen Sie mit ›vermisst‹? Moment mal, wurde das Video deshalb veröffentlicht?«

Wilde antwortete nicht.

»Glauben jetzt etwa alle, dass ich etwas damit zu tun habe?«

»Haben Sie das?«

»Ja, klar, ich halte Crash Maynard versteckt. Wie viele bewaffnete Männer hat Gavin für die Bewachung dieser Familie abgestellt?«

Das war ein wichtiger Punkt, dachte Wilde. »Wie haben Sie mich gefunden?«, fragte er.

»Jetzt gerade? Einer von meinen Leuten beobachtet das Haus der Maynards. Übrigens, wer um alles in der Welt nennt sein Haus ›Maynard Manor‹? Ist das nicht der großkotzigste, übertriebenste, obszönste … Also, wenn jemand Belege dafür sucht, dass die Reichen zu reich sind, würde ich das Anwesen als Beweisstück A anführen. Na ja, jedenfalls ist mein Mann Ihnen hierher gefolgt.«

»Und Sie waren in der Gegend?«

»Ich musste Sie sehen.«

»Um mich ins Gefängnis zu bringen?«

»Ja.«

»Ich muss um halb zwölf bei den Maynards sein.«

»Es dauert nicht lange. Ich habe gehört, Hester hat Arnie Poplin interviewt.«

»Sie hören viel, Saul.«

»Das ist wahr. Dann gehe ich mal davon aus, dass Hester ihm jetzt glaubt.«

Wilde wechselte das Thema. »Warum hatten Sie neulich in der Hotelbar so großes Interesse an Naomi Pine?«

»Das hatte ich nicht. Ich habe mich für Crash Maynard interessiert.«

»Der jetzt vermisst wird.«

»Sie haben mir ja nicht geglaubt, als ich gesagt habe, dass die Maynards Videos besitzen, die großen Schaden anrichten können.«

»Und die wurden veröffentlicht«, sagte Wilde.

»Ja, ich habe die Nachrichten gesehen«, sagte Strauss. »Und auch die Reaktion darauf. Es interessiert niemanden, dass Eggers ein junges Mädchen geküsst hat, mit Ausnahme derjenigen, die ihn sowieso nicht wählen würden.«

Sie überquerten die Tappan-Zee-Bridge und fuhren am Hudson River entlang nach Norden. Wenn Strauss mit ihm wirklich zu einem Gefängnis fuhr, hatte Wilde eine ziemlich klare Vorstellung, wohin sie unterwegs waren.

»Sing Sing?«, fragte Wilde.

»Ja.«

»Warum?«

»Sie müssen es mit eigenen Augen sehen, Wilde. Damit Sie es verstehen.«

Sing Sing, eine der berühmtesten Strafanstalten der Welt, lag nur etwa eine halbe Stunde von Manhattan entfernt. Anfang des 19. Jahrhunderts erbaut, machte Sing Sing sich vor aller Augen unsichtbar. Für die Pendler im Metro-North-Zug nach Grand Central Station lag es fast genau auf halber Strecke. Wenn Sie mit einem Schiff den Hudson hinauffahren, sehen Sie Sing Sing auf einem an sich beneidenswerten schönen Stück Land oberhalb des Flusses. Auf dem berühmt-berüchtigten Old Sparky, dem elektrischen Stuhl im Gefängnis, waren mehr als sechshundert Menschen hingerichtet worden, darunter auch – im Jahr 1953 – die vermeintlichen sowjetischen Spione Julius und Ethel Rosenberg. Angeblich war Julius zuerst an Old Sparky festgeschnallt worden und schnell gestorben. Dann wurde Ethel zu demselben Stuhl geführt, auf dem ihr Mann gerade vorher verendet war – wie musste sie sich gefühlt haben? –, bei ihrer Hinrichtung waren jedoch Komplikationen aufgetreten. Zeugen sagten, dass es mehrerer Versuche bedurfte, sie zu töten, dass ihr Herz trotz mehrerer Elektroschocks weiterschlug und Rauch von ihrem Kopf aufstieg.

Wilde hatte keine Ahnung, warum Saul Strauss ihn hierherbrachte.

Strauss hielt auf dem Besucherplatz der Strafanstalt und machte den Motor aus. »Kommen Sie schon. Es dauert nicht lange.«

Offenbar hatte Strauss ein paar Gefallen eingefordert, sodass sie an der Schlange vorbeigehen durften. Sie leerten ihre Taschen aus und gingen durch den Metalldetektor. Der Besuchsraum sah aus wie eine Schul-Cafeteria auf Anabolika. Hier standen Tische und Stühle – es gab keine Glaswände zwischen Insassen und Besuchern, wie man es aus dem Fernsehen kannte. Die Gefangenen wurden von ihren Lieben ganz offen umarmt. Eigentlich erwartete man, auf erwachsene Ehefrauen und -männer, Partner, Eltern und Geschwister zu treffen, die meisten Besucher waren jedoch Familien mit kleinen Kindern. Mit vielen Kindern. Manche von ihnen verbrachten ihre Zeit im farbenfrohen »Familienzentrum«, das wie ein Gruppenraum in einer Kindertagesstätte oder einer Vorschule aussah. Es gab Brettspiele und Bilderbücher, Bastelsachen und Spielzeug. Andere gingen raus auf den Spielplatz.

Die Wachen wiesen ihnen einen Tisch in der deutlich markierten Reihe vier direkt am Häftlingseingang zu. Wilde und Strauss wurden aufgefordert, sich zu setzen und sitzen zu bleiben, bis ihr Häftling bei ihnen war. Wilde wollte sich nach Einzelheiten erkundigen, kam dann aber zu der Überzeugung, dass er, nachdem er so lange mitgespielt hatte, Strauss sein Spiel auch zu Ende bringen sollte. Ein Summer ertönte, dann glitt die Tür zum eigentlichen Gefängnis zur Seite. Die Häftlinge strömten herein und eilten zu ihren Freunden und Familien. Wilde sah Strauss an.

»Unser Mann wird als Letzter rauskommen«, sagte Strauss.

Wilde wusste nicht, was das bedeutete, sollte es aber bald erfahren. Nachdem die Reihe der Männer (Sing Sing war ein reines Männergefängnis), die in den Besuchsraum strömten, versiegt war, folgte noch ein weiterer Häftling – in einem Rollstuhl. Jetzt verstand Wilde, warum sie direkt am Eingang platziert worden waren.

Die Tische waren behindertengerecht.

Der Mann im Rollstuhl war schwarz. Er hatte kurze graue Haare und eine ledrige Haut. Seine Augen wirkten verbittert.

Wilde schätzte ihn auf Mitte fünfzig bis sechzig. Es klingt wie ein Klischee, wenn man behauptet, dass Menschen im Gefängnis schneller altern, aber manchmal trafen Klischees eben auch zu.

Saul Strauss erhob sich, beugte seinen starken Körper dann tief herunter und umarmte den Mann. »Hey, Raymond.«

»Hey, Saul.«

»Ich möchte dir Wilde vorstellen. Wilde, das ist Raymond Stark.«

Wilde schüttelte dem Mann die Hand. Raymonds Händedruck war fest. »Wirklich nett, Sie kennenzulernen, Wilde.«

»Gleichfalls«, sagte Wilde, weil er keine Ahnung hatte, was er sonst sagen sollte.

Raymond Stark lächelte ihm zu, und sein Gesicht leuchtete auf. »Als Sie im Wald gefunden wurden, wurde ich in Red Onion festgehalten«, sagte Raymond. »Das ist eine Hochsicherheitsanstalt in Virginia. Ich war gerade erst reingekommen und hatte noch Hoffnung, wissen Sie? Dass sie merken würden, dass sie sich geirrt haben, dass ich jeden Moment wieder frei sein würde.«

Wilde wurde klar, dass dieser Mann seit über drei Jahrzehnten im Gefängnis saß.

»Ich habe damals alles über Sie gelesen, was ich in die Finger bekommen konnte. Allein der Gedanke … ich meine, Sie hatten keine Familie, keine Freunde und Bekannten. Keine Vergangenheit, oder?«

»Das ist richtig.«

»Ich weiß nicht, ob das ein Segen oder ein Fluch ist.«

Saul setzte sich und signalisierte Wilde, das auch zu tun.

»Danke fürs Kommen«, sagte Raymond zu Wilde.

Wilde sah erst Raymond, dann Strauss an. »Würden Sie mir erzählen, weshalb ich hier bin?«

»Raymond wurde 1986 wegen der Ermordung eines jungen Mannes namens Christopher Anson verhaftet. Anson wurde im Ortsteil Deanwood in Washington, D.C., erstochen. Damals wurde behauptet, Anson wäre in das falsche Viertel gegangen, um Drogen zu kaufen, wobei Letzteres in den Medien kaum Erwähnung fand, um den Ruf des Opfers zu schützen. Jedenfalls wurde er mit einem Stich ins Herz getötet und ausgeraubt. Sie waren zu jung und werden sich nicht daran erinnern, es war aber ein großer Fall. Anson war ein reicher weißer College-Student. Manche forderten die Todesstrafe.«

Raymond legte Wilde eine Hand auf den Arm. Wilde sah ihm in die Augen und bemerkte seinen verbitterten Blick.

»Ich war es nicht.«

»Sie können sich vorstellen, wie es abgelaufen ist – die Medien, der Bürgermeister, der Druck, den Fall schnell zu lösen. Angeblich hatten die Cops einen anonymen Tipp bekommen, dass Anson bei einem schwarzen Jugendlichen in Deanwood Drogen gekauft hatte, also haben sie jeden schwarzen Jugendlichen, den sie finden konnten, angeschleppt, eingesperrt, wach gehalten und angefangen, sogenannte ›erweiterte Verhörtechniken‹ einzusetzen – Sie wissen, wovon ich rede.«

»Ja, das weiß ich«, sagte Wilde. »Aber ich weiß immer noch nicht, warum ich hier bin.«

Strauss fuhr fort: »Irgendwann hat ein Jugendlicher gesagt, dass Raymond Drogen an reiche Weiße verkauft hat.«

»Marihuana«, sagte Raymond. »Dieser Teil ist wahr. Meistens war ich aber nur für die Lieferungen zuständig.«

»Ein Richter hat einen Durchsuchungsbefehl erlassen, und ein Detective der städtischen Polizei namens Shawn Kindler hat unter Raymonds Matratze ein Messer gefunden. Tests haben gezeigt, dass es die Mordwaffe war. Sie können sich vorstellen, wie schnell es von da an mit ihm bergab ging.«

»Das Messer gehörte mir nicht«, sagte Raymond. Wieder sah er Wilde in die Augen. »Ich war es nicht.«

Wilde sagte: »Mr Stark?«

»Nennen Sie mich Raymond.«

»Raymond, ich habe die größten Soziopathen gesehen, und sie haben mir genau wie Sie in die Augen gesehen und mir dabei ins Gesicht gelogen.«

»Ja, schon klar«, sagte Raymond Stark. »Ich auch. Jeden Tag meines Lebens. Ich bin umgeben von ihnen. Aber ich weiß nicht, was ich sonst sagen soll, Wilde. Vierunddreißig Jahre habe ich hier drin verbracht, für etwas, das ich nicht getan habe. Ich habe mein Bestes versucht. Ich habe studiert, hier meinen Highschool-Abschluss gemacht, dann einen College-Abschluss und sogar einen Juris Doctor. Ich habe Briefe und Schriftsätze für andere Häftlinge und für mich selbst aufgesetzt. Aber es ist nichts passiert. Es passiert nie etwas.«

Raymond legte die Hände auf den Tisch und sah zur Seite. »Stellen Sie sich vor, Sie wären jeden Tag an einem Ort wie diesem und würden die Wahrheit herausschreien, aber niemand hört Sie. Soll ich Ihnen etwas Komisches erzählen?«

Wilde wartete.

»Ich habe diesen wiederkehrenden Traum, dass ich rauskomme«, sagte Raymond mit dem Anflug eines Lächelns. »Ich träume davon, dass mir endlich jemand glaubt – und ich freigelassen werde. Und dann wache ich wieder in derselben Zelle auf. Versuchen Sie sich das eine Sekunde lang vorzustellen. Stellen Sie sich den Moment vor, in dem mir klar wird, dass es nur ein Traum war, wie ich versuche, ihn festzuhalten, aber es ist, als würde man in eine Rauchwolke greifen. Früher hat meine Mutter mich zweimal in der Woche besucht. Das hat sie mehr als zwanzig Jahre lang getan. Dann hat man ein Geschwür in ihrer Leber entdeckt. Krebs. Hat sie von innen aufgefressen. Und ich frage mich Tag für Tag, Stunde für Stunde, ob der Stress, ihren Sohn für etwas eingesperrt zu sehen, was er nicht getan hat, ihr Immunsystem geschwächt und sie umgebracht hat.«

»Raymond«, sagte Strauss, »erzähl Wilde, wie du in diesem Rollstuhl gelandet bist.«

Raymond schüttelte langsam den Kopf. »Wenn es dir nichts ausmacht, Saul, verzichte ich lieber darauf. Eine weitere traurige Geschichte wird Sie nicht dazu bringen, mir zu glauben, richtig, Wilde?«

Wilde antwortete nicht.

»Also appelliere ich nicht an Ihr Mitleid und verlange auch nicht, dass Sie mir wegen meines Gesichts oder meinen treuen Augen Glauben schenken«, sagte Raymond. »Ich möchte Sie stattdessen darum bitten, mir noch ein paar Minuten Ihrer Zeit zu gewähren. Das ist alles. Kein Plädoyer für meine Unschuld. Keine Emotionen. Hören Sie Saul einfach bis zu Ende an.«

Wilde wollte erwidern, dass er jetzt nicht die Zeit dazu hätte, dass er selbst gerade mit einer Mammutaufgabe beschäftigt war und es auch nichts ändern würde, wenn er davon überzeugt wäre, dass Raymond Stark einem Fehlurteil zum Opfer gefallen war. Wilde konnte nichts tun, was Saul Strauss und seine Organisation nicht besser könnten.

Wilde verkniff es sich allerdings, das zu sagen, weil ihm klar war, dass es irgendeinen Grund für seine Anwesenheit hier geben musste, denn ohne guten Grund hätte Strauss ihn nicht abgeholt und hergebracht. Strauss wusste zumindest ungefähr, was mit Crash Maynard und Naomi Pine passiert war, trotzdem hatte er darauf bestanden, dass sie diese Tour machten. Statt also Zeit zu vergeuden, indem er gegen seine Anwesenheit hier protestierte, konnte er ihnen auch etwas Respekt entgegenbringen und noch ein paar Minuten bleiben. Maynard Manor, das Welten von Sing Sing entfernt zu sein schien, würde sich dadurch nicht ändern.

Mit einem Nicken forderte Raymond Stark Strauss auf fortzufahren.

»Vor zwei Jahren«, sagte Strauss, »haben wir über das Truth Program, in dem wir alte Fälle auf Fehlurteile untersuchen, entdeckt, dass Detective Kindler in mindestens drei Fällen Verdächtigen Beweisstücke untergeschoben hat, um seine Aufklärungsquote zu erhöhen und sein Profil als Kriminalpolizist zu verbessern. Dadurch ist die Staatsanwaltschaft in Washington, D.C., jetzt gezwungen, eine Reihe von Kindlers Festnahmen zu überprüfen. Eine der Verurteilungen wurde bereits aufgehoben. Aber es geht sehr langsam voran, und den Christopher-Anson-Mord will niemand anrühren.«

»Warum nicht?«, fragte Wilde.

»Weil er so großes öffentliches Interesse erregt hat. Alle haben Raymond für schuldig gehalten – Kollegen, Staatsanwälte, die Medien, Ansons Familie und Freunde. Es wäre mehr als nur peinlich, wenn jetzt herauskäme, dass ihm das Messer untergeschoben wurde. Und selbst wenn wir das beweisen könnten, würden die meisten Leute Raymond dennoch für den Mörder halten. Es ist wie bei O.J. Simpson. Viele Leute glauben zwar, dass Mark Fuhrman ihm den blutigen Handschuh untergeschoben hat – aber gleichzeitig sind sie weiterhin davon überzeugt, dass O.J. der Täter war.«

Strauss reichte ihm ein körniges Foto, das einen jungen weißen Mann mit einem breiten Lächeln und gewellten Haaren zeigte. Er trug einen blauen Blazer und eine rote Krawatte. »Das ist Christopher Anson, das Mordopfer. Das Foto wurde zwei Wochen vor seiner Ermordung aufgenommen. Er war zwanzig, als er umgebracht wurde, ein Student im vorletzten

Jahr am Swarthmore College. Christopher war der Inbegriff eines erfolgreichen und beliebten amerikanischen Studenten – Kapitän der Basketballmannschaft, Debattierclub, erstklassiger Notendurchschnitt. Die Ansons sind eine große blaublütige Familie in Massachusetts. Sie haben ihre Sommer in einem großen Anwesen in Newport verbracht. Sie wissen, wovon ich rede?«

Wilde sagte nichts.

»Ich habe versucht, mit dem, was wir über Detective Kindler erfahren haben, auf die Ansons zuzugehen. Sie wollten es nicht hören. Ihrer Meinung nach wurde der Mörder gefasst und seiner gerechten Strafe zugeführt. Das ist keine ungewöhnliche Reaktion. Sie haben eine Sache mehr als dreißig Jahre geglaubt. Dadurch wird man blind und unbeweglich.«

»Saul?«

Es war Raymond.

»Wilde war sehr geduldig mit uns«, sagte Raymond. »Zeig ihm jetzt das andere Foto.«

Strauss zögerte. »Ich würde lieber erst noch ein paar Zusammenhänge erklären.«

»Er wird die Zusammenhänge verstehen«, sagte Raymond. »Zeig es ihm.«

Strauss griff in die braune Mappe und zog ein weiteres Foto heraus.

»Anfangs hat uns das nicht viel gesagt. Aber dann hat Arnie Poplin plötzlich diesen Kommentar abgegeben.«

Er reichte Wilde ein Gruppenfoto von etwa dreißig oder vierzig jungen Leuten, alle gut gekleidet, gesund und lebensfroh. Das Foto war im Freien auf einer weißen Betontreppe aufgenommen worden. Einige der jungen Leute saßen, andere standen. Das erste Gesicht, das Wilde erkannte, war das von Christopher Anson, der oben als Zweiter von links stand.

Wilde war sofort klar, dass das Porträtbild von Christopher Anson, das Strauss ihm vorher gezeigt hatte, ein vergrößerter Ausschnitt dieses Fotos war.

Im Hintergrund war über den lächelnden Gesichtern die berühmte weiße Kuppel des Kapitols in Washington, D.C., zu sehen.

Ein kalter Schauer lief ihm den Rücken hinunter.

»Christopher Anson hatte in diesem Sommer ein Praktikum bei einem Senator aus Massachusetts gemacht.«

Wildes Blick streifte über das Bild. Er hatte inzwischen verstanden – sah alles –, wartete aber, dass Strauss es ihm zeigte. Strauss deutete auf das Gesicht der übernächsten Person rechts von Christopher Anson.

»Das ist Dash Maynard.«

Sein Finger wanderte hinunter zu der jungen Frau, die sich im Lauf der Jahre nicht viel verändert hatte. »Das ist Delia Maynard, geborene Reese…«, dann glitt der Finger auf das Gesicht neben ihr, »… und das, mein Freund, ist der aktuelle Senator des großartigen Staats New Jersey, Rusty Eggers.«

VIERUNDDREISSIG

Als sie wieder auf dem Parkplatz vor dem Gefängnis waren, rief Wilde die Maynards an, um zu erfahren, ob es irgendwelche Neuigkeiten gab. Gab es nicht. Es waren noch zwei Stunden, bis die Kidnapper Crash freilassen wollten.

Als sie wieder in Saul Strauss' Auto saßen, sagte Wilde: »Mal sehen, ob ich Ihre Theorie richtig verstanden habe.«

»Nur zu.«

»Arnie Poplin behauptet, gehört zu haben, wie Rusty zugibt, jemanden getötet zu haben, und Dash hätte dieses Geständnis – oder was auch immer es ist – auf Video festgehalten. Und Sie glauben, dass es dabei um Christopher Anson geht.«

»Ja, das ist die Kurzfassung. Wir haben aber noch mehr Indizien.«

»Zum Beispiel?«

»Sie waren in dieser Nacht gemeinsam unterwegs.«

»Wer?«

»Christopher Anson und Rusty Eggers. Es hat eine Weile gedauert, das herauszufinden. Diese Praktikanten sind lauter Kinder aus reichen oder zumindest sehr wohlhabenden Familien, daher wurden ihre Namen im Bericht nicht erwähnt.«

»Bei einem Fall, der so im Blickfeld der Öffentlichkeit stand?«

»Das ist eher ein weiterer Grund dafür, dass die Namen zurückgehalten wurden. ›Wir kooperieren nur, wenn man uns garantiert, dass der Ruf unseres Kindes nicht in Mitleidenschaft gezogen wird.‹ Die Familien haben Vertraulichkeitsvereinbarungen abgeschlossen, bevor ihre Kinder ausgesagt haben. Später stellte sich heraus, dass die Staatsanwaltschaft diese Aussagen vor Gericht gar nicht brauchte. Das Messer, das dann gefunden wurde, reichte. Auf jeden Fall aber hat ein Barkeeper in einem Lokal namens The Lockwood an diesem Abend eine ganze Gruppe männlicher Praktikanten gesehen. Na ja, es hat wirklich ziemlich lange gedauert, bis wir das erfahren haben. Wir hatten unsere besten Leute darauf angesetzt. Die meisten Praktikanten wollten nicht reden – verdammt, es ist über dreißig Jahre her –, aber wir wissen inzwischen, dass Rusty Eggers und Christopher Anson nicht gut aufeinander zu sprechen waren. Beide haben sich in dieser Praktikantengruppe als Alphatiere betrachtet. Sie standen ständig in Konkurrenz zueinander. Nach Auskunft des Barkeepers haben sie an dem Abend heftig gestritten. Einer ihrer Kumpel musste dazwischengehen und sie trennen.«

»Rusty und das Mordopfer?«

»Ja.«

»Wissen Sie, wer dazwischengegangen ist?«

»Oh, das wird Ihnen gefallen. Wir haben dem Barkeeper das Foto der Praktikanten auf der Treppe des Kapitols gezeigt. Raten Sie mal, auf wen er gezeigt hat.«

Wilde erkannte, worauf er hinauswollte. »Dash Maynard.«

»Interessant, oder?«

»Und was ist passiert, nachdem Dash die beiden getrennt hatte?«

»Nach unseren fragmentarischen Informationen ist Christopher Anson aus der Bar gestürmt. Er war der Erste, der gegangen ist. Später – ob es eine halbe Stunde oder eine Stunde später war, kann niemand mehr sagen – ist Rusty Eggers gegangen.«

»Und die Polizei wusste das?«

Strauss nickte. »Ihre Theorie lautete, dass Anson früh gegangen ist, um Drogen zu kaufen. Das hatte er schon öfter getan. Anson war so etwas wie der … Dealer ist wohl zu viel gesagt … vielleicht … Kurier der Gruppe. Die Polizei ging also davon aus, dass Anson betrunken war. Er ist rausgetorkelt, um in einem üblen Viertel Drogen zu kaufen. Er war gut gekleidet – die Praktikanten hatten sich nach der Arbeit nicht umgezogen, trugen also Anzüge und Krawatten – und ein leichtes Opfer. Dann hat Raymond Stark ihn entdeckt – oder vielleicht ist Anson zu Raymond gegangen, um Drogen zu kaufen. So oder so, der weiße Junge war ein leichtes Opfer. Raymond hat das Messer gezogen, um ihn auszurauben. Vielleicht hat Anson sich gewehrt, vielleicht auch nicht.«

»Und Raymond Stark hat ihn erstochen.«

»So ist es. Aber diese Theorie hat viele Schwachstellen.«

»Zum Beispiel?«

»Ansons Leiche wurde in einer Gasse gefunden. Unser Experte vom Truth Program hat sich die Tatortfotos angesehen. Er ist davon überzeugt, dass die Leiche dort hingebracht wurde.«

»Christopher Anson wurde also woanders getötet?«

»Unser Experte sieht das so, ja.«

»Hat Raymonds Anwalt das bei der Verhandlung angesprochen?«

Strauss schüttelte den Kopf. »Er hat pro bono gearbeitet, als eine Art Pflichtverteidiger. Für einen Experten war kein Geld da.«

»Und die Staatsanwaltschaft hat vermutlich auch niemanden darüber informiert?«

»Es ist natürlich nicht ausgeschlossen, dass deren Experte zu einem anderen Ergebnis gekommen ist, aber wahrscheinlich war es das typische Fehlverhalten – solange keiner fragt, sagen wir auch nichts. Im Übrigen glaube ich, dass es für die Geschworenen sowieso keinen Unterschied gemacht hätte. Wenn es zur Sprache gekommen wäre, hätte die Anklage nur gesagt: »Dann hat Raymond Stark Anson woanders erstochen und in die Gasse geschleppt, damit niemand die Leiche sieht.«

Wilde lehnte sich zurück. Wieder überquerten sie den Hudson auf der neuen Tappan-Zee-Bridge nach New Jersey. Er bekam eine SMS von Hester:

Rola könnte eine Spur zu Naomis Mutter haben.

Wilde tippte eine Antwort:

Bin in einer halben Stunde zurück.

»Er war in der Nacht dort«, begann Strauss. »Und es gab einen heftigen Streit.«

»Das hat nicht viel zu sagen.«

»Für sich genommen nicht. Aber wenn Arnie Poplin Jahre später gehört hat, wie Rusty vor Dash Maynard zugibt, jemanden umgebracht zu haben …« Strauss nahm eine Hand vom Lenkrad und streckte sie Wilde entgegen. »Und auch wenn ich natürlich weiß, dass Arnie Poplin einen Sprung in der Cornflakes-Schüssel hat, ist da immer noch Rustys Verhalten. Er nötigt die Maynards, Gavin Chambers zu engagieren, den vielleicht besten Security-Mann des Landes. Warum tut er das?«

»Weil es tatsächlich Videos gibt«, sagte Wilde. »Wie die, die gerade veröffentlicht wurden.«

»Glauben Sie wirklich, Eggers hätte Chambers wegen des Videos mit ihm und Kandi Pate engagiert?«

»Möglich wär's.«

»Möglich wär's«, wiederholte Strauss, »so ist es aber nicht. Es gibt nämlich noch einen Punkt, den wir bisher völlig außer Acht gelassen haben.«

»Und der ist?«

»Rusty Eggers ist ein eiskalter Soziopath. Ich weiß nicht, ob er so zur Welt gekommen ist oder ob ihn der Lkw-Unfall, bei dem seine Eltern ums Leben kamen, aus der Bahn geworfen hat, aber es ist ein Fakt. Er ist charmant und irrsinnig clever, aber auch schwer gestört. Wenn man sich seine Vergangenheit ansieht, sind einfach zu viele Leute, die ihm im Weg standen, kurz darauf gestorben.«

Wilde verzog das Gesicht. Strauss sah es aus den Augenwinkeln.

»Was ist?«

»Ich bin kein Freund von Verschwörungstheorien«, sagte Wilde.

»Ist auch egal«, sagte Strauss. »Was zählt, ist, dass Millionen Menschen sterben könnten, wenn Rusty Eggers gewählt wird. So ist das bei charismatischen Führern wie ihm. Sie haben Geschichte studiert. Tun Sie nicht so, als sähen Sie die Gefahr nicht.«

Sie fuhren weiter.

»Es klingt, als hätten Sie auch das eine oder andere Motiv«, sagte Wilde.

»Motive wofür?«, fragte Strauss lächelnd. »Zwei Teenager zu entführen?«

Wilde sah ihn an.

»Ich hab Ihnen doch gesagt, dass ich Quellen habe.«

»Sieht so aus.«

»Und Sie verstehen mich nicht, Mann. Irgendjemand will dieses Video *unbedingt* haben. Sie werden wohl nahezu alles tun, um es zu bekommen. Auch Kinder entführen. Und die Motive dieser Leute sind vermutlich nicht so selbstlos wie meine. Genau das versuche ich Ihnen ja zu erklären. Wenn sie es vor uns bekommen, könnten sie es vernichten. Oder die Geschichte verschleiern. Und wenn das passiert, bleibt Raymond Stark für ein Verbrechen im Gefängnis, das er nicht begangen hat. Das ist die persönliche Ebene. Auf einer übergeordneten Ebene, die uns alle betrifft, führt es vielleicht dazu, dass Rusty Eggers gewählt wird. Sie sind nicht so blind oder anmaßend, wie Sie vorgeben. Sie wissen, welches Zerstörungspotenzial in Rusty Eggers schlummert.«

Wilde dachte an das Video. Er dachte an Rusty Eggers. Hauptsächlich dachte er jedoch an Raymond Starks Traum von der Freiheit, dachte daran, welchen Schaden die Seele nehmen musste, wenn man kurz vor dem Aufwachen erkannte, dass die Entlassung nur ein Traum war und die Hoffnung, die man geschöpft hatte, mit den letzten nächtlichen Nebelschleiern verschwand und man wieder in der Zelle saß.

»Wie ist Raymond im Rollstuhl gelandet?«, fragte Wilde.

Strauss war ein großer, kräftiger Mann mit großen, knorrigen Händen. Sein Griff am Lenkrad wurde fester. »Auch das ist ein Grund dafür, dass Ansons Familie niemals akzeptieren wird, dass Raymond ihren Sohn nicht ermordet hat, selbst wenn wir beweisen, dass man ihm das Messer untergeschoben hat.«

Wilde wartete.

»Die Ansons wollten die Todesstrafe. Nach dem Urteilsspruch hat ein Zitat seines Vaters in den Nachrichten die Runde gemacht. Ein Reporter hatte Anson senior gefragt, ob er glaube, dass der Gerechtigkeit Genüge getan worden sei. Er sagte nein, Raymond Stark bekomme freie Unterkunft, Kleidung und drei Mahlzeiten am Tag, während die Würmer die Leiche seines wundervollen Sohnes fräßen.«

Strauss nahm eine zitternde Hand vom Lenkrad und rieb sich das Kinn. Er blinzelte mehrmals. »Etwa vier Monate nach dem Urteil haben ein paar Männer ihn in der Dusche gepackt. Sie haben ihn auf den Bauch geworfen. Zwei haben seine Arme ergriffen und gezogen. Zwei weitere haben an seinen Beinen gezogen. Wie auf einer mittelalterlichen Streckbank. Ein fünfter hat Raymonds Kopf festgehalten und heruntergedrückt, sodass seine Nase auf den Fliesen lag. Sie haben ihn festgehalten und an seinen Gliedmaßen gezogen. Mit aller Kraft. Dann kam ein weiterer Mann dazu, ein stark gebauter Mann, der nach Raymonds Auskunft an die hundertfünfzig Kilo wog. Er sagte: »Schönen Gruß von den Ansons.«

Strauss atmete schwer. Wilde wagte kaum, sich zu rühren.

»Der große Kerl stand immer noch neben ihm. Er stellte sich über Raymonds ausgestreckten Körper. Dann ist er hoch in die Luft gesprungen, wie beim Wrestling, wenn ein Kämpfer vom obersten Seil des Rings springt. So hat Raymond es beschrieben. Die anderen Männer haben noch stärker an seinen Armen und Beinen gezogen, sodass sein ganzer Körper schmerzte, als dieser große Kerl mit seinem vollen Gewicht wie ein Vorschlaghammer auf Raymonds unteren Rücken auftraf. Raymond meinte, er hätte gehört, wie seine Wirbelsäule brach. Es hätte wie ein trockener Ast geklungen, der von einem kräftigen Windstoß von einer alten Eiche gerissen wird.«

Stille. Im Auto herrschte eine so tiefe, reine Stille, dass sie von innen gegen die Autofenster zu drücken schien. Eine Stille, die so auf einem lastete, dass man kaum Luft bekam. Eine Stille wie ein Schrei.

»Saul?«

»Ja?«

»In etwa zweihundert Metern kommt rechts eine kleine Bucht. Halten Sie an. Ich steig da aus.«

* * *

Wilde brauchte etwas Zeit im Wald.

Er würde nicht lange bleiben. Er musste zurück zu den Maynards. Aber dieser regengraue Besuch in Sing Sing und die nachtschwarze Geschichte, darüber wie Raymond die Wirbelsäule gebrochen wurde, gaben Wilde das Gefühl, dass die Wände, sowohl im wörtlichen als auch im übertragenen Sinne, näher rückten. Er wusste nicht, ob er an irgendeiner Form von Platzangst litt – jedenfalls nicht im medizinisch relevanten Bereich –, aber er wusste, dass er den Wald brauchte. Als er damals so lange von diesen Bäumen weg gewesen war, hatte er sich oft gefühlt, als ob er ersticken würde, als ob seine Lunge drauf und dran wäre, ihre Funktion einzustellen.

»›Stellen Sie sich vor, Sie wären Tag für Tag an einem Ort wie diesem und würden die Wahrheit herausschreien, aber niemand hört Sie …‹«

Wilde schloss die Augen und atmete tief durch.

Als er Maynard Manor erreichte, fühlte er sich stärker, war er wieder er selbst. Hesters Escalade parkte am Tor. Tim, ihr Fahrer, öffnete die Hintertür, und Hester stieg aus.

Sie zeigte auf Wilde. »Was zum Teufel ist denn mit dir passiert?«

»Was?«

»Du siehst aus wie ein Kätzchen, das man im Trockner vergessen hat.«

So viel zum Thema *stärker fühlen, wieder er selbst sein*.

»Mir geht's gut.«

»Bist du sicher?«

»Ja, ich bin sicher.«

»Rola hat Naomis Mutter gefunden. Sie hat sich bereit erklärt, mit mir zu reden.«

»Wann?«

»Wenn ich das heute noch erledigen will, muss ich gleich los. Sie ist wieder zurück in New York.«

»Dann fahr hin«, sagte Wilde, »ich schaff das hier schon.«

»Sag mir erst, wo du gewesen bist. Damit ich weiß, warum du so scheiße aussiehst.«

Er gab einen kurzen Abriss seines Ausflugs mit Saul Strauss nach Sing Sing. Wie sich herausstellte, reichte die Zusammenfassung. Hesters Gesicht lief scharlachrot an. Sie ballte die Fäuste. In dem ganzen Geschehen rund um Crash und Naomi hatte Wilde fast vergessen, dass Hester Crimstein eine der berühmtesten und hartnäckigsten Strafverteidigerinnen des Landes war. Nichts ärgerte sie so sehr wie Übergriffe der Strafverfolgungsbehörden.

»Diese Bastarde«, sagte Hester.

»Wer?«

»Polizisten, Staatsanwälte, Richter – such dir was aus. Einen unschuldigen Mann so vorschnell zu verurteilen. Und jetzt, da sie wissen, dass dieser Kindler korrupt war, halten sie ihn immer noch fest? Eine Schande. Hast du Sauls Nummer?«

»Ja.«

»Sag ihm, dass ich Raymonds Fall pro bono übernehme.«

»Du kennst doch nicht einmal alle Details.«

»Siehst du das hier?« Hester tippte mit dem Finger auf ihre Nase.

»Die Nase?«

»Genau. Man riecht es. Der Fall stinkt wie dreißig Jahre alter Müll, was er ja auch ist. Sag Strauss, ich werde ein paar

Anrufe machen und ein paar Ärsche versohlen. Am besten in diesen Worten.«

»Eins noch«, sagte Wilde. »Kennst du jemanden in Sing Sing?«

»Was für einen Jemand?«

»Einen Jemand, der mich die Besucherliste einsehen lässt.«

Sie ging zurück zum Auto. »Schick mir die Einzelheiten per SMS, Püppchen. Ich kümmer mich darum.«

Tim hatte die Tür schon geöffnet, und Hester stieg wieder ein. Tim nickte Wilde kurz zu, setzte sich auf den Fahrersitz und fuhr los.

Wilde ging den Hügel hinauf. Rola hatte inzwischen das ganze Team hergeholt – lauter Frauen mit harten Blicken.

»Wissen die Maynards, dass ich wieder hier bin?«, fragte er.

Rola nickte.

Bis Mittag war es noch eine halbe Stunde. Er sah keinen Grund, jetzt schon zu ihnen reinzugehen. Wenn die Maynards ihn brauchten, wussten sie, wo sie ihn fanden. Er ging noch einmal zum Pfad in den Wald, der zu der Lichtung führte, auf der Matthew und Naomi sich nähergekommen waren. Er wusste selbst nicht, was er hier wollte. Er nahm an, dass er sich einfach nach Ruhe, Frieden und der freien Natur sehnte. Vor allem nach der freien Natur. Er wollte sich nicht länger als nötig in der verdammten Bibliothek aufhalten.

Als er auf sein Handy sah, stellte er überrascht fest, dass er eine Nachricht von der DNA-Website bekommen hatte. Sie kam von »PB«, der Person, die als sein »nächster« Verwandter aufgeführt war. Er überlegte, ob er sie einfach löschen oder zumindest fürs Erste nicht öffnen sollte. Es war wahrscheinlich nicht weiter wichtig. Heutzutage betrieben viele Leute Ahnenforschung als eine Art Hobby, um auf eine »unterhaltsame und gesellige Art«, wie die Website es ausdrückte, mit anderen Menschen Kontakt aufzunehmen und vielleicht ein paar Fragen zu stellen, um bisher unentdeckte oder leere Zweige im Stammbaum zu ergänzen.

Daran hatte Wilde kein Interesse. Andererseits war es nicht seine Art, unhöflich zu sein oder jemanden absichtlich zu ignorieren. Und er schob Dinge auch nicht gerne auf die lange Bank.

Er klickte auf den Link und las PBs Nachricht:

Hi. Tut mir leid, dass ich meinen Namen nicht nenne, aber es gibt Gründe, warum mir nicht wohl dabei ist, Menschen meine wahre Identität zu enthüllen. In meiner Vergangenheit gibt es zu viele Leerstellen und eine Menge Durcheinander. Du bist der engste Verwandte, den ich auf dieser Seite gefunden habe, und ich frage mich, ob es bei dir auch so viele Leerstellen gibt und ein solches Durcheinander herrscht. Falls ja, habe ich vielleicht ein paar Antworten.

Wilde las die Nachricht zweimal, dann noch ein drittes Mal.

Leerstellen und Durcheinander. Das brauchte er im Moment wirklich nicht.

Er steckte sein Handy ein und blickte nach oben, an den Ästen vorbei in den tiefblauen Himmel. Seine Gedanken kehrten zurück zu Raymond Stark. Wann, fragte er sich, war Raymond das letzte Mal in der freien Natur gewesen? Wann war er das letzte Mal von Grün und Blau umgeben gewesen, statt von institutionellem Grau? Wilde griff in seine Gesäßtasche. Er faltete das Foto der Capital-Hill-Praktikanten auseinander, das Saul Strauss ihm gegeben hatte. Er sah sich noch einmal die Gesichter an, blieb bei Rusty Eggers, Dash und Delia hängen.

Zum Henker damit.

Er eilte zurück in den Garten der Maynards. Er nahm immer zwei Stufen auf einmal und platzte in die Bibliothek hinein, wo Dash Maynard auf den Computermonitor starrte, als wäre er eine Kristallkugel, in der er seine Zukunft sehen könnte. Delia ging unruhig auf und ab.

»Schön, dass Sie wieder da sind«, sagte sie.

Er durchquerte den Raum. »Kennen Sie dieses Foto?«

Wilde hielt es so, dass beide es sehen konnten. Er wollte wissen, ob sie eine Reaktion zeigen würden. Und das taten sie – sie schreckten zurück wie Vampire vor einem Kreuz.

Dash fauchte: »Woher haben Sie das?«

Wilde deutete auf Christopher Anson. »Erkennen Sie ihn?«

»Was zum Teufel soll das?«

»Er hieß Christopher Anson.«

»Das wissen wir«, sagte Delia. »Aber was zum Teufel soll das jetzt, Wilde? Wir warten auf eine Nachricht vom Kidnapper unseres Sohns. Begreifen Sie das nicht?«

Wilde sah keinen Grund, darauf zu antworten.

»Warum kommen Sie gerade jetzt damit?«

»Weil die Personen, die Ihren Sohn haben, ein ›absolut vernichtendes Video‹ in ihren Besitz bringen wollten.«

»Was wir ihnen geschickt haben«, sagte Dash.

»Arnie Poplin sagte, er hätte gehört, wie Sie und Rusty Eggers sich über einen Mord unterhalten hätten.«

»Arnie Poplin ist ein Irrer«, sagte Dash und winkte ab.

Delia fügte hinzu: »Sie können unmöglich glauben, dass wir etwas mit dem zu tun hatten, was Christopher passiert ist.«

»Sie beide vielleicht nicht«, sagte Wilde.

»Rusty?« Delia schüttelte den Kopf. »Nein.«

»Sie wissen ja nicht, wie unzuverlässig Arnie Poplin ist«, sagte Dash. »Seit wir ihn aus der Show geworfen haben, ist er völlig verbittert. Und wenn man den Irrsinn, die Drogen und die Verbitterung zusammennimmt …«

»Ich versteh das nicht«, unterbrach Delia ihn. »Von wem haben Sie das Foto bekommen?«

»Von Raymond Stark.«

Schweigen.

Wilde wartete. Er wollte sehen, ob einer von ihnen so weit gehen und abstreiten würde, dass sie den Namen kannten. Das taten sie nicht.

Nach einer Weile sagte Dash: »Oh mein Gott.«

»Was ist?«

»Ist das jetzt Raymond Starks neue Taktik? Zieht er diese Nummer ab, um aus dem Gefängnis zu kommen?«

Delia sah ihren Mann an. »Könnte er hinter dem Ganzen stecken?«

»Was?«

»Raymond Stark«, sagte Dash und wandte sich wieder Wilde zu. »Vielleicht tut ihm ein Ex-Sträfling, den er im Gefängnis kennengelernt hat, einen Gefallen. Sie haben unseren Sohn entführt und behaupten, es hätte mit Christophers Ermordung zu tun. Und jetzt verlangen sie ein Video, das seine Unschuld beweist.«

»Oder«, schaltete Delia sich ein, »Raymond Stark hat irgendwem die Geschichte erzählt, und die machen das auf eigene Faust.«

»Wilde«, sagte Dash und drehte sich zu ihm um, »wie konnte Raymond Stark mit Ihnen in Kontakt treten?«

In diesem Moment ertönte der Signalton des Mailprogramms.

Es war zwölf.

Delia aktualisierte die Seite, und es erschien eine Nachricht.

Sie finden Crash bei 41°07'17.5"N 74°12'35.0"W.

Wilde bekam einen trockenen Mund.

Delia deutete auf den Bildschirm. »Sind das …«

»Koordinaten«, sagte Wilde mit einem Nicken.

Aber nicht irgendwelche Koordinaten.

Jemand wollte ihn ernsthaft verscheißern.

»Ich begreif das nicht«, sagte Delia. »Wo ist das?«

Wilde musste nicht einmal die Karten-App auf seinem Handy aufrufen. Er wusste genau, auf welchen Ort diese Koordinaten verwiesen. »Es ist im Wald, etwa fünf Kilometer von hier, oben in der Nähe der Ramapoughs. Am schnellsten komme ich da zu Fuß hin. Geben Sie Rola die Koordinaten. Sie soll im Wagen kommen und sich dort mit mir treffen.«

Mehr sagte er nicht. Er ließ Delia und Dash einfach sitzen, lief die Treppe hinunter und in die schwüle Luft hinaus. Die ersten Schweißtropfen bildeten sich auf seinem Gesicht. Würde Crash wirklich dort sein? Es war in vielerlei Hinsicht ein großartiger Platz, um jemanden auszusetzen – entlegen, abseits von Straßen und Kameras und tief genug im Wald.

Aber warum gerade bei diesen Koordinaten?

Weil jemand ihm und seinem Kopf richtig übel mitspielen wollte.

Ohne langsamer zu werden, steckte er sich einen AirPod ins Ohr und rief Hester an. Als sie sich meldete, sagte er: »Die Entführer haben Koordinaten geschickt. Einundvierzig Grad, sieben Minuten …«

»Sprich Englisch, Wilde.«

»Es ist ein abgelegener Ort in den Ramapough Mountains. Bei der alten Begräbnisstätte.«

»Warte. Willst du damit sagen …?«

»Es ist genau da, wo die Polizei mich als Kind gefunden hat.«

»Heiliger Strohsack«, sagte Hester. »Wer kann das wissen?«

»Die exakten Koordinaten? Die Polizei, vielleicht die Presse, keine Ahnung. Es ist kein Geheimnis.«

»Aber es ist auch kein Zufall.«

»Nein, ein Zufall ist das nicht.«

»Wo bist du?«, fragte Hester. »Du klingst etwas atemlos.«

»Ich laufe gerade hin. Ich ruf dich zurück.«

Natürlich kannte Wilde den Weg. Er wusste, dass Rola und die Leute, die sie mitbrachte, im Auto länger brauchen würden, weil dort keine Straße hinführte, die Stelle war fast zwei Kilometer von der nächsten Straße entfernt.

Warum also gerade dort?

Wilde fing an zu verstehen, reimte sich zusammen, was zum Henker hier vorgehen mochte. Sie wollten Chaos und Verwirrung stiften. Aber vielleicht hatte Wilde zum ersten Mal einen klaren Blick auf das Ganze.

Er bog nach links ab, musste sich ducken, um unter Ästen hindurchzukommen und dabei sein Tempo zu halten. Als die Parkwächter und die Polizei ihn dort vor etwa dreißig Jahren eingekreist hatten, hatte er ein Coleman Kuppelzelt und einen Eddie-Bauer-Schlafsack benutzt, die er in einem Haus in Ringwood gestohlen hatte. Er wusste nicht mehr, wie lange dieser spezielle Campingplatz, weit abgelegen von allen Wanderwegen, ihm als Zuhause gedient hatte, aber als er merkte, dass sie ihn holen kamen, hatte der junge Wilde – wie hatte er sich damals noch genannt? Er wusste nicht einmal mehr den verdammten Namen, den er sich selbst gegeben hatte – einen Fluchtimpuls verspürt. Das war natürlich schon häufiger so gewesen, immer, wenn ihn jemand sah oder sich ihm näherte.

Aber warum?

Warum war er immer geflohen? War es eine Art primitiver Überlebensinstinkt? War es die Natur des Menschen, sich vor anderen Menschen zu fürchten, anstatt sich auf sie einzulassen? Die Frage stellte er sich oft. Warum hatte er als kleines Kind instinktiv den Drang zum Weglaufen verspürt? War das genetisch bedingt, die menschliche Natur – oder war etwas geschehen, das ihn so geformt hatte?

Aber an jenem kühlen frühen Morgen, als der junge Wilde noch in seinem Zelt saß und vier Polizisten und Ranger ihn umringten, hatte er beschlossen, nicht zu fliehen. Vielleicht, weil ihm klar war, dass es sinnlos wäre. Vielleicht, weil Oren Carmichael dabei war und Oren schon damals eine beruhigende, vertrauenswürdige Ausstrahlung hatte.

Noch drei, vielleicht vier Minuten, bis Wilde den Ort erreichte.

Er befand sich nördlich von The Bowl, einem Waldgebiet etwa einen Kilometer von der Staatsgrenze zwischen New Jersey und New York entfernt. Oberflächlich betrachtet sprachen sämtliche Anzeichen bei der Wahl dieses Treffpunkts dafür, dass es sich um einen Hinterhalt handelte. Wilde überlegte, ob er jetzt, wo er sich der Stelle näherte, langsamer laufen und ein paar Vorsichtsmaßnahmen ergreifen sollte. Wenn sie nicht sehr gut waren, würde er sie bei einer kurzen Erkundungstour ziemlich schnell entdecken. Und wenn es Profis waren oder Scharfschützen in den Bäumen saßen, dann würde selbst seine ausgefeilteste Erkundungsmission nichts nützen. Dann konnten sie ihn ausschalten, wann immer sie wollten.

Aber dann wäre dieses ganze Theater überflüssig.

Also nein, es war es kein Hinterhalt. Es war ein Ablenkungsmanöver.

Der Wald wurde dichter, sodass er weniger sah. Selbst als Kind hatte Wilde gewusst, dass man sein Camp besser nicht auf einer Lichtung aufschlug, weil es zu leicht zu entdecken war. In den meisten Nächten hatte er Zweige oder auch alte Zeitungen um sein Zelt herum ausgelegt. Wenn jemand – oder eher ein Tier – darauftrat, warnten ihn die Geräusche. Wilde hatte einen leichten Schlaf, wahrscheinlich weil er als Kind in den meisten Nächten mit einem Ohr darauf gelauscht hatte, ob sich ein Raubtier näherte. Selbst jetzt fiel er nur in einen oberflächlichen Schlaf.

Nur noch hundert Meter.

Er sah etwas Rotes.

Keinen Menschen. Ein paar Sekunden später sah er, dass das rote Ding nicht sehr groß war – vielleicht dreißig Zentimeter lang und hoch.

Er erkannte, dass es eine kleine Kühlbox war, die Platz für einen Sechserträger und ein paar Sandwiches bot.

Wilde spürte, wie sich seine Nackenhaare aufrichteten.

Warum, wusste er nicht. Es war nur eine Kühlbox. Aber die Sache mit dem Instinkt ist schon seltsam.

Er rannte hin und klappte den Griff herunter. Dann öffnete er den Deckel der Kühlbox und sah hinein.

Wilde hatte sich innerlich vorbereitet. Aber offenbar nicht intensiv genug. Trotzdem schrie er nicht. Er gab kein Geräusch von sich.

Er starrte nur auf den abgetrennten Finger mit dem lächelnden Totenkopfring.

FÜNFUNDDREISSIG

Pia, Naomis Mutter, wohnte in einem prunkvollen vierstöckigen Neorenaissance-Stadthaus an der Park Avenue in Manhattan. Eine Frau in einer schwarzen französischen Dienstmädchenuniform öffnete Hester die Tür und führte sie über das Fischgrätenparkett und eine kunstvoll verzierte Treppe an eichenvertäfelten Wänden vorbei in einen üppig bewachsenen Innenhof.

Pia saß auf einer Chaiselongue. Sie trug eine Sonnenbrille, einen beigen Sonnenhut und eine türkisfarbene Bluse, deren oberste Knöpfe geöffnet waren. Sie stand nicht auf, als Hester auf sie zukam. Sie drehte sich nicht einmal zu ihr um.

»Ich verstehe nicht, warum Sie mich erneut piesacken.«

Sie sprach mit hoher, zittriger Stimme. Hester wartete nicht auf eine Einladung. Sie schob einen freien Stuhl so nah wie möglich an Pia heran und setzte sich. Sie wollte ihr ein wenig auf die Pelle rücken.

»Hübsches Haus«, sagte Hester.

»Danke. Was wollen Sie, Miss Crimstein?«

»Ich suche Ihre Tochter.«

»Das hat Ihre Assistentin schon erwähnt.«

»Und Sie haben sich geweigert, ihr etwas darüber zu sagen.«

»Es war schon das zweite Mal, dass Sie angerufen haben«, sagte Pia.

»Richtig. Und beim ersten Mal haben Sie mir geholfen und

gesagt, dass Sie es nicht wissen. Wieso haben Sie Ihre Einstellung geändert?«

»Ich hatte einfach den Eindruck, es reicht.«

»Tja, Pia, und das nehme ich Ihnen nicht ab.«

Durch die dunkle Sonnenbrille sah Hester nicht, wohin die Frau blickte, sie hatte sich aber abgewandt. Die frühere Mrs Pine sah zweifellos umwerfend aus. Hester wusste, dass Pia früher eine Art Bademodenmodel war, und wenn man sie so sah, schien diese Zeit noch gar nicht so lange her zu sein.

»Sie ist nicht meine Tochter, wissen Sie.«

»Mhm.«

»Ich habe alle meine Elternrechte aufgegeben. Sie sind Anwältin. Sie wissen, was das bedeutet.«

»Warum?«

»Warum was?«

»Warum haben Sie alle Elternrechte aufgegeben?«

»Wissen Sie, dass sie adoptiert wurde?«

»Naomi«, sagte Hester.

»Was?«

»Sie nennen sie ständig ›sie‹. Ihre Tochter hat einen Namen. Er lautet Naomi. Und wen kümmert es, ob sie adoptiert wurde oder nicht? Was hat das mit der Sache zu tun?«

»Ich kann Ihnen wirklich nicht helfen, Miss Crimstein.«

»Hat Naomi sich bei Ihnen gemeldet?«

»Das möchte ich lieber nicht sagen.«

»Haben Sie Ihre Elternrechte freiwillig abgegeben – oder wurden sie Ihnen entzogen?«

Pia hatte den Kopf immer noch abgewandt, Hester sah aber, dass ein schwaches Lächeln über ihr Gesicht huschte. »Es war freiwillig.«

»Weil man sonst Anzeige gegen Sie erstattet hätte?«

»Ach so«, sagte Pia und nickte leicht. »Sie haben mit Bernard gesprochen.«

»Sie müssten im Gefängnis sitzen.«

Von hinten ertönte eine Stimme: »Mrs Goldman?«

Es war eine junge Frau mit einem Kinderwagen.

»Es ist Zeit für den Spaziergang im Park mit Nathan.«

Pia wandte sich der Frau zu. Ein Lächeln breitete sich auf ihrem Gesicht aus. »Gehen Sie schon vor, Angie. Ich hole Sie am Conservatory Water ein.«

Die junge Frau verschwand mit dem Kinderwagen.

Hester bemühte sich, nicht zu entsetzt zu klingen. »Sie haben einen Sohn?«

»Nathan. Er ist zehn Monate alt. Und ja, er ist mein und meines Mannes leiblicher Sohn.«

»Ich dachte, Sie könnten keine Kinder bekommen.«

»Das dachte ich auch. Aber natürlich hatte Bernard mir das eingeredet. Wie sich herausstellte, lagen die Probleme bei ihm.« Sie neigte den Kopf. »Miss Crimstein?«

Hester wartete.

»Ich habe sie nicht misshandelt.«

»Naomi«, sagte Hester. »Sie heißt Naomi.«

»Bernard hat sich das alles ausgedacht. Er ist ein Lügner und Schlimmeres. Ich hätte es sofort merken müssen. Das sagt man doch so, oder? Ich habe es aber nicht gemerkt. Vielleicht bin ich auch schwach. Bernard hat mich misshandelt – verbal, emotional und körperlich.«

»Haben Sie das irgendjemandem erzählt?«

»Sie klingen, als würden Sie mir nicht glauben.«

»Kümmern Sie sich nicht darum, wie ich klinge«, sagte Hester etwas schärfer, als sie es geplant hatte. »Haben Sie es jemandem erzählt?«

»Nein.«

»Warum nicht?«

»Wollen Sie wirklich noch eine Geschichte über eine misshandelte Frau hören, Miss Crimstein?« Pia lächelte, neigte den Kopf, und Hester fragte sich, wie viele Männer von dieser einfachen Bewegung schon verzaubert worden waren. »Bernard kann sehr charmant sein, sehr überzeugend. Er kann Menschen auch sehr gut manipulieren. Hat er Ihnen die Geschichte mit dem heißen Wasser erzählt? Das ist seine Lieblingsgeschichte. Aber, wenn das wahr wäre, wäre sie …«, diesmal brach Pia ab und setzte noch einmal an, »… dann wäre Naomi doch wohl ins Krankenhaus gekommen, oder?«

Guter Einwand, dachte Hester.

»Ich will Ihnen nicht meine ganze Lebensgeschichte erzählen. Ich komme aus einem kleinen Ort. Ich war … das passende Wort ist wohl ›gesegnet‹ mit einer Figur, die zu viel Aufmerksamkeit erregte. Alle haben mir gesagt, dass ich Model werden sollte. Also habe ich es versucht. Tatsächlich war ich zu klein, um wirklich groß herauszukommen. Ich war auch nicht magersüchtig genug. Trotzdem habe ich ein paar Jobs bekommen, hauptsächlich in der Unterwäschewerbung. Und dann habe ich mich in den falschen Mann verliebt. Anfangs war Bernard gut zu mir, aber mit der Zeit haben ihn seine Unsicherheiten bei lebendigem Leib zerfressen. Er war überzeugt davon, dass ich ihn betrüge. Wenn ich von einem Fotoshooting kam, hat er mir tausend Fragen gestellt – hat ein Mann mit dir geredet, hat einer mit dir geflirtet, ach komm schon, irgendjemand muss mit dir geflirtet haben, hast du ihm zuerst zugelächelt, hast du ihn verführt, warum bist du so spät gekommen.«

Pia stoppte, nahm die Sonnenbrille ab, wischte sich die Augen ab.

»Dann haben Sie ihn verlassen?«, fragte Hester.

»Ja, ich habe ihn verlassen. Ich hatte keine Wahl. Ich habe mir Hilfe gesucht. Viel Hilfe. Als ich wieder auf den Beinen war, habe ich Harry kennengelernt, meinen Mann. Den Rest der Geschichte kennen Sie.«

Hester fragte so sanft wie möglich: »Hat Naomi sich bei Ihnen gemeldet?«

»Was interessiert Sie das?«

»Es ist eine lange Geschichte, aber ich werde Naomi nicht hintergehen. Verstehen Sie? Was auch immer Sie mir erzählen, Sie können sich darauf verlassen, dass ich alles in meiner Macht Stehende tue, um ihr zu helfen.«

»Aber ich würde Naomi hintergehen, wenn ich es Ihnen sage«, antwortete Pia.

»Sie können mir vertrauen.«

»Arbeiten Sie für Bernard?«

»Nein.«

»Schwören Sie es?«

»Ich mache mir Sorgen um Ihre Tochter, nicht um Ihren Ex-Mann. Ja, ich schwöre es.«

Pia setzte die Sonnenbrille wieder auf. »Naomi hat mich angerufen.«

»Wann?«

»Vor ein paar Tagen.«

»Was hat sie gesagt?«

»Sie sagte, dass jemand, der für Bernard arbeitet, noch einmal bei mir anrufen und sich nach ihr erkundigen könnte. Wie Sie es beim letzten Mal getan haben. Sie hat mich gebeten, nichts zu sagen.«

»Warum könnte sie so etwas tun?«

»Ich glaube … ich glaube, sie wollte von ihrem Vater weglaufen. Sie meinte, wenn die Leute denken, dass sie bei mir ist, würde sie das vielleicht von ihrer Spur abbringen.«

»Und Sie waren damit einverstanden? Damit, dass sie davonlaufen wollte?«

»Ich habe mich darüber gefreut. Sie muss dort weg.«

»Das verstehe ich nicht«, sagte Hester. »Wollen Sie sagen, dass er sie misshandelt? Ihr Ex, meine ich.«

»Sie haben keine Vorstellung.«

»Und doch«, sagte Hester, die sich bemühte, ruhig zu bleiben, »haben Sie Ihre Tochter bei ihm gelassen?«

Wieder nahm sie die Sonnenbrille ab. »Ich habe viele Therapien gemacht. Sie haben ja keine Vorstellung, wie viele, wie schwach ich war, wie sehr mir das alles zu schaffen gemacht hat. Ich hätte nichts tun können. Außerdem musste ich einer harten Wahrheit in die Augen sehen, Miss Crimstein … um mich zu erholen, gesund zu werden und mein Leben fortzusetzen.«

»Was für eine harte Wahrheit war das?«

»In einem Punkt hatte Bernard recht. Ich wollte sie von Anfang an nicht adoptieren. Die harte Wahrheit ist – und ich habe lange gebraucht, um mir das zu verzeihen –, ich konnte keine Beziehung zu Naomi aufbauen. Vielleicht lag es daran, dass sie nicht meine leibliche Tochter war. Vielleicht war ich damals einfach nicht dazu bereit, Mutter zu sein. Vielleicht passte, im wörtlichen Sinne, die Chemie zwischen uns nicht, sodass ich mit körperlicher Ablehnung auf sie reagiert habe, oder es lag an der widrigen Situation mit ihrem Vater. Ich weiß es nicht. Aber ich konnte nie eine echte Beziehung zu dem Mädchen aufbauen.«

Hester kam die Galle hoch. Sie schluckte sie herunter. »Also haben Sie Naomi einfach bei ihm gelassen.«

»Ich hatte keine Wahl. Das müssen Sie verstehen.«

Hester zog ihren Stuhl zurück und stand auf. »Wenn Sie von Naomi hören, sagen Sie ihr, dass sie mich sofort anrufen soll.«

»Miss Crimstein?«

Hester sah auf sie herab.

»Wem glauben Sie?«

»Meinen Sie Ihnen oder Bernard?«

»Ja.«

»Macht das einen Unterschied?«

»Ich denke schon.«

»Ich denke nicht«, sagte Hester. »Entweder haben Sie Ihre Tochter misshandelt, oder Sie haben sie selbstsüchtig zurückgelassen. So oder so, Sie haben ein kleines Mädchen einem Mann überlassen, den Sie gerade als Monster beschrieben haben. Selbst als Sie sich ›erholt‹ hatten und ›wieder gesund‹ waren, selbst als Sie noch einmal geheiratet hatten und in dieses schicke Stadthaus gezogen sind, haben Sie das arme Mädchen einfach mit einem gestörten Mann allein gelassen. Sie haben sie nicht beschützt. Sie haben nicht an sie gedacht. Sie sind einfach abgehauen, Pia. Und Sie haben Naomi zurückgelassen.«

Pia saß mit gesenktem Kopf da und starrte auf den Tisch.

»Im Endeffekt ist es mir egal, ob er lügt oder Sie. Sie sind so oder so Abschaum, und ich wünsche Ihnen, dass Sie nie auch nur einen Moment Frieden finden.«

* * *

Als Dash und Delia Maynard den abgetrennten Finger ihres Sohns sahen, reagierten sie sehr unterschiedlich.

Dash sank zu Boden, er sackte einfach zusammen wie eine Marionette, bei der alle Fäden gleichzeitig durchtrennt wurden. Das geschah so plötzlich, dass Wilde einen Schritt zurücksprang, weil er fürchtete, der Finger könnte von seinem Platz aus dem Eisbeutel fallen. Wobei ihm Erschütterungen eigentlich nichts anhaben konnten, wie Wilde wusste, seit er eher sprintend als joggend von der Fundstelle im Wald zurückgeeilt war.

Delia dagegen erstarrte. Im ersten Moment rührte sie sich gar nicht, reagierte nicht einmal, als ihr Mann zusammenbrach. Sie starrte nur auf den Finger. Langsam, fast unmerklich, veränderten sich ihre Gesichtszüge. Ihr Kopf sank zur Seite. Ihre Lippen zitterten, sie fing an zu blinzeln. Sie streckte die Hand nach dem Finger aus wie eine Mutter, die ihr Kind trösten will. Wilde zog die Kühlbox weg, damit sie ihn nicht berührte oder verunreinigte.

»Der Krankenwagen muss jeden Moment hier sein«, sagte Wilde so sanft er konnte. Er warf einen Blick auf das Tor hinter sich. »Die Sanitäter werden alles tun, um den Finger zu konservieren.«

Delia stöhnte, als er die Kühlbox schloss. Wilde reichte sie Rola und nickte. Sie würde sie zu den Sanitätern ans Tor bringen. Rola hatte bereits in Erfahrung gebracht, dass der Finger wahrscheinlich wieder angenäht werden konnte, wenn sich alle an die medizinischen Vorgaben hielten.

Auf dem Rasen erhob Dash sich mühsam auf die Knie.

Dann fand Delia die Sprache wieder. »Was wollen die? Was wollen die?«, sagte sie mit monotoner Stimme, die allmählich lauter und immer erregter wurde. »Wir haben ihnen die Videos doch geschickt. Was wollen sie von uns? Was wollen die?«

Ein Signalton erklang.

Alle brauchten ein paar Sekunden, um zu reagieren, doch dann griff Dash mit ausdruckslosem Blick in die Tasche und zog sein Handy heraus. Seine Hand zitterte.

»Was ist es?«, fragte Delia.

Dash las die Nachricht, stand auf und reichte das Handy

seiner Frau. Wilde trat zu ihr und las über ihre Schulter mit.

Schicken Sie das verlangte Video in den nächsten dreißig Minuten, sonst übermitteln wir Ihnen die Koordinaten für den Arm Ihres Sohnes. Wenn Sie sich an die Polizei wenden, wird er unter schrecklichen Qualen sterben.

»Welches Video?«, schrie Delia. »Es gibt kein Video. Wir haben kein …«

Dash rannte die Auffahrt zum Haus hinauf.

»Dash?«, rief sie hinter ihm her.

Er antwortete nicht.

»Dash?«

Sie folgte ihm.

»Oh Gott, was hast du getan?«

Dash sagte immer noch kein Wort, ihm liefen aber Tränen übers Gesicht.

»Dash?«

»Es tut mir leid«, sagte er.

»Was hast du getan, Dash?«

»Ich habe nicht geglaubt, dass er wirklich in Gefahr ist. Ich habe nicht …«

Dann sprintete er weiter. Delia rief seinen Namen, doch er antwortete nicht. Also rannte sie weiter hinter ihm her. Wilde, dessen Hemd bereits schweißnass war, folgte ihnen durch den Seiteneingang, den Turm hinauf bis in die Bibliothek. Dash setzte sich an seinen Schreibtisch und fing an, etwas auf dem Laptop zu tippen.

»Erzähl mir endlich, was los ist«, sagte Delia.

Dash blickte auf. Er sah Wilde und sagte: »Verschwinden Sie.«

»Nein.«

»Ich habe gesagt, Sie …«

»Ich hab Sie verstanden«, sagte Wilde, »aber das können Sie vergessen.«

»Sie sind gefeuert.«

»Sehr schön.«

Wilde rührte sich nicht.

»Sie haben kein Recht, hier zu sein.«

»Dann schmeißen Sie mich raus«, sagte Wilde.

»Dash«, meldete sich Delia, »erzähl es mir. Bitte?«

»Nicht, wenn er dabei ist.«

»Doch, Dash«, sagte Wilde. »Wenn ich dabei bin. Hören Sie auf, Zeit zu verschwenden.«

Delia trat näher an ihren Ehemann heran und nahm sein Gesicht in ihre Hände. »Baby, sieh mich an«, sagte sie und drehte seinen Kopf zu sich. Es war eine überraschend zärtliche Geste. »Erzähl es mir, Dash. Bitte! Erzähl mir jetzt, was los ist.«

Dash schluckte. Wieder hatte er Tränen in den Augen. »Er hat es getan. Er hat ihn umgebracht.«

»Wovon sprichst du …?«

»Rusty hat Christopher umgebracht.«

Ihre Hände rutschten von seinen Wangen, als sie den Kopf schüttelte. »Ich verstehe nicht …«

»In dieser Nacht«, sagte Dash. »Wir waren alle im Lockwood und hatten etwas getrunken. Rusty und Christopher … du weißt ja, wie sie waren. Sie hätten sich fast geprügelt. Ich bin dazwischengegangen. Christopher ist rausgestürmt. Dann hab ich um, ich weiß nicht, ein Uhr morgens oder so, einen Anruf von Rusty bekommen, er war in Panik, hat mich gebeten, zu ihm rüberzukommen. Ich hab schon an seiner Stimme gehört, dass etwas Schlimmes passiert ist. Also bin ich hingegangen und … du kennst mich.«

Delias Stimme klang, als wäre sie unendlich weit entfernt. »Du hast es aufgenommen.«

»Das mache ich nun einmal. Du kennst das.«

»Mit welcher Kamera?«

»Warum willst du …«

»Mit welcher Kamera, Dash?«

»Mit der versteckten Taschenkamera.«

Delia schloss die Augen.

Wilde zog sein Handy heraus und checkte die App. Langsam fügte sich alles zusammen.

»Du warst an dem Abend in Philadelphia«, sagte Dash zu ihr, »und hast für irgendein Projekt dieses Unterausschusses im Kongress recherchiert. Als ich bei Rusty ankam …«

Er brach ab.

»Was ist?«, sagte Delia.

Dash schien kein Wort mehr herauszubekommen. Er drehte den Computermonitor so, dass Delia und Wilde ihn sehen konnten, klickte auf PLAY und sank zurück auf seinen Stuhl.

Ein paar Sekunden lang war auf dem Bildschirm nur ein Flimmern zu sehen. Dann flog eine Tür auf, und ein junger Rusty Eggers erschien. Der Winkel deutete darauf hin, dass die Kamera sich etwa in der Höhe von Dashs Brusttasche befand. Das Bild war körnig und etwas verzerrt, etwa so, als würde man das Ganze durch einen Türspion beobachten. Offenbar war die Kamera mit einer Art Fischaugenobjektiv ausgestattet.

Ein paar Dinge fielen Wilde nahezu gleichzeitig auf. Erstens war Rusty ebenso jung wie auf dem Foto, wahrscheinlich etwa zwanzig Jahre alt, und obwohl er nicht schlecht gealtert war, war es aus irgendeinem Grund seltsam, Rusty Eggers als jungen Mann zu sehen.

Zweitens wirkte er bemerkenswert ruhig und kontrolliert. Einen Moment lang sah er direkt in die Kamera, als wüsste er, dass sie dort war.

Drittens lächelte er breit. Zu breit.

»Danke, dass du gekommen bist«, sagte Rusty.

»Du hast gesagt, es ist dringend?«

Die Stimme des jungen Dash.

»Ja, komm rein.«

Rusty trat zur Seite und verschwand aus dem Bild. Die Kamera bewegte sich zwei Schritte nach vorn, als Dash eintrat. Man hörte ein Klicken. Wilde nahm an, dass Rusty gerade die Tür hinter ihnen abgeschlossen hatte.

»Was gibt's?«, fragte Dash.

Rusty trat wieder ins Bild. »Wirklich toll, dass du gekommen bist.«

»Was zum ...« Dash klang plötzlich ängstlich. »Ist das Blut an deiner Hand?«

Immer noch breit lächelnd streckte Rusty seine blutverschmierte Hand in Richtung Kamera aus.

»Rusty?«

Die Hand blieb über der Kamera, ergriff offensichtlich Dashs Schulter und zog ihn nach vorne.

»Was soll der Scheiß, Rusty! Lass mich los.«

Doch das tat er nicht. Rusty zog Dash weiter. Das Bild wackelte. Durch die Kameraposition in Brusthöhe und das Fischaugenobjektiv war kaum zu erkennen, was gerade geschah. In den nächsten Sekunden war vieles verschwommen. Wilde meinte ein Bücherregal, einen Teppich und ein paar Wandbehänge erkannt zu haben.

Die Bewegung verlangsamte sich etwas. Ein gefliester Boden. Ein Herd, ein Kühlschrank.

Die Küche.

Wilde sah Delia kurz an. Sie starrte wie gebannt auf den Bildschirm.

Dann hörte Wilde, wie Dash im Video hörbar nach Luft schnappte.

Rusty trat näher an ihn heran und versperrte einen Moment lang die Linse. Er flüsterte – wahrscheinlich in Dashs Ohr: »Schrei nicht.«

Dann ließ er Dash los und trat einen Schritt zurück. Die Kamera schwenkte auf den Fliesenboden und etwas nach rechts, dann verharrte sie in dieser Position.

Christopher Anson lag auf dem Rücken, die Augen geöffnet, kein Blinzeln, um ihn herum eine Blutlache. Ein paar Sekunden lang bewegte sich die Kamera nicht, sie ruckelte und zitterte nicht. Es war, als hätte Dash nicht einmal mehr atmen können.

Dann sagte er mit gedämpfter, entsetzter Stimme: »Oh mein Gott.«

»Es war Notwehr, Dash.«

»Oh mein Gott.«

»Christopher ist hier eingebrochen«, sagte Rusty. Er sprach ganz ruhig und leise, was furchteinflößender war, als die schlimmsten Schreie es hätten sein können. »Ich hatte keine Wahl, Dash. Dash? Hörst du?«

Die Kamera schwenkte von der Leiche weg wieder zurück auf Rusty. Sein Gesicht erschien riesig durch das Fischaugenobjektiv. Noch immer war der Anflug eines Lächelns zu sehen, aber Rustys verzerrte Augen wirkten kalt und schwarz.

»Christopher ist hier eingebrochen«, wiederholte Rusty, als würde er einem kleinen Kind die Situation erklären. In seiner Stimme lag kein Wahn. Keine Emotion, keine Panik, kein Irrsinn. »Ich glaube, er war vollkommen high, Dash. Ich nehme es an. Wahrscheinlich ist er Drogen kaufen gegangen, nachdem er die Bar verlassen hatte. Du hast doch gesehen, wie wütend er war, oder?«

Dash antwortete nicht, war dazu vielleicht auch gar nicht in der Lage. Rusty trat näher an ihn heran. Seine Stimme klang immer noch ruhig, immer noch kontrolliert, aber etwas härter.

»Du hast es doch gesehen, oder?«

»Äh, ja, ich glaub schon.«

»Du glaubst es?«

»Ich meine, klar, ja, natürlich.« Dann: »Wir müssen die Polizei rufen, Rusty.«

»Oh nein, auf gar keinen Fall.«

»Was?«

»Ich habe ihn getötet.«

»Du … du hast gesagt, es war …«

»Notwehr, ja. Aber wer wird mir das schon glauben, Dash – ich allein gegen die Familie Anson mit all ihren Verbindungen?« Rustys Gesicht wurde größer, als er sich wieder Dashs Brust näherte. Wieder flüsterte er. »Niemand.«

»Aber … ich meine, wir müssen doch die Polizei rufen.«

»Nein, müssen wir nicht.«

»Ich verstehe das nicht.«

Rusty trat einen Schritt zurück. »Dash, pass auf.«

Die Kamera schwenkte leicht nach links. Lässig, fast zu lässig, hob Rusty die rechte Hand. Dash schrie. Er wich hastig zurück, sodass alles verschwamm. Ein paar Sekunden später war das Bild wieder scharf.

Jetzt sah Wilde, was Rusty in der Hand hielt.

Ein blutverschmiertes Messer.

Dash: »Rusty …«

»Ich brauche deine Hilfe, mein Freund.«

»Ich … ich glaube …, ich muss gehen.«

»Nein, Dash, das kannst du nicht.«

»Bitte …«

»Du bist mein Freund.« Rusty lächelte wieder. »Du bist der Einzige, dem ich vertrauen kann. Aber wenn du mir nicht helfen willst …«, Rusty richtete den Blick auf das Messer in seiner Hand, ohne direkt zu drohen oder es auf Dash zu richten, »… weiß ich nicht, was ich tun soll..«

Stille.

Rusty ließ die Hand mit dem Messer sinken. »Dash?«

»Ja.«

»Hilfst du mir?«

»Ja«, sagte Dash. »Ich helfe dir.«

Dann wurde das Video ausgeblendet.

Einen Moment lang standen Delia und Wilde nur da und starrten den schwarzen Bildschirm an. Keiner rührte sich. In der Ferne hörte Wilde eine Uhr schlagen. Er ließ den Blick über die Pracht der großen Bibliothek schweifen, aber Pracht ist nur eine schöne Fassade. Sie bietet keinen echten Schutz und verbessert auch nichts. Sie täuscht nur eine falsche Sicherheit vor.

Dash hatte den Kopf auf die Hände gestützt. Er rieb sich das Gesicht.

»Was hätte ich denn tun sollen?«, fragte Dash. »Was wäre denn passiert, wenn ich mich geweigert hätte, ihm zu helfen?«

Delia legte eine zitternde Hand auf den Mund, als müsste sie einen Schrei unterdrücken.

»Delia?«

Sie schüttelte den Kopf.

»Hör mir bitte zu. Du kennst Rusty. Du weißt, was er mir angetan hätte, wenn ich gegangen wäre.«

Delia schloss die Augen, als wünschte sie sich, weit weg zu sein.

»Und was haben Sie dann gemacht?«, fragte Wilde.

Dash sah Wilde an. »Ich hatte ein Auto. Rusty nicht. Wahrscheinlich hat er mich deshalb ausgesucht. Wir haben Christophers Leiche in meinem Kofferraum transportiert und sie in diese Gasse geworfen. Dann hat Rusty seine Fingerabdrücke vom Messer gewischt und es in den Müllcontainer geworfen. Wir hofften, die Polizei würde es für ein fehlgeschlagenes Drogengeschäft oder einen Raubüberfall halten. Ich habe gedacht, dass ich mich später vielleicht sicherer fühlen würde und das Band dann an die Polizei schicken könnte oder so etwas. Aber meine Stimme ist natürlich auch zu hören. Und wenn man das so sieht, hat Rusty mich auch nicht direkt bedroht oder etwas Ähnliches.«

Allmählich fand Delia die Sprache wieder. »Rusty hat dich ausgesucht«, sagte sie, »weil du schwach bist.«

Dash blinzelte mit nassen Augen.

Delia sah auf ihn hinunter. »Also hast du das Video einfach behalten?«

»Ja.«

»Und irgendwann hast du Rusty erzählt, dass du es hast?«

Dash nickte. »Als Lebensversicherung. Ich war der Einzige, der wusste, was er getan hatte. Aber ich habe ihm klargemacht, dass das Video, wenn mir etwas passiert …«

»… an die Öffentlichkeit kommen würde?«

»Ja. Es hat uns auf eine seltsame Weise verbunden.«

»Und das hast du mir nie erzählt«, sagte Delia. »In all den Jahren, die wir zusammen waren. Nach allem, was wir gemeinsam erlebt und getan haben, hast du es mir nie erzählt.«

»Auch das war Teil der Abmachung.«

»Wir haben uns gleich danach getrennt«, sagte Delia. »Rusty und ich.«

Dash schwieg.

»War das auch Teil der Abmachung, Dash?«

»Er ist ein furchtbarer Mensch. Ich wollte einfach, dass du sicher bist.«

Sie starrte ihn nur an.

»Delia?«

Ihre Stimme war eiskalt. »Schick ihnen das Video, Dash. Das Leben meines Sohnes ist in Gefahr. Schick ihnen sofort das gottverdammte Video.«

Wilde wartete, bis Dash auf »Senden« geklickt hatte. Als das erledigt war, lehnte Dash sich erschöpft auf seinem Stuhl zurück. Delia stand neben ihm. Sie rührte sich nicht. Sie legte ihm nicht die Hand auf die Schulter. Sie sah ihn nicht an. Jemand hatte gerade eine Bombe in diesem Raum gezündet und das Leben dieser beiden Menschen in Schutt und Asche gelegt, sodass man es niemals wieder neu errichten könnte.

Sie waren schwer verwundet und würden sich nie wieder ganz davon erholen.

Das musste er sich nicht länger ansehen.

Wilde wandte sich ab und ging. Sie fragten nicht, wohin er ging, oder fanden vielleicht keine Worte mehr. Es war ihm egal. Er hätte sowieso nicht geantwortet. Jedenfalls noch nicht. Er hatte alles erfahren, was er von ihnen erfahren musste.

Er meinte, die Antworten jetzt womöglich zu kennen.

SECHSUNDDREISSIG

Rola fuhr ihn im Honda Odyssey. Der Minivan hatte hinten drei Kindersitze. Auf dem Boden vor seinen Füßen lagen fünf rosafarbene Trinklernbecher mit Schraubdeckeln und Griffen an beiden Seiten. Überall waren Cheerios und Goldfisch-Cracker verstreut. Die Sitzbezüge fühlten sich an, als hätte man sie mit Pfannkuchensirup überzogen.

Rola lächelte. »Die Sauerei macht dich fertig, oder?«

»Mir geht's gut«, stieß Wilde aus.

»Klar tut es das. Möchtest du mir sagen, wohin die Reise geht?«

»Fahr einfach die 87 weiter in Richtung Norden.«

Wilde hatte überlegt, ob er selber fahren sollte, es war aber aus verschiedenen Gründen möglich, dass er Hilfe brauchte – nicht zuletzt, weil er kein sehr guter Autofahrer war. Auf Orts- und Landstraßen kam er zurecht, aber große mehrspurige Interstates mit jeder Menge Lkws und anderen Fahrzeugen, die dauernd die Spuren wechselten, waren nicht seine Stärke. Außerdem hatte er das Handy in der Hand und checkte die Positionen der beiden GPS-Tracker in der Tracking-App, und er wollte das nicht tun müssen, während er auf einem stark befahrenen Highway unterwegs war.

Außerdem war es wichtig, sich die nächsten Schritte in Ruhe zu überlegen.

»Nimm Ausfahrt sechzehn«, sagte Wilde.

»Die nach Harriman?«

»Ja.«

Rola fragte: »Fahren wir zum Woodbury Commons?«

»Was?«

»Es ist ein riesiges Outlet-Center direkt hinter der Mautstelle. Nike, Ralph Lauren, Tory Burch, OshKosh B'Gosh und jede Menge andere. Factory Outlets. Die Kinder lieben das Spiele-Haus. Bist schon mal da gewesen? Angeblich gibt es da enorme Rabatte, aber meine Freundin Jane, die mehr über das Einkaufen im Einzelhandel weiß als sonst irgendjemand, sagt, wenn man die Fahrtkosten und die schlechtere Qualität miteinbezieht …«

»Nein, wir gehen nicht shoppen.«

»Ich weiß, Wilde. Ich plappere nur vor mich hin. Du weißt doch, dass ich gesprächig werde, wenn du den schweigsamen Waldmenschen gibst.«

»Und auch dann, wenn ich es nicht tue«, antwortete er.

»Witzig.«

»Bieg rechts ab. Auf die Route 32 Richtung Norden.«

»Wie lange ist es her, seit du das letzte Mal mit Mom und Dad telefoniert hast?«

Sie meinte die Brewers. »Ich nenne sie nicht so.«

»Und nennst du mich deine Schwester?«

Er sagte nichts.

»Die Brewers waren gut zu uns, Wilde.«

»Sehr«, sagte er.

»Du fehlst ihnen, weißt du? Und mir fehlst du auch. Obwohl ich gar nicht weiß, warum, wo ich jetzt so neben dir sitze. Deine schlagfertigen Bemerkungen fehlen mir jedenfalls nicht.«

»Hast du deine Waffe dabei?«

»Das hab ich dir schon vor der Abfahrt gesagt. Ja. Wohin fahren wir?«

»Ich glaube, ich habe einen Hinweis darauf, wo der Junge festgehalten wird.«

»Ist das dein Ernst?«

»Nein, es ist ein Witz, Rola. Ich war schon immer ein großer Witzbold.«

Sie grinste. »So gefällst du mir schon besser, Bruder. Und ich nenne dich übrigens so. Meinen Bruder.«

»Ein paar Kilometer die Straße runter ist eine Raststätte. Fahr da rein und park an einer Stelle, von der aus wir alles sehen können, uns aber niemand sieht.«

»Geht klar.«

Wilde plante ihre nächsten Schritte. Sie würden parken. Sie würden warten. Es würde nicht lange dauern. Höchstens zwanzig Minuten. Und dann …

»Guck mal«, sagte Rola.

Mist, dachte Wilde.

Auf dem blauen Schild stand:

REST AREA – 1 MILE

in der üblichen weißen Schrift. Aber über diesen Worten war ein neonoranges Schild mit schwarzen Buchstaben angebracht:

CLOSED

Geschlossen? Damit hatte Wilde nicht gerechnet.

»Und jetzt?«, fragte Rola.

»Fahr weiter. Versuch etwas langsamer zu fahren, aber nicht so, dass es auffällt.«

Die Raststätte war offensichtlich schon seit einer ganzen Weile geschlossen. Sie war auch mit einem provisorischen

Zaun abgesperrt, und die Zufahrt war mit einer Schranke mit Vorhängeschloss versehen. Aus den Rissen im Straßenbelag spross Unkraut. Die Fenster des kleinen Ladens waren mit Sperrholzplatten vernagelt. Ein Weg führte von den drei stillgelegten Tanksäulen zum geschlossenen Kassenhäuschen. Daneben war eine kleine Werkstatt. An dem Gebäude rechts dahinter, das einer Hütte ähnelte, hing ein schiefes Dunkin'-Donuts-Schild.

Wilde hielt nach Fahrzeugen Ausschau. Er sah keins.

Das ergab keinen Sinn.

»Was jetzt?«

Wilde öffnete eine Navigations-App, vergrößerte sie mit den Fingern, um eine Umgebungskarte zu bekommen. »Fahr die nächste Ausfahrt runter.«

»Okay.«

Am Ende der Ausfahrt wies Wilde sie an, sich scharf rechts zu halten und dann die Nächste wieder rechts abzubiegen. Er sah aus dem Fenster und forderte sie auf, langsamer zu fahren.

»Siehst du das Dairy Queen da vorn?«

»Halten wir und holen uns einen Oreo-Blizzard-Kuchen?«, fragte Rola.

»Dein Timing, was Witze angeht«, sagte er, »ist echt beschissen.«

»Dann ist es ja gut, dass ich so süß bin.«

»Mhm. Fahr hinten rum. Das Grundstück müsste direkt an diese Raststätte grenzen.«

Rola fuhr um das Gebäude herum. Hinter dem Dairy Queen standen keine Autos. Wilde öffnete sein Fenster. Er blickte den Hügel hinauf und sah die Rückseite der geschlossenen Tankstelle.

»Bleib hier«, sagte Wilde und wollte aussteigen.

»Ganz sicher nicht.«

»Gut. Dann hol dir einen Oreo Blizzard.«

Rola runzelte die Stirn. »Mein Timing bei Witzen ist also beschissen?«

»Wenn ich mich nicht alle zehn Minuten melde, ruf die Polizei.«

»Ich geh mit.«

»Ich brauch dich …«

»… damit ich die Polizei rufe, wenn du dich nicht alle zehn Minuten meldest«, sagte Rola. »Schon klar. Das kann Zelda telefonisch erledigen. Ich weiß zwar nicht, was hier passiert, ich will aber nicht, dass du da unbewaffnet reingehst.«

»Okay, dann gib mir deine Pistole.«

»Nichts für ungut, Wilde, aber mit Schusswaffen bist du die reinste Katastrophe«, sagte sie. Womit sie recht hatte.

»Das könnte gefährlich werden.«

»Ich steh auf Gefahr.«

»Du hast K…«

»Stopp«, sagte Rola und betonte das, indem sie die Hand hob. »Wenn du sagen willst, dass ich Kinder und eine Familie habe oder irgendwelchen anderen sexistischen Schwachsinn absondern willst, erschieße ich dich höchstpersönlich.«

Er schwieg.

»Ich geh mit, Wilde. Das ist nicht verhandelbar. Also lass uns keine Zeit mehr vergeuden.«

Rola stieg aus. Wilde folgte ihr schnell und legte eine Hand auf ihre Schulter. Sie verstand ihn. Fahren war vielleicht nicht seine Stärke, das Anschleichen hingegen schon. Er würde vorausgehen. Sie sollte ihm folgen.

Sie liefen gebückt den Hügel hinauf. Rola zog ihre Pistole und hielt sie für alle Fälle in der rechten Hand. Als sie die Spitze des Hügels erreichten, waren sie vielleicht dreißig, vierzig Meter von der geschlossenen Tankstelle entfernt. Die hintere aus Betonblocksteinen gefertigte Wand war mit Graffiti bedeckt, vor allem von einem großen mit den Wörtern »Spoon« und »Abeona« im Bubble-Style.

Wilde schlich näher heran. Seine Augen scannten ständig die Umgebung. Kein Lebenszeichen. Kein Auto in Sicht. Er warf einen kurzen Blick auf die Tracking-App auf seinem Handy-Display. Keine Frage, das Auto musste hier irgendwo sein.

Er schlich weiter auf die Rückwand der Tankstelle zu. Als sie die Lichtung erreichten, ging er schneller und hoffte, dass sie niemand sah. Rola blieb bei ihm. Als sie die Betonblockwand erreichten, drückten sie sich mit den Rücken dagegen.

Rola sah ihn fragend an.

Mit den Lippen formte er die Worte: *Warte hier*. Dann tauchte er zur Seite weg. Das Gras war so hoch, dass sich ein Drittklässler darin verstecken konnte. Er stieß auf alte Reifen, ein paar Montiereisen und diverse rostige Motorteile. Vor langer Zeit hatte jemand in roter und blauer Farbe das Wort »Reifenservice« auf die Seite der Betonwand gemalt. Die Schrift war inzwischen verblasst und blätterte ab.

Wilde lief gebückt zur Vorderseite der Werkstatt. Die Tore waren geschlossen. Wilde sah sich die Unterkanten an. Eine hatte der Wind mit Blättern, Zweigen und Staub versiegelt. Beim anderen Tor war ein deutlicher Spalt zu sehen.

Jemand hatte es nicht ganz geschlossen.

Auf dem Boden waren Reifenspuren zu erkennen, die aufs Tor zuführten.

Die Tatsache, dass die Raststätte geschlossen war, hatte Wilde einen Moment lang verwirrt. Er hatte erwartet, auf einen Treffpunkt zu stoßen, einen Ort, an dem sie ihre Entführungspläne besprechen konnten, ohne Aufmerksamkeit zu erregen. Er war davon ausgegangen, dass Rola und er die Raststätte beobachten und vielleicht einem Auto folgen konnten – in der Hoffnung, dass dieses Auto sie zu Crash führen würde.

Aber so war es natürlich viel besser.

Wilde legte sich auf den Bauch und kroch näher an den Spalt unter dem Werkstatttor heran. Er spähte hinein. Ja. Genau wie er es erwartet hatte.

Das Auto.

Es war hier.

Wilde kehrte an die Seite der Werkstatt zurück. Er spähte um die Ecke und inspizierte alles, als ihm etwas ins Auge fiel. Die ehemalige Dunkin'-Donuts-Hütte. Auf den ersten Blick war nichts Bemerkenswertes daran. Die Fenster waren mit Sperrholz verschlossen. Das Firmenschild hing schräg und nur noch an einem Nagel. Das Gebäude war heruntergekommen und baufällig, und eines Tages würde eine gnädige Abrissbirne seiner Existenz mühelos ein schnelles Ende setzen. Nur eins war seltsam.

Die Klimaanlage im Fenster nach hinten heraus.

Sie sah neu aus.

Wildes Herz schlug schneller. Er ging zurück zu Rola. Sie begrüßte ihn mit einem Was-ist-los-Achselzucken. Also forderte er sie mit einer Geste auf, ihm zu folgen. Sie schlichen an der Rückwand entlang. Als die Dunkin'-Donuts-Hütte zu sehen war, deutete Wilde auf die Klimaanlage. Es dauerte einen Moment, bis Rola verstand, was er meinte, dann hob sie jedoch den Daumen.

Wilde checkte noch einmal die Tracking-App. Sie hatten noch zehn Minuten. Als er das Handy wieder einsteckte, warf Rola ihm erneut einen fragenden Blick zu. Er schüttelte den Kopf. Keine Zeit.

Sie würden auf freiem Gelände und somit weithin sichtbar sein. Das ließ sich nicht vermeiden. Rola hatte ihre Waffe in der Hand. Wilde bedeutete ihr, dass er hinüberlaufen würde. Rola sollte bereitstehen, falls jemand auf ihn schoss. Sie willigte widerstrebend ein. Wilde sprintete los und vernahm beim Laufen ein Geräusch, das sein Blut in Wallung brachte. Über das Rauschen der auf dem nahen Highway vorbeirasenden Fahrzeuge hinweg hörte er die Klimaanlage summen.

Sie war eingeschaltet.

Jemand befand sich im Hinterzimmer dieses ehemaligen Dunkin'-Donuts-Cafés.

Als er neben dem Fenster stand, sah er zu Rola hinüber. Erst wollte er ihr ein Zeichen geben, dass sie auf ihn warten sollte, aber angenommen, die Person, die sich im Hinterzimmer des Dunkin' Donuts befand, wäre bewaffnet – sofern sich dort wirklich jemand aufhielt und nicht nur einfach die Klimaanlage angelassen hatte?

Rola hatte die Pistole.

Er winkte sie heran. Beim Rennen hielt Rola die Pistole tief neben dem Körper und richtete den Lauf nach unten. Sie war schnell und agil, eine ausgezeichnete Athletin. Als sie bei ihm war, duckten sie sich. Für einen Moment rührten sich beide nicht und warteten auf ein Zeichen, das ihnen verriet, ob sie gehört oder gesehen worden waren.

Nichts.

Wilde kroch zur Klimaanlage. Er forderte Rola mit einer Geste auf, unten zu bleiben. Sie nickte. Er richtete sich auf. Er spürte die warme Abluft, die das Gerät, das einfach unter das Fenster geklemmt war, nach draußen blies.

Die Rollos waren heruntergezogen.

Er konnte nicht hineinsehen.

Was jetzt?

Die Zeit verflog. Er kehrte zu ihr zurück.

»Da ist jemand drin«, flüsterte er, »aber vielleicht ist auch jemand im Kassenhäuschen. Du musst die Pistole im Anschlag halten. Ich werde das Fenster einen Spaltbreit öffnen und die Klimaanlage herausziehen, sie ist nicht fest montiert. So leise wie möglich. Alles klar?«

Rola nickte. »Alles klar.«

Er stand auf und inspizierte das Fenster. Anscheinend war das Gerät nicht festgeschraubt. Er musste nur das Fenster ein paar Zentimeter hochschieben und die Klimaanlage schnell herausziehen. Wilde ging die Bewegungen im Kopf ein paar Mal durch, dann legte er die Hände unten auf den Fensterrahmen.

Rola stand mit dem Rücken zur Wand neben ihm. Die Pistole hatte sie in der Hand.

Dann zählte Wilde lautlos.

Eins, zwei …

Bei drei schob er das Fenster hoch und zog die Klimaanlage heraus. Im gleichen Moment trat Rola in Aktion. Sie fuhr mit der Waffe im Anschlag zur Öffnung herum.

Als sie sah, wer sich in dem Raum befand, senkte sie die Pistole. Wilde setzte die Klimaanlage ab und sah auch hinein.

Crash Maynard lag in einem Bett, an das er mit einer Kette gefesselt war.

Seine Hand war dick verbunden. Crash sah sie verblüfft an. Wilde reagierte schnell. Er legte den Zeigefinger auf die Lippen, schlüpfte durchs Fenster, eilte zu dem Teenager und flüsterte: »Bleib ruhig, Crash. Wir helfen dir.«

Crash liefen Tränen übers Gesicht. »Ich will nach Hause.«

Er klang wie ein kleiner Junge.

»Das kommst du auch«, flüsterte Wilde. »Ich verspreche es dir. Wie viele sind es?«

Crash hob die verbundene Hand. »Gucken Sie mal, was die getan haben.«

»Ich weiß. Wir bringen dich zu einem Arzt. Konzentrier dich, Crash. Wie viele sind es?«

»Ich weiß es nicht. Sie sagen nichts. Sie tragen Sturmhauben. Bitte. Bitte, ich will nur nach Hause. Bitte.«

Er fing an zu schluchzen. Wilde checkte die Kette, mit der der Junge gefesselt war. Sie führte von seinem Knöchel zu einer an der Wand befestigten Platte. Er sah sich um und war überrascht, als er Rola nicht sah.

Zwei Sekunden später erschien sie wieder und hatte eins der alten Montiereisen in der Hand. Sie reichte es ihm.

Crash rief: »Bitte …«

»Alles in Ordnung, Crash. Einen Moment.«

Wilde setzte das Montiereisen als Brechstange an der Platte an. Er brauchte nicht lange. Nach zwei kräftigen Zügen sprang die Platte aus der Wand.

Crash war sechzehn und fast ausgewachsen. Zur Not hätte Wilde ihn tragen können, aber der Teenager rollte sich schnell aus dem Bett und stand auf.

»Weißt du, wo sie wohnen?«, fragte Wilde.

Crash schüttelte den Kopf. »Ich will nach Hause. Bitte.«

»Und Naomi?«

Wilde nahm an, dass er die Antwort kannte – und Crashs verwirrte Miene bestätigte seine Vermutung. »Naomi Pine?«

»Vergiss es.«

Sie gingen zum Fenster. Crash kletterte zuerst hinaus. Rola half ihm. Dann folgte Wilde. Draußen duckten sie sich und blieben in dieser Haltung.

»Bring ihn zurück zum Auto«, sagte Wilde zu Rola.

»Kommst du nicht mit?«, fragte sie.

»Nein. Ich habe hier noch etwas zu tun.«

»Glaubst du, dass Naomi …?«

»Geh einfach. Bring ihn zum Auto.«

Rolas Blick durchbohrte ihn. »Wir können einfach die Polizei rufen, Wilde. Die können in zehn Minuten mit hundert Cops hier sein.«

»Nein«, sagte Wilde noch einmal.

»Ich verstehe das …«

»Wir haben keine Zeit für Erklärungen. Bring ihn weg. Ich schaff das hier.«

Rola musterte sein Gesicht. Das gefiel Wilde nicht, aber er ließ sich nichts anmerken. Sie runzelte die Stirn und gab ihm die Pistole. »Falls du sie brauchst.«

»Danke.«

»Ich geb dir fünfzehn Minuten. Wenn ich dann nichts von dir gehört habe, rufe ich die Polizei.«

»Wartet nicht auf mich. Wenn ihr beim Auto seid, fahrt sofort zum Valley Hospital. Da ist der Finger. Jede Sekunde zählt.«

»Mir gefällt das nicht, Wilde.«

»Vertrau mir, Schwester.«

Rola bekam feuchte Augen, als er sie so nannte. Sie sah Crash an. »Kannst du laufen?«

Crash hatte aufgehört zu weinen. »Ich bin bereit.«

Rola lief vor. Crash folgte ihr und stützte seine verletzte Hand mit der gesunden. Wilde wartete, bis sie außer Sicht waren. Dann checkte er noch einmal die Tracking-App.

Er hatte nicht viel Zeit.

SIEBENUNDDREISSIG

Wilde ging wieder zur Rückseite der Tankstelle und weiter zu der Wand mit dem verblassten Schriftzug »Reifenservice«. Ein paar Sekunden später kroch er vor das Werkstatttor, das einen Spaltbreit geöffnet war. Er legte sich auf den Bauch und drückte sich so flach wie möglich auf den Boden.

Er musste sich beeilen.

Er spähte durch den Spalt, sah, dass das Tor über Rollen auf einer Schiene auf und ab glitt. Manuell. Nicht elektrisch. Das war gut. Er kniete sich hin, ergriff den unteren Rand und hob es ein paar Zentimeter an.

Das Tor quietschte.

So laut, dass es jemand hörte? Er wusste es nicht. Er nahm an, dass niemand in der Werkstatt war. Falls der Kidnapper überhaupt hier war, konnte er eigentlich nur im Kassenhäuschen nebenan sein.

Wilde wartete und horchte, ob jemand kam. Nichts. Nur die inzwischen wohlbekannte Kakophonie vorbeirasender Autos. Er hoffte, dass ihn von der Straße aus niemand sah. Er wollte nicht, dass jemand die Polizei anrief und einen Einbruch meldete.

Jedenfalls noch nicht.

Er schob das Tor noch ein Stück hoch. Dann noch ein wenig.

Quietsch, quietsch.

Schluss damit. Er drückte es noch gut zwanzig Zentimeter hoch. Das reichte ihm. Er legte sich wieder auf den Bauch und schlängelte sich unter dem Tor hindurch in die Werkstatt. Es war dunkel. Staub wirbelte auf und stieg ihm in die Nase, es machte ihm nichts aus. In der Werkstatt stank es nach Schimmel und verschüttetem Benzin. Wilde stand auf und lief in gebückter Haltung zu dem Auto, das am weitesten vom angrenzenden Kassenhäuschen entfernt stand.

Er hörte das Klackern einer Tastatur.

Wilde hatte Rola nicht belogen, ihr aber auch nicht die ganze Wahrheit gesagt. Er hatte ihr nicht gesagt, dass er auf die einfachste erdenkliche Weise auf diese Raststätte aufmerksam geworden war. Er hatte einfach die GPS-Tracker benutzt, die Rola ihm gegeben hatte. Er hatte ihr nicht gesagt, dass das Auto, das er in dieser Werkstatt entdeckt hatte – das Auto, hinter dem er sich gerade versteckte –, der Chevrolet Cruze war, in dem Gavin Chambers zum Seven-Eleven gekommen war.

Das war ein Fehler von Gavin gewesen.

Der Verdacht, den Wilde schon vorher geschöpft hatte, erhärtete sich in dem Moment, als Gavin ohne seinen Fahrer und den üblichen SUV beim Seven-Eleven ankam. Warum kam er plötzlich allein? Warum sollte ein Mann mit so viel Geld, ein Mann, der sich normalerweise in einem Cadillac Escalade chauffieren ließ, einen Chevrolet Cruze fahren, ein Auto, das häufig von Mietwagenfirmen eingesetzt wurde?

Für sich genommen bedeutete das vielleicht nicht viel. Aber es hatte ihm gereicht.

Immer noch hinter dem Chevrolet, im Hintergrund das Tastaturklackern, checkte Wilde die Tracking-App auf seinem Handy.

In zwei Minuten würde das andere Auto ankommen.

Er musste sich bereit machen.

Wilde kroch vom Hinterrad zum Vorderrad und weiter nach vorne zur Stoßstange. Er sah nach links zur Bürotür.

Sie stand offen.

Er sah den Rücken eines Mannes, aber um sicherzugehen, musste er näher heran. Immer noch in geduckter Haltung trat er einen weiteren Schritt vor. Als er nur noch einen halben Meter von der Rückwand mit den Regalen entfernt war, sah er das Profil des Mannes, der dort tippte.

Gavin Chambers.

Ohne jede Vorwarnung drehte Gavin den Kopf in Wildes Richtung.

Wilde warf sich wieder flach auf den Boden. Die Waffe steckte hinten im Hosenbund. Er griff danach und zog sie. Gavin Chambers war zweifelsohne bewaffnet. Wenn Gavin ihn entdeckt hatte, wenn er schon dabei war …

Nein.

Das andere Auto war angekommen. Es hatte einen Sensor ausgelöst, als es die geschlossene Schranke passierte. Das hatte Gavin aufgeschreckt. Deshalb hatte er zur Seite geblickt.

Wilde kroch zurück und versteckte sich zwischen dem Chevrolet Cruze und der Rückwand. Kurz darauf hörte er, wie sich das Auto näherte. Gavin Chambers stand auf. Wilde blickte unter dem Chevy hindurch und sah Gavin vorbeigehen. Er öffnete das Werkstatttor. Ein Auto fuhr herein. Als es in der Werkstatt stand, schloss Gavin das Tor sofort wieder.

Der Fahrer öffnete die Autotür und stieg aus.

»Hat Maynard das Video geschickt? Hast du es dir schon angesehen?«

Es war Saul Strauss.

Gavin sagte: »Ich bin gerade dabei.«

»Und?«

»Es ist Gold wert«, sagte Gavin. »Rusty gibt zu, dass er Anson getötet hat, behauptet dann allerdings, dass es Notwehr war.«

»Mein Gott.«

»Ja.«

»Wir müssen es sofort veröffentlichen. Wir dürfen kein Risiko eingehen.«

»Einverstanden«, sagte Gavin.

Beide gingen ins Büro. Wilde blieb, wo er war.

»Ich hab's gewusst«, sagte Strauss leise. »Ich hab gewusst, dass es dieses Video gibt. Ich wollte nicht so weit gehen, aber …«

»Jetzt versteh ich auch, warum Dash es nur so widerstrebend herausgegeben hat«, sagte Chambers. »Natürlich ist Rusty damit erledigt, Dash schadet es aber auch. Ich weiß nicht, ob man Klage gegen Maynard erheben kann, weil er die Leiche weggeschafft hat. Wahrscheinlich ist das verjährt. Aber natürlich wissen alle, die es sehen, was er getan hat.«

»Und er hat Raymond Stark den Kopf dafür hinhalten lassen.«

»Ich weiß.«

»Ich finde, es ist eine Sache, einem Kumpel aus der Patsche zu helfen. Aber einfach zuzusehen und nichts zu sagen, wenn ein anderer Mensch sein Leben lang im Gefängnis sitzt.«

»Echter Abschaum«, stimmte Gavin zu. »Lass uns das Video fertig machen.«

Wilde rührte sich nicht. Natürlich könnte er sie aufhalten. Er könnte aufstehen, die Waffe auf sie richten und sie davon abhalten, zum Computer zurückzukehren.

Das tat er aber nicht.

Wilde wartete.

»Okay, ich muss es nur noch abschicken«, sagte Gavin.

»An alle großen Fernsehsender?«, fragte Strauss.

»Ja, und an ein paar Blogger und Twitter-Accounts.«

»Alles klar, mein Freund. Schick es ab.«

Wildes letzte Chance einzugreifen.

Er hörte ein Klicken.

»Erledigt«, sagte Gavin.

Er klang hörbar erleichtert.

»Wir müssen den Jungen freilassen«, sagte Strauss. »Hast du die Koordinaten, die wir den Maynards schicken?«

»Sollen wir nicht vielleicht noch etwas warten?«, fragte Gavin.

»Worauf?«

»Ich weiß es nicht. Vielleicht haben sie noch mehr.«

»Mehr?«

»Noch weitere Videos«, sagte Gavin Chambers. »Sie könnten sie uns vorenthalten.«

»Das geht nicht«, sagte Strauss. »Das … es ist weit genug gegangen, Gavin. Dieser Junge …«

»Ja.« Jetzt hörte Wilde die Verzweiflung in Gavins Stimme. »Ja, du hast recht.«

»Gib mir die Sturmhaube. Lass uns die Sache beenden.«

Wilde kam aus seinem Versteck und richtete die Waffe auf sie. »Nicht nötig.«

Gavin Chambers und Saul Strauss drehten sich zu ihm um. Wilde hob die Pistole.

»Wenn Sie auch nur einmal falsch atmen«, sagte Wilde, »erschieße ich Sie beide. Gavin, ich nehme an, Sie sind bewaffnet?«

»Bin ich.«

»Holster unter der linken Achsel?«

»Ja.«

»Sie kennen die Übung. Daumen und Zeigefinger. Werfen Sie sie hier rüber. Schön langsam. Saul?«

»Ich bin unbewaffnet.« Saul hob beide Hände und drehte sich langsam um die eigene Achse.

»Lassen Sie die Hände auf dem Schreibtisch, wo ich sie sehen kann. Gavin, werfen Sie die Waffe rüber.«

Gavin Chambers nahm die Waffe aus seinem Holster und warf sie Wilde zu. Wilde hob sie auf und steckte sie in den Hosenbund.

»Wie sind Sie darauf gekommen?«, fragte Gavin.

»Aus mehreren Gründen. Der entscheidende war allerdings der naheliegendste. Ich habe mich die ganze Zeit gefragt, wie Crash ganz in der Nähe seines eigenen Hauses entführt werden kann, wenn er von einem so ausgezeichneten Security-Mann wie Ihnen beschützt wird. Und die einfachste Antwort lautete: Das ist unmöglich. Also mussten Sie daran beteiligt sein.« Wilde sah erst Gavin und dann Saul an. »Ich nehme an, Sie haben diese Idee ausgearbeitet, nachdem Naomi Pine verschwunden war?«

»So ist es«, sagte Gavin.

»Es bot sich an. Naomi wurde vermisst. Sie hatte eine vage Beziehung zu Crash. Sie konnten also davon ausgehen, dass alle nach einer Verbindung zwischen den beiden suchen, wenn Crash auch verschwindet. Das verschaffte Ihnen Zeit. Ein hervorragendes Ablenkungsmanöver. Sie haben es mir sogar erzählt, Gavin.«

»Was habe ich Ihnen erzählt?«

»Als Sie bei der Ecocapsule waren. Die Ghost Army. Der ganze Einsatz war Teil der strategischen Desinformation.«

»Und dennoch haben wir uns hier versammelt.«

»Ja, das haben wir.«

Gavin lächelte. »Wir haben es übertrieben, stimmt's?«

»So ist es.«

»Ich hatte nicht damit gerechnet, dass die Maynards Hester und Sie einschalten.«

»Ja, das hat Sie aus der Bahn geworfen. Deshalb haben Sie

auch immer darauf beharrt, dass ich mich auf Naomi konzentriere. Sie wussten, dass ich so der Wahrheit über Crash nicht näher kommen würde, selbst wenn ich sie fand. Das Problem war, dass Sie beide zu viel des Guten getan haben. Sie, Saul, sind an der Hotelbar aufgetaucht und haben sich in der Nacht, in der Crash verschwunden ist, nach Naomi erkundigt. Warum? Ich habe es da noch nicht durchschaut, aber selbst, wenn Sie angenommen hätten, dass Crash und Naomi eine Beziehung haben, warum hätten Sie mich um Hilfe bitten sollen? Damit haben Sie nur einen ersten Samen gesetzt, um mich auf eine falsche Spur zu locken. Dann sind *Sie* ...«, Wilde wandte sich wieder Gavin zu, »... im Seven-Eleven mit einer plötzlich entschlüsselten Geheimbotschaft aufgetaucht, die mich auch wieder in dem Glauben bestätigen sollte, dass ein Zusammenhang zwischen Naomi und dem besteht, was mit Crash passiert ist.«

Gavin nickte. Er hatte es verstanden. »Sie haben mich dann gebeten, Sie zu den Maynards zu fahren.«

»Genau.«

»Dabei haben Sie den GPS-Tracker im Auto versteckt.«

»Sie sind ein wohlhabender, erfolgreicher Mann. Sie hatten immer einen Fahrer oder zumindest ein teures Auto. Und plötzlich erscheinen Sie in einem Chevy Cruze? Ich dachte, es wäre ein Mietwagen.«

»Aber Sie waren sich nicht sicher?«

»Ich hab nur alle Möglichkeiten abgedeckt. Dann ist Saul heute passenderweise vor der Schule aufgetaucht. Er behauptete, er hätte jemanden, der mich beschattet, und eine Insider-Quelle bei den Maynards. Aber wer sollte das sein? Hester würde nicht reden. Meine Leute auch nicht. Die Maynards? Niemals. Also musste es der Kidnapper sein. Sie, Gavin.«

»Wenn man das Unmögliche ausgeschlossen hat, muss das, was übrig bleibt, die Wahrheit sein, so unwahrscheinlich sie auch klingen mag«, zitierte Saul Sherlock Holmes.

»Genau. Als Saul mich nach Sing Sing fuhr, habe ich also auch in seinem Auto einen GPS-Tracker versteckt. Nachdem Sie mich in der Nähe der Maynards abgesetzt hatten, sind Sie zu dieser Raststätte gefahren. Sie sind nicht lange geblieben. Wahrscheinlich haben Sie nur kurz nach dem Jungen gesehen und ihm etwas zu essen gegeben. Aber laut der Tracking-App hatte am Tag davor auch Gavins Cruze hier haltgemacht. Warum sollten Sie beide in dieser ziemlich abgelegenen Raststätte einkehren? Also mussten Sie daran beteiligt sein. Ach, und den Finger bei den Koordinaten abzulegen, wo ich als Kind gefunden wurde, war auch zu viel des Guten. Dafür konnte es nur einen Grund geben, nämlich weil mir jemand richtig übel mitspielen wollte. Natürlich habe ich mich auch in ein paar Punkten geirrt. Ich bin zum Beispiel davon ausgegangen, dass diese Raststätte der Treffpunkt war, an dem Sie alles geplant und besprochen haben oder so. Aber als ich vorhin hier ankam, musste ich überrascht feststellen, dass sie geschlossen war.«

»Wie sind Sie hier überhaupt unbemerkt reingekommen? An allen Eingängen sind Sensoren angebracht.«

»Aber nicht hinten zum Dairy Queen.«

»Also haben Sie Crash in der Dunkin'-Donuts-Hütte gefunden.«

»Ja.«

»Wo ist er jetzt?«

»Wahrscheinlich im Krankenhaus. Rola hat ihn mitgenommen.«

»Dann weiß Rola Bescheid?«

Wilde antwortete nicht.

»Sie verstehen doch, warum wir das getan haben?«, fragte Saul. »Sie sehen die Gefahr doch auch, oder?«

»Es hat eine Weile gedauert, bis ich die Scheuklappen abgelegt und meine eigenen Interessen zurückgestellt habe«, sagte Gavin. »Ein charismatischer Anführer zieht einen mit, verführt einen mit dem, was er einem geben kann, bis man schließlich so tief drinsteckt, dass man den Blödsinn, den er erzählt, gar nicht mehr erkennt. Aber dann hat Saul mir seine Position dargelegt.«

»Ich brauchte dich nicht lange zu überreden«, sagte Saul. »Du hast schon große Zweifel gehegt.«

»Gut möglich – die Pillen, das unberechenbare Verhalten, die Leichtigkeit, mit der er Menschen manipulieren konnte. Mir gefiel seine Idee, die soziale Ordnung umzustürzen, um sie dann wieder neu zu errichten, aber je mehr Zeit ich mit ihm verbrachte, desto klarer wurde mir, dass Rusty keine neue Ordnung aufbauen will. Rusty will dieses Land zerstören. Er will es an den Nahtstellen zum Platzen bringen.«

»Wir beiden alten Männer sind uns nicht oft einig«, sagte Saul. »Ich bin in einem politischen Lager. Gavin im anderen. Aber wir sind beide Amerikaner.«

»Unsere Ansichten, so gegensätzlich sie auch erscheinen mögen, befinden sich im Bereich der Normalität.«

»Und das will Rusty nicht. Rusty will, dass wir alle uns für eine Seite entscheiden, dass wir alle zu Extremisten werden.«

»Was offenbar geklappt hat«, sagte Wilde, der immer noch die Waffe auf sie richtete.

»Was meinen Sie?«

»Sie beide haben ein Kind entführt. Sie haben ihm einen Finger abgeschnitten. Wenn das kein Extremismus ist …«

Sie schauten betrübt drein. Beide.

Gavin sagte: »Glauben Sie, wir hätten das gewollt?«

»Was Sie wollten, spielt keine Rolle.«

»Was glauben Sie«, fragte Saul Strauss, »hätte Dash Maynard das Video sonst veröffentlicht?«

»Noch mal: Es spielt keine Rolle. Sie haben Ihre Entscheidung getroffen.« Ganz langsam und nachdrücklich sagte Wilde: »Sie. Haben. Einem. Jungen. Den. Finger. Abgeschnitten.«

Gavin Chambers senkte den Kopf. Saul Strauss versuchte, seinen hochzuhalten, aber seine Mundwinkel zitterten.

»Crash war betäubt, als wir das getan haben«, sagte Saul. »Wir haben den Schmerz und das Trauma auf ein Minimum reduziert.«

»Sie haben ihn verkrüppelt. Dann haben Sie gedroht, ihm den Arm abzuschneiden. Angenommen, die Maynards hätten das Video nicht hochgeladen. Hätten Sie das durchgezogen? Hätten Sie ihnen seinen Arm geschickt?«

Gavin Chambers blickte auf. »Wie weit würden Sie gehen, um Millionen Menschenleben zu retten, Wilde?«

»Um mich geht es hier nicht.«

»Verdammt noch mal, wir drei sind Soldaten, also geht es auch um Sie«, sagte Gavin. »Dieses Schlachtfeld ist vielleicht nicht so klar zu erkennen, aber auch hier stehen Menschenleben auf dem Spiel. Millionen. Wenn Sie also Millionen Menschenleben retten könnten, indem Sie eine Person, selbst wenn es ein unschuldiges Kind ist, verkrüppeln oder töten müssten, würden Sie das tun?«

»Das ist ein sehr schmaler Grat, auf dem Sie sich bewegen, Colonel.«

»Als Frontsoldat begibt man sich immer auf einen schmalen Grat. Das wissen Sie. Hätten wir uns lieber die eigenen Finger abgeschnitten, um diese Leben zu retten? Selbstverständlich. Aber das stand nicht zur Wahl. Im Leben gibt es nicht nur

Schwarz und Weiß, Wilde. Dennoch denken die Menschen heutzutage gerne in diesen Kategorien. Bei all den Online-Aufregern ist entweder immer alles gut oder alles schlecht. Aber im Leben gibt es viele Graustufen. Es geht um die Nuancen.«

»Es ist doch schon jetzt so weit«, ergänzte Saul, »dass Sie eine Waffe auf uns richten. Gavin und ich sind bereit, den Preis für das, was wir getan haben, zu zahlen. Wir waren der Ansicht, dass wir keine andere Wahl hatten. Aber wir haben Raymond gerettet …«

»… und damit ein gewaltiges Unrecht wiedergutgemacht«, fügte Gavin hinzu. »Und daran ist nichts Hypothetisches.«

»… und in einem viel größeren Rahmen haben wir womöglich dieses Land gerettet. Das Video, das wir gerade versendet haben, könnte den Lauf der Geschichte verändern.«

Beide Männer warteten auf Wildes Erwiderung.

Ein paar Augenblicke später legte Gavin Saul Strauss die Hand auf den Arm. »Oh Mann.«

»Was ist?«, fragte Saul.

»Wilde hat es längst begriffen.«

Strauss runzelte die Stirn. »Wie meinst du das?«

Gavin sah Wilde in die Augen. »Wenn ich das richtig verstanden habe, hat Wilde sich schon vor deiner Ankunft in der Werkstatt versteckt.«

»Na und?«

»Also hat er *gewartet*, Saul. Er hat gewartet, bis du hier warst. Er hat so lange gewartet, bis wir das Video abgeschickt hatten.«

Stille.

Strauss verstand es jetzt auch. Er wandte sich Wilde zu. »Sie hätten uns aufhalten können. Sie hätten ebenso gut zwei Minuten früher mit der Waffe herauskommen können.«

»Dann wäre das Video nie an die Öffentlichkeit gelangt«, ergänzte Gavin.

»Das haben Sie aber nicht getan, Wilde.« Beide Männer nickten jetzt. »Sie haben sich mit uns auf diesen schmalen Grat begeben.«

Wilde sagte nichts.

»Schlussendlich«, sagte Gavin, »sind wir nur drei Soldaten.«

»Eine letzte Mission. Sie haben sie uns vollenden lassen.«

»In meinem Fall«, sagte Gavin und trat vor Saul, »war es ein Selbstmordkommando.«

Jetzt fand auch Wilde die Sprache wieder. »Moment, was?«

»Ich werde im Gefängnis zurechtkommen«, sagte Saul. »Ich werde mich auch von dort aus äußern können. Ich werde gehört werden.«

»Ich hingegen bin ein alter Mann und will diese Erfahrung nicht mehr machen«, sagte Gavin. Er stand auf und streckte die Hand aus. »Geben Sie mir meine Pistole zurück, Wilde. Von Soldat zu Soldat. Lassen Sie mich die Sache zu meinen Bedingungen beenden.«

Selbstmord.

»Nein«, sagte Wilde.

»Dann stürme ich auf Sie los und zwinge Sie, mich zu erschießen.«

»Auch das wird nicht passieren«, sagte Wilde. »Hören Sie ganz genau zu. Sie hatten Ihre Mission, ich hatte meine. Meine bestand darin, zwei vermisste Kinder zu finden. Eins habe ich gerettet. Dann bin ich hiergeblieben, um in diesen Räumlichkeiten nach dem anderen zu suchen. Das werde ich Rola sagen. Naomi ist nicht hier, oder?«

»Nein«, sagte Saul verwirrt. »Wir wissen nichts von ihr.«

»Dann ist meine Mission hiermit beendet.«

»Das verstehe ich nicht«, sagte Saul.

»Doch«, sagte Wilde. »Ich denke, das tun Sie.«

Wilde sagte kein weiteres Wort. Er senkte die Waffe und ging.

DRITTER TEIL

ACHTUNDDREISSIG

Drei Wochen später

Hester verabschiedete sich gerade von Simon Greene, einem reichen Finanzberater und dem Hauptakteur eines viralen Videos, in dem er im Central Park eine Person schlägt, bei der es sich um einen Obdachlosen zu handeln scheint. Sie mochte Greene und war der Ansicht, dass es sich um eine falsche Verdächtigung handelte, viel wichtiger war jedoch, dass die Staatsanwaltschaft in einem Anruf angedeutet hatte, dass sie keine Anklage erheben würde – nicht zuletzt, weil niemand das vermeintliche Opfer ausfindig machen konnte.

Hester begleitete Greene zur Bürotür.

Simon Greene dankte ihr. Hester gab ihm einen Wangenkuss. In diesem Moment sah sie sie im Wartezimmer. Hester stürmte zu ihrer Assistentin Allison Grant und fragte: »Was macht Delia Maynard hier?«

»Sie sagte, sie bräuchte eine Viertelstunde. Es wäre wichtig.«

»So etwas musst du mir doch sagen.«

»Das habe ich.«

»Wann?«

»Hast du deine Nachrichten gecheckt?«

»Eine Nachricht schicken ist nicht dasselbe, wie es mir sagen.«

»Wie oft haben wir das schon durchgekaut? Du hast gesagt, ich soll dich nicht unterbrechen und dir Terminänderungen als Nachricht schicken.«

»Hab ich das?«

»Das hast du. Du hast eine Viertelstunde, bis dein nächster Mandant kommt. Delia Maynard ist eine Mandantin, also kannst du die Viertelstunde berechnen. Soll ich sie nach Hause schicken, oder ...«

»Jetzt hör schon auf. Du bist ja eine noch größere Nervensäge als ich. Schick sie rein.«

Hester hatte Delia Maynard seit jenem furchtbaren Tag vor drei Wochen in Maynard Manor nicht mehr gesehen – das war noch, bevor der Finger gefunden wurde. Allison Grant führte Delia ins Büro und schloss die Tür hinter sich. Die beiden Frauen standen sich gegenüber und starrten sich gegenseitig einen Moment lang an.

»Wie geht es Ihrem Sohn?«, fragte Hester.

»Besser. Die Ärzte konnten den Finger wieder annähen.«

»Oh, gut.«

»Körperlich ist alles in Ordnung.«

»Und seelisch?«

»Er hat Alpträume. Anscheinend haben die Entführer, wer auch immer sie waren, ihn gut behandelt, aber ...«

»Verstehe. Und Sie haben sich entschieden, die Polizei nicht einzuschalten?«

»Das ist richtig.«

»Und es hat auch niemand gefragt, wie sein Finger abgetrennt wurde?«

»Doch, natürlich hat der Arzt gefragt. Wir haben gesagt, es wäre ein Angelunfall gewesen. Wahrscheinlich hat er es nicht geglaubt, zumal der Finger schon Stunden vor Crash im Krankenhaus war, aber es gibt keine Beweise.«

»Also weiß sonst niemand von der Entführung.«

»Niemand.«

Delia hatte keine Ahnung, dass Gavin Chambers und Saul Strauss ihren Sohn entführt hatten. Hester wusste es natürlich. Wilde hatte sich ihr – und nur ihr – vor drei Wochen anvertraut. Ihr gefiel es nicht, wie Wilde sich am Ende verhalten hatte. Man arbeitete nicht außerhalb des Systems. Es mochte fehlerbehaftet sein, aber man hielt sich an die Regeln – man schnitt Kindern keine Finger ab, auch nicht, um einen zu Unrecht verurteilten Mann oder gar – wie dramatisch! – die Welt zu retten.

Wilde hatte sie auch seit drei Wochen nicht mehr gesehen.

»Warum sind Sie dann hier, Delia?«

»Um mich zu verabschieden.«

»Oh?«

»Wir ziehen mit der ganzen Familie für eine Weile ins Ausland.«

»Verstehe.«

»Sie können sich nicht vorstellen, was passiert ist, seit dieses Video veröffentlicht wurde.«

»Doch, ich glaube, das kann ich.«

»Wir bekommen ständig Morddrohungen von Rustys Anhängern. Sie glauben, Dash hätte sich das alles ausgedacht oder irgendwie manipuliert, um ihren Helden zu vernichten.«

»Fake News«, sagte Hester.

»Genau. Als unsere Anwältin wissen Sie ja, dass Dash das nicht kommentieren oder die Echtheit bestätigen kann.«

Hester schluckte. »Richtig. Er würde sich selbst belasten.«

Dash Maynard hatte in dieser Nacht eine Straftat begangen. Er hatte geholfen, die Leiche wegzuschaffen. Hester hatte Raymond Stark pro bono vertreten wollen, als Anwältin der Maynards entstand allerdings ein Interessenkonflikt, sodass das nicht möglich war. Auch ihr waren die Hände gebunden. Sie hätte sich mehr als alles andere gewünscht, dass Dash erzählte, was damals geschehen war. Als seine Anwältin musste sie ihm jedoch davon abraten.

Das System war zwar fehlerbehaftet, aber es war eben das System.

Sie nahm nicht an, dass Dash es trotzdem erzählen würde. Sie war auch nicht sicher, ob es etwas ändern würde. Das war das Schlimmste an der ganzen Sache. Anfangs schien es, als würde die Veröffentlichung des Videos Rusty Eggers Karriere ein für alle Mal ein Ende setzen.

Anfangs.

Aber bekanntermaßen sterben mythische Ungeheuer nicht. Wenn man versucht, sie zu töten, kehren sie gestärkt zurück. Daher: Das Band war eine Fälschung. Wenn es keine komplette Fälschung war, war es manipuliert worden. Wenn es nicht manipuliert worden war, war das Ganze schon dreißig Jahre her, also spielte es keine Rolle mehr. Wenn es doch eine Rolle spielte, hörte man Rusty Eggers im Video sagen, dass er den Mann aus Notwehr getötet hatte, und das war schließlich kein Verbrechen. Wenn es ein Verbrechen war, dann war es dreißig Jahre her, Rusty Eggers war noch ein junger Student, und na ja, jemand hatte versucht, ihn zu töten, sodass ihm keine andere Wahl blieb, als sich zu verteidigen. Und wenn der Tod später einem unschuldigen Schwarzen zur Last gelegt wurde, lag die Schuld bei der Polizei und nicht bei Rusty Eggers. Suchen Sie die Schuld bei Kindler, diesem korrupten Polizisten. Suchen Sie die Schuld beim rassistischen System. Und wenn es kein Rassismus war, dann war Raymond Stark schon als Siebzehnjähriger vorbestraft, sodass er wahrscheinlich sowieso aufgrund irgendeiner anderen Anklage im Knast gelandet wäre. Vielleicht hatte Stark in dieser Nacht noch andere Verbrechen begangen, wer wusste das schon? Vielleicht war Raymond Stark auch irgendwie in Christopher Ansons Ermordung verwickelt. Wenn es Notwehr war, hatte Raymond Stark sich vielleicht mit Christopher Anson zusammengetan, um Rusty Eggers zu überfallen. Vielleicht hatten Raymond Stark und Christopher Anson gemeinsam versucht, Rusty Eggers auszurauben, und Raymond Stark war mit dem Messer geflüchtet. Vielleicht hatte man das Messer deshalb bei ihm gefunden.

So lief das.

Die meisten Medien spotteten über diese Theorien, was die Eggers-Anhänger, die sowohl auf der extremen Rechten als auch auf der extremen Linken zu finden waren, nur dazu brachte, sich noch mehr auf die Hinterbeine zu stellen und ihren Helden zu unterstützen.

»Sie meinten, Sie würden es nie verraten«, sagte Delia.

»Entschuldigung?«

»Ganz egal, was passiert. Selbst wenn Sie Hitler aufhalten könnten. Wenn Sie etwas als Anwältin erfahren, würden Sie es aufgrund der anwaltlichen Schweigepflicht niemals verraten.«

»Das ist richtig.« Hester gefiel die Richtung nicht, in die sich das Gespräch gerade entwickelte. »Und Sie haben mir gesagt, dass in den Videos nichts zu sehen wäre.«

»Ich wusste nichts von dem Video«, sagte Delia. »Ich hatte keine Ahnung, dass dieses Video existiert. Ich hatte keine Ahnung, dass Dash Rusty geholfen hat, die Leiche in einer Gasse zu entsorgen.«

»Okay.«

»Weil ich da schon weg war.«

Hester spürte, wie sich eine eisige Hand auf ihr Rückgrat legte. »Wie bitte?«

»Die beiden haben sich oft gestritten. Rusty und Christopher. Oft ging es dabei um mich. Vor dreißig Jahren. Sie wissen, wie das damals war. Mädchen waren Objekte, hübsche Kostbarkeiten, mit denen man sich schmückte. Ich vermute daher, dass sie an diesem Abend in der Bar heftig gestritten hatten. Ich war damals mit Rusty zusammen. Zwischen uns wurde es langsam ernst. Der Senator hatte Rusty eine tolle Stelle angeboten. Christopher war übergangen worden. An die Einzelheiten erinnere ich mich nicht mehr. Wen interessiert das heute noch? Jedenfalls hat Christopher bei mir an die Tür geklopft. Ich habe ihn reingelassen. Er war betrunken. Er hat versucht, mich zu küssen. Ich habe Nein gesagt. Er hat nicht aufgehört, mich zu bedrängen. Kein Mädchen würde zu Christopher Anson Nein sagen, schon gar nicht die Freundin seines Rivalen. Sie können sich denken, was dann geschah. Ich kann den Begriff ›Date Rape‹ nicht ausstehen. Vor dreißig Jahren sagte man in solchen Situationen beschämenderweise meistens einfach ›Jungs sind nun einmal so‹. Als ich ihn angebrüllt habe, dass er sofort aufhören soll, hat er mir ins Gesicht geschlagen. Ich bin in die Küche gerannt. Da hat er mich auf dem Boden vergewaltigt. Und er wollte mich noch einmal vergewaltigen. Soll ich Ihnen etwas sagen? Ich erinnere mich nicht einmal mehr, dass ich in die Schublade gegriffen oder das Messer von der Ablage genommen habe.«

Hester stand nur stocksteif da. »Sie haben ihn getötet?«

Delia ging zum Fenster. »Ich saß neben ihm auf dem Küchenboden. Das Messer steckte noch in seiner Brust. Ich glaube nicht, dass er schon tot war. Aber ich konnte mich nicht rühren. Er hat noch eine Weile gurgelnde Geräusche von sich gegeben. Das hat dann aufgehört. Aber ich saß einfach nur da. Wie lange, weiß ich nicht. So hat Rusty mich gefunden. Auf dem Küchenboden. Direkt neben der Leiche. Rusty hat übernommen. Er hat mich gewaschen. Er hat mich angezogen. Er hat mich zur Union Station gefahren. Es gab einen Spätzug von Washington nach Philadelphia. Er hat mich hineingesetzt und gesagt, ich dürfe auf keinen Fall zurückkommen, bis er mich anruft. Ich habe dann drei Tage mein Hotelzimmer im Marriott nicht verlassen. Habe mir das Essen vom Zimmerservice bringen lassen. Rusty sagte, er hätte die Leiche weggeschafft, sodass niemand erfahren würde, was passiert ist. Als ich dann nach Washington zurückkam, war zwischen uns nichts mehr so wie vorher. Das können Sie sich doch sicher vorstellen, oder?«

Hester spürte ihren Herzschlag.

»Wir haben uns getrennt. Und ich hab angefangen, mit Dash auszugehen.«

War das, überlegte Hester, eine Abmachung zwischen den beiden Männern? War Delia immer noch ein Objekt, eine hübsche Kostbarkeit, die für einen Gefallen getauscht wurde? Oder hatte Rusty sie wirklich geliebt? Hatte Rusty sie so sehr geliebt, dass der Politiker, von dem so viele glaubten, er würde das Land zerstören, sein eigenes Glück geopfert hatte, um sie zu schützen?

Oder ging es tiefer?

Rusty hatte eine blutige Leiche weggeschafft, mit den schrecklichen Lügen und den sich daraus ergebenden Folgen leben müssen und die Liebe seines Lebens und später seine Eltern verloren. Hatte ihn das so aus der Bahn geworfen? Hatten diese Ereignisse den jungen College-Studenten vom rechten Weg abgebracht und ihn zu dem durch und durch gestörten Mann gemacht, der er jetzt war?

Delia hob die Hände. Sie lächelte traurig. »Der Rest ist Geschichte.«

»Und nach all dem bleiben Sie bei ihm?«

»Bei Dash? Wir haben uns zusammen ein Leben aufgebaut. Eine Familie, Kinder – vor allem haben wir einen Jungen, der gerade ein massives Trauma erlitten hat und Stabilität braucht. Wir haben beide Geheimnisse voreinander gehabt. Zumindest kenne ich jetzt seins.«

»Aber Sie werden ihm Ihres nicht verraten?«

»Dass ich es war, die Christopher getötet hat?« Delia schüttelte den Kopf. »Nein, niemals.«

»Es muss die Hölle sein, mit so etwas zu leben«, sagte Hester.

»Ich lebe seit mehr als dreißig Jahren damit«, sagte Delia. Sie sah demonstrativ auf ihre Uhr. »Ich geh jetzt lieber.«

»Man würde Ihnen keine Schuld geben«, sagte Hester, die sich bemühte, nicht verzweifelt zu klingen. »Sie wurden vergewaltigt. Sie können immer noch das Richtige tun.«

»Ich tue das Richtige. Für mich. Für meine Familie.«

Sie drehte sich um und wollte gehen.

»Aber ein Geheimnis haben Sie beide für sich behalten«, sagte Hester.

»Und das wäre?«

»Was haben Sie damals gedacht, als Sie gehört haben, dass Raymond Stark wegen des Mordes an Christopher verhaftet wurde?«

Delia antwortete nicht.

»Sie kannten beide die Wahrheit, stimmt's? Sie und Dash. Sie haben zwar nicht darüber gesprochen, trotzdem wussten Sie beide, dass ein unschuldiger Mann verhaftet worden war. Aber Sie haben sich nie gemeldet.«

»Und was hätte ich sagen sollen?«, fragte Delia.

»Dass Sie Christopher Anson in Notwehr erstochen haben.«

»Und das hätte man mir einfach so geglaubt?«

»Also haben Sie einfach Raymond Stark den Kopf hinhalten lassen.«

»Ich habe gehofft, dass er freikommt.«

»Und als das nicht geschah?« Hester durchquerte den Raum und trat direkt vor sie. »Als er für etwas, das er nicht getan hat, zu lebenslanger Haft verurteilt wurde? Als er zusammengeschlagen und misshandelt wurde?«

»Ich habe ihn nicht verurteilt. Ich habe ihn nicht zusammengeschlagen oder misshandelt. Wird das Video jetzt nicht bewirken, dass er freikommt?«

»Nein, Delia. Das Video allein wird nicht reichen. Raymond Stark wird im Gefängnis bleiben.« Hester atmete durch und versuchte, vernünftig zu klingen. »Aber bitte, hören Sie mir zu …«

»Nein. Ich gehe jetzt.«

»Sie haben dazu beigetragen, dass er eingesperrt wurde. Sie können jetzt nicht einfach …«

»Auf Wiedersehen, Hester.«

»Ich könnte es erzählen.«

Delia lächelte und schüttelte den Kopf. »Nein, das können Sie nicht, Hester.«

Hester stand zitternd vor ihr, die Arme hingen neben ihrem Körper, aber die Hände hatte sie zu Fäusten geballt.

»Erstens«, sagte Delia, »gibt es keine Beweise. Ich werde es einfach abstreiten. Wichtiger ist aber, dass Sie die anwaltliche Schweigepflicht nicht verletzen würden. Selbst wenn Sie dadurch die Welt vor Hitler retten könnten. Selbst wenn es bedeuten würde, dass ein Unschuldiger im Gefängnis bleibt.«

Das System war zwar fehlerbehaftet, trotzdem hielt man sich an die Regeln.

Dann verließ Delia Maynard das Büro. Ein paar Minuten

rührte Hester sich nicht. Allison Grant kam herein und sagte: »Ihr nächster Termin …«

»Absagen.«

»Den kann ich nicht einfach absagen. Er ist …«

»Absagen.«

Ihr Ton ließ keinen Widerspruch zu. Hester setzte sich wieder an ihren Schreibtisch. Mit zittrigen Händen nahm sie den Hörer ab und wählte die Nummer.

Eine zaghafte Stimme meldete sich. »Hallo?«

»Oren?«

Sie hatte seit drei Wochen – seit der kurzen Begegnung am Tag nach dem Pizza-Date nicht mehr mit ihm gesprochen. Sie hatte weder seine Anrufe noch seine SMS beantwortet.

»Alles okay mit dir, Hester?«

»Du musst mich wohin bringen. Und zwar sofort.«

NEUNUNDDREISSIG

Zwei Stunden später fuhr Oren den Streifenwagen auf den Seitenstreifen der Mountain Road und hielt an. Er stellte den Motor aus. Einen Moment lang saßen sie einfach nur schweigend da.

»Bist du sicher, dass du das willst?«

Als Hester nickte, stieg Oren aus, ging zur Beifahrerseite und öffnete ihr die Tür. Hester sah das verwitterte, improvisierte Kreuz vor sich. Sie fand es seltsam, es hier zu sehen – ihr Sohn war halb agnostisch, halb jüdisch erzogen –, trotzdem störte es sie aus irgendeinem Grund nicht. Jemand hatte sich darum gekümmert. Jemand hatte es zumindest versucht.

Hester trat an den Straßenrand und blickte die steile Böschung hinunter.

»Das ist also die Stelle, an der …?«

»Ja.«

Hester hatte nie genug Mut aufbringen können, um hierherzukommen – wenn Mut dafür das richtige Wort war. Ira war hergekommen. Oft. Er hatte es ihr nicht erzählt. Er hatte gesagt, er würde einen Ausflug machen oder kurz im Seven-Eleven Milch holen, aber sie hatte gewusst, dass er auf dem Seitenstreifen anhalten würde – vielleicht an genau derselben Stelle, an der sie gerade gehalten hatten –, dass er aussteigen, das improvisierte Kreuz ansehen und weinen würde.

Ira hatte es ihr nicht erzählt. Sie wünschte, er hätte es getan.

»Und wo lag das Auto?«

»Da unten«, sagte Oren und deutete auf eine Stelle weit unterhalb der Straße.

»Du warst einer der ersten Polizisten am Tatort.«

Oren wusste nicht, ob das eine Frage oder eine Feststellung war. »Ja.«

»Das Auto hat gebrannt.«

»Ja.«

»Wilde hatte David schon rausgezogen.«

Dieses Mal nickte Oren nur.

»Wilde hat mir erzählt, dass er gefahren ist«, sagte Hester.

»Das hat er uns auch erzählt«, sagte Oren. »Wir haben ihn aber nicht angezeigt. Er hatte keinen Alkohol im Blut. Und die Straße war nass.«

»Ist Wilde gefahren?«

»So steht es in unserem Bericht.«

Hester sah ihn an. »Ich habe dich nicht gefragt, was in eurem Bericht steht.«

Oren sah weiter nach unten in die Schlucht. »Wenn der einzige Überlebende eines Autounfalls sagt, dass er gefahren ist, lässt sich nur schwer das Gegenteil beweisen.«

»Wilde hat gelogen, stimmt's?«

Oren antwortete nicht.

Hester stellte sich so neben ihn, dass sie Schulter an Schulter standen. »Wilde und David waren beste Freunde. Das weißt du doch, oder?«

Oren nickte. »Ja, ich weiß.«

»An dem Abend waren sie in Miller's Tavern. Mit Davids Auto. David trank nicht viel und ging auch nicht oft in Bars – ich glaube, das war eher Wildes Szene –, aber Laila und er hatten gerade ein paar Probleme miteinander. Nichts Ernstes. Nichts, was sie nicht geklärt hätten. Also ist er mit seinem besten Freund losgezogen, um ein bisschen Dampf abzulassen oder was auch immer Männer in solchen Situationen tun. David hat zu viel getrunken. Das Krankenhaus hat eine Blutuntersuchung gemacht, als er eingeliefert wurde – als sie noch glaubten, mein Junge würde überleben. Wilde wollte David nicht in Schwierigkeiten bringen. Also hat er gesagt, dass er gefahren ist. Dass er den Unfall gebaut hat.«

Oren sagte immer noch nichts.

»Ist es so gewesen, Oren?«

»Hast du Wilde gefragt?«

»Er behauptet, er wäre gefahren.«

»Aber du glaubst ihm nicht.«

»Ich glaube ihm nicht, nein. Habe ich recht?«

Oren blickte nach unten. Sie betrachtete seine Augen. Sie waren so klar, so ehrlich, so schön. »Oren?«

Und dann überraschte er sie: »Meiner Ansicht nach hast du nicht ganz recht.«

Einen Moment bekam sie kein Wort heraus. Als sie wieder sprechen konnte, fragte sie: »Was willst du damit sagen?«

»Wilde hätte David nie betrunken ans Steuer gelassen.«

»Also …« Hester wusste nicht, was sie sagen sollte. »Ich kann dir nicht folgen.«

»Wir haben in Miller's Tavern nachgefragt. Wie du schon sagtest, war Wilde dort Stammgast. David nicht, aber an dem Abend, tja, er war ziemlich betrunken. Na ja, wir konnten nichts beweisen, aber ein Gast meinte, Wilde wäre mindestens eine halbe Stunde vor David gegangen. Allein.«

»Warum?«

»Das weiß ich nicht. Uns hat Wilde gesagt, dass er gefahren ist.«

»David war allein in der Bar?«

»Er war allein und hat getrunken, ja. Vergiss nicht, dass das nur eine Theorie ist, Hester, aber zu dieser Zeit hat Wilde hier ganz in der Nähe in einem Zelt gelebt.« Er zeigte nach links. »Vielleicht dreihundert Meter von hier. Noch einmal, ich kann das nicht beweisen. Wilde hat immer wieder behauptet, dass er gefahren ist, aber du hast recht, ich habe es ihm nie geglaubt. Ich glaube vielmehr, dass Wilde in der Nähe war. Ich glaube, dass er den Unfall gehört oder die Flammen gesehen hat. Ich glaube, dass er seinen Freund schützen wollte. Und ich glaube, dass er sich schuldig gefühlt hat – schuldig fühlt –, weil er an diesem Abend nicht in der Bar geblieben ist.«

Hester spürte einen heftigen Schlag in ihrer Brust. »Du glaubst also, dass David allein im Auto saß?«

Als Oren nickte, sank Hester auf die Knie. Sie sank auf die Knie und weinte.

Oren ließ sie gewähren. Er blieb in der Nähe stehen, sodass er zur Stelle war, wenn sie ihn brauchen sollte. Aber er versuchte nicht, sie zu trösten. Gott sei Dank. Gott sei Dank wusste dieser Mann, dieser gute und anständige Mann, dass er sie jetzt nicht umarmen oder vermeintlich tröstende Worte sagen durfte.

Er ließ sie einfach weinen.

Es dauerte eine Weile. Wie lange, konnte sie nicht sagen. Fünf Minuten, zehn, vielleicht eine halbe Stunde. Oren Carmichael stand einfach nur neben ihr wie ein stiller Wächter. Irgendwann stiegen sie wieder in seinen Streifenwagen. Sie fuhren schweigend die Mountain Road hinunter.

Schließlich: »Oren?«

»Ja.«

»Es tut mir leid, dass ich nicht zurückgerufen habe.«

Oren antwortete nicht.

»Als du aus der Pizzeria gestürmt bist, um zu diesem Autounfall zu fahren, wurde mir plötzlich klar, dass das mit uns keine Zukunft hat – denn egal, was passiert, wann immer ich dich sehe, werde ich mir vorstellen, wie du an der Unfallstelle stehst. Wann immer ich dich sehe, werde ich meinen toten Sohn vor Augen haben. Du wirst mich immer an David erinnern, also hat das mit uns keinen Sinn.«

Er sah weiter auf die Straße.

»Aber dann habe ich angefangen, dich verdammt zu vermissen. Es war, als hätte ich ein riesiges Loch in meinem Herzen. Ich weiß, wie das klingt. Ich habe mir gedacht, dass ich trotz dieses Schmerzes nicht ohne dich sein will – und ich will nicht aufhören, an meinen David zu denken, niemals, denn das wäre der schlimmste Frevel. Ich werde nie aufhören, an ihn zu denken. Verstehst du das?«

Oren nickte. »Natürlich.«

Sie streckte ihre Hand aus und legte sie auf seine.

»Bist du bereit, uns noch eine Chance zu geben, Oren?«

»Ja«, sagte er. »Ja, das würde ich wirklich gerne tun.«

VIERZIG

Wilde kaufte ein Hin- und Rückflugticket für den Shuttle-Flug mit Delta Air vom New Yorker Flughafen LaGuardia zum Bostoner Logan Airport. Er hatte kein Gepäck dabei. Er wollte nicht lange in Boston bleiben – höchstens ein paar Stunden. Dann würde er wieder zurückfliegen.

Eigentlich wollte er den Flughafen gar nicht verlassen.

Nachdem seine Maschine gelandet war, ging Wilde von Terminal A zu Terminal E. Er suchte sich einen Platz in der Nähe von Gate E7, um später die Passagiere des Flugs 374 der American Airlines nach Costa Rica beobachten zu können.

Noch zwei Stunden.

Um sich die Zeit zu vertreiben, rief Wilde die DNA-Ahnen-Website auf und öffnete die Nachricht von »PB«. Er las sie noch einmal, überlegte und schrieb dann eine Antwort:

Ich würde gerne mehr erfahren, PB. Können wir uns treffen?

Als er das Handy gerade einstecken wollte, klingelte es. Auf dem Display sah Wilde, dass es Matthew war. Er ging sofort ran.

»Alles in Ordnung?«, fragte Wilde.

»Du kannst auch einfach ›Hallo‹ sagen«, sagte Matthew.

»Hallo. Alles in Ordnung?«

»Ja, Wilde. Nur dass ich dich seit Wochen nicht gesehen habe.«

»Entschuldige. Wie läuft's in der Schule?«

»Da beruhigt sich langsam alles. Crash ist schon wieder da. Er gibt ständig mit der Narbe an seinem Finger an und behauptet, irgendwelche Verbrecher hätten ihn abgeschnitten. Mom sagt, es war ein Angelunfall. Wilde?«

»Ja?«

»Alle sagen, dass Naomi ausgerissen ist. Sie glauben, dass sie irgendwo auf einer Insel sitzt oder was Cooles oder Exotisches macht, was ziemlich absurd ist, weil sie sie immer für eine totale Loserin gehalten haben.«

»Ich weiß.«

»Suchst du sie immer noch?«

Wilde wusste nicht, was er darauf antworten sollte, daher beließ er es bei einem schlichten: »Ja.«

»Cool.« Dann: »Wo bist du? Ist ziemlich laut bei dir.«

»In Boston.«

»Warum?«

»Eine Freundin besuchen.«

Anscheinend hatte Matthew etwas in seiner Stimme gehört. »Okay.«

»Wie geht's Mom?«, fragte Wilde.

»Ist immer noch mit Darryl zusammen.«

Darryl. Designeranzug hatte jetzt einen Namen. Darryl.

»Ich glaube, es wird was Ernstes«, sagte Matthew.

Wilde schloss einen Moment die Augen. »Magst du ihn?«

»Er ist in Ordnung«, sagte Matthew, was in seiner Sprache fast schon euphorisch war.

»Gut«, sagte Matthew. »Sei nett zu ihm.«

»Oh Mann.«

»Deine Mutter hat es verdient.«

»Okay, wenn du meinst.«

Die Maschine nach Costa Rica stand jetzt bereit. Am Gate

wurden die Passagiere aufgerufen, die Hilfe beim Einsteigen benötigten, Passagiere mit Kindern unter zwei Jahren und aktive Mitglieder des US-Militärs.

»Gibt's sonst noch was?«, fragte Wilde.

»Nein, alles okay.«

»Ruf mich an, wenn du was brauchst.«

»Egal was?«

»Ja.«

»Es ist ein neues Grand Theft Auto herausgekommen, aber Mom will es mir nicht kaufen, weil es zu gewalttätig ist.«

»Witzig.«

»Tschüss, Wilde.«

»Bis bald.«

Er legte auf, als Gruppe eins zum Boarding aufgerufen wurde. Wilde beobachtete, wie sich die Passagiere am Gate in die Schlange stellten.

Nichts.

Die Gruppen zwei, drei und vier wurden aufgerufen.

Immer noch nichts.

Einen Moment lang fragte Wilde sich, ob er sich geirrt hatte, oder ob ihn vielleicht wieder einmal jemand mit strategischer Desinformation auf eine falsche Fährte gelockt hatte. Vielleicht hatten sie mehr als einen Flug gebucht, um ihn zu täuschen. Vielleicht hatten sie auch nie die Absicht gehabt, heute zu fliegen.

Aber als die letzte Gruppe aufgerufen wurde, sah Wilde, wie sich ein junges Mädchen mit Baseballmütze und Sonnenbrille anstellte.

Naomi Pine.

Vor ihr stand Ava O'Brien. Sie hielt die Tickets für beide in der Hand.

Wilde bewegte sich ein paar Sekunden nicht. Er musste gar

nichts tun. Er musste nicht zu ihnen gehen. Er konnte einfach verschwinden, so wie er es bei Gavin Chambers und Saul Strauss gemacht hatte.

Doch das tat er nicht.

Schluss mit dem Zaudern. Wilde ging zu ihnen und tippte Naomi auf die Schulter.

Sie zuckte zusammen. Als sie sich umdrehte und sein Gesicht sah, hielt sie sich mit der Hand den Mund zu. »Oh mein Gott. Wilde?«

Auch Ava fuhr herum.

Einen Moment lang standen sie sich einfach so gegenüber.

Ava sagte: »Wie hast du …?«

»Weißt du noch, wie ich dich am Seven-Eleven gebeten habe, das Autofenster zu öffnen, als du gerade wegfahren wolltest?«

»Was?« Ava wirkte verblüfft. »Und?«

»Ich habe mich in dein Auto gelehnt und einen GPS-Tracker angebracht.«

Es war genau wie bei Gavin und Strauss gewesen – auch Ava hatte die strategische Desinformation übertrieben. Als er ihr erzählt hatte, dass Crash verschwunden war, hatte Ava sich plötzlich daran erinnert, dass Naomi eine Romanze mit Crash angedeutet hatte, was sehr dafür gesprochen hätte, dass die beiden Teenager zusammen ausgerissen waren.

Auch Ava hatte versucht, ihn auf eine falsche Fährte zu locken.

Die Frage war nur, warum?

Sie hatte eindeutig nichts mit Crash Maynard zu tun.

»Du bist aus Maine«, sagte Wilde.

»Ja, das habe ich dir gesagt.«

»Warum solltest du nach New Jersey ziehen und dir einen Job suchen, für den du überqualifiziert bist?«

Ava zuckte die Achseln. »Ich wollte mich verändern.«

»Nein«, sagte Wilde. »Außerdem warst du in den letzten drei Wochen viermal in Maine.«

»Ich hab da oben Verwandtschaft.«

»Und noch ein Nein. Du warst im Howard Johnson's Motel in South Portland, wo du Naomi einquartiert hattest. Aber mehr noch: Du warst zweimal in der Hope Faith Adoption Agency in Windham.«

Ava schloss die Augen.

»Du hast die Stelle als Assistenzlehrerin nicht angenommen, weil du in New Jersey leben wolltest«, sagte Wilde. »Du hast es getan, um in der Nähe deiner Tochter zu sein, die du zur Adoption freigeben musstest.«

Einen Moment lang sah es so aus, als wollte Ava alles abstreiten. Aber nur einen Moment.

»Du musst das verstehen«, sagte Ava. »Ich wollte Naomi nie abgeben.«

Das war es also.

»Ich war erst siebzehn. Ich habe keine andere Möglichkeit gesehen. Aber ich hatte einfach ... Ich weiß es nicht ... ein Gefühl, ein Bedürfnis, eine Ahnung oder was auch immer. Also bin ich wieder zur Adoptionsagentur gegangen. Ich habe sie angefleht, mir zu sagen, was mit meiner Tochter passiert ist. Sie haben sich geweigert. Anfangs jedenfalls. Also habe ich jemanden bestochen. Sie hat mir Naomis neuen Namen und ihre Adresse gegeben, mir aber auch erklärt, dass ich keinerlei Rechte hätte. Das war kein Problem. Ich wollte sie ja nur sehen, weißt du. Also dachte ich mir ...«

»Du könntest die Lehrerstelle annehmen, um in ihrer Nähe zu sein.«

»Genau. Was könnte das schon schaden?«

»Wilde?«

Es war Naomi.

»Zwingen Sie mich nicht zurückzugehen.«

»Ich wollte nur sehen, wie es ihr geht«, sagte Ava. »Mehr nicht. Ich wollte keine Unruhe in ihr Leben bringen. Aber dann habe ich gesehen, welche Höllenqualen sie leidet. Ich musste Tag für Tag zusehen, wie meine Tochter tyrannisiert wurde und zu Hause keinerlei Unterstützung bekam.«

»Also hast du dich mit ihr angefreundet«, sagte Wilde. »Bist ihre Vertraute geworden.«

»Ist das so falsch?«

Wilde wandte sich an Naomi. »Wann hat Ava dir die Wahrheit gesagt?«

»Dass sie meine richtige Mutter ist?«

»Ja.«

»Als ich von der Challenge zurück war«, sagte Naomi. »Zuerst habe ich geglaubt, sie hätte sich das nur ausgedacht, oder ein Traum wäre wahr geworden oder so. Erinnern Sie sich an das Gespräch bei mir im Keller? Dass ich alles verändern wollte?«

Wilde nickte.

»Ich habe nicht nur die Schule gemeint. Ich habe alles gemeint. Mein Vater …«

Ihre Stimme verklang einfach. Auch Bernard Pine würde aus dieser Sache nicht unbeschadet herauskommen. Rola arbeitete an einer Möglichkeit, um ihn für seine Taten büßen zu lassen.

»Also habt ihr beiden beschlossen abzuhauen«, sagte Wilde.

»Ich wollte das nicht«, sagte Ava. »Ich wollte es legal machen.«

»Deshalb hattest du dich an Laila gewandt.«

»Ja, ich habe ihr erzählt, wie furchtbar Naomis Adoptiveltern sind. Aber ich hatte ja keine Rechte. Laila sagte, es würde vermutlich Monate oder sogar Jahre dauern, um Vernachlässigung oder Misshandlungen zu beweisen, und selbst dann wäre es unwahrscheinlich, dass ich recht bekomme.«

»Da habt ihr dann also diesen Plan ausgebrütet«, sagte Wilde. »Du bist abgehauen und hast dich versteckt. Du …«, er sah Ava an, »… hast Naomi einen falschen Ausweis besorgt und wolltest noch bis zum Ende des Schuljahrs unterrichten. Wenn du sofort gegangen wärst, hätte das womöglich Verdacht erregt. Also habt ihr noch etwas gewartet. Und jetzt ist der Zeitpunkt gekommen, zusammen das Land zu verlassen.«

Ava sah ihn nur mit ihren großen braunen Augen an.

Die Boarding-Schlange war verschwunden. Eine Mitarbeiterin am Gate machte noch ein paar Ansagen.

Naomi trat vor und legte ihm eine Hand auf den Arm. »Bitte, Wilde, wenn man uns erwischt, muss ich zurück zu ihm. Und Ava könnte ins Gefängnis kommen.«

»Sie ist meine Tochter«, sagte Ava ganz ruhig. »Ich liebe sie von ganzem Herzen.«

Beide standen nebeneinander und sahen ihn an.

»Ich weiß«, sagte Wilde.

»Und was …?«

»Ich bin nur gekommen, um mich zu vergewissern, dass es euch gut geht«, sagte Wilde. »Und um mich zu verabschieden.«

Naomi schlang ihre Arme so fest um ihn, dass er fast umgefallen wäre. Normalerweise mochte Wilde solche Umarmungen nicht. Aber dieses Mal ließ er sich von dem Mädchen in die Arme schließen, und es fühlte sich gut an.

»Danke«, flüsterte Naomi.

Wilde nickte. »Wenn du jemals etwas brauchst …«

Die Mitarbeiterin am Gate machte eine weitere Ansage über den Lautsprecher: »Letzter Aufruf für American Airlines Flug 347 nach Liberia, Costa Rica.«

»Seht lieber zu, dass ihr an Bord kommt«, sagte Wilde.

Naomi sah Ava an. Ava erwiderte ihren Blick. Dann drehte Ava sich um, ergriff Wildes Hand und sagte etwas, das ihn völlig unvorbereitet traf: »Komm doch mit uns, Wilde.«

»Was?«

Naomi legte ihre Hände zusammen. »Bitte?«

Wilde schüttelte den Kopf. »Ich kann nicht.«

Ava hielt seine Hand fest und sagte es noch einmal: »Komm doch mit uns, Wilde.«

»Nein«, sagte er.

»Warum nicht?«, fragte Ava.

»Es ist verrückt«, sagte Wilde.

»Na und?« Ava schenkte ihm ein Lächeln, das ihn blendete und fassungslos machte. »Alles an dieser Sache ist verrückt.«

Wilde schüttelte erneut den Kopf, obwohl er spürte, wie sich etwas in seiner Brust löste. »Ihr müsst machen, dass ihr an Bord kommt.«

»Komm doch mit uns, Wilde«, wiederholte Ava noch einmal. »Naomi braucht dich. Vielleicht brauche ich dich auch, ich weiß es nicht. Wenn es nicht klappt, fliegst du einfach zurück.«

»Ich kann nicht«, sagte Wilde.

Die Gate-Mitarbeiterin kam zu ihnen, räusperte sich und sagte: »In dreißig Sekunden schließe ich den Schalter.«

»Die beiden gehen jetzt an Bord«, sagte Wilde in einem Tonfall, der keinen Widerspruch zuließ.

Naomis Augen waren tränenfeucht, als sie ihn noch einmal umarmte. Dann reichte Ava der Mitarbeiterin ihre Tickets, die sie scannte. Wilde sah ihnen nach, als sie die Fluggastbrücke hinuntergingen. Naomi drehte sich um und winkte. Wilde winkte zurück.

Ava sah ihn etwas länger an. Als sie den Blick abwendete

und sich umdrehte, spürte Wilde, wie seine Brust sich noch etwas weiter öffnete.

Er beobachtete, wie sie aus dem Blickfeld verschwanden.

Die Gate-Mitarbeiterin griff nach der Tür. Als sie gerade dabei war, sie zu schließen, fragte Wilde: »Ist noch Platz in der Maschine?«

»Wie? Sie wollen noch ein Ticket kaufen?«

»Ja.«

Die Mitarbeiterin sah auf ihren Monitor.

»Tja, was soll man dazu sagen? Ein Ticket ist noch zu haben.«